呂氏春秋全書

先秦學術史上最著名的直諫寓言書

內容繁雜「上揆之天，下驗之地，中審之人」，乃至「備天地萬物古今之事」，是一部綜合百家之言，博采眾家之長的書籍。

《呂氏春秋》共二十六卷，一百六十篇，二十餘萬字。分十二紀、八覽、六論。十二紀按四季、十二月份排列，每一紀有紀首一篇和論文四篇，共計六十篇。八覽各覽有論文八篇，《有始覽》缺一篇，共計六十三篇。六論每論有六篇，共計三十六篇。秦國丞相呂不韋的賓客所作。

呂不韋◎原著
張玉玲◎編譯

國學經典
原味呈現

◆《呂氏春秋》又名《呂覽》，成書於秦始皇八年（西元前239年），由戰國末年秦國丞相呂不韋與屬下門客集體編纂。

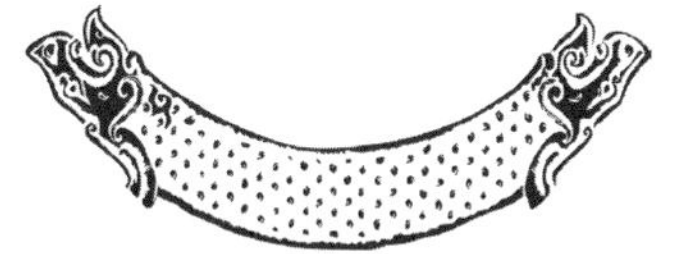

序言《呂氏春秋》

《呂氏春秋》又名《呂覽》，成書於秦始皇八年（西元前 239 年），由戰國末年秦國丞相呂不韋與屬下門客集體編纂。作者意在總結歷史經驗，為行將出現的統一全國的專制中央政權提供長治久安的治國方案。其書系統龐大，內容繁雜，「上揆之天，下驗之地，中審之人」，乃至「備天地萬物古今之事」，是一部綜合百家之言，博采眾家之長的書籍，在先秦學術史和哲學史上佔據著特殊的地位。

呂不韋（？～西元前 235），戰國末年衛國濮陽（今河南濮陽南）人。先為陽翟大商人，後被秦襄公任為秦相。秦王嬴政幼年即位，呂不韋繼任相國，號為「仲父」，掌秦國實權。秦王嬴政親理政務後，被免職，貶遷蜀郡，憂懼自殺。

《呂氏春秋》共二十六卷，一百六十篇，二十餘萬字。分十二紀、八覽、六論。十二紀按四季、十二月份排列，每一紀有紀首一篇和論文四篇，共計六十篇。八覽各覽有論文八篇，《有始覽》缺一篇，共計六十三篇。六論每論有六篇，共計三十六篇。十二紀末有《序意》一篇。該書內容涵蓋了哲學、政治、經濟、歷史、道德、軍事、醫學、天文曆法、教育、音樂、禮制等諸多領域，引用了《詩經》《尚書》《周易》《禮記》《春秋》以及諸子百家的眾多典籍，保存了大量可貴的先秦學術資料。全書以儒家、道家學說為主，匯合了法、墨、農、兵、陰陽等各家學說。班固的《漢書》將它歸入雜家。

《呂氏春秋》全書體例一致，文章結構完整。雖因出於眾人之手而風格不一，但其中大部分文章短小精練，明朗犀利，故事與議

論互相結合，以事說理，頗為生動。書成之後，呂不韋曾將它「布咸陽市門，懸千金其上，延諸侯游士賓客，有能增損一字者予千金」。可見這部書當時在秦國已經佔據了某種文化權威的地位。

本書是為普通讀者提供的通俗讀本，在不改變原著體例的前提下，選取了其中的精華部分。原文以 1991 年中華書局影印經訓堂原刻畢沅輯校本為底本，注釋和譯文參考了陳奇猷的《呂氏春秋校釋》、管敏義《呂氏春秋譯注》等書。個別易引起混淆的字詞，如「佘」與「餘」；「佘」與「於」；「后」與「後」等，在原文中加以區別。因各卷各篇自成體系，為方便讀者閱讀，注釋有重複之處。譯文盡量做到準確、明白、流暢，一般為直譯，個別語句實在不好直譯的稍做變通。

由於譯注者水準有限，難免有錯誤與疏漏之處，懇請讀者指正。

張玉玲

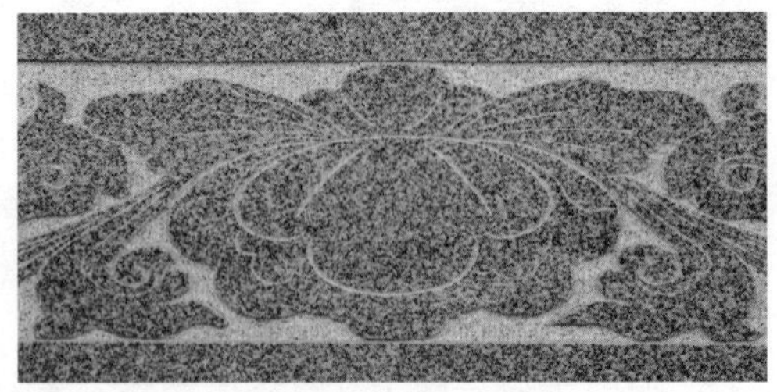

韓非其人其書（代序）胡適

◆一、《呂氏春秋》的貴生主義

《呂氏春秋》是秦國丞相呂不韋的賓客所作。呂不韋本是陽翟的一個商人，用秦國的一個庶子作奇貨，做著了一筆政治上的投機生意，遂做了十幾年的丞相（西元前 249 年～西元前 237 年），封文信侯，食客三千人，家僮萬人。《史記》說：「是時，諸侯多辯士。如荀卿之徒，著書布天下。呂不韋乃使其客人人著所聞，集論以為八覽、六論、十二紀，二十餘萬言。以為備天地萬物古今之事，號曰《呂氏春秋》。」（《史記》八十五）。

呂不韋死於秦始皇十二年（西元前 235 年）。此書十二紀之末有「序意」一篇的殘餘。首稱「維秦八年」，當西元前 239 年。由此可見成書的年代。

《呂氏春秋》雖是賓客合纂的書，然其中頗有特別注重的中心思想。組織雖不嚴密，條理雖不很分明，然而我們細讀此書，不能不承認他代表一個有意綜合的思想系統。《序意》篇說：

維秦八年，歲在涒灘。秋，甲子朔。朔之日，良人請問十二紀，文信侯（呂不韋）曰：「嘗得學黃帝之所以誨顓頊矣：『爰有大圜在上，大矩在下。汝能法之，為民父母。』蓋聞古之清世，是法天地（大圜即天，大矩即地）。凡十二紀者，所以紀治亂存亡也，所以知壽夭吉凶也。上揆之天，下驗之地，中審之人，若此則是非可不可無所遁矣。天曰順，順維生。地曰固，固維寧。人曰信，信維聽。三者咸當，無為而行。行也者，行其理也。行〔其〕數，循其理，平其私。夫私視使目盲，私聽使耳聾，私慮使心狂。三者皆私（設精）則智無由公。智不公則福日衰，災日隆……」

這是作書的大意。主旨在於「法天地」，要上揆度於天，下考驗於地，中審察於人，然後是與非，可與不可，都不能逃遁了。分開來說，天曰順，順維生；地曰固，固維寧；人曰信，信維聽。

第一是順天，順天之道在於貴生。第二是固地，固地之道在於安寧。第三是信人，信人之道在於聽言。「三者咸當，無為而行」。無為而行，只是依著自然的條理，把私意小智平下去，這便是「行其數，循其理，平其私」。一部《呂氏春秋》只說這三大類的事：貴生之道，安寧之道，聽言之道。他用這三大綱來總匯古代的思想。

法天地的觀念是黃老一系的自然主義的主要思想。（這時代有許多假託古人的書，自然主義一派的人因為儒墨都稱道堯舜，堯舜成了濫調了，故他們造出堯舜以西元前的黃帝的書來。故這一系的思想又稱為「黃老之學」。）而這個時代的自然主義一派思想，經過楊朱的為我主義，更趨向個人主義的一條路上去，故孟子在西元前四世紀末年說楊朱、墨翟之言盈天下，又說當時的三大系思想是楊墨儒三家。楊朱的書，如列子書中所收，雖在可信可疑之間，但當時的「為我主義」的盛行是絕無可疑的。我們即使不信列子的楊朱篇，至少可以從《呂氏春秋》裡尋得無數材料，來表現那個時代的個人主義的精義，因為這是《呂氏春秋》的中心思想。《呂氏春秋》的第一紀的第一篇便是《本生》，第二篇便是《重己》，第二紀的第一篇便是《貴生》，第二篇便是《情欲》，這都是開宗明義的文字，提倡的是一種很健全的個人主義，叫做「貴生」主義，大體上即是楊朱的「貴己」主義。（《不二篇》說：「陽生貴己。」李善注《文選》引作「楊朱貴己」。是古本作「楊朱」，或「陽朱」。）其大旨是：

聖人深慮天下，莫貴於生……堯以天下讓於子州支父，子州支父對曰：「以我為天子，猶可也。雖然，我適有幽憂之病，方將治之，未暇在天下也。」天下，重物也，而不以害其生，又況於他物乎？惟不以天下害其生也者，可以托天下。（《貴生》）

倕，至巧也，人不愛倕之指，而愛己之指，有之利故也。人不愛昆山之玉，江漢之珠，而愛己之一蒼璧小璣，有之利故也。今吾生之為我有，而利我亦大矣。論其貴賤，爵為天子，不足以比焉；論其輕重，富有天下，不可以易之；論其安危，一曙失之，終生不復得。此三者，有道者之所慎也。（《重己》）

這就是「拔一毛而利天下，不為也」的本意。本意只是說天下莫貴於吾生，故不以天下害吾生。這是很純粹的個人主義。《呂氏

春秋》說此義最詳細，如云：

身者，所為也；天下者，所以為也。〔眼所〕演所以為，而輕重得矣。今有人於此，斷首以易冠，殺身以易衣，世必惑之。是何也？冠，所以飾首也，衣，所以飾身也。殺所飾要所以飾，則不知所為矣。世之走利有似於此。危身傷生，刈頸斷頭以徇利，則亦不知所為也。……不以所以養害所養。……能尊生，雖貴富不以養傷身；雖貧賤，不以利累形。今受其先人之爵祿，則必重失之。生之所自來者久矣，而輕失之，豈不惑哉？（《審為》）

凡聖人之動作也，必察其所以之與其所以為。今有人於此，以隋侯之珠彈千仞之雀，世必笑之。是何也？所用重，所要輕也。夫生，豈特隋侯珠之重也哉？（《貴生》）

以上都是「貴生」的根本思想。因為吾生比一切都重要，故不可不貴生，不可不貴己。

貴生之道是怎樣呢？《重己》篇說：「凡生之長也，順之也。使生不順者，欲也。故聖人必先適欲。」（高誘注：適，節也。）《情欲》篇說：「天生人而使有貪有欲。欲有情，情有節。聖人修節以止欲，故不過行其情也。故耳之欲五聲，目之欲五色，口之欲五味，情也。此三者，貴賤、愚智、賢不肖欲之若一，雖神農、黃帝，其與桀、紂同。聖人之所以異者，得其情也。由貴生動，則得其情矣。不由貴生動，則失其情矣。此二者，死生存亡之本也。」

怎麼叫做「由貴生動」呢？「夫耳目鼻口，生之役也。耳雖欲聲，目雖欲色，鼻雖欲芬香，口雖欲滋味，害於生則止。在四官者不欲，利於生者則弗為（止）。由此觀之，耳目鼻口不得擅行，必有所制。譬之若官職，不得擅為，必有所制。此貴生之術也。」（《貴生》）

這樣尊重人生，這樣把人生看作行為動作的標準，看作道德的原則，這真是這一派個人主義思想的最大特色。

貴生之術不是教人貪生怕死，也不是教人苟且偷生。《呂氏春秋》在這一點上說得最分明。正因為貴生，所以不願迫生。貴生是因為生之可貴，如果生而不覺其可貴，只得其所甚惡，故不如死，孟軻所謂「所惡有甚於死者」正是此理。貴生之術本在使所欲皆得其宜，如果生而不得所欲，死而得其所安，那自然是生不如死了。

《呂氏春秋》說：「天下輕於身，而士以身為人。以身為人者，如此其重也！」（《不侵》）

因為天下輕於一身，故以身為人死，或以身為一個理想死，才是真正看重那一死。這才叫做一死重於泰山。豈僅重於泰山，直是重於天下。故《呂氏春秋》又說：「石可破也，而不可奪堅；丹可磨也，而不可奪赤。堅與赤，性之有也。性也者，所受於天也，非擇取而為之也。豪士之自好者，其不可漫以汙也，亦猶此也……人之情莫不有重，莫不有輕。有所重則欲全之，有所輕則以養所重。伯夷、叔齊此二士者，皆出身棄生以立其意，輕重先定也。」（《誠廉》）

全生要在適性，全性即是全生。重在全性，故不惜殺身「以立其意」。老子曾說：「故貴以身為天下，若（乃）可寄天下。愛以身為天下，若可托天下。」《呂氏春秋》解釋此意道：「惟不以天下害其生也者，可以托天下。」又說：「天下輕於身，而士以身為人。以身為人者，如此其重也！」

明白了這種精神，我們才能瞭解這種貴生重己的個人主義。

儒家的「孝的宗教」雖不是個人主義的思想，但其中也帶有一點貴生重己的色彩。孝的宗教教人尊重父母的遺體，要人全受全歸，要人不敢毀傷身體髮膚，要人不敢以父母之遺體行殆，這裡也有一種全生貴己的意思。「大孝尊親，其次弗辱」，這更有貴生的精神。推此精神，也可以養成「不降其志，不辱其身」的人格。所不同者，貴生的個人主義重在我自己，而儒家的孝道重在我身所自生的父母，兩種思想的流弊大不同，而在這尊重自身的一點上確有聯盟的可能。故《呂氏春秋》也很注重孝的宗教，《孝行覽》一篇專論孝道，甚至於說：「夫執一術而百善至、百邪去、天下從者，其惟孝也。」這是十分推崇的話了。但他所引儒家論孝的話，都是全生重身的話，如曾子說的：「身者，父母之遺體也。行父母之遺體，敢不敬乎？居處不莊，非孝也。事君不忠，非孝也。蒞官不敬，非孝也。朋友不篤，非孝也。戰陣無勇，非孝也。五行不遂，災及乎親，敢不敬乎？」

又如曾子「舟而不遊，道而不徑」的話；又如樂正子春下堂傷

足的故事裡的「父母全而生之，子全而歸之，不虧其身，不損其形，可謂孝矣」的一段話，都可以算作貴生重己之說的別解。《孝行覽》又說：「身也者，非其私有也，嚴親之遺躬也……父母既沒，敬行其身，無遺父母惡名，可謂能終矣。」

這正是一種變相的貴生重己主義。

◆二、《呂氏春秋》的政治思想

《呂氏春秋》的政治思想，根據於「法天地」的自然主義，充分發展貴生的思想，側重人的情欲，建立一種愛利主義的政治哲學。此書開篇第一句話便是：「始生之者，天也；養成之者，人也。能養天之所生而勿攖之謂天子。天子之動也，以全天為故者也。此官之所自立也。立官者，以全生也。今世之惑主，多官而反以害生，則失所為立之矣。譬之若修兵者，以備寇也，今修兵而反以自攻，則亦失所為修之矣。」（《本生》）

政府的起源在於「全生」，在於利群。《恃君》篇說：「凡人之性，爪牙不足以自守衛，肌膚不足以捍寒暑，筋骨不足以從利辟害，勇敢不足以卻猛禁悍，然且猶裁萬物，制禽獸，服狡蟲，寒暑燥濕弗能害，不唯先有其備而以群聚耶？群之可聚也，相與利之也。利之出於群也，君道立也。故君道立則利出於群，而人備可完矣。昔太古嘗無君矣，其民聚生群處，知母不知父，無親戚兄弟夫妻男女之別，無上下長幼之道，無進退揖讓之禮，無衣服履帶宮室蓄積之便，無器械舟車城郭險阻之備：此無君之患……自上世以來，天下亡國多矣，而君道不廢者，天下利之也。故廢其非君，而立其行君道者。」

這裡可以看出《呂氏春秋》的個人主義在政治上並不主張無政府。政府之設是為一群之利的，所以說：「置君非以阿君也，置天子非以阿天子也，置官長非以阿官長也。」（《恃君》）所以說：「故廢其非君，而立其行君道者。」所以說：「天下非一人之天下也，天下之天下也。」（《貴公》）

政府的功用在於全生，故政府的手段在於利用人的情欲。《用

民》篇說：「民之用也有故。得其故，民無所不用。用民有紀有綱。壹引其紀，萬目皆起。壹引其綱，萬目皆張。為民紀綱者何也？欲也，惡也。何欲？何惡？欲榮利，惡辱害。辱害所以為罰充也。（充，實也。）榮利所以為賞實也。賞罰皆有充實，則民無不用矣。」《為欲》篇說：「使民無欲，上雖賢，猶不能用。夫無欲者，其視為天子也，與為輿隸同；其視有天下也，與無立錐之地同；其視為彭祖也，與為殤子同。天子，至貴也；天下，至富也；彭祖，至壽也。誠無欲，則是三者不足以勸。輿隸，至賤也；無立錐之地，至貧也；殤子，至夭也。誠無欲，則是三者不足以禁……故人之欲多者，其可得用亦多；人之欲少者，其得用亦少；無欲者，不可得用也。」

這樣尊重人的欲惡，這樣認為政府的作用要「令人得欲無窮」，便是一種樂利主義的政治學說。墨家也講一種樂利主義，但墨家律己太嚴，人人「以自苦為極」，而對人卻要「兼而愛之，兼而利之」，這裡面究竟有點根本的矛盾。極少數人也許能有這種犧牲自己而樂利天下的精神，但在這種違反人情的人生觀之上絕不能建立真正健全的樂利主義。創始的人可以一面刻苦自己而一面竭力謀樂利天下，但後來的信徒必有用原來律己之道來責人的；原來只求自己刻苦，後來必至於責人刻苦；原來只求自己無欲，後來必至於要人人無欲。如果自苦是不應該的，那麼，先生為什麼要自苦呢？如果自苦是應該的，那麼，人人都應該自苦了。故自苦的宗教絕不能有樂利的政治，違反人情的道德觀念絕不能產生體貼人情的政治思想。《莊子・天下篇》說得最好：「其生也勤，其死也薄，其道大觳(ㄏㄨˊ)，使人憂，使人悲，其行難為也。……反天下之心，天下不堪。墨子雖能獨任，奈天下何？……將使後世之墨者必自苦，以腓無胈脛無毛相進而已矣。亂之上也，治之下也。」

故健全的樂利主義的政治思想，必須建築在健全的貴己貴生的個人主義的基礎之上。（近世的樂利主義〔Utilitarianism〕的提倡者，如邊沁，如穆勒，皆從個人的樂利出發。）《呂氏春秋》的政治思想重在使人民得遂其欲，這便是一種樂利主義。

這一派的思想以愛利為政治的綱領，故雖然時時欽敬墨者任俠好義的行為，卻終不能贊同墨家的許多極端主張。他們批評墨家，

也就是用樂利主義為立論的根據。如他們批評「非樂」的話：「始生人者，天也，人無事焉。天使人有欲，人弗得不求。天使人有惡，人弗得不辟。欲與惡所受於天也，人不得興焉，不可變，不可易。世之學者有非樂者矣，安由出哉？」（《大樂》）

這樣承認音樂是根據於「不可變，不可易」的天性，便完全是自然主義者的樂利思想。

他們批評「非攻」「偃兵」之論，也是從人民的利害上立論。第一，他們認為戰爭為人類天性上不可避免的：「古聖王有義兵而無有偃兵。兵之所自來者久矣，與始有民俱。凡兵也者，威也。威也者，力也。民之有威力，性也。性也者，所受於天也，非人之所能為也。武者不能革，而工者不能移。」（《蕩兵》）這仍是自然主義者的話，與上文所引承認欲惡為天性是一樣的理論。第二，戰爭雖是不能革，不能移，其中卻有巧拙之分，義與不義之別。分別的標準在於人民的利害。他們說：「夫有以噎死者，欲禁天下之食，悖；有以乘舟死者，欲禁天下之船，悖；有以用兵喪其國者，欲偃天下之兵，悖。夫兵不可偃也，譬之若水火然，善用之則為福，不能用之則為禍；若用藥者然，得良藥則活人，得惡藥則殺人。義兵之為天下良藥也亦大矣。」（《蕩兵》）「攻無道而伐不義，則福莫大焉，黔首利莫厚焉。禁之者，是息有道而伐有義也，是窮湯武之事而遂桀紂之過也。」（《振亂》）

在這些話裡，我們可以看出秦始皇的武力統一政策的理論。我們不要忘了呂不韋是秦始皇的丞相，秦始皇是他的兒子，將來幫助始皇做到天下統一的李斯，也是呂不韋門下的舍人，也許即是當日著作《呂氏春秋》的一個人。當時秦國的兵力已無敵於中國，而武力的背後又有這種自覺的替武力辯護的理論，明白的排斥那些非攻偃兵的思想，明白的承認弔民伐罪是正當的。這是帝國統一的思想背景。

《呂氏春秋》主張君主政治，其理由如下：「軍必有將，所以一之也；國必有君，所以一之也；天下必有天子，所以一之也；天子必執一，所以摶之也。一則治，兩則亂。今御驪馬者，使四人，人操一策，則不可以出於門閭者，不一也。」（《執一》）

這是當時政治思想的最普通的主張，無甚深意。墨家的尚同主義不但要一個一尊的天子，還要上同於天。儒家的孟、荀都主張君主。孟子雖有民為貴之論，但也不曾主張民權，至多不過說人民可以反抗獨夫而已。古代東方思想只有「民為邦本」「民為貴」之說，其實並沒有什麼民主、民權的制度。極端左派的思想確有「無君」「無所事聖王」之說，但無政府是一件事，民主制度另是一件事。東方古代似乎沒有民主的社會背景，即如古傳說的堯、舜禪讓，也仍是一種君主制。因為沒有那種歷史背景，故民權的學說無從產生。西洋的政治史上是先有民權制度的背景，然後有民權主義的政治學說。

但世襲的君主制，究竟和賢能政治的理想不能相容。君主的威權是絕對的，而君主的賢、不肖是不能預定的。以無知或不賢的人，當絕對的大威權，這是絕大的危險。而名分既定，臣民又無可如何，難道只好聽他虐民亡國嗎？這是古代政治思想的一個中心問題。這問題便是怎樣可以防止避免世襲君主制的危險。西元前四世紀到三世紀之間，政治哲學對於這個問題，曾有幾種重要的解答：第一，是提倡禪國讓賢。禪讓之說，在這時代最風行，造作的讓國神話也最多，似乎都有暗示一種新制度的作用。第二，是主張人民對於暴君有反抗革命的權利。孟子所謂「君之視臣如土芥，則臣視君如寇讎」，「聞誅獨夫紂矣，未聞弒君也」，都是很明白的承認人民革命的權利。第三，是提倡法治的虛君制度。慎到（《古代哲學史》第十二篇，第一章，一〇）、韓非（同書第十二篇，第二章，四〇）等人都主張用法治來代替人治。韓非說得最透徹：「釋法術而任心治，堯不能正一國。去規矩而妄意度，奚仲不能成一輪。……使中主守法術，拙匠守規矩尺寸，則萬不失矣。君人者能去賢巧之所不能，守中拙之所萬不失，則人力盡而功名立。」（《韓非子˙用人》）這是說，若能守著標準法則，君主的賢、不賢都不關重要了。這是一種立憲政體的哲學，其來源出於慎到的極端自然主義。慎到要人「棄知，去己，而緣不得已」。《莊子˙天下》篇說此理最妙：「推而後行，曳而後往，若飄風之還，若羽之旋，若磨石之隧，全而無非，動靜無過，未嘗有罪。是何故？夫無知之物無建己之患，無用

知之累，動靜不離於理，是以終生無譽。故曰，至若無知之物而已，無用賢聖。」這是當日的法治主義的學理的根據。慎到要人學無知之物，棄知，去己，不用主觀的私見，不用一己的小聰明，而完全依著物觀的標準，不得已而後動，如飄風之旋，如石頭之下墜，動靜皆不離於自然之理。這種無知無為的思想，應用到政治上便成了法治的哲學。

《呂氏春秋》的政治哲學大概很受了這種思想的影響，故雖不主張純粹的法治主義，卻主張一種無知無為的君道論。《君守》篇說：「得道者必靜，靜者無知。知乃無知，可以言君道也（乃字疑當在可字上）……天無形，而萬物以成；至精無象，而萬物已化；大聖無事，而千官盡能。此乃謂不教之教，無言之詔。故有以知君之狂也，以其言之當也；有以知君之惑也，以其言之得也。君也者，以無當為當，以無得為得者也。當與得不在於君而在於臣。故善為君者無識，其次無事。有識則有不備矣，有事則有不恢矣。」《任數》篇說：「君道無知無為，而賢於有知有為，則得之矣。」

為什麼要無知無為呢？因為：「耳目心智其所以知識甚闕，其所以聞見甚淺。以淺闕博居天下，安殊俗，治萬民，其說固不行。十里之間而耳不能聞，帷牆之外而目不能見，三畝之宮而心不能知。其以東至開梧，南撫多倕，西服壽靡，北懷儋耳，若之何哉？」（《任數》）因為：「人主好以己為，則守職者舍職而阿主之為矣。阿主之為，有過則主無以責之，則人主日侵而人臣日得。」（《君守》）因為：「人主自智而愚人，自巧而拙人，若此，則……請者愈多，且無不請也。主雖巧智，未無不知也。以未無不知，應無不請，其道固窮。為人主而數窮於其下，將何以君人乎？」（《知度》）

因為這些理由，人主應該無知無事。「『去聽，無以聞則聰。去視，無以見則明。去智，無以知則公。去三者不任則治，三者任則亂』」。「耳目知巧固不足恃，惟循其數，行其理為可。」（《任數》，循字舊作術，依《序意》篇改）

這就是上文所引《序意》篇所說「行其數，循其理，平其私。夫私視使目盲，私聽使耳聾，私慮使心狂」的意思。用個人的耳目智巧，總不能無私，所以人君之道須學那無知之物，然後可以無建

己之患，無用知之累。故說：「至智棄智，至仁忘仁，至德不德。無言無思，靜以待時。時至而應，心暇者勝。……無唱有和，無先有隨。古之王者，其所為少，其所因多。因者，君術也。為者，臣道也。為則擾矣，因則靜矣。因冬為寒，因夏為暑，君奚事哉？」（《任數》）

「今召客者，酒酣歌舞，鼓瑟吹竽。明日不拜樂己者，而拜主人，主人使之也。先王之立功名，有似於此……」「譬之若為宮室，必任巧匠。……宮室已成，不知巧匠，而皆曰：『善，此某君某王之宮室也。』此不可不察也。」（《分職》）

我們看了這種議論，可以知道《呂氏春秋》雖然採用自然主義者的無知無為論，卻仍回到一種虛君的丞相制，也可以說是虛君的責任內閣制。君主無知無事，故不負責任，所謂「塊不失道」即是虛君立憲國家所謂「君主不會做錯事」。不躬親政事，故不會做錯事。政事的責任全在丞相身上。《君守》篇所謂「當與得不在於君而在於臣」是也。慎到是純粹法治家，故說「無用賢聖，夫塊不失道。」但《呂氏春秋》的作者是代一個丞相立言，故有時雖說「正名」，有時雖說「任數」，卻終不能不歸到信任賢相，所謂「為宮室必任巧匠，匠不巧則宮室不善」。君主是世襲的，位固定而人不必皆賢。丞相大臣是選任的，位不固定而可以選賢與能。這是虛君的丞相制。《勿躬》篇又說：管仲推甯戚為大田，隰朋為大行，東郭牙為大諫臣，王子城父為大司馬，弦章為大理。

桓公曰：「善，令五子皆任其事，以受令於管子。」十年，九合諸侯，一匡天下，皆夷吾與五子之能也。

這是虛君的責任內閣制。大臣受令於丞相，丞相對君主負責任，這種制度似乎遠勝於君主獨裁制了。但在事實上，誰也不能叫君主實行無知無為，這是一大困難。丞相受任於君主，誰也不能叫他必任李斯而不任趙高，這是二大困難。一切理想的虛君論終沒有法子衝破這兩大難關，所以沒有顯著的成績可說。貓頸上掛串鈴兒，固然於老鼠有大利益，但叫誰去掛這串鈴呢？後世的虛君內閣制所以能有成效，都是因為實權早已不在君主手裡了。

我在上文曾指出《呂氏春秋》不信任民眾的知識能力，故不主

張民主政治，而主張虛君之下的賢能政治。但《呂氏春秋》的政治主張根本在於重民之生，達民之欲，要令人得欲無窮。這裡確含有民主政治的精神。所以此書中極力提倡直言極諫的重要，認為這是宣達民人欲望的唯一方法，遂給諫官制度建立一個學理的基礎。《達鬱》篇說：「凡人三百六十節，九竅，五臟六腑，肌膚欲其比（高注：比猶致也。畢沅注：謂緻密）也，血脈欲其通也，筋骨欲其固也，心志欲其和也，精氣欲其行也。若此，則病無所居，而惡無由生矣。病之留，惡之生也，精氣鬱也。故水鬱則為汙，樹鬱則為蠹，草鬱則為蕢。（畢沅引梁履繩說《續漢書˙郡國志》三注引《爾雅》「木立死曰災」，又引此「草鬱即為災」，疑蕢本是菑字，即災也，因形近而訛）國亦有鬱，主德不通，民欲不達，此國之鬱也。國鬱處久，則百惡並起，而萬災叢生矣。上下之相忍也，由此出矣。故聖王之貴豪士與忠臣也，為其敢直言而決鬱塞也。」

此下引召公諫周厲王的話：「防民之口，甚於防川。川壅而潰，敗人必多。夫民猶是也。是故治川者決之使導，治民者宣之使言。是故天子聽政，使公卿列士正諫，好學博聞獻詩，錡箴，師誦，庶人傳語，近臣盡規，親戚補察，而後王斟酌焉。是以下無遺善，上無過舉。」（此文又見《國語》，文字稍不同）

這都是直言極諫的用處：達民欲，決鬱塞，聞過失，都可以補救君主政治的缺點。中國古來本有這個直言極諫的風氣，史傳所記的直諫故事不可勝舉，最動人的莫如《呂氏春秋》所記葆申笞責楚文王的故事。

這一類的故事便是諫諍制度的歷史背景。御史之官出於古之「史」，而巫祝史卜同是宗教的官，有宗教的尊嚴。春秋時代，齊之太史直書崔杼弒君，兄弟相繼被殺而不肯改變書法；晉之太史董狐直書趙盾弒君，而趙氏不敢得罪他。史官後來分化，一邊仍為記事之史，而執掌天文星占之事，仍有一點宗教的權威；一邊便成為秦以下的御史，純粹是諫官了。葆申故事裡說先王卜他為保，故他能代表先王，這裡面也含有宗教的權威。古代社會中有了這種歷史背景，加上自覺的理論，故諫官制度能逐漸演進，成為裁制君權的最重要制度。

胡適（1891～1962），中國現代學者。原名洪騂，字適之，安徽績溪人。1910 年赴美國，就讀於康乃爾大學和哥倫比亞大學，從學於實用主義哲學家杜威。1917 年初在《新青年》上發表《文學改良芻議》，反對文言文，提倡白話文，主張文學革命。同年 7 月回國，任北京大學教授。參加編輯《新青年》，發表新詩集《嘗試集》，為當時新文化運動的著名人物。1938 年任駐美大使，代表國民政府簽訂了《中美互助條約》。1942 年任行政院最高政治顧問。1946 年任北京大學校長。1948 年去美國，後在台灣去世。著有《中國哲學史大綱》（上卷）、《白話文學史》（上卷）、《胡適文存》等。以上「代序」節選自《胡適文存》三集卷三，略有刪節。

目錄

◎卷一　孟春紀第一

題解

◆ 孟春紀為「十二紀」之首，由孟春紀、本生、重己、貴公、去私五篇組成。其中孟春紀為《禮記‧月令》之一，記述了正月的天象、物候、氣候，君王的衣食住行，國家針對農業生產發佈的政令以及應當注意的諸多事項，其中涉及生態保護的內容，今天仍然值得我們重視。本生篇、重己篇為陰陽家的學說，從不同角度論述了養生之道。貴公篇、去私篇分別為伊尹學派、墨家的學說，論述了國君貴在公正、去除私心的主題。

❁孟春紀

➲ 原文

孟春之月①，日在營室②，昏參中③，旦尾中④。其日甲乙⑤，其帝太皞⑥，其神句芒⑦。其蟲鱗，其音角⑧，律中太蔟⑨。其數八⑩，其味酸，其臭膻⑪，其祀戶⑫，祭先脾。東風解凍，蟄蟲始振⑬，魚上冰，獺祭魚⑭，候雁北。天子居青陽左個⑮，乘鸞輅，駕蒼龍，載青旗，衣青衣，服青玉，食麥與羊，其器疏以達。

是月也，以立春。先立春三日，太史謁之天子曰⑯：「某日立春，盛德在木。」天子乃齋⑰。立春之日，天子親率三公、九卿、諸侯、大夫⑱，以迎春於東郊；還，乃賞公卿、諸侯、大夫於朝。命相布德和令，行慶施惠，下及兆民。慶賜遂行，無有不當。乃命太史，守典奉法，司天日月星辰之行，宿離不忒⑲，無失經紀⑳，以初為常㉑。

是月也，天子乃以元日祈谷於上帝。乃擇元辰，天子親載耒耜㉒，措之參於保介之御間㉓，率三公、九卿、諸侯、大夫，躬耕帝籍田㉔。天子三推，三公五推，卿、諸侯、大夫九推。反㉕，執爵於太寢㉖，三公、九卿、諸侯、大夫皆御，命曰「勞酒」。

是月也，命樂正入學習舞。乃修祭典，命祀山林川澤，犧牲無用牝㉗。禁止伐木，無覆巢，無殺孩蟲胎夭飛鳥，無麛無卵㉘，無

聚大眾，無置城郭，掩骼霾髊㉙。

注釋

① 孟春：夏曆春季第一個月。

②③④ 營室、參、尾：星宿名。均為二十八宿之一。

⑤ 其日甲乙：古代 以十天干紀日，十日一循環。古代的陰陽五行學家將十天干分屬五行，以為甲乙屬木行；將四季分屬五行，以為春季屬木行。因此甲乙日被認為是春季最為重要的代表日。

⑥ 太皞（ㄏㄠˋ）：即伏羲氏。傳説中上古東方部落首領，死後被尊為東方之帝，於五行則為木帝。

⑦ 句（ㄍㄡ）芒：傳説中上古另一部落首領少皞氏之子，名重，因輔佐木帝即太皞有功，死後被尊為木神。又為木星名。

⑧ 角：古代五音（宮、商、角、徵、羽）之一。古人將五音與四季、五行相配，以角配春，配木。

⑨ 太蔟（ㄘㄨˋ）：古代樂律十二律中陽律的第二律。古人將十二律與十二個月相配，太蔟配正月，因此太蔟也為正月的別稱。

⑩ 其數八：指春月之成數。據説五行排列順序之數，即一水，二火，三木，四金，五土，分別加五即為五行的成數，如水的成數是六，火的成數是七，木的成數是八。春季屬木，故春月的成數為八。

⑪ 臭（ㄒㄧㄡˋ）：氣味的總稱。

⑫ 戶：此處指戶神。

⑬ 蟄（ㄓˊ）蟲：指冬眠的動物。

⑭ 獺（ㄊㄚˇ）祭魚：水獺將捕到的魚陳列在水邊，有如祭祀。獺，哺乳動物，腳短，趾間有蹼，體長七十餘公分。晝伏夜出，善游水，食魚、蛙等。

⑮ 青陽左個：周代帝王宣明政教的地方稱明堂，東向堂謂之為青陽；堂各有左右房，稱個。

⑯ 太史：官名。西周、春秋時太史掌記載史事、編寫史書、起草文書，兼管國家典籍和天文曆法等。

⑰ 齋：齋戒。古人祭祀之前，必沐浴更衣，不喝酒，不吃葷，

不與妻妾同寢，以示虔誠莊敬，稱為齋戒。

⑱ 三公：周代三公有兩說。一說司徒、司馬、司空為三公，一說太師、太保、太傅為三公。為共同負責軍政事務的最高長官。九卿：古代中央政權的高級官吏。各代九卿不一，元‧馬端臨《文獻通考》以少師、少傅、少保、冢宰、司徒、宗伯、司馬、司寇、司空為周之九卿。

⑲ 宿離：指日月經行的軌道。忒（ㄊㄜˋ）：差錯。

⑳ 經紀：這裡指天文進退遲速的度數。

㉑ 初：舊。

㉒ 耒耜（ㄌㄟˇ　ㄙˋ）：古代一種像犁的翻土農具。耜用於起土，耒是耜上的彎木柄。也用做農具的統稱。

㉓ 保介：站在車右側的警衛。

㉔ 籍田：古代天子、諸侯徵用民力耕種的田。《禮記‧祭義》：「天子為籍千畝，諸侯為籍百畝。」每逢春耕前，天子、諸侯要在籍田上進行示範性的耕作，以示對農業的重視。

㉕ 反：通「返」。

㉖ 爵：盛酒的禮器。形似雀，青銅製，三足。用以溫酒或盛酒，盛行於殷代和西周初期。太寢：祖廟。

㉗ 牝（ㄆㄧㄣˋ）：雌性的鳥或獸，與「牡」相對。

㉘ 麛（ㄇㄧˊ）：幼鹿。也泛指幼獸。

㉙ 霾（ㄇㄞˊ）：通「埋」。髊（ㄘ）：肉未爛盡的骸骨。

譯文

春季正月，太陽運行到營室宿一帶，黃昏時參宿出現在南方天空的正中，黎明時尾宿出現在南方天空的正中。這個月的日子以甲乙為主日，太皞為天帝，句芒為天神。這個月，代表動物為披著鱗片的龍，五音中的角音與之相配，樂律中的太蔟與之應和。這個月的成數是八，人們感覺到的味道是酸，聞到的氣味是膻。這個月，祭祀的神是戶神，祭品要先用動物的脾臟。這個月，東風吹化了冰凍，冬眠的動物開始活動，魚類躍到水面的薄冰上，水獺將捕到的魚陳列水邊如祭祀，候鳥大雁正在北歸。天子居住

在明堂的青陽堂左側室，出巡時乘坐裝飾有鸞鈴的車輛，駕名為蒼龍的青色駿馬，車上插青色的龍旗，天子穿青色的衣服，佩戴青色的玉珮，吃的食物是麥子和羊肉，使用的器物上鏤刻著疏而通達的花紋。

這個月立春。立春前三天，太史拜見天子說：「某日立春，春天的盛氣在木。」天子於是齋戒。立春這天，天子親率三公、九卿、諸侯、大夫到東郊迎接春天的來臨。返回後，在朝中賞賜公卿、諸侯、大夫。又命令三公宣佈德政，頒發命令，慶賀施惠，下及百姓。慶賀賞賜於是順利進行，沒有不當之處。於是命令太史謹守典則，奉行法度，觀察日月星辰的運行，其位置和經行軌道的觀看測量不得出差錯，不要漏記其運行的度數，要以傳統的觀看測量方法為常法。

這個月，天子擇取吉日向上帝祈求五穀豐登。於是選擇吉利的時辰，天子親自運載耒耜，將其放在站在車右側的警衛與駕車人之間，率三公、九卿、諸侯、大夫，親自耕作籍田。天子推耒耜三次，三公推耒耜五次，卿、諸侯、大夫推耒耜九次。返回來後，天子在祖廟舉行宴會，三公、九卿、諸侯、大夫都陪侍飲酒，命名為「勞酒」。

這個月，命令主管樂舞的樂正進入學宮教習舞蹈。修訂祭祀典章，命令祭祀山林川澤，祭祀的牲畜不得用母獸。禁止砍伐樹木，不得顛覆鳥巢，不得捕殺幼蟲、小獸、飛鳥，不得抓捕小鹿、掏取禽蛋，不得聚集大眾，不得修築城郭，要掩埋枯骨腐屍。

本生

原文

始生之者，天也；養成之者，人也。能養天之所生而勿攖之謂天子①。天子之動也，以全天為故者也。此官之所自立也。立官者，以全生也。今世之惑主，多官而反以害生，則失所為立之矣。譬之若修兵者，以備寇也，今修兵而反以自攻，則亦失所為修之矣。

今有聲於此②，耳聽之必慊已③，聽之則使人聾，必弗聽；有

色於此，目視之必慊己，視之則使人盲，必弗視；有味於此，口食之必慊己，食之則使人喑④，必弗食。是故聖人之於聲色滋味也，利於性則取之⑤，害於性則舍之。此全性之道也。

貴富而不知道，適足以為患，不如貧賤。貧賤之致物也難，雖欲過之，奚由？出則以車，入則以輦⑥，務以自佚⑦，命之曰「招蹶之機⑧」。肥肉厚酒，務以自強，命之曰「爛腸之食」。靡曼皓齒⑨，鄭衛之音⑩，務以自樂，命之曰「伐性之斧」。三患者，貴富之所致也。故古之人有不肯貴富者矣，由重生故也；非誇以名也，為其實也。則此論之不可不察也。

注釋

①攖（ㄧㄥ）：觸犯。

②今：假使；如果。

③慊（ㄑㄧㄢ ˋ）：愉悅；滿足；愜意。

④喑（ㄧㄣ）：嗓子啞，不能出聲；失音。

⑤性：性命。

⑥輦（ㄋㄧㄢ ˇ）：古代用人拉的車，秦漢後多指皇帝、皇后坐的車。

⑦佚：通「逸」。逸樂。

⑧蹶（ㄐㄩㄝ ˊ）：顛仆；跌倒。

⑨靡曼：纖弱柔美。

⑩鄭衛之音：春秋戰國時鄭衛兩國的民間音樂。因不同於雅樂，曾被儒家斥為「亂世之音」。

譯文

賦予萬物生命的是天，養育萬物使之生長的是人。能養育天賦生命之萬物而不加觸犯的人是天子。天子的所作所為，以保全天性為本意。這是國家設置官吏的根本原因。設置官吏是為了保全生命。今世的糊塗君主，設立很多官職反倒禍害生命，這就違背了設立官職的本來意義。比如建設軍隊，本來是用來防備外來侵略的，現在建設軍隊反倒用來自相攻擊，這就失去了建設軍隊的初衷。

假設這裡有一種音樂，聽到後一定使自己感到愉悅，但聽過它後就會使人耳聾，就一定不要去聽；假設這裡有一種色彩，看到後一定會感到愉悅，但看過它後就會使人眼瞎，就一定不要去看；假設這裡有一種吃的東西，吃到後一定會感到愉悅，但吃過它後就使人失音，就一定不要去吃。因此聖人對待音樂、色彩、食物，利於生命的就接受，損害生命的就捨棄。這是保全生命的宗旨。

富貴卻不明白養生之道，就足以引起禍患，反而不如貧賤的人。貧賤的人得到東西很難，雖然想奢侈，又哪裡有物質條件呢？出門坐車，進門乘輦，非要使自己安逸享受，這些車輦便可叫做「引發腿腳無法正常行走的機器」。肥肉醇酒，非要用這些滋補自己，這些酒肉便可叫做「爛腸的食物」。纖弱美貌的女人，鄭衛的亂世之音，非要用這些來取樂，這種聲色便可稱為「砍傷性命的斧子」。以上三種禍害，都是由於富貴引起的。所以古代有不願意富貴的人，是因為看重生命；不是為了追求虛名，而是為了實在的好處。如此，富貴禍福之關係不可不明察啊。

❁重　己

➲ 原文

倕①，至巧也，人不愛倕之指，而愛己之指，有之利故也。人不愛崑山之玉、江漢之珠②，而愛己之一蒼璧小璣③，有之利故也。今吾生之為我有，而利我亦大矣。論其貴賤，爵為天子，不足以比焉；論其輕重，富有天下，不可以易之；論其安危，一曙失之，終生不復得。此三者，有道者之所慎也。

使烏獲疾引牛尾④，尾絕力勯⑤，而牛不可行，逆也。使五尺豎子引其棬⑥，而牛恣所以之，順也。世之人主貴人，無賢不肖，莫不欲長生久視，而日逆其生，欲之何益？凡生之長也，順之也；使生不順者，欲也。故聖人必先適欲。

室大則多陰，台高則多陽；多陰則蹷⑦，多陽則痿⑧。此陰陽不適之患也。是故先王不處大室，不為高台，味不眾珍，衣不熱⑨

。熱則理塞⑩，理塞則氣不達；味眾珍則胃充，胃充則中⑪大鞔，中大鞔而氣不達。以此長生可得乎？

注釋

①倕（ㄔㄨㄟˊ）：人名。相傳為中國上古堯舜時代的一名巧匠，善作弓、耒、耜等。

②昆山之玉：崑崙山的美玉。　江漢之珠：長江和漢水一帶出產的明珠。

③蒼璧：含石成分多的玉。　璣（ㄐㄧ）：不圓的珠子。

④烏獲：戰國時秦國的大力士。

⑤勯（ㄉㄢ）：竭盡。

⑥棬（ㄑㄩㄢ）：牛鼻環。

⑦蹶（ㄐㄩㄝˊ）：中醫病名。主要症狀為暈眩倒地，失去知覺。

⑧痿：中醫病名。主要症狀為肢體痿弱無力。

⑨燀（ㄔㄢˇ）熱：過分熱。，熱。

⑩理：指脈理。

⑪中：指腹內。　鞔（ㄇㄢˊ）：通「懣」。悶脹。

譯文

倕，是手藝最巧的工匠，人們不愛倕的手指，而愛自己的手指，是因為它們能為自己所使用。人們不愛崑山的美玉、長江和漢水出產的明珠，卻愛自己成色不純的玉石、形狀不圓的小珠，是因為它們可以為自己利用。現在，我的生命歸我所有，給我帶來的好處也很大。論其貴賤，即使貴為天子，也不足以和我的生命相比；論其輕重，即使富有天下，也不能和我的生命交換；論其安危，一旦失去了它，就一生再也不能得到。這三個方面，是有道之士慎重考慮的事情。

如果讓大力士烏獲用力拉牛尾巴，即使將牛尾巴拉斷，力氣用盡，牛也不可能被拉動，因為這違背了牛的天性。如果讓五尺孩童牽著牛鼻環，牛就會任他牽到要去的地方，因為這順從了牛

的天性。世上的君王、公卿，無論聖賢還是庸人，沒有不想長生不老的，卻每天違背養生之道，想要長壽又於事何益呢？大凡長壽，就要順從養生之道；不順從養生之道的原因是欲望。因此聖人必須先適度地節制欲望。

房子太大就會陰氣過多，亭台過高就會陽氣過盛。陰氣過多會讓人患蹶病，陽氣過盛會讓人患痿病，這是陰氣陽氣不適度的禍患呀。所以古代君王不住太大的房屋，不建太高的廳台，不吃過多的美味，不穿過暖的衣服。穿得過暖就會使脈理阻塞，脈理阻塞就會使血脈不通；吃過多的美味就會使胃部充滿，胃部充滿就會使腹中極度悶脹，腹中極度悶脹就會氣血不通。以這樣的方式生活能長壽嗎？

貴　公

原文

昔先聖王之治天下也，必先公。公則天下平矣，平得於公。嘗試觀於上志①，有得天下者眾矣，其得之以公，其失之必以偏。凡主之立也，生於公。故《鴻範》曰②：「無偏無黨，王道蕩蕩③；無偏無頗，遵王之義；無或作好④，遵王之道；無或作惡，遵王之路。」

天下，非一人之天下也，天下之天下也。陰陽之和，不長一類；甘露時雨，不私一物；萬民之主，不阿一人……天地大矣，生而弗子，成而弗有，萬物皆被其澤，得其利，而莫知其所由始。此三皇五帝之德也⑤。

管仲有病⑥，桓公往問之⑦，曰：「仲父之病矣，漬甚⑧，國人弗諱，寡人將誰屬國？」管仲對曰：「昔者臣盡力竭智，猶未足以知之也。今病在於朝夕之中，臣奚能言？」桓公曰：「此大事也，願仲父之教寡人也。」管仲敬諾，曰：「公誰欲相？」公曰：「鮑叔牙可乎⑨？」管仲對曰：「不可。夷吾善鮑叔牙。鮑叔牙之為人也，清廉潔直，視不己若者，不比於人；一聞人之過，終生不忘。」「勿已⑩，則隰朋其可乎⑪？」「隰朋之為人也，上志而下求，醜不若

黃帝⑫，而哀不已若者。其於國也，有不聞也；其於物也，有不知也；其於人也，有不見也。勿已乎，則隰朋可也。」夫相，大官也。處大官者，不欲小察，不欲小智，故曰：大匠不斫，大庖不豆⑬，大勇不鬥，大兵不寇。桓公行公去私惡，用管子而為五伯長⑭；行私阿所愛，用豎刀而蟲出於戶⑮。

注釋

①上志：古代典籍。

②《鴻範》曰：《尚書・周書》中的一篇，一作《洪範》。

③王道：儒家提出的一種以仁義治天下的政治主張。與霸道相對。

④無或：不要。

⑤三皇五帝：指古代傳說中的帝王。說法不一，通常稱伏羲、燧（ㄙㄨㄟˋ）人、神農為三皇，黃帝、顓頊（ㄓㄨㄢ　ㄒㄩˋ）、帝嚳（ㄎㄨˋ）、唐堯、虞舜為五帝。

⑥管仲：春秋時齊國人。名夷吾，字仲，齊桓公時為宰相，被尊為「仲父」。

⑦桓公：春秋時齊國國君。姓姜，名小白，西元前 685 ～西元前 643 年在位，是春秋「五霸」之首。

⑧漬（ㄗˋ）：染病。

⑨鮑叔牙：春秋時齊國大夫。以知人並篤於友誼著稱於世。

⑩勿已：不得已。

⑪隰(ㄒㄧˊ)朋：春秋時齊國大夫，管仲死後任齊國宰相。

⑫醜：羞愧。

⑬庖（ㄆㄠˊ）：廚師。　豆：古代食器。這裡用作動詞。

⑭五伯（ㄅㄚˋ）：春秋時先後稱霸的五個諸侯國國君，即齊桓公、晉文公、秦穆公、宋襄公、楚莊王。伯，通「霸」。

⑮豎刀（ㄉㄠ）：齊桓公的近臣。管仲死後，他與易牙、開方專權。蟲出於戶：齊桓公死，諸子爭立，豎刀與易牙等殺害群臣，立公子無虧，太子昭奔宋，造成齊國內亂，無人主喪，屍體停放了六十多天，裡面生出的蛆蟲爬出門外。

譯文

從前，古代聖王治理天下，必定把公正無私擺在首位。公正無私則天下太平，天下太平得之於公正無私。曾試著觀看古代典籍，得到天下的人很多，他們得到天下是因為公正無私，他們失去天下一定是因為偏私。大凡君主之立，出於公眾需要公正。所以《尚書‧洪範》說：「不要偏私，不結朋黨，王道平坦寬廣；不要偏袒，不失公正，遵行聖王的法則辦事；不要有個人的好惡，要遵行聖王之道；不要為非作歹，要遵行聖王之路。」

天下，不是一個人的天下，而是天下人的天下。陰陽和諧，不僅僅只讓一類物種生長；甘露時雨，不私自滋潤一種植物；萬民之君主，不偏袒一個人……天地胸懷廣大，賦予萬物生命卻不把它們視為自己的子女，養育萬物生長卻不把它們占為己有，萬物都承接到天地的恩澤，得到天地的好處，卻不知這些恩澤和好處從何而來。這就是三皇五帝的德政啊。

齊國的宰相管仲得了病，齊桓公前往問候他，說：「仲父，您的病很重，萬一您去世了，我將把國家託付給誰呢？」管仲說：「從前我盡力竭智，還不敢說我知道誰可以輔助您治理國家，現在我重病在身，命在旦夕，又怎能說出呢？」齊桓公說：「這是國家大事，希望仲父教導我啊。」管仲恭敬地答應了，說：「您想讓誰做宰相呢？」齊桓公說：「鮑叔牙行嗎？」管仲回答：「鮑叔牙不行。我和鮑叔牙交情很好，鮑叔牙為人清正廉潔剛直，看到不如自己的人，就不去接近；一旦聽說別人的過錯，就終生不忘。」齊桓公說：「不得已的情況下，讓隰朋做宰相行嗎？」管仲回答：「隰朋的為人，上追慕古代聖賢，下訪求賢能之士，為自己不如黃帝感到羞愧，而對不如自己的人同情。他對於國政，不去事事過問；他對於事物，不是樣樣知道；他對於人，不見小節。不得已的情況下，隰朋可以做宰相。」一國的宰相，是大官啊，當大官的人，不要苛察小事，不要耍小聰明。所以說：技藝高超的大工匠不親自揮斧砍削，善於烹調的大廚師不親自擺弄鍋碗瓢勺，極勇敢的大勇士不親臨陣地搏鬥，人數眾多的正義大軍不對

百姓搶掠騷擾。齊桓公早年做事公正，摒棄個人愛憎，重用與自己有仇的管仲，而成為春秋五霸之首；晚年放縱私欲寵愛奸佞，任用豎刀為臣，而落得國亂身亡屍體生蛆不能及時安葬的可悲下場。

去　私

原文

天無私覆也，地無私載也，日月無私燭也，四時無私行也。行其德而萬物得遂長焉①。

晉平公問於祁黃羊曰②：「南陽無令③，其誰可而為之？」祁黃羊對曰：「解狐可④。」平公曰：「解狐非子之讎邪⑤？」對曰：「君問可，非問臣之讎也。」平公曰：「善。」遂用之。國人稱善焉。居有間，平公又問祁黃羊曰：「國無尉⑥，其誰可而為之？」對曰：「午可。」平公曰：「午非子之子邪？」對曰：「君問可，非問臣之子也。」平公曰：「善。」又遂用之。國人稱善焉。孔子聞之曰：「善哉！祁黃羊之論也！外舉不避讎，內舉不避子。」祁黃羊可謂公矣。

注釋

①德：指天地、日月、四季運行的自然規律。

②晉平公：春秋時晉國國君。西元前557年～532年在位。祁黃羊：即祁奚，黃羊是他的字。晉國大夫。

③南陽：古地名。今河南濟源縣一帶。令：縣令。縣一級的行政長官。

④解狐：春秋時晉國大夫。

⑤讎（ㄔㄡˊ）：同「仇」。仇敵。

⑥尉：管理軍事的官員。

譯文

天無偏私地覆蓋萬物，地無偏私地承載萬物，日月無偏私地普照萬物，四季無偏私地順次交替。天地、日月、四季按照自然規律來運行，萬物就得以順利地生長了。

晉平公問於祁黃羊：「南陽沒有縣令，誰可以擔任這個職務？」祁黃羊回答：「解狐可以。」平公說：「解狐不是你的仇人嗎？」祁黃羊回答：「您問誰可以勝任南陽令，沒問我的仇人是誰。」平公說：「對。」於是任用了解狐。晉國人因此都稱讚祁黃羊。過了不久，平公又問祁黃羊：「國家缺少個軍尉，誰可以擔任這個職務？」祁黃羊回答：「祁午可以。」平公說：「祁午不是你的兒子嗎？」祁黃羊回答：「您問誰可以勝任軍尉這一職務，沒問我的兒子是誰。」平公說：「對。」於是又任用了祁午。晉國人又因此稱讚祁黃羊。孔子聽到這兩件事，說：「好啊！祁黃羊關於舉薦人才之論！舉賢時，對外不迴避仇人，對內不迴避兒子。」祁黃羊可以說是大公無私了。

◎卷二　仲春紀第二

題解

◆ 仲春紀由仲春紀、貴生、情欲、當染、功名五篇組成。其中仲春紀為《禮記 • 月令》之一，記述了夏曆二月的天象、物候、氣候、君王的衣食住行、國家政令以及應當注意的諸多事項。貴生、情欲兩篇均為子華子（春秋時魏國人）學派的學說，分別闡述了珍愛生命、節制情欲之必要性。當染篇系墨家的學說，主要論述了君主和臣子的關係對國家和君主個人的決定性作用。功名篇為儒家學說，論述了國君求取功名之道。

❁仲春紀

➲ 原文

仲春之月……始雨水①，桃李華②，蒼庚鳴③，鷹化為鳩④。天子居青陽太廟⑤，乘鸞輅，駕蒼龍，載青旂，衣青衣，服青玉，食麥與羊，其器疏以達。

是月也，玄鳥至⑥，至之日，乙太牢祀於高禖⑦。天子親往，后妃率九嬪御⑧，乃禮天子所御⑨，帶以弓韣⑩，授以弓矢，於高禖之前。

是月也，日夜分⑪，雷乃發聲，始電⑫。蟄蟲咸動，開戶始出⑬……日夜分，則同度量，鈞衡石⑭，角斗桶⑮，正權概⑯。

是月也，耕者少舍⑰，乃修闔扇⑱。寢廟必備⑲。無作大事⑳，以妨農功㉑。

是月也，無竭川澤，無漉陂池㉒，無焚山林。天子乃獻羔開冰，先薦寢廟㉓。

注釋

①雨水：開始下雨的意思。這裡所記的節氣與今不同，今之雨水在正月。

②華：同「花」。這裡用如動詞，開花。

③蒼庚：鳥名。黃鸝。

④鳩：布穀鳥。

⑤青陽太廟：東向明堂的中間正室。

⑥玄鳥：燕子。

⑦太牢：古代祭祀時，祭品中牛羊豖（豬）三牲具備叫「太牢」。高禖（ㄇㄟˊ）：指媒神。

⑧九嬪：泛指天子的眾妻妾。御：侍從。

⑨禮：用如動詞，舉行禮儀。天子所御：指天子所御幸而有孕的嬪妃。

⑩弓韣（ㄉㄨˊ）：弓袋、弓衣。

⑪日夜分：即春分。

⑫電：閃電。

⑬戶：蟲的洞穴。

⑭鈞：衡量輕重、數量等。衡石：泛指稱重量的器物。衡，秤；石，古代重量單位，一百二十斤為一石。

⑮角：校正。斗桶：斗和桶。兩種古量器。亦用為量器的統稱。

⑯正：校正。權概：衡器和量器。也泛指尺度、標準。權，秤

砣；概，量穀物時刮平斗斛的木板。

⑰ 少舍：稍稍休息。

⑱ 闔扇：門扇。

⑲ 寢廟：祭祀祖先的宗廟。

⑳ 大事：指征伐之事。

㉑ 農功：指農事。

㉒ 漉（ㄌㄨˋ）：使乾涸；竭盡。陂（ㄆㄛ）：池塘。

㉓ 薦：向鬼神進獻祭品。

譯文

仲春二月……進入雨水節氣，桃樹李樹開花，黃鸝鳴叫，天空中鷹的身影被布穀鳥取代。天子居住在東向明堂的中間正室，出巡時乘坐裝飾有鸞鈴的車輛，駕馭名為蒼龍的青色駿馬，車上插著青色的龍旗，天子穿青色的衣服，佩戴青色的玉珮，吃的食物是麥子和羊肉，使用的器物上鏤刻著疏而通達的花紋。

這個月，燕子飛來。燕子飛到的那天，用牛羊豕三牲祭祀媒神。天子親自西元前往，王后率領眾嬪妃陪從，於是為天子所御幸而有孕的嬪妃舉行禮儀，給她帶上弓套，授予她弓和箭，做這些要在媒神面西元前。

這個月，進入春分，有雷聲轟鳴，開始出現閃電。冬眠的動物都甦醒了，開始鑽出洞穴……進入春分，要統一度量衡器具，衡量稱重量的器物，校正量器的大小，校正衡器和量器的尺度、標準。

這個月，耕作的農夫稍稍休息，於是修理門扇。祭祀祖先的寢廟一定要維修得樣樣完備。不要興兵征伐，以免妨害農夫耕作。

這個月，不要使河川乾涸，不要用盡沼澤及蓄水池塘的水，不要焚燒山林。天子於是祭獻羔羊，打開冰窖取冰，先把祭品進獻給祖先的神靈。

❁貴　生

➲ 原文

聖人深慮天下，莫貴於生。夫耳目鼻口，生之役也①。耳雖欲聲，目雖欲色，鼻雖欲芬香，口雖欲滋味，害於生則止。在四官者不欲②，利於生者則弗為③。由此觀之，耳目鼻口不得擅行，必有所制。譬之若官職，不得擅為，必有所制。此貴生之術也。

故曰：道之真，以持身；其緒餘，以為國家；其土苴④，以治天下。由此觀之，帝王之功，聖人之餘事也，非所以完身養生之道也。今世俗之君子，危身棄生以徇物⑤，彼且奚以此之也？彼且奚以此為也？

凡聖人之動作也，必察其所以之與其所以為。今有人於此，以隋侯之珠彈千仞之雀⑥，世必笑之。是何也？所用重，所要輕也。夫生，豈特隋侯珠之重也哉！

注釋

①生：指生命。

②四官：指耳目鼻口。

③利於生者則弗為：當作「利於生者則為」。「弗」係衍字。

④土苴（ㄐㄩ）：渣滓；糟粕。比喻微賤的東西。猶土芥。

⑤徇物：以生命為代價去追求身外之物。徇，通「殉」。

⑥隋侯之珠：相傳隋侯救了一條受傷的大蛇，蛇銜來一顆明珠報答他。後人稱這顆明珠為「隋侯之珠」。　仞（ㄖㄣˋ）：古代長度單位。周制八尺為一仞。

譯文

聖人深思天下之事，認為沒有什麼事物比生命更寶貴。耳目鼻口，是受生命役使的器官。耳朵雖然想聽聲樂，眼睛雖然想看色彩，鼻子雖然想聞芳香，嘴巴雖然想吃美味，但如果對生命有害就應該止住。對於耳目鼻口不想接受的，有利於生命的也要去做。由此看來，耳目鼻口不能擅自行動，必須有所制約。這就像各種職官一樣，不能隨意所為，必須要有所制約。這是珍惜生命的方法啊。

所以說：道的本源，用來保全身體；道的餘緒，用來治理國家；

道的殘剩渣滓，用來治理天下。由此看來，帝王的功業是聖人閒暇之餘的事，並不是用以全身養生的方法。如今持有世俗觀念的所謂君子，損害身體捨棄生命去追求身外之物，他們為什麼要捨棄生命去追求身外之物呢？他們又為什麼要這樣做呢？

大凡聖人的行為舉止，必定明確知道所要達到的目的和為什麼要這樣做。假如有這樣一個人，用隋侯之珠去彈射飛翔高空的鳥，世上的人肯定會嘲笑他。這是為什麼呢？這是因為他彈射所用的東西太貴重，所要得到的東西太輕微了啊。至於生命，豈止如隋侯之珠那樣貴重呢！

情欲

原文

天生人而使有貪有欲。欲有情，情有節。聖人修節以止欲，故不過行其情也。故耳之欲五聲，目之欲五色，口之欲五味，情也。此三者，貴賤、愚智、賢不肖欲之若一，雖神農、黃帝①，其與桀、紂同②。聖人之所以異者，得其情也。由貴生動，則得其情矣；不由貴生動，則失其情矣。此二者，死生存亡之本也。

古人得道者，生以壽長，聲色滋味能久樂之，奚故？論早定也。論早定則知早嗇③，知早嗇則精不竭。秋早寒則冬必暖矣，春多雨則夏必旱矣。天地不能兩④，而況於人類乎？人之與天地也同。萬物之形雖異，其情一體也。故古之治身與天下者，必法天地也。尊⑤，酌者眾則速盡。萬物之酌大貴之生者眾矣。故大貴之生常速盡。非徒萬物酌之也，又損其生以資天下之人，而終不自知。功雖成乎外，而生虧乎內。耳不可以聽，目不可以視，口不可以食，胸中大擾，妄言想見，臨死之上，顛倒驚懼，不知所為。用心如此，豈不悲哉？

注釋

①神農：傳說中的古帝名，古史又稱炎帝、烈山氏。相傳我國的原始農業從神農教民耕種開始。民間又有神農嘗百草之傳說。黃帝：傳說中的古帝名，姬姓，號軒轅氏、有熊氏，被尊為中原各族

的共同祖先。

②桀：夏朝末代暴君。紂：商朝末代暴君。

③嗇（ㄙㄜˋ）：愛惜；吝惜。

④兩：兩全其美。

⑤尊：古代盛酒的器具。

譯文

天養育人而使人有貪心有欲望。有欲望就有情欲，有情欲就要有節制。聖人修練自制力以克制欲望，所以不會過度放縱自己的情欲。所以耳朵想聽悅耳的音樂，眼睛想看繽紛的色彩，嘴巴想吃各種美味，這些都是人之常情。享受聲、色、味，無論高貴的人還是卑賤的人，愚笨的人還是聰明的人，品德高尚的人還是品行低劣的人，欲望都是同樣的，即使是神農、黃帝，與夏桀、商紂相比也沒有差別。聖人之所以不同於普通人，就在於他們把情欲控制在適當的程度。從珍惜生命的角度考慮自己的行為，就會使情欲恰到好處；不從珍惜生命的角度考慮自己的行為，就會使情欲失去控制。這兩種情況，是決定生死存亡的根本啊。

古代的得道之人，生命能夠長壽，能長久地享受音樂、色彩、美味，這是什麼原因？是因為珍惜生命的觀念早就確立了啊！珍惜生命的觀念及早確立，就知道早些愛惜生命；知道早些愛惜生命，精力就不會衰竭。秋天早寒則冬天必定溫暖；春天多雨則夏天必定乾旱。天地之間的冷暖、水旱尚且不能兩全，又何況人類呢？人和天地一樣，不能兩全其美。萬物形狀雖然各異，但它們的本性是相同的。所以，古代修養身心與治理天下的人一定效法天地。盛滿酒的酒樽，舀酒的人多，空的就快。世間萬物從大富大貴之人的生命中取走的東西太多了，所以富貴之人的生命常常很快耗盡。取走富貴之人生命的不僅僅是萬物，富貴之人自己又損耗生命資助天下人，而自己卻始終不察覺。雖然表面上功成名就，實際上生命已損耗。以至耳不能聽，眼不能看，嘴不能吃，心神大亂，妄言幻覺，臨死之前，神經錯亂，驚恐萬狀，不知自己在做什麼。耗費心力到了這個地步，難道不可悲嗎？

當染

原文

墨子見染素絲者而歎曰①：「染於蒼則蒼，染於黃則黃，所以入者變，其色亦變，五入而以為五色矣。」故染不可不慎也。

非獨染絲然也，國亦有染②。舜染於許由、伯陽③，禹染於臯陶、伯益④，湯染於伊尹、仲虺⑤，武王染於太公望、周公旦⑥。此四王者，所染當，故王天下，立為天子，功名蔽天地。舉天下之仁義顯人，必稱此四王者。夏桀染於干辛、歧踵戎⑦，殷紂染於崇侯、惡來⑧，周厲王染於虢公長父、榮夷終⑨，幽王染於虢公鼓、祭公敦⑩。此四王者，所染不當，故國殘身死，為天下僇⑪。舉天下之不義辱人，必稱此四王者。齊桓公染於管仲、鮑叔，晉文公⑫染於咎犯、郄偃，荊莊王⑬染於孫叔敖、沈尹蒸，吳王闔廬⑭染於伍員、文之儀，越王勾踐⑮染於范蠡、大夫種。此五君者，所染當，故霸諸侯，功名傳於後世。范吉⑯射染於張柳朔、王生，中行寅⑰染於黃籍秦、高強，吳王夫差⑱染於王孫雄、太宰嚭，智伯瑤⑲染於智國、張武，中山⑳尚染於魏義、椻長，宋康王㉑染於唐鞅、田不禋。此六君者，所染不當，故國皆殘亡，身或死辱，宗廟不血食㉒，絕其後類，君臣離散，民人流亡。舉天下之貪暴可羞人，必稱此六君者。凡為君，非為君而因榮也，非為君而因安也，以為行理也。行理生於當染。故古之善為君者，勞於論人而佚於官事，得其經也。不能為君者，傷形費神，愁心勞耳目，國愈危，身愈辱，不知要故也。不知要故，則所染不當；所染不當，理奚由至？六君者是已。六君者，非不重其國、愛其身也，所染不當也。存亡故不獨是也，帝王亦然。

注釋

①墨子：名翟，戰國初魯國人，或說是宋國人，長期居住在魯國。曾擔任過宋國大夫。創立墨家學派。現存《墨子》五十三篇，是墨翟的門徒根據他的遺教編纂而成的。素絲：未經染色的生絲。

②染：薰陶；薰染。

③ 許由：傳說中的上古高士。相傳堯晚年想把天下讓給許由，許由不接受，逃隱於箕山之下，以種田為生。伯陽：堯時的賢人，傳說為舜七友之一。

④ 皋陶：傳說為舜之臣。掌刑獄之事，以正直著稱。伯益：舜時東夷部落的首領，為舜臣。

⑤ 湯：商朝的建立者。　伊尹：商湯的大臣。原為奴隸，後輔佐湯滅夏，建立商朝。後連仕三朝，被尊為阿衡（宰相）。　仲虺（ㄏㄨㄟˇ）：湯的左相。

⑥ 武王：周武王。姬姓，名發，周文王的兒子，西周王朝的建立者。　太公望：姜姓，名尚，號太公望。周文王在渭水邊遇到他，立他為師，武王尊他為師尚父。輔武王滅商，建立周王朝，被封於齊。

⑦ 干辛、歧踵戎：夏桀的兩個佞臣。

⑧ 崇侯：即崇侯虎。崇，國名；侯，爵位；虎，人名。崇國是商王朝的諸侯國，崇侯虎為紂王輔佐之臣。　惡來：殷紂王的諛臣。

⑨ 周厲王：西周國王，名胡。因荒淫暴虐而被國人放逐。　虢（ㄍㄨㄛˊ）公：周厲王的卿士，名長父。虢，國名。　榮夷終：周厲王的卿士，名終。榮，國名；夷，諡號。

⑩ 幽王：西周國王周幽王。西元前 781 年～前 771 年在位。西元前 771 年被犬戎殺於驪山下，西周從此滅亡。　虢（ㄍㄨㄛˊ）公鼓、祭公敦：周幽王的兩個卿士。虢、祭，周代國名。

⑪ 僇（ㄌㄨˋ）：侮辱。

⑫ 晉文公：春秋時期晉國國君。名重耳，獻公之子，西元前 636 ～前 628 年在位。因獻公聽信驪姬讒言，迫使重耳逃亡在外十九年。後由秦穆公發兵護送回國，被立為君。在位勵精圖治，國力強盛，成為春秋五霸之一。　咎犯：即狐偃，字子犯，晉國卿。隨重耳在外流亡十九年，後佐助重耳回國即位，深受重耳倚重。

（ㄒㄧˋ）偃：晉獻公時為掌卜大夫。

⑬ 荊莊王：即楚莊王。春秋時楚國國君，西元前 613 ～前 591 年在位。春秋五霸之一。　孫叔敖：春秋時楚國令尹。令尹是楚國最高官職，掌管軍政大權。　沈尹蒸：春秋時楚國大夫。沈，邑名；

尹，官名。

⑭闔廬：春秋末年吳國國君，名光。西元前514～前496年在位。　伍員：吳國大夫，名員，字子胥，本楚國人，父兄為楚平王所殺，逃至吳國，後輔佐吳王闔廬擊敗強楚。　文之儀：吳國大夫。

⑮勾踐：春秋末年越國國君，西元前491～前465年在位。越國被吳國打敗後乞和，臥薪嚐膽，滅吳，遂稱霸主。　范蠡（ㄌㄧˊ）：春秋末越國大夫，字少伯。輔佐勾踐滅吳。　大夫種：即文種。春秋末越國大夫。越國被吳國打敗後，他輔佐越王勾踐主持國政，一舉滅吳。

⑯范吉射：春秋時晉卿。　張柳朔、王生：范吉射的兩個家臣。西元前497年，范氏、中行氏聯合發難，攻打趙氏，結果反被知氏、趙氏、韓氏、魏氏四家逐出晉國。張柳朔、王生都死於范氏之難。

⑰中行（ㄏㄤˊ）寅：晉卿荀寅，諡文子。　黃籍秦、高強：荀寅的兩個家臣。

⑱夫差：春秋末吳國國君，吳王闔廬之子。西元前495～前473年在位。繼位後，誓報父仇，曾大敗越兵，後聽信讒言，接受越國的求和，導致國滅身死。　王孫雄：吳國大夫。　太宰嚭（ㄆㄧˇ）：吳國大夫。屢進讒言，敗壞國事，吳亡後被殺。太宰，官名。

⑲智伯瑤：又稱荀瑤、智瑤或智伯，春秋末晉四卿之一，晉哀公時為執政大臣。　智國、張武：智氏的兩個家臣。兩人勸說智伯瑤聯合韓、魏圍趙襄子於晉陽，結果韓魏趙三家暗地聯合，反滅掉智氏，他二人也被殺死。

⑳中山：春秋時期國名。為鮮卑人所建，故址在今河北定縣、唐縣一帶，後被魏滅亡。　尚：人名。春秋時期中山國國君。　魏義、椻（ㄧㄢˋ）長：中山國的兩個大夫。

㉑宋康王：戰國時宋國的最後一個國君，名偃。以貪暴荒淫著稱。　唐鞅、田不禋：宋國大夫。

㉒血食：指享受祭品。古代殺生取血以祭，故稱血食。

譯文

墨子看見染素絲的過程而感慨地說：「素絲用青色染料染就

變成青色，用黃色染料染就變成黃色。放入的染料改變了，素絲的顏色也就隨著改變，五次放入染料就會出現五種顏色啊。」所以，染色不可不慎重啊。

不僅染絲是這樣，國君也有受薰染的問題。舜受到許由、伯陽的薰染，禹受到臯陶、伯益的薰染，商湯受到伊尹、仲虺的薰染，周武王受到太公望、周公旦的薰染。這四位帝王，因為所受的薰染合宜適當，所以能夠統治天下，立為天子，功名傳遍天地四方。列舉天下仁義顯達之人必定要說到這四位君王。夏桀受到干辛、歧踵戎的薰染，殷紂受到崇侯、惡來的薰染，周厲王受到虢公長父、榮夷終的薰染，幽王受到虢公鼓、祭公敦的薰染。這四個君王，所受的薰染不合宜適當，所以國破身死，被天下羞辱。列舉天下不義和蒙受恥辱之人，必定要說到這四位君王。齊桓公受到管仲、鮑叔牙的薰染，晉文公受到咎犯、偃的薰染，楚莊王受到孫叔敖、沈尹蒸的薰染，吳王闔廬受到伍員、文之儀的薰染，越王勾踐受到范蠡、文種的薰染。這五位君王，因為所受的薰染合宜適當，所以稱霸諸侯，功名傳於後世。范吉射受到張柳朔、王生的薰染，中行寅受到黃籍秦、高強的薰染，吳王夫差受到王孫雄、太宰嚭的薰染，智伯瑤受到智國、張武的薰染，中山尚受到魏義、椻長的薰染，宋康王受到唐鞅、田不禋的薰染。這六位君王，因為所受的薰染不合宜適當，所以國家都殘破滅亡，自己或者身死，或者受辱，宗廟享受不到祭祀，子孫斷絕，君臣離散，人民流亡。列舉天下貪婪殘暴、遭人羞辱之人，必定要說到這六位君王。凡作君王的，不是為了獲得顯貴榮耀而作君王，也不是為了獲得安逸享樂而作君王，而是為了實施仁道。仁道的實施產生於所受的薰染合宜適當。所以古代善於作君王的，把精力花費在選賢任能上，而對於官署事務則不過分操心，這是由於掌握了作君王的正確方法。不善於作君王的，傷身勞神，心中愁苦，耳目勞累，而國家卻越來越危險，自身也蒙受越來越多的恥辱，這是由於不知道作君王的要領。不知道作君王的要領，所受的薰染就會不當，所受的薰染不當，正道從何處來呢？以上六位君王就是這樣。六位君王不是不重視自己的國家，也不是不愛惜自己，而是由於他

們所受的薰染不得當啊。所受的薰染是否得當關係到國家和自身的存亡，不僅對諸侯王如此，對帝王也是這樣。

❁功　名

➲ 原文

由其道，功名之不可得逃，猶表之與影①，若呼之與響②。善釣者，出魚乎十仞之下③，餌香也；善弋者，下鳥乎百仞之上，弓良也；善為君者，蠻夷反舌、殊俗異習皆服之④，德厚也。水泉深則魚鱉歸之，樹木盛則飛鳥歸之，庶草茂則禽獸歸之，人主賢則豪傑歸之。故聖王不務歸之者，而務其所以歸。

缶醯黃⑤，蚋聚之⑥，有酸；徒水則必不可。以狸致鼠，以冰致蠅，雖工，不能。以茹魚去蠅⑦，蠅愈至，不可禁，以致之之道去之也。桀、紂以去之之道致之也，罰雖重，刑雖嚴，何益？

注釋

①表：古代測量日影以計時的標竿。

②響：回音。

③仞：古代長度單位。周制八尺為一仞。

④蠻夷：古代泛指華夏中原民族以外的少數民族。　反舌：指語言與漢族不同的少數民族。

⑤缶（ㄈㄡˇ）：瓦罐。　醯（ㄒㄧ）：醋。　黃：指澱粉在發酵過程中表面所生的黴塵，其色黃。

⑥蚋（ㄖㄨㄟˋ）：蚊蟲類。

⑦茹：腐臭。

譯文

由正道去追求功名，功名是不能逃脫的，就像測量日影以計時的標竿和日影的關係一樣，就如呼喊聲和迴聲的關係相同。善於釣魚的人，能把魚從十仞深的水下釣上來，是由於釣餌很香；善於射獵的人，能把鳥從百仞高的天空射下來，是由於弓箭好；

善於作君主的人，能夠使語言、習俗各不相同的各族歸順他，是由於恩德深厚。水泉深就會有魚鱉游向那裡，樹木繁茂就會有飛鳥飛向那裡，草叢茂盛就會有禽獸奔向那裡，君主賢明就會有豪傑歸順他。所以，聖明的君王不把心思放在歸順者身上，而是致力於營造人們歸順的環境。

瓦罐中的醋發酵了，蚊蟲就聚在那裡了，因為有酸味；只有水必定不能招來它們。用貓招引老鼠，用冰招引蒼蠅，就是用再巧妙的辦法也達不到目的。用臭魚驅除蒼蠅，蒼蠅會越聚越多，不可阻止，這是由於把招引蒼蠅的方法用來驅除蒼蠅的緣故。夏桀王、商紂王用驅趕人民流離失所的辦法來招引百姓，懲罰即使再重，刑法即使再嚴，又有什麼好處呢？

卷三　季春紀第三

題解

◆ 季春紀由季春紀、盡數、先己、論人、圜道五篇組成。其中季春紀為《禮記‧月令》之一，記述了夏曆三月的天象、物候、氣候、君王的衣食住行、國家政令以及應當注意的諸多事項。盡數篇為方技家的學說，論述了養生之道。先己、論人兩篇系伊尹學派的學說，分別論述了為君之道和君主評價人的方法。圜道篇系陰陽學家的學說，闡述的主旨仍然是君道。

❁ 季春紀

➲ 原文

季春之月……桐始華，田鼠化為鴽①，虹始見，萍始生。

是月也，生氣方盛，陽氣發洩，生者畢出，萌者盡達，不可以內②。天子布德行惠，命有司發倉窌③，賜貧窮，振乏絕④；開府庫，出幣帛，周天下⑤；勉諸侯，聘名士，禮賢者。

是月也，命司空曰⑥：「時雨將降，下水上騰，循行國邑，周視原野，修利堤防，導達溝瀆，開通道路，無有障塞；田獵罼弋⑦，罝罘羅網⑧，餵獸之藥⑨，無出九門⑩。」

是月也，命野虞無伐桑柘⑪。鳴鳩拂其羽，戴任降於桑⑫，具栚曲筥筐⑬。后妃齋戒，親東鄉躬桑⑭。禁婦女無觀，省婦使⑮，勸蠶事⑯。蠶事既登⑰，分繭稱絲效功⑱，以共郊廟之服⑲，無有敢墮⑳。

注釋

①駕（ㄖㄨˊ）：鵪鶉之類的小鳥。

②內（ㄋㄚˋ）：通「納」。收藏。

③倉窌：糧倉地窖。窌，地窖。囷窌：（ㄐㄩㄣ　ㄐㄧㄠˋ）

④振：通「賑」。救濟。

⑤周：周濟。

⑥司空：官名。西周始置，春秋戰國時沿用。主管水土和營建。

⑦罼弋（ㄅㄧˋ　ㄧˋ）：泛指射獵。，捕捉禽獸的長柄網；弋，帶絲繩的箭。

⑧罝罘（ㄐㄩ　ㄈㄨˊ）：都是捕獸的網。　羅：捕鳥的網。

⑨餵獸之藥：誘殺野獸的毒藥。

⑩九門：周代天子的都城有十二個城門，東南西北各三門。九門指東方門之外的南西北各三方九個城門。

⑪野虞：主管山川田野的官。

⑫戴任：鳥名。

⑬具：準備。　栚（ㄓㄣˋ）：架蠶箔的橫木。筥（ㄐㄩˇ）筐：採桑養蠶的工具。

⑭東鄉（ㄒㄧㄤˋ）：向東方。鄉，通「向」。

⑮省婦使：減少婦女的其他勞作。省，減少。

⑯勸：勸勉；鼓勵。

⑰登：完成。

⑱效功：考核勞動成績。

⑲共：同「供」。　郊廟：古代帝王祭天地稱郊，祭祖宗稱廟。

⑳ 墮：同「惰」。懈怠；懶惰。

譯文

季春三月……梧桐樹開始開花，田鼠變成鵪鶉之類的小鳥，彩虹開始出現，浮萍開始長出。

這個月，大自然的生氣正旺盛，陽氣向外發洩，有生命的動物全部出動，植物的萌芽都發了出來，勃勃生機不可斂藏。天子要施德行惠，命令主管官吏打開糧倉地窖，給予貧困的人，賑濟無衣無食的人；打開府庫，拿出錢幣布帛，周濟天下；勉勵諸侯，聘用名士，禮遇賢人。

這個月，天子命令主官水土和營建的司空說：「春雨將要降落，地下水將向上翻湧，巡視國都城邑，遍察原野，整修堤防，疏通溝渠，開通道路，使之沒有障礙壅塞；射獵捕捉獸類鳥類的各種網具，誘殺野獸的毒藥，不得帶出國都的九個城門。」

這個月，命令主管山川田野的官吏禁止人們砍伐桑樹、柘樹。此時，鳴叫著的斑鳩振翅高飛，戴任鳥落在桑樹間。人們準備架蠶箔的橫木以及各種採桑的筐籃。王后王妃齋戒身心，面向東方親自採摘桑葉。這時要禁止婦女去遊玩觀賞，減少她們的其他勞作，鼓勵她們採桑養蠶。春蠶養成，把蠶繭分給婦女繅絲，稱量每人所繅之絲的重量，考核她們的工作成績，將蠶絲供給帝王祭天祭祖所穿祭服的製作，沒有人敢於懈怠。

☸盡　數

➲ 原文

天生陰陽、寒暑、燥濕。四時之化、萬物之變，莫不為利，莫不為害。聖人察陰陽之宜，辨萬物之利以便生，故精神安乎形，而年壽得長焉。長也者，非短而續之也，畢其數也①。畢數之務，在乎去害。何謂去害？大甘、大酸、大苦、大辛、大鹹，五者充形則生害矣；大喜、大怒、大憂、大恐、大哀，五者接神則生害矣；大寒、大熱、大燥、大濕、大風、大霖、大霧，七者動精則生害矣；故凡

養生，莫若知本，知本則疾無由至矣。

流水不腐，戶樞不螻②，動也。形氣亦然。形不動則精不流，精不流則氣鬱。鬱處頭則為腫、為風，處耳則為挶為聾③，處目則為眵為盲④，處鼻則為鼽為窒⑤，處腹則為張為府⑥，處足則為痿為蹶⑦。

注釋

①數：這裡指人的自然壽命。
②戶樞：門軸。　螻：被蟻蛀蝕。
③挶（ㄐㄩˊ）：耳失聰。
④眵（ㄔ）：眼眶紅腫。
⑤鼽（ㄑㄧㄡˊ）、窒：鼻塞不通。
⑥張：張開。引申為擴張，即腹脹。　府：腹病；腹水。
⑦痿：身體某部分萎縮或失去機能的病。　蹶：腳不能行走。

譯文

自然界生出陰陽、寒暑、燥濕。四季的更改，萬物的演變，沒有不利於人的，也沒有不害於人的。聖人能明察陰陽變化的適中之處，辨別萬物的有利一面，以此給生命帶來益處，因此，精神安守在形體之中，壽命就能夠長久。所謂長壽，不是說使短的壽命延長，而是活夠自身的壽數。活夠壽數的關鍵，在於避開危害。什麼叫避開危害？過甜、過酸、過苦、過辣、過鹹，這五種東西充塞於人的形體之內，那麼生命就受到危害了；過喜、過怒、過憂、過恐、過哀，這五種情緒和精神交接，那麼生命就受到危害了；過冷、過熱、過燥、過濕、大風、大雨、大霧，這七種氣象擾動了人的精氣，那麼生命就受到危害了。所以凡是養生，沒有比瞭解養生的根本更重要的了，瞭解了養生的根本，疾病就無從而來了。

流動的水不會腐惡發臭，經常轉動的門軸不會被蟻蛀蝕，這是由於活動的緣故。人的形體、精氣也是這樣。形體不活動精氣就不流動；精氣不流動氣血就鬱結。鬱結在頭部就造成腫疾風疾，

鬱結在耳部就造成失聰耳聾，鬱結在眼部就造成眼腫眼瞎，鬱結在鼻部就造成鼻塞不通，鬱結在腹部就造成腹脹腹水，鬱結在腳部就造成肌肉萎縮不能行走。

❁先　己

➲ 原文

湯問於伊尹曰：「欲取天下①，若何？」伊尹對曰：「欲取天下，天下不可取；可取，身將先取。」凡事之本，必先治身，嗇其大寶②。用其新，棄其陳，腠理遂通③。精氣日新，邪氣盡去，及其天年。此之謂真人④。

昔者，先聖王成其身而天下成，治其身而天下治。故善響者不於響於聲⑤，善影者不於影於形，為天下者不於天下於身……五帝先道而後德⑥，故德莫盛焉；三王先教而後殺⑦，故事莫功焉；五伯先事而後兵⑧，故兵莫強焉。

夏后相啟與有扈戰於甘澤而不勝⑨。六卿請復之⑩，夏后相啟曰：「不可。吾地不淺，吾民不寡，戰而不勝，是吾德薄而教不善也。」於是乎處不重席，食不貳味，琴瑟不張，鐘鼓不修，子女不飭，親親長長，尊賢使能。期年而有扈氏服⑪。故欲勝人者，必先自勝；欲論人者，必先自論；欲知人者，必先自知……故子華子曰：「丘陵成而穴者安矣，大水深淵成而魚鱉安矣，松柏成而塗之人已蔭矣⑫。」

注釋

①取：治理。

②嗇（ㄙㄜˋ）：愛惜。　大寶：指精氣。

③腠（ㄘㄡˋ）理：古醫學術語，指皮下肌肉之間的空隙和皮膚的紋理。

④真人：道家稱修練得道之人。

⑤響：迴聲。

⑥五帝：指古代傳說中的帝王。說法不一，通常稱黃帝、顓頊、

帝嚳、唐堯、虞舜為五帝。

⑦ 三王：指夏禹王、商湯王、周武王。

⑧ 五伯：春秋時先後稱霸的五個諸侯國國君，即齊桓公、晉文公、秦穆公、宋襄公、楚莊王。

⑨ 夏后相：當是「夏后啟」。啟，禹的兒子，禹死即王位。后：君主。 有扈：古國名，故址在今陝西戶縣北。 甘澤：古地名。故址在今陝西戶縣北。

⑩ 六卿：古代統軍執政之官。

⑪ 期（ㄐㄧ）年：一周年。

⑫ 塗：同「途」。路途。

譯文

商湯王問伊尹說：「我想要治理好天下，應該怎麼辦？」伊尹回答說：「只想著治理天下，天下不可能治理好，如果要治理好的話，首先要從修養自身開始。」大凡做事的根本，一定要先從修養自身開始，愛惜自己的精氣。吐故納新，腠理就暢通。精氣日日更新，邪氣完全退去，就能終其天年。這樣的人稱作「真人」。

從前，先代的聖王完成了自身修養並因此完成統治天下的大業，完善了自身道德品質從而實現了天下的安定。所以，擅長於製造迴聲的人不在迴聲而在迴聲產生的聲源上花精力；擅長於製造影像的人不在影像而在影像產生的物體上下工夫；善於治理天下的人不注重於天下而注重於修養自身……黃帝、顓頊、帝嚳、唐堯、虞舜先明道而後行德政，所以德政沒有比五帝時更盛的；夏禹王、商湯王、周武王先實行教化而後實施刑罰，所以功業沒有比三王更大的；春秋時齊桓公、晉文公、秦穆公、宋襄公、楚莊王先禮讓而後武力征伐，所以軍隊沒有比五霸的軍隊更強大的。

夏代的君主啟與有扈氏在甘澤交戰，沒有取得勝利。統軍執政之官請求再戰，夏君啟說：「不行。我的國土並不小，我的人民也不少，但與有扈氏交戰卻沒能取得勝利，這是由於我的恩德太淺，教化不完善的緣故啊！」於是夏君啟睡覺不鋪兩層蓆，飲

食不吃多種菜，不張設琴瑟，不排列鐘鼓，子女不修飾打扮，親近親人敬愛長者，尊重賢人任用能人。一年之後，有扈氏就歸服了。因此，想要戰勝別人，一定先要戰勝自己；想要評論別人，一定先要評論自己；想要瞭解別人，一定先要瞭解自己……所以子華子說：「丘陵形成了，穴居的動物就安定了；大河深淵形成了，魚鱉就安身了；松柏茂盛了，行路的人就得到陰涼了。」

❁論　人

➲ 原文

主道約①，君守近②。太上反諸己③，其次求諸人。其索之彌遠者，其推之彌疏；其求之彌強者，失之彌遠。

何謂反諸己也？適耳目④，節嗜欲，釋智謀⑤，去巧故⑥，而遊意乎無窮之次⑦，事心乎自然之塗。若此則無以害其天矣，無以害其天則知精，知精則知神，知神之謂得一⑧。凡彼萬形，得一後成。

何謂求諸人？人同類而智殊，賢不肖異，皆巧言辯辭以自防禦，此不肖主之所以亂也。凡論人，通則觀其所禮⑨，貴則觀其所進⑩，富則觀其所養，聽則觀其所行，止則觀其所好，習則觀其所言⑪，窮則觀其所不受，賤則觀其所不為。喜之以驗其守，樂之以驗其僻，怒之以驗其節，懼之以驗其特，哀之以驗其人，苦之以驗其志。八觀六驗，此賢主之所以論人也。論人者，又必以六戚四隱。何謂六戚？父、母、兄、弟、妻、子。何為四隱？交友、故舊、邑里、門郭⑫。內則用六戚四隱，外則用八觀六驗，人之情偽、貪鄙、美惡無所失矣。譬之若逃雨汙，無之而非是。此先聖王之所以知人也。

注釋

① 約：簡約；簡單；無為。

② 守：操守。指所遵守、奉行的原則。　近：指自身。

③ 太上：最上；首先。

④ 適：使動用法，使……適度。

⑤ 釋：捨棄。

⑥ 巧故：偽詐。

⑦ 無窮之次：指無限的空間，即道家所推崇的虛無境界。次，泛指所在之處。

⑧ 得一：得道。一，在這裡指「道」。

⑨ 通：顯達；處境順利。　禮：禮遇。

⑩ 進：舉薦。

⑪ 習：近習。親近國君的人。

⑫ 邑里：鄉親；鄰居。　門郭：指左右親近的人。

譯文

為君之道在於簡約無為，君主的操守在於修養自身。最好的方式是先返回到自身的修養，然後再去要求別人。對別人的索求越多越遠，就將其與你的疏離推開更遠；對別人的要求越強烈過分，你自己失去的也就會越多越快。

什麼叫返回到自身的修養呢？使耳朵和眼睛所接受的聲色適度，節制嗜好欲望，捨棄智巧計謀，去掉虛浮偽詐，讓意念在無限的空間中遨遊，讓事情順乎自然的法則與規律。像這樣，就沒有什麼可以傷害自己的天性了。而天性不被傷害就能夠感知事物的精微之處，能夠感知事物的精微之處就可以獲知事理的神妙，獲知事理的神妙就可以說是得道了。凡世間萬物，得道之後才能成功。

什麼叫要求別人？人與人雖屬同類但智力卻不同，賢能之人與庸俗之人是有區別的，但卻都用花言巧語來掩飾自己、偽裝自己、保護自己，這是平庸昏昧的君主所以被迷惑而賢愚不辨的緣故。凡評價人，當他官位通達時就觀察他禮遇的是什麼人，當他尊貴時就觀察他舉薦的是什麼人，當他富有時就觀察他供養的是什麼人，當他聽取別人的言論時就觀察他採納什麼意見，當他閒居時就觀察他的愛好是什麼，當他是國君的近臣時就觀察他所主張的是什麼，當他窘迫窮困時就觀察他所不接受的是什麼，當他貧賤時就觀察他所不做的是什麼。讓他歡喜以檢驗他的節操，讓

他快樂以檢驗他的癖好，讓他發怒以檢驗他的涵養，讓他恐懼以檢驗他是否有卓異的品行，讓他悲哀以檢驗他的仁愛之心，讓他困苦以檢驗他的志向。以上八種觀察和六種檢驗，就是賢明的君主用以評價人的方法。評價人還必須用六戚、四隱。什麼叫六戚？即父、母、兄、弟、妻、子六種親屬。什麼叫四隱？即朋友、熟人、鄉鄰、親信四種親近的人。對內則用六戚、四隱來觀察，對外則用八觀、六驗去衡量，這樣人們的真偽、貪鄙、美惡就不會判斷錯了。就像是避雨一樣，去到哪裡都下雨，無所逃避。這就是先代聖王之所以能瞭解各種人的原因。

圜　道

原文

天道圜①，地道方②。聖王法之③，所以立上下④。何以說天道之圜也⑤？精氣一上一下，圜周複雜⑥，無所稽留，故曰天道圜。何以說地道之方也？萬物殊類殊形，皆有分職，不能相為，故曰地道方。主執圜，臣處方，方圜不易，其國乃昌。

日夜一周，圜道也。月躔二十八宿⑦，軫與角屬⑧，圜道也。精行四時，一上一下，各與遇，圜道也。物動則萌，萌而生，生而長，長而大，大而成，成乃衰，衰乃殺，殺乃藏，圜道也。雲氣西行，雲雲然⑨，冬夏不輟；水泉東流，日夜不休。上不竭，下不滿，小為大，重為輕，圜道也……一也齊至貴⑩，莫知其原，莫知其端，莫知其始，莫知其終，而萬物以為宗。聖王法之，以令其性⑪，以定其正⑫，以出號令。令出於主口，官職受而行之，日夜不休，宣通下究⑬，瀸於民心⑭，遂於四方，還周復歸，至於主所，圜道也。令圜，則可不可，善不善，無所壅矣。無所壅者，主道通也。故令者，人主之所以為命也，賢不肖、安危之所定也。

注釋

① 圜：通「圓」。指周而復始，環繞運行而無窮盡。

② 地道：大地的自然法則。　方：端平正直。

③法：效法。

④上：指君。　下：指臣。

⑤説：解釋。

⑥圜(ㄏㄨㄢˊ)：環繞。　雜：通「匝」。循環往覆。

⑦躔（ㄔㄢˊ）：日月星辰在黃道上運行。　二十八宿：古代天文學家把黃道（太陽和月亮所經天域）的恒星分成二十八個星座，稱為二十八宿，四方各有七宿。

⑧軫（ㄓㄣˇ）、角：二十八宿中的兩個星宿。　屬：連接。

⑨雲雲然：雲氣周旋迴轉的樣子。

⑩一：這裡指「道」。　至貴：最尊貴的地位，多指帝、后之位。

⑪令：善；美好。這裡用作動詞。

⑫正：標準；準則。

⑬宣通：廣泛傳播。　下究：向下發佈或傳達。

⑭瀸（ㄐㄧㄢ）：浸潤；和洽。

譯文

天道圓，地道方。聖王效法它們，所以設立了君臣上下的關係。為什麼說天道圓呢？陰陽之氣一上一下，環繞往覆，循環不已，永不停止，所以說天道圓。為什麼說地道方呢？萬物種類不同，形狀各異，都有各自的名分、職責，不能互相代替，所以說地道方。君主掌握圓道，臣子處守方道，方道圓道互不更換，其國家才昌盛。

太陽一晝夜繞行一周，這是圓道。月亮曆行二十八宿，始於角宿，終於軫宿，角宿與軫宿首尾相接，這是圓道。陰陽之氣四季運行，陰氣上騰，陽氣下降，相合而成萬物，這是圓道。生物活動就萌芽，萌芽而滋生，滋生而成長，成長而壯大，壯大而成熟，成熟於是衰落，衰落於是死亡，死亡於是形跡消失，這是圓道。雲氣西行，周旋回轉，冬夏不停；水泉東流，日夜不息。天上雲氣之水永遠不竭，地下海洋之水永遠不滿；小泉匯成大海，沉重之水化作輕雲，這是圓道……「道」與帝王一樣是最尊貴的，沒有誰知道它的根源，也沒有誰知道它的端緒，沒有誰知道它的開始，

也沒有誰知道它的終極，然而萬物都把它作為根本。聖王效法它，用來完善自己的性情，用來制定自己的準則，用來發號施令。號令從君主之口發出，百官接受而施行，日夜不停歇，號令廣泛傳播下達，逐漸深入民心，達於四方，繞了一圈情況又回饋回來，回到君主那裡，這是圓道。號令能夠這樣循環往覆，則號令可行還是不可行，實施結果好還是不好，就會暢通無阻地回饋到君主那裡。暢通無阻，說明為君之道通達。所以君主把發號施令當作命根子，因為臣子的賢良與不肖、國家的安穩與危亂都由它決定。

◎卷四　孟夏紀第四

題解

◆ 孟夏紀由孟夏紀、勸學、尊師、誣徒、用眾五篇組成。其中孟夏紀為《禮記·月令》之一，記述了夏曆四月的天象、物候、氣候、君王的衣食住行、國家政令以及應當注意的諸多事項。勸學、尊師、誣徒、用眾四篇均為儒家學說。勸學篇論述了勤奮學習的必要性；尊師篇論述了尊敬師長的重要性；誣徒篇論述了教與學的人所應採取的態度與方法；用眾篇闡述了善於學習者必須博采眾人之長的道理。

❁孟夏紀

➲ 原文

孟夏之月，日在畢①，昏翼中②，旦婺女中③。其日丙丁，其帝炎帝④，其神祝融⑤。其蟲羽⑥，其音徵⑦，律中仲呂⑧，其數七，其味苦，其臭焦，其祀灶，祭先肺。螻蟈鳴⑨，丘蚓出，王菩生⑩，苦菜秀。天子居明堂左個，乘朱輅，駕赤騮，載赤旗，衣赤衣，服赤玉，食菽與雞，其器高以觕⑪。

是月也，以立夏。先立夏三日，太史謁之天子曰：「某日立夏，

盛德在火。」天子乃齋。立夏之日，天子親率三公九卿大夫，以迎夏於南郊。還，乃行賞，封侯、慶賜，無不欣說⑫。乃命樂師習合禮樂。命太尉贊傑俊⑬，遂賢良⑭，舉長大⑮。行爵出祿，必當其位。

是月也，天子始絺⑯。命野虞出行田原⑰，勞農勸民，無或失時；命司徒循行縣鄙⑱，命農勉作，無伏於都。

注釋

①②③ 畢、翼、婺女：均為星宿名。二十八宿之一。

④ 炎帝：即神農氏。五帝之一，五行家說他以火德王天下，視他為南方火德之帝。

⑤ 祝融：傳說中五帝之一顓頊氏的後代，曾作高辛氏火正，死後被尊為火神。相傳他發明了使用火和保留火種的方法。

⑥ 羽：指鳳鳥之類的羽族。

⑦ 徵：中國古代五音之一。

⑧ 仲呂：十二律之一，也作中呂，屬陰律。

⑨ 螻蟈：動物名，蛙屬。

⑩ 王菩：植物名。也稱王瓜。葫蘆科多年生攀緣草本，果橢圓，成熟時為紅色。

⑪ 犅（ㄘㄨ）：高大。

⑫ 說：通「悅」。高興。

⑬ 太尉：官名，秦至西漢設置，負責軍事。　贊：稟告。

⑭ 遂：進。　賢良：指有德行的人。

⑮ 長（ㄔㄤˊ）大：指形體高大的人。

⑯ 絺（ㄔ）：細葛布。這裡做動詞。

⑰ 野虞：主管山川田野的官。

⑱ 司徒：官名。周代九卿之一，主管教化。　縣鄙：周代，二千五百家為縣，五百家為鄙。這裡泛指鄉里。

譯文

夏曆四月，太陽運行到畢宿一帶，黃昏時翼宿出現在南方天空的正中，黎明時婺女宿出現在南方天空的正中。這個月的日子

以丙丁為主日，炎帝為天帝，祝融為天神。這個月，代表動物為披著羽毛的鳥類，五音中的徵音與之相配，樂律中的仲呂與之應和。這個月的成數是七，人們感覺到的味道是苦味，聞到的味道是焦氣。這個月，祭祀的神是灶神，祭品要先用動物的肺臟。這個月，蛙開始鳴叫，蚯蚓從土裡鑽出來，王瓜長出來了，苦菜開花了。天子住在南向明堂的左側室，出巡時乘坐裝飾成紅色的車輛，駕馭赤紅色的駿馬，車上插著紅色的龍旗，天子穿紅色的衣服，佩戴紅色的美玉，吃的食物是豆類和雞肉，使用的器物高而且大。

這個月立夏。立夏前三天，太史拜見天子說：「某日立夏，夏天的盛氣在火。」天子於是齋戒。立夏那天，天子親自率領三公九卿大夫到南郊舉行迎接夏季的典禮。禮畢歸來，即賞賜功臣，分封諸侯，慶賀賞賜，群臣無不歡欣喜悅。於是命令樂師教習禮樂。命令太尉向天子稟報才能出眾的人，推薦德行超群的人，舉薦形體高大的人。封爵賜祿，一定各當其位。

這個月，天子開始穿細葛布的衣服。命令主管山川田野的野虞出去視察田地原野，慰勞農民，鼓勵百姓，使其耕作不誤農時。命令主管教化的司徒巡視天子領地內各個縣邑的鄉間，命令農夫努力耕作，不要蟄居在國都中不出去。

☸勸　學

➲ 原文

先王之教，莫榮於孝，莫顯於忠。忠孝，人君人親之所甚欲也①；顯榮，人子人臣之所甚願也。然而人君人親不得其所欲，人子人臣不得其所願，此生於不知理義。不知義理，生於不學。學者師達而有材，吾未知其不為聖人。聖人之所在，則天下理焉。在右則右重，在左則左重，是故古之聖王未有不尊師者也。尊師則不論其貴賤貧富矣。若此則名號顯矣，德行彰矣。故師之教也，不爭輕重尊卑貧富，而爭於道。其人苟可，其事無不可。所求盡得，所欲盡成，此生於得聖人。聖人生於疾學②。不疾學而能為魁士名人者③，未

之嘗有也。

疾學在於尊師。師尊則言信矣，道論矣。故往教者不化，召師者不化；自卑者不聽，卑師者不聽。師操不化不聽之術，而以強教之，欲道之行、身之尊也，不亦遠乎？學者處不化不聽之勢，而以自行，欲名之顯、身之安也，是懷腐而欲香也，是入水而惡濡也④。

曾子曰⑤：「君子行於道路，其有父者可知也，其有師者可知也。夫無父而無師者，餘若夫何哉！」此言事師之猶事父也。曾點使曾參⑥，過期而不至，人皆見曾點，曰：「無乃畏邪⑦？」曾點曰：「彼雖畏，我存，夫安敢畏？」孔子畏於匡⑧，顏淵後⑨，孔子曰：「吾以汝為死矣。」顏淵曰：「子在，回何敢死？」顏回之於孔子也，猶曾參之事父也。古之賢者與，其尊師若此，故師盡智竭道以教。

注釋

①人親：指父母。
②疾學：努力學習。
③魁士：傑出之人士。魁，傑出。
④濡：沾濕。
⑤曾子：即曾參。春秋魯國人，孔子的弟子。
⑥曾點：曾參之父，孔子的弟子。　使：派遣。
⑦無乃：表推測語氣。　畏：避開。
⑧畏：通「圍」。圍困。
⑨顏淵：名回。孔子的得意弟子。

譯文

先王的教化中，沒有什麼比孝更榮耀的了，沒有什麼比忠更顯要的了。忠孝，是君主、父母十分希望得到的；顯榮，是子女、臣子渴望獲得的。然而有的君主、父母卻得不到他們所希望的忠孝，有的子女、臣子卻得不到他們渴望的顯榮，這是由於不知理義所造成的。不知理義，是由於不學習的緣故。從師學習的人，如果他的老師通達事理而又有才能，我沒聽說過這樣的人成不了聖人的。聖人在的地方，天下就得到治理。聖人在這個國家，這

個國家的地位就重要，聖人在那個國家，那個國家的地位就重要，因此古代的聖王沒有不尊重老師的。尊重老師就不能計較他們的貴賤、貧富。這樣，帝王的名號就顯赫了，德行就彰顯了。所以，老師教誨學生，不能在意學生的輕重、尊卑、貧富，而要注重他們是否能接受你所傳授的道。學生如果可以教育，那就沒有做不到的事情。所追求的全能得到，所希望的全能實現，這種情況源於得到了聖人。聖人產生於努力學習的人。不努力學習而能成為傑出之人的，未曾有過。

努力學習在於尊敬老師。老師受到尊敬，他的話就會被人相信，他的主張也就能夠闡明了。所以主動上門施教的老師教育不好學生，把老師招到身邊學習的學生不會聽從老師的教誨；自卑的老師其教誨不被學生聽信，輕視老師的學生不會聽信老師的教誨。老師用不能教化人不被人聽信的方法，而勉強教育人，想使自己的主張得以推行，使自身得到尊敬，不也差得太遠了嗎？學生處在不接受教化、不聽從教誨的地位，自己隨意行事，而想使自己名聲顯赫，自身平安，就如同懷揣腐臭的東西卻希望香氣四散、進入水中卻不願沾濕身體一樣是不可能的。

曾子說：「君子走在路上，他們尊重父親的情形可以看出來，尊重老師的情形也可以看出來。那些眼中沒有父親沒有老師的，對他人又能怎麼樣呢？」這是說服侍老師猶如服侍父親。曾參的父親曾點派曾參外出，過了約定的日期曾參卻沒有回來，人們都來看望曾點，說：「恐怕是躲起來了吧。」曾點說：「他即使躲起來，我還活著，他怎麼敢不露面呢！」孔子被圍困在匡地，顏淵最後才到，孔子說：「我以為你死了。」顏淵說：「您還活著，我怎麼敢死！」顏回對待孔子如同曾參侍奉父親一樣。古代的賢人，他們如此尊重老師，所以老師竭盡心力去教誨他們。

❁尊　師

➲ 原文

神農師悉諸①，黃帝師大撓，帝顓頊師伯夷父②，帝嚳師伯招，

帝堯師子州支父，帝舜師許由③，禹師大成贄，湯師小臣④，文王、武王師呂望、周公旦⑤，齊桓公師管夷吾⑥，晉文公師咎犯、隨會⑦，秦穆公師百里奚、公孫枝⑧，楚莊王師孫叔敖、沈尹巫⑨，吳王闔閭師伍子胥、文之儀⑩，越王句踐師范蠡、大夫種⑪。此十聖人、六賢者未有不尊師者也。今尊不至於帝，智不至於聖，而欲無尊師，奚由至哉？此五帝之所以絕⑫，三代之所以滅⑬。

且天生人也，而使其耳可以聞，不學，其聞不若聾；使其目可以見，不學，其見不若盲；使其口可以言，不學，其言不若爽⑭；使其心可以知，不學，其知不若狂⑮。故凡學，非能益也，達天性也。能全天之所生而勿敗之，是謂善學。

注釋

① 師：以……為老師。　悉諸：人名。傳說為神農的老師。

② 顓頊（ㄓㄨㄢ　ㄒㄩˋ）：傳說中上古炎黃聯盟的首領，五帝之一。

③ 許由：傳說中的上古高士。相傳堯晚年想把天下讓給許由，許由不接受，逃隱於箕山之下，以種田為生。

④ 湯：指商湯王。　小臣：指伊尹。商湯的大臣，原為奴隸，後輔佐湯滅夏，建立商朝。後連仕三朝，被尊為阿衡（宰相）。

⑤ 文王、武王：指周文王、周武王。　呂望：姜姓，名尚，號太公望。周文王在渭水邊遇到他，立他為師，武王尊他為師尚父。輔武王滅商，建立周王朝，被封於齊。　周公旦：周武王之弟，名旦。因采邑在周，稱為周公。曾助武王滅商。武王死後，成王年幼，由他攝政。

⑥ 齊桓公：春秋時齊國國君，姓姜，名小白，西元前 685 ～前 643 年在位。　管夷吾：即管仲。春秋時齊國人，名夷吾，字仲，齊桓公時為宰相，助齊桓公成為春秋「五霸」之首，被尊為「仲父」。

⑦ 咎犯：即狐偃，晉文公之臣。曾隨晉文公流亡，後協助晉文公返國即位。　隨會：即士會，晉文公之臣，先後受封於隋、范兩地，因此既稱隋會又稱范會。

⑧ 秦穆公：春秋時秦國國君。西元前 659 ～前 621 年在位，為

春秋五霸之一。 百里奚：姓百里，名奚，秦大夫。 公孫枝：姓公孫，名枝，秦大夫。

⑨ 孫叔敖：字孫叔，春秋時期楚莊王臣。 沈尹巫：春秋時楚國大夫。

⑩ 闔閭：春秋末年吳國國君。 伍子胥：吳大夫，名員，字子胥，本楚國人，父兄為楚平王所殺，逃至吳國，後輔佐吳王闔廬擊敗強楚。 文之儀：吳大夫。

⑪ 句踐：即勾踐。春秋末年越國國君，西元前 491 ～前 465 年在位。越國被吳國打敗後乞和，臥薪嚐膽，滅吳，遂稱霸主。 范蠡：春秋末越國大夫，字少伯。輔佐句踐滅吳。 大夫種：即文種。春秋末越國大夫。越被吳國打敗後，他輔佐句踐主持國政，一舉滅吳。

⑫ 五帝：指古代傳說中的帝王。說法不一，通常稱黃帝、顓頊、帝嚳、唐堯、虞舜為五帝。

⑬ 三代：指夏、商、周三代。

⑭ 爽：喑；不會說話。

⑮ 知：通「智」。

譯文

神農拜悉諸為師，黃帝拜大撓為師，帝顓項拜伯夷父為師，帝嚳拜伯招為師，帝堯拜子州支父為師，帝舜拜許由為師，大禹拜大成贄為師，商湯拜小臣為師，周文王、武王拜呂望、周公旦為師，齊桓公拜管夷吾為師，晉文公拜咎犯、隋會為師，秦穆公拜百里奚、公孫枝為師，楚莊王拜孫叔敖、沈尹巫為師，吳王闔閭拜伍子胥、文之儀為師，越王勾踐拜范蠡、大夫種為師。這十個聖人、六個賢人，沒有不尊重老師的。現在的人，尊貴沒有達到帝王的地位，智慧沒有達到聖人的水準，卻不尊重老師，怎麼能達到帝王、聖人的境界呢？這正是五帝以後沒有帝王、三代之後不再出現聖人的原因。

再說天養育了人，而使人的耳朵可以聽，但不學習的人，其聽覺不如聾子；使人的眼睛可以看，但如果不學習，其視覺不如盲人；使人的口可以說話，但如果不學習，其語言表達能力不如

啞巴；使人的心可以認識事物，但如果不學習，其智慧不如瘋子。因此凡是學習，雖然不能增加人的耳目口心的功能，但能使其通達於天性。能夠保全天賦予人的天性而不使它受到傷害，就叫做善於學習。

❁誣徒

➲ 原文

達師之教也，使弟子安焉、樂焉、休焉、遊焉、肅焉、嚴焉。此六者得於學，則邪辟之道塞矣，理義之術勝矣；此六者不得於學，則君不能令於臣，父不能令於子，師不能令於徒。人之情，不能樂其所不安，不能得於其所不樂。

不能教者，志氣不和，取捨數變，固無恒心，若晏陰喜怒無處①；言談日易，以恣自行；失之在己，不肯自非，愎過自用，不可證移②；見權親勢及有富厚者，不論其材，不察其行，毆而教之③，阿而諂之，若恐弗及；弟子居處修潔④，身狀出倫⑤，聞識疏達，就學敏疾，本業幾終者⑥，則從而抑之，難而懸之⑦，妒而惡之；弟子去則冀終⑧，居則不安，歸則愧於父母兄弟，出則慚於知友邑裡，此學者之所悲也，此師徒相與異心也……善教者則不然。視徒如己，反己以教，則得教之情矣。所加於人，必可行於己，若此則師徒同體。

不能學者，從師苦而欲學之功也⑨，從師淺而欲學之深也。草木、雞狗、牛馬，不可譙詬遇之⑩，譙詬遇之，則亦譙詬報人，又況乎達師與道術之言乎？故不能學者：遇師則不中⑪，用心則不專，好之則不深，就業則不疾，辯論則不審⑫，教人則不精；於師慍⑬，懷於俗⑭，羈神於世⑮，矜勢好尤⑯，故湛於巧智⑰，昏於小利，惑於嗜欲；問事則前後相悖，以章則有異心⑱，以簡則有相反；離則不能合，合則弗能離，事至則不能受。此不能學者之患也。

注釋

①晏（ㄧㄢˋ）：天空晴朗。　處：常。

②證：諫。
③毆（ㄑㄩ）：同「驅」。驅馳。
④居處：平時；平常。　修潔：指操守清白。
⑤身狀：即身體相貌。　出倫：出眾。倫，同輩；同類。
⑥本業：指主要的學業。
⑦懸：這裡有疏遠的意思。
⑧冀：希望。　終：卒業。
⑨苦：粗劣。這裡的意思是不認真。　功：精良。
⑩譙詬：粗暴；過分。　遇：對待。
⑪中：通「衷」。
⑫不審：指是非不明。
⑬慍（ㄩㄣˋ）：怨恨；含怒。
⑭懷：安。
⑮羈：牽制；束縛。
⑯矜：自誇權勢。　尤：罪過；過失。
⑰湛（ㄓㄢˋ）：通「沉」。沉溺。
⑱章：鮮明。這裡指言辭詳盡。

譯文

學識通達的老師的教育，可以使弟子安定、快樂、舒適、自由、莊重、嚴謹。透過學習得到這六種效果，那麼邪辟的主張就行不通了，理義之說就勝利了；透過學習得不到這六種效果，那麼君主就不能號令臣子，父親就不能號令兒子，老師就不能號令學生。人之常情，不會樂意做使自己不安的事，不能在自己不樂意做的事情上取得成果。

不稱職的老師，心志不和諧，取捨經常變化，根本沒恒心，就像天氣晴陰不定一樣喜怒無常；言談每天變化，恣意自行其事；過錯在於自己，卻不肯自我批評，堅持錯誤，自以為是，不因別人的勸諫而改變過錯；看到有權有勢的人和富有的人，不考慮他們的才能如何，不考察他們的品行，就趕緊去教他們，阿諛奉承他們，好像怕來不及似的；對學生中平時操守清白，相貌出眾，

見識廣博，學習新東西敏捷，學業接近完成的人，反而去抑制他們，刁難而疏遠他們，妒忌而厭惡他們；學生想要離去卻又希望完成學業，留下來則心中不安，回家則愧見父母兄弟，出門則愧見摯友鄉親，這是求學的人所悲哀的事情，這是由於老師和學生彼此心志不同的緣故……善於教育人的老師就不是這樣，他們看待學生如同看待自己，設身處地地施行教育，這樣就掌握了教育的規律了。凡施加給別人的東西，必能在自己這裡行得通，像這樣就做到師生相融了。

不善於學習的人，跟老師學習態度隨便馬虎，卻想學得精通；跟老師學習不求甚解，卻想學得透徹。草木、雞狗、牛馬，不能用粗暴的行為對待它們，粗暴地對待它們，它們也會粗暴地報復人，又何況是學識通達的老師和有關道術的學說呢？所以，不善於學習的人，對待老師不忠實，學習起來用心又不專，愛好老師的學說卻不深入鑽研，從事學業卻不努力，辯論起來分不清是非，用老師的道理教誨別人卻不精確；怨恨老師，安於世俗，在眼西元前雜事上花費精力；依仗權勢為非作歹，因此沉迷於耍弄奸巧計謀，迷戀微小的利益；惑亂於嗜好貪欲；詢問事情則前後矛盾，言辭詳盡則所表達的意思與心中所想不一致，言辭簡單又會與他內心的意思相反；分散的東西則不能綜合，綜合的東西則不能分析，重大事情來臨則不能承受。這是不善於學習的人的毛病。

☸用　眾

➲ 原文

善學者，若齊王之食雞也，必食其蹠數千而後足①；雖不足，猶若有蹠。物固莫不有長，莫不有短。人亦然。故善學者，假人之長以補其短。故假人者遂有天下。

天下無粹白之狐②，而有粹白之裘，取之眾白也。夫取於眾，此三皇五帝之所以大立功名也。凡君之所以立，出乎眾也。立已定而舍其眾，是得其末而失其本。得其末而失其本，不聞安居。故以眾勇無畏乎孟賁矣③，以眾力無畏乎烏獲矣④，以眾視無畏乎離婁

矣⑤，以眾知無畏乎堯、舜矣。夫以眾者，此君人之大寶也。

注釋

①蹠（ㄓˊ）：腳掌。

②粹：純粹。

③孟賁（ㄅㄣ）：人名。戰國時衛國的勇士。

④烏獲：人名。戰國時秦國的大力士。

⑤離婁：人名。傳說為黃帝時視力最好的人，「能於百步之外視秋毫之末」。

譯文

善於學習的人就像齊王吃雞一樣，一定要吃上雞的幾千隻爪子而後才滿足；即使感到不滿足，好像仍然有雞爪可吃。事物本來都有長處，都有短處。人也是這樣。所以，善於學習的人能借別人的長處來彌補自己的短處。因此，善於利用眾人長處的人就得到了天下。

天下沒有純白的狐狸，卻有純白的狐皮衣服，這是取之於眾多的白狐狸皮而製成的。從眾人中吸取長處，這正是三皇五帝建立偉大功名的原因。凡君主之所以能夠登上君位，都是憑藉著眾人的力量。君主的帝位確立後就捨棄眾人，這是得到事物的細枝末節而喪失了根本。得到事物的細枝末節而喪失了根本的君主，沒聽說能安逸地統治國家的。所以，依靠眾人的勇敢就不懼怕勇士孟賁了，依靠眾人的力氣就不懼怕大力士烏獲了，依靠眾人的眼力就不懼怕目光敏銳的離婁了，依靠眾人的智慧就不懼怕趕不上堯、舜了。依靠眾人，是君主統治人民的根本法寶。

◎卷五　仲夏紀第五

題解

◆ 仲夏紀由仲夏紀、大樂、侈樂、適音、古樂五篇組成。其中仲夏紀為《禮記•月令》之一，記述了夏曆五月的天象、物候、氣候、君王的衣食住行、國家政令以及應當注意的諸多事項。大樂、侈樂、適音、古樂四篇均為樂家學說。大樂篇透過論述音樂與天地、陰陽的關係，說明「大樂」即合乎「道」的音樂；侈樂篇論述了亂世所產生的奢華音樂對社會的危害；適音篇論述了音樂適度與否帶給人們的不同感受及其對社會的影響；古樂篇講述了音樂發展的歷史。

❁仲夏紀

➲ 原文

仲夏之月……小暑至，螳螂生，鵙始鳴①，反舌無聲②。

是月也，命樂師修鞀鞞鼓③，均琴瑟管簫④，執干戚戈羽⑤，調竽笙壎篪⑥，飭鐘磬柷敔⑦。命有司為民祈祀山川百原⑧，大雩帝⑨，用盛樂。乃命百縣雩祭祀百辟卿士有益於民者⑩，以祈穀實。農乃登黍。

是月也，天子以雛嘗黍，羞以含桃⑪，先薦寢廟⑫。令民無刈藍以染⑬，無燒炭，無暴布⑭；門閭無閉，關市無索；挺重囚⑮，益其食；遊牝別其群⑯，則縶騰駒⑰；班馬正⑱。

注釋

①鵙（ㄐㄩˊ）：鳥名。即伯勞鳥。

②反舌：鳥名，即百舌鳥。其聲多變化，能發出多種鳥鳴之聲，故名百舌。

③鞀（ㄊㄠˊ）：有柄的小鼓。　鞞（ㄅㄧㄥˇ）：古代用來祭神的大鼓。

④均：調節。

⑤干戚戈羽：舞具。干，盾；戚，斧；羽，舞者所執的頂端插有羽毛的用來指揮的旗。

⑥竽：簧管樂器。　笙：管樂器。　壎篪（ㄔˊ）：古代用

陶土燒製的一種吹奏樂器，大小如鵝蛋，六孔，頂端為吹口。也有石製、骨製或象牙製成的。　篪（ㄔˊ）：古時候一種用竹管製成的樂器。

⑦ 飭：整飭。　鐘、磬（ㄑㄧㄥˋ）、柷（ㄓㄨˋ）、敔（ㄩˇ）：均為古代打擊樂器。

⑧ 百原：眾水之源。《禮記•月令》作「百源」。

⑨ 雩（ㄩˋ）：古代為求雨而舉行的祭祀。

⑩ 百辟：諸侯；百官。

⑪ 羞：進獻食物。　含桃：櫻桃的別名。

⑫ 薦：遇時節供時物而祭。　寢廟：古代宗廟的正殿稱廟，後殿稱寢，合稱寢廟。

⑬ 刈（ㄧˋ）：割。　藍：植物名。有多種，如蓼藍、松藍、木藍、馬藍等，葉可製藍色染料。仲夏月藍草尚未長成，所以禁止割取。

⑭ 暴（ㄆㄨˋ）布：曬布。暴，通「曝」。曬。

⑮ 挺：寬待；使寬鬆。

⑯ 遊：放牧。　牝（ㄆㄧㄣˋ）：母畜。這裡指已懷孕的母馬。

⑰ 縶（ㄓˊ）：用繩索拴絆馬足。　騰駒：公馬。

⑱ 班：通「頒」。頒佈。　正：通「政」。

譯文

仲夏五月……小暑節氣來到了，螳螂出現了，伯勞鳥開始鳴叫，百舌鳥停止叫聲。

這個月，命令樂師修整祭祀用的大小鼓，調節琴瑟管簫等管弦樂器，操執干戚戈羽等樂舞道具，調和竽笙塤篪等吹奏樂器，整飭鐘磬柷敔等打擊樂器。命令有關官吏為百姓祈求祭祀山川水源之神，舉行規模盛大的向天帝祈雨的祭祀儀式，演奏盛大的樂曲。命令天子領地內各縣祭祀歷代有功於百姓的諸侯卿士，向他們祈求保佑五穀豐登。農民在這個月要進獻黍子。

這個月，天子就著雛雞肉品嘗新黍，進獻的食品是櫻桃，先祭祀祖廟。命令百姓不要割藍草製作染料，不要燒木炭，不要曬布匹；城門和裡門不要關閉，關市和集市不要徵稅；寬待重刑的

囚犯，增加他們的食物；放牧時，懷孕的母馬要與馬群分開，要拴住公馬；要頒佈有關養馬的政令。

大樂

原文

音樂之所由來者遠矣。生於度量①，本於太一②。太一出兩儀③，兩儀出陰陽。陰陽變化，一上一下，合而成章④。渾渾沌沌，離則復合，合則復離，是謂天常⑤。天地車輪，終則復始，極則復反，莫不咸當。日月星辰，或疾或徐，日月不同，以盡其行⑥。四時代興，或暑或寒，或短或長，或柔或剛。萬物所出，造於太一⑦，化於陰陽，萌芽始震⑧，凝寒以形⑨。形體有處，莫不有聲。聲出於和，和出於適。和適，先王定樂⑩，由此而生。

天下太平，萬物安寧⑪，皆化其上，樂乃可成。成樂有具⑫，必節嗜欲。嗜欲不辟⑬，樂乃可務。務樂有術⑭，必由平出。平出於公，公出於道。故惟得道之人，其可與言樂乎！亡國戮民⑮，非無樂也，其樂不樂。溺者非不笑也，罪人非不歌也，狂者非不武也⑯，亂世之樂有似於此。君臣失位，父子失處，夫婦失宜，民人呻吟，其以為樂也，若之何哉？

大樂⑰，君臣、父子、長少之所歡欣而說也⑱。歡欣生於平，平生於道。道也者，視之不見，聽之不聞，不可為狀。有知不見之見、不聞之聞、無狀之狀者，則幾於知之矣。道也者，不可為形，不可為名，強為之，謂之「太一」。

注釋

①度量：本是計物長短、輕重的量具，這裡指正樂律的律呂。

②太一：古代指天地未分西元前的混沌之氣。古人認為這種混沌之氣是形成天地萬物的元氣。

③兩儀：指天地。

④章：等於說「形」。

⑤天常：自然的永恆規律。

⑥ 行：行度。指日月運行的軌道。
⑦ 造：開始。
⑧ 震：通「娠」。孕育。
⑨ 寒：氣凝結寒氣而使萬物成形。
⑩ 先王：指堯、舜、禹、商湯王、周文王、周武王等。
⑪ 萬物：猶眾人。
⑫ 具：準備。這裡是條件的意思。
⑬ 辟：放縱。
⑭ 術：方法。
⑮ 戮民：遭受屠戮的人民。
⑯ 武：通「舞」。這裡是手足舞動的意思。
⑰ 大樂：盛樂。指完美的音樂。
⑱ 説：通「悦」。喜悦。

譯文

音樂的由來已經很久遠了，它產生於正樂律的律呂，它的本源是天地未分西元前的混沌之氣——太一。太一分而生成天和地，天和地生成陰陽兩極。陰陽變化，一上一下，互相作用而合成一體。混沌之氣，分離了又會合，會合了又分離，這就叫做自然界運行的永恆規律。天地像車輪轉動一樣，終而復始，到了盡頭又返回，沒有不合宜之處。日月星辰的運行，有的快，有的慢，日月軌道不同，都周而復始地運行在自己的軌道上。春夏秋冬交替，有的季節炎熱，有的季節寒冷；有的季節白天短，有的季節白天長；有的季節柔和，有的季節剛烈。萬物的產生，本源在天地未分西元前的混沌之氣中，其變化則由於陰陽的交替，陽氣使植物萌芽動物孕育，陰氣凝結寒氣而使萬物成形。萬物的形體各佔一定的空間，無不發出聲音。聲音產生於和諧，和諧來源於適合的節奏。先王制定音樂，正是從這個原則出發。

天下太平，萬眾安寧，天下萬眾都歸附君王，音樂才可以形成。製作音樂要有必須具備的條件，必須節制嗜好欲望。不放縱嗜好欲望，才可以從事音樂創作。從事音樂創作有一定的技巧，

音樂必須從平和中產生。平和產生於公正，公正產生於有道。所以只有得道的人，才可以跟他談論音樂。被滅亡的國家和遭受屠戮的人民，不是沒有音樂，只是他們的音樂並不表達歡樂。溺水的人並非不能笑，犯了罪的人並非不能唱，精神狂亂的人並非不能手舞足蹈，亂世的音樂與此有相似之處。君臣失去了原來的權位，父子不能正常相處，夫婦失去了和諧的關係，人民痛苦呻吟，在這樣的時代背景中創作的音樂，又會怎樣呢？

完美的音樂，使君臣、父子、老少都感到歡欣而喜悅。歡欣從平和中產生，平和從「道」中產生。道這個東西，看它看不見，聽它聽不到，也無法描繪其形狀。有能夠懂得在不可見中而有見、在不可聞中而有聞、在無形中體會出有形的人，那他就差不多是智者了。道這個東西是最精妙的，無法描繪其形狀，無法給它命名，一定要給它起個名字，就叫它「太一」。

侈樂

原文

世之人主，多以珠玉戈劍為寶，愈多而民愈怨，國人愈危，身愈危累，則失寶之情矣。亂世之樂與此同。為木革之聲則若雷①，為金石之聲則若霆②，為絲竹歌舞之聲則若譟③。以此駭心氣、動耳目、搖蕩生則可矣④，以此為樂則不樂。故樂愈侈⑤，而民愈鬱，國愈亂，主愈卑，則亦失樂之情矣。

凡古聖王之所為貴樂者，為其樂也。夏桀、殷紂作為侈樂，大鼓、鐘、磬、管、簫之音⑥，以巨為美，以眾為觀⑦；俶詭殊瑰⑧，耳所未嘗聞，目所未嘗見，務以相過，不用度量⑨。宋之衰也，作為千鐘⑩；齊之衰也，作為大呂⑪；楚之衰也，作為巫音⑫。侈則侈矣，自有道者觀之，則失樂之情。失樂之情，其樂不樂。樂不樂者，其民必怨，其生必傷。其生之與樂也，若冰之於炎日，反以自兵⑬。此生乎不知樂之情，而以侈為務故也。

注釋

①木革：指木製、革製樂器，如木鐸、鼓之類。
②金石：指金屬製、石製樂器，如鐘、磬之類。
③絲竹：指絲和竹合製成的管弦樂器。
④心氣：指人的精神。　生：性情。
⑤侈：盛大；奢侈放縱。
⑥大：增大。
⑦觀：壯觀、壯麗的意思。
⑧俶（ㄔㄨˋ）詭：奇異。　殊瑰：異常瑰麗。
⑨度量：本是計物長短、輕重的量具，這裡指正樂律的律呂。
⑩千鐘：鐘律名。
⑪大呂：古鐘名。
⑫巫音：古代巫師祭神驅鬼所演奏的音樂。
⑬兵：傷害。

譯文

世上的君主，大多把珠玉戈劍看作寶物，這些寶物越多百姓就越怨恨，國家就越危險，君主自身就越危險勞累，那就失去了寶物的本來意義了。動亂時代的音樂與此相同。演奏木製、革製樂器，聲音就像雷鳴，演奏金屬製、石製樂器，聲音就像霹靂，演奏絲竹歌舞，聲音就像雜訊。如果用這樣的聲音駭人心神，震人耳目，搖盪人的性情，那是可以的，但如果把這樣的聲音作為音樂，就不能使人快樂了。所以音樂越是奢華，人民就越憂鬱，國家就越混亂，君主的地位就越低微，音樂也就失去其本來意義了。

大凡古代聖王之所以重視音樂，是因為它能使人歡樂。夏桀王、殷紂王製作奢華的音樂，加大鼓、鐘、磬、管、簫等樂器的音響，以聲音巨大為美，以樂器眾多為壯觀；音樂奇異瑰麗，人們的耳朵未曾聽過，眼睛未曾見過；務求音樂超出尋常，不用樂理約束。宋國的衰落，始於製作千鐘之樂；齊國的衰落，始於製作大呂之鐘；楚國的衰落，始於製作巫音。這些樂器和音樂盛大是夠盛大了，然而在有道之人看來，卻失去了音樂的本來意義。

失去了音樂的本來意義，其音樂就不能使人快樂了。音樂不能使人快樂的國家，它的百姓必然怨恨，他們的天性必定受到傷害。他們的天性與這種音樂的關係，就像冰雪與烈日，反倒自傷。這種後果是由於不懂得音樂的本來意義，而致力於音樂奢華的緣故啊。

適　音

原文

耳之情欲聲，心不樂，五音在前弗聽①；目之情欲色，心弗樂，五色在前弗視②；鼻之情欲芬香，心弗樂，芬香在前弗嗅；口之情欲滋味，心弗樂，五味在前弗食③。欲之者，耳目鼻口也；樂之弗樂者，心也。心必和平然後樂。心必樂，然後耳目鼻口有以欲之。故樂之務在於和心，和心在於行適。

夫音亦有適。太巨則志蕩，以蕩聽巨則耳不容，不容則橫塞，橫塞則振④；太小則志嫌⑤，以嫌聽小則耳不充，不充則不詹⑥，不詹則窕⑦；太清則志危⑧，以危聽清則耳谿極⑨，谿極則不鑒⑩，不鑒則竭；太濁則志下，以下聽濁則耳不收，不收則不摶⑪，不摶則怒。故太巨、太小、太清、太濁，皆非適也。何謂適？衷，音之適也。何謂衷？大不出鈞⑫，重不過石⑬，小大輕重之衷也。黃鐘之宮⑭，音之本也，清濁之衷也。衷也者，適也。以適聽適則和矣。樂無太⑮，平和者是也。故治世之音安以樂，其政平也；亂世之音怨以怒，其政乖也；亡國之音悲以哀，其政險也。凡音樂，通乎政而移風平俗者也。俗定而音樂化之矣。故有道之世，觀其音而知其俗矣，觀其政而知其主矣。故先王必托於音樂以論其教⑯。

注釋

①五音：中國五聲音階上的五個級，相當於現行簡譜上的1、2、3、5、6。唐代以來叫合、四、乙、尺、工。更古的時候叫宮、商、角、徵、羽。這裡泛指音樂。

②五色：青、黃、赤、白、黑。這裡泛指各種色彩。

③ 五味：酸、苦、甘、辛、鹹。這裡泛指美味。

④ 振：通「震」。震驚；震動；情緒過分激動。

⑤ 嗛：通「慊」。滿足；滿意。

⑥ 詹：足。

⑦ 窕：間隙；不充足。

⑧ 危：高。

⑨ 谿（ㄒㄧ）極：空虛。一說疲憊。

⑩ 鑒：鑒別；審察。

⑪ 摶（ㄊㄨㄢˊ）：專一。

⑫ 鈞：古代度量鐘音律度大小的器具。

⑬ 石（ㄉㄢˋ）：中國古代重量和容量單位，一百二十斤為一石；十斗為一石。

⑭ 黃鐘之宮：古樂中的十二律以黃鐘之音為本，即今所謂的標準音。自黃鐘始，越上音越高，越下音越低。

⑮ 太：指上文「太巨」「太小」「太清」「太濁」。

⑯ 論：考慮。

譯文

耳朵的本能是想聽聲音，如果心情不快樂，即使美妙的音樂在耳邊也不聽；眼睛的本能是想看色彩，如果心情不快樂，即使各種色彩在跟前也不看；鼻子的本能是想嗅芳香的氣味，如果心情不快樂，即使香氣在跟前也不嗅；口的本能是想嘗滋味，如果心情不快樂，即使各種美味在面前也不吃。有各種欲望的是耳、眼、鼻、口，而決定愉快或不愉快的是心情。心境必須平和然後才能快樂。心情必須快樂，然後耳、眼、鼻、口才產生欲望。所以，心情快樂的關鍵在於使心境平和，使心境平和的關鍵在於行為適宜。

音樂也有適中問題。聲音過大就會使人心志不安，以不安之心聽巨大的聲音，耳朵就容納不了，容納不了聲音就會充塞在耳朵裡，耳朵裡塞滿了聲音人就會感到情緒過分激動；聲音過小就會使人心志滿足，以滿足之心聽微小的聲音，耳朵裡的聲音就不

能充滿，不能充滿，耳朵裡的聲音就不足，耳朵裡的聲音不足，人就會感到空虛；聲音過清就會使人心志清高，以清高之心聽過清之音，耳朵就會空虛，空虛就不能鑒別比較不同的音樂，不能鑒別比較不同的音樂，人就會感到才智枯竭；聲音過濁就會使人心志低俗，以低俗之心聽過濁之音，耳朵就不能收聚聲音，不能收聚聲音耳朵就無法專注於享受音樂，無法專注於享受音樂，人就會憤怒。所以，音樂的聲音過大、過小、過清、過濁都不合宜。什麼叫合宜？聲音大小清濁適中就叫合宜。什麼叫大小清濁適中？鐘音律度最大不超過鈞所發的聲音，鐘的重量最重不超過一石，這就是小大輕重適中。黃鐘律的宮音是樂音的根本，是清濁的基準。合乎基準就是合宜。以適中的心傾聽適中的聲音就和諧了。音樂各方面都不要過分，平正和諧才合宜。所以，太平時代的音樂安寧而快樂，是由於它的政治平穩安定；動亂時代的音樂怨恨而憤怒，是由於它的政治乖戾反常；即將滅亡的國家的音樂悲痛而哀傷，是由於它的政治險惡。大凡音樂，與政治形勢相聯繫而且產生移風易俗的作用。風俗的形成是音樂教化的結果。所以，政治清明的時代，觀察它的音樂就可以知道它的民俗，觀察它的民俗就可以知道它的政治，觀察它的政治就可以知道它的君主。所以，先王必定要透過音樂來考慮他們的教化。

☸古　樂

➲ 原文

樂所由來者尚也①，必不可廢。有節，有侈，有正，有淫矣。賢者以昌，不肖者以亡。

昔陶唐氏之始②，陰多，滯伏而湛積③，陽道壅塞，不行其原，民氣鬱閼而滯著④，筋骨瑟縮不達⑤，故作為舞以宣導之。

帝堯立，乃命質為樂⑥。質乃效山林溪谷之音以歌，乃以麋皮置缶而鼓之⑦，乃拊石擊石⑧，以象上帝玉磬之音⑨，以致舞百獸⑩。瞽叟乃拌五弦之瑟⑪，作以為十五弦之瑟。命之曰《大章》，以祭上帝。

舜立，命延⑫，乃拌瞽叟之所為瑟，益之八弦，以為二十三弦之瑟。帝舜乃令質修《九招》《六列》《六英》，以明帝德。

禹立，勤勞天下，日夜不懈。通大川，決壅塞，鑿龍門⑬，降通漻水以導河⑭，疏三江五湖⑮，注之東海，以利黔首⑯。於是命皋陶作為《夏籥》九成⑰，以昭其功。

殷湯即位，夏為無道，暴虐萬民，侵削諸侯，不用軌度⑱，天下患之。湯於是率六州以討桀罪⑲。功名大成，黔首安寧。湯乃命伊尹作為大護⑳，歌晨露㉑，修九招、六列㉒，以見其善。

武王即位，以六師伐殷㉓。六師未至，以銳兵克之於牧野㉔。歸，乃薦俘馘於京太室㉕，乃命周公為作大武㉖。

故樂之所由來者尚矣，非獨為一世之所造也。

注釋

①尚：久遠。

②陶唐氏：當是「陰康氏」之誤。陰康氏，傳說中的遠古部落名。這裡指其部落首領。

③滯伏：沉積凝滯。　湛（ㄓㄢˋ）積：積聚深厚。湛，深；厚；濃。

④鬱閼：鬱抑積聚。　滯著：不舒暢。

⑤瑟縮：收縮。

⑥質：人名。傳說為堯、舜時的樂官。

⑦麋皮：動物生皮。　缶（ㄈㄡˇ）：盛酒的瓦器，小口大腹。

⑧拊（ㄈㄨˇ）：擊；打。路

⑨象：模仿。

⑩致：招引；引來。

⑪瞽（ㄍㄨˇ）叟：這裡指舜的父親。瞽，盲人；瞎子。　拌：分開；剖割。

⑫延：人名，傳說為舜臣。

⑬龍門：地名，即禹口門。在今山西河津縣西北。

⑭降：降服；使馴服。　漻（ㄌㄧㄠˊ）水：潦水，指洪水。　河：黃河。

⑮ 三江：這裡當泛指長江水系。　五湖：這裡泛指太湖一帶的湖泊。

⑯ 黔首：戰國時期和秦代稱平民、老百姓為黔首。

⑰ 皋陶：禹之臣，舜時掌刑獄之事。　夏籥（ㄩㄝ丶）：傳説為禹時的樂舞。　九成：九章，又稱「九奏」「九變」。

⑱ 軌度：法度。

⑲ 六州：指古九州中的益、梁、荊、江、徐、揚六州。

⑳ 大護：古樂名，相傳為商湯王時伊尹所作。

㉑ 晨露：古樂名，相傳為湯時所作。

㉒ 九招、六列：兩種古樂名，相傳為舜時所作。

㉓ 六師：周天子所統帥的六軍。

㉔ 牧野：古地名。在今河南淇縣西南。

㉕ 薦：獻。　俘馘（ㄍㄨㄛˊ）：生俘和被殺敵人的左耳。亦指被俘虜者。　京：國都。　太室：太廟的中室。

㉖ 大武：周代樂舞名。相傳為周公所作，歌頌周武王滅紂的功績。

譯文

音樂的由來相當久遠了，一定不能廢棄。音樂有的適中，有的奢華，有的純正，有的淫邪。賢明的人利用音樂使國家昌盛，不肖的人因為音樂使國家滅亡。

從前陰康氏開始治理天下的時候，陰氣彌漫、滯伏而且凝聚著，陽氣被壅塞住，不能按照原有的秩序運行，百姓心氣鬱結不暢，筋骨收縮不能舒展，所以編制出舞蹈來疏導他們的情緒。

堯立為帝，就命令質作樂。質於是模仿山林溪谷中的自然聲音而作歌，又把鹿皮蒙在瓦罐上敲擊，同時拍打石頭擊打石頭，以模仿天帝玉磬的聲音，用以招引百獸起舞。舜的父親瞽叟於是分解五根五弦的瑟，製成十五根弦的瑟。這一套歌舞器樂的演奏被命名為《大章》，用來祭祀天帝。

舜立為帝，命令延改造樂器。延於是分解瞽叟創制的十五弦的瑟，增加了八根弦，製成二十三弦瑟。舜還讓質排演《九招》《六

列》《六英》等舞樂，用以彰明天帝的美德。

禹立為帝，為天下辛勤操勞，日夜不怠。疏通大河，決開堵塞的河道，開鑿龍門，降服疏通洪水，把它導入黄河，並疏通三江五湖，使其流入東海，以利天下百姓。於是，禹令臯陶創作《夏籥》九章樂舞，用來宣揚他功績。

殷湯王登上君位，夏桀王昏庸無道，暴虐百姓，侵奪諸侯，不遵法度，天下人都痛恨他。殷湯王於是率領六州諸侯討伐夏桀王的罪行，功名大成，百姓安寧。殷湯王於是令大臣伊尹創作了《大護》樂、《晨露》歌，修訂了舞樂《九招》《六列》，用以顯示他的善政。

周武王即位，率領軍隊討伐殷紂王。大軍還沒有到達殷的都城，就以精銳之兵在牧野打敗殷紂王。凱旋之後，就在國都太廟的中室祭獻俘虜，於是命令周公創作了舞樂《大武》。

所以，音樂的由來相當久遠了，不僅僅是哪一個時代所創作的啊。

◎卷六　季夏紀第六

題解

◆ 季夏紀由季夏紀、音律、音初、制樂、明理五篇組成。其中季夏紀為《禮記•月令》之一，記述了夏曆六月的天象、物候、氣候、君王的衣食住行、國家政令以及應當注意的諸多事項。音律、音初、制樂、明理四篇均為樂家學說。音律篇論述了音律相生之理和與十二律相配的十二個月有關的事情；音初篇敘述音樂初始形成的情況；制樂篇論述了創造「至樂」（即最美妙的音樂）之道；明理篇闡明了治亂興衰與音樂的關係，認為亂世之君聽不到最美妙的音樂。

❁季夏紀

原文

季夏之月……涼風始至，蟋蟀居宇，鷹乃學習，腐草化為蛢①。

是月也，令漁師伐蛟、取鼉、升龜、取黿②，乃命虞人入材葦③。

是月也，令四監大夫合百縣之秩芻④，以養犧牲。令民無不咸出其力，以供皇天上帝、名山大川、四方之神，以祀宗廟社稷之靈，為民祈福。

是月也，樹木方盛，乃命虞人入山行木，無或斬伐；不可以興土功，不可以合諸侯，不可以起兵動眾，無舉大事以搖盪餘氣。無發令而干時，以妨神農之事。水潦盛昌⑤，命神農將巡功。舉大事則有天殃。

是月也，土潤溽暑⑥，大雨時行，燒薙行水⑦，利以殺草，如以熱湯，可以糞田疇，可以美土疆。

注釋

① 蛢（ㄆㄧㄥˊ）：甲蟲。

② 漁師：掌管漁業的官吏。　蛟：古代傳說中指興風作浪、能發洪水的龍。　鼉（ㄊㄨㄛˊ）：鱷之類的動物。　黿（ㄩㄢˊ）：鱉。也稱黿魚。

③ 虞人：掌管山林池澤的官。　材葦：用來編織器物的葦草。

④ 四監大夫：王畿分為東南西北四監。每監置一大夫掌管。周制，縣大於郡，每縣轄四郡，四監即縣大夫，因監一縣之四郡而得名。　秩芻(ㄔㄨˊ)：按規定應繳納的芻草。

⑤ 潦：雨水大。

⑥ 溽（ㄖㄨˋ）暑：指盛夏氣候潮濕悶熱。溽，濕潤；悶熱。

⑦ 薙（ㄊㄧˋ）：除草。

譯文

夏曆六月……涼風開始吹來，蟋蟀居住在屋宇下，雛鷹開始學習飛翔，腐草中生出甲蟲。

這個月，命令掌管漁業的官吏斬殺蛟龍，捉取鱷之類的動物，

進獻龜類，捉取鱉魚，命令掌管山林池澤的官吏收納用來編製器物的蘆葦。

這個月，命令監管四郡的縣大夫收集各縣應繳納的芻草，用來飼養供祭祀用的牲畜。命令百姓都要盡力，以供獻皇天上帝、名山大川、四方之神，以祭祀宗廟祖先和社稷之神靈，為百姓祈福。

這個月，樹木正茂盛生長，於是命令掌管山林池澤的官吏到山林巡視，不許砍伐任何樹木。這個月，不可以興工建築，不可以會合諸侯，不可以興師動眾，不要發起大事來搖盪養育萬物的氣。不要發佈干擾農時的命令，而妨礙農耕之事。這個月雨水大而多，命令農官到各地巡視防洪工程。如發動違背農時的大行動，就會有天災。

這個月，土地濕潤，天氣潮濕悶熱，大雨時降，燒掉割下曬乾的野草，讓雨水將草木灰沖入田地，有利於殺死雜草，其效果如同用開水燙雜草一樣，這樣可以肥沃田地，可以改良土壤。

☸音　律

➲ 原文

黃鐘生林鐘，林鐘生太蔟，太蔟生南呂，南呂生姑洗，姑洗生應鐘，應鐘生蕤賓，蕤賓生大呂，大呂生夷則，夷則生夾鐘，夾鐘生無射，無射生仲呂①。三分所生，益之一分以上生②。三分所生，去其一分以下生。黃鐘、大呂、太蔟、夾鐘、姑洗、仲呂、蕤賓為上，林鐘、夷則、南呂、無射、應鐘為下。

大聖至理之世③，天地之氣，合而生風。日至則月鐘其風④，以生十二律⑤。仲冬日短至⑥，則生黃鐘。季冬生大呂。孟春生太蔟。仲春生夾鐘。季春生姑洗。孟夏生仲呂。仲夏日長至⑦，則生蕤賓。季夏生林鐘。孟秋生夷則。仲秋生南呂。季秋生無射。孟冬生應鐘。天地之風氣正，則十二律定矣。

注釋

①黃鐘生林鐘……無射生仲呂：這一段講音律的十二調相生的結果。十二調中，黃鐘、太簇、姑洗、蕤賓、夷則、無射為陽律，大呂、夾鐘、仲呂、林鐘、南呂、應鐘為陰律。

②三分所生，益之一分以上生：這句及下句是講音律相生的方法，即「三分損益法」。

③至理：猶至治。指安定昌盛、教化大行的政治局面或時代。

④日至：指太陽運行到某個位置。　鐘：聚。

⑤以生十二律：古人把樂律同曆法附會在一起，以十二律對應十二月。

⑥日短至：指冬至。冬至那天白天最短。

⑦日長至：指夏至。

譯文

黃鐘律生林鐘律，林鐘律生太蔟律，大蔟律生南呂律，南呂律生姑洗律，姑洗律生應鐘律，應鐘律生蕤賓律，蕤賓律生大呂律，大呂律生夷則律，夷則律生夾鐘律，夾鐘律生無射律，無射律生仲呂律。把作為基準的音律的度數分為三等分，增加其中的一分，就向上生出新律；把作為基準的音律度數分為三等分，減去其中的一分，就向下生出新律。黃鐘、大呂、太蔟、夾鐘、姑洗、仲呂、蕤賓為上生律；林鐘、夷則、南呂、無射、應鐘為下生律。

在最聖明的帝王統治的社會安定昌盛、教化大行的時代，天氣與地氣會合而產生風。太陽每運行到某個位置，那個月就聚集相應的風，從而產生了十二樂律。夏曆十一月白天最短的冬至那天，就產生了黃鐘律。夏曆十二月產生了大呂律。夏曆正月產生了太蔟律。夏曆二月產生了夾鐘律。夏曆三月產生了姑洗律。夏曆四月產生了仲呂律。夏曆五月白天最長的夏至那天，產生了蕤賓律。夏曆六月產生了林鐘律。夏曆七月產生了夷則律。夏曆八月產生了南呂律。夏曆九月產生了無射律。夏曆十月產生了應鐘律。天地的風氣正，十二律就確定了。

❁音　初

➲ 原文

凡音者，產乎人心者也。感於心則蕩乎音，音成於外而化乎內。是故聞其聲而知其風，察其風而知其志，觀其志而知其德。盛衰、賢不肖、君子小人皆形於樂，不可隱匿。故曰：樂之為觀也，深矣。

土弊則草木不長，水煩則魚鱉不大①，世濁則禮煩而樂淫。鄭衛之聲、桑間之音②，此亂國之所好，衰德之所說。流辟、誂越、慆濫之音出③，則滔蕩之氣、邪慢之心感矣④；感則百奸眾辟從此產矣。故君子反道以修德，正德以出樂，和樂以成順。樂和而民鄉方矣⑤。

注釋

① 煩：渾濁。

② 鄭衛之聲：春秋戰國時鄭衛兩國的民間音樂。因不同於雅樂，曾被儒家斥為「亂世之音」。　桑間之音：殷紂王命樂官延作靡靡之樂，殷代滅亡後，樂官延在桑間投濮水自殺，春秋時晉國樂官師涓經過此地，聽到水面上飄著樂聲，便記了下來。後用以代表亡國之音。

③ 流辟：放蕩邪僻。　誂（ㄉㄧㄠˋ）越：謂音樂輕佻激揚。，同「佻」。　慆（ㄊㄠ）濫：怠慢放縱。

④ 滔蕩：放縱無羈。

⑤ 鄉：通「向」。嚮往。　方：道義。

譯文

大凡音樂，是從人的內心產生出來的。內心有了感受就用音樂表現出來，音樂表現於外卻教化人的內心。因此，聽到某一地區的音樂就可以瞭解它的風俗，考察一地的風俗就可以知道當地人的志向，觀察他們的志向就可以知道他們的德行。國家的興盛與衰微，君臣的賢明與不肖，君子的高尚與小人的卑鄙都會由音樂表現出來，不能隱藏。所以說音樂可以觀察到的東西，相當深刻啊。

土地貧瘠草木就不能生長，水流渾濁魚鱉就長不大，世道黑

暗就禮儀混亂而音樂淫蕩。鄭衛之聲、桑間之音，這種音樂為亂國所喜好，道德淪喪的人所喜歡。放蕩淫邪、輕佻激揚、怠慢放縱的音樂產生出來，人們就會受放縱無羈之風氣、邪惡怠慢之心理感染。受到這樣的感染各種各樣的奸詐邪僻的行為就由此產生了。所以，君子回歸正道以修養德行，端正德行來創作首樂，使音樂和諧以順應民情。音樂和諧了百姓就嚮往道義了。

❁制　樂

➲ 原文

欲觀至樂①，必於至治②。其治厚者其樂治厚，其治薄者其樂治薄，亂世則慢以樂矣。今窒閉戶牖③，動天地，一室也。故成湯之時④，有穀生於庭，昏而生，比旦而大拱⑤。其吏請卜其故。湯退卜者曰：「吾聞祥者福之先者也，見祥而為不善，則福不至。妖者禍之先者也，見妖而為善，則禍不至。」於是早朝晏退⑥，問疾弔喪，務鎮撫百姓。三日而穀亡。故禍兮福之所倚，福兮禍之所伏。聖人所獨見，眾人焉知其極？

注釋

① 至樂：最美妙的音樂。
② 至治：指太平盛世。
③ 今：假如；如果。　戶牖（ㄧㄡˇ）：門窗。牖，窗戶。
④ 成湯：即商湯王。商朝的建立者。
⑤ 拱：兩手合抱。
⑥ 晏（ㄧㄢˋ）：遲。

譯文

想要欣賞最美妙的音樂，必定要在太平盛世。一個國家治理得好，音樂就完美，一個國家治理得差，音樂就粗疏；至於亂世，音樂已經輕慢而無節制了。如果關閉門窗，一個人的心意能感動天地，是因為天地也是一個房間。從前商湯王在位的時候，庭中

長出一棵奇異的穀子，黃昏時生出，到天亮已經有兩手合圍那麼粗了。商湯王的臣子讓卜人占卜這棵穀子出現的原因，商湯王辭退卜人，說：「我聽說，吉祥是福佑的先兆，但是如果遇到吉兆，卻做不善的事，那麼也就不會得到福佑；怪異的現象是災禍的先兆，但是如果遇到怪異的現象而做善事，災禍就不會來臨。」於是他早上朝，遲退朝，關心病人，撫慰死者家屬，全力安撫百姓。三天之後，庭中奇異的穀子就消失了。所以說，災禍是福運的倚託，福運是災禍的隱藏之所。這個道理只有聖人才能認識到，一般人哪裡會知道事物變化的最後結局呢？

❁明　理

➲ 原文

五帝三王之於樂盡之矣。亂國之主未嘗知樂者，是常主也①。夫有天賞得為主，而未嘗得主之實，此之謂大悲。是正坐於夕室也②，其所謂正乃不正矣。

凡生，非一氣之化也；長，非一物之任也；成，非一形之功也。故眾正之所積，其福無不及也；眾邪之所積，其禍無不逮也。其風雨則不適，其甘雨則不降，其霜雪則不時，寒暑則不當，陰陽失次，四時易節，人民淫爍不固③，禽獸胎消不殖，草木庳小不滋④，五穀萎敗不成。其以為樂也，若之何哉？

故至亂之化，君臣相賊，長少相殺，父子相忍，弟兄相誣，知交相倒，夫妻相冒⑤。日以相危，失人之紀，心若禽獸，長邪苟利，不知義理……故子華子曰：「夫亂世之民，長短頡敨⑥，百疾，民多疾癘，道多褓繈，盲禿傴尪⑦，萬怪皆生。」故亂世之主，烏聞至樂？不聞至樂，其樂不樂。

注釋

①常主：平庸的君主。

②夕室：斜向的屋子。

③淫爍不固：指男女不能生育。淫爍，情欲消失。爍，消損，

損傷。

④庳（ㄅㄧˋ）：矮。

⑤冒：衝撞。

⑥長短：長和短，指時間、距離。 頡敔（ㄒㄧㄝˊㄩˇ）：錯亂。

⑦傴（ㄩˇ）：駝背。 尪（ㄨㄤ）：骨骼彎曲不正。亦指有這種殘疾的人。

譯文

五帝三王時的音樂已經盡善盡美了。世道混亂國家的君王並不曾真正懂得音樂，因為他們是平庸的君王。依靠上天的賞賜成為君王，但並沒有具備做君主的實力，這是最可悲的。這就正如人坐在斜向的屋子裡，其所說的正其實恰恰是不正。

大凡萬物的誕生，不是單靠陽氣或單靠陰氣化育出來的；萬物的生長，不是一種物質能夠承擔的；萬物的形成，不是一種東西的功勞。所以，眾多正氣積聚的地方，福運沒有不降臨的；眾多邪氣積聚的地方，災禍沒有不發生的。災禍降臨的地方風雨就不適時，時雨就不降落，霜雪就不合季節，寒暑就失當，陰陽失去常規，四季節氣顛倒，人的情欲消失不能生育子女，禽獸的胎孕流產不能繁殖，草木矮小不能長大，五穀枯萎不能成熟。在這樣的環境下產生的音樂，又會怎麼樣呢？

所以，極端混亂的社會風氣，是君臣互相殘害，長少互相殺戮，父子互相殘忍，弟兄互相誣告，朋友互相背叛，夫妻互相衝撞。人們天天相互危害，喪失人倫，人心如同禽獸，助長邪惡苟求利益，不知道義天理……所以子華子說：「亂世的百姓，時間和空間概念錯亂，百病叢生，人多患病，路上多棄嬰，瞎眼、禿頭、駝背、骨骼彎曲不正的人，各種各樣的怪異都產生了。」因此，亂世的君主哪裡能聽到最和諧、完美的音樂？聽不到完美的音樂，亂世的音樂不會使人快樂。

◎卷七　孟秋紀第七

題解

◆孟秋紀由孟秋紀、蕩兵、振亂、禁塞、懷寵五篇組成。其中孟秋紀為《禮記‧月令》之一，記述了夏曆七月的天象、物候、氣候、君王的衣食住行、國家政令以及應當注意的諸多事項。蕩兵、振亂、禁塞、懷寵四篇均為兵家學說。蕩兵篇闡述了戰爭的由來；振亂篇闡述了用「義兵」拯救亂世的必要性，批判了墨家學派的「非攻」「救守」的主張；禁塞篇駁斥了「救守」之說，指出「救守」是救助不義守護不道，阻撓正義之師救民伐罪，加深了人民的苦難；懷寵篇闡明了「義兵」的性質和任務，並制定了使人民懷念「義兵」的恩德而歸附他們的具體政策。

❁孟秋紀

➲ 原文

孟秋之月，日在翼①，昏斗中②，旦畢中③。其日庚辛，其帝少皞④，其神蓐收⑤，其蟲毛，其音商⑥，律中夷則。其數九，其味辛⑦，其臭腥，其祀門，祭先肝。涼風至，白露降，寒蟬鳴，鷹乃祭鳥⑧，始用行戮。天子居總章左個，乘戎路⑨，駕白駱，載白旗，衣白衣，服白玉，食麻與犬⑩，其器廉以深⑪。

是月也，以立秋。先立秋三日，大史謁之天子曰：「某日立秋。盛德在金。」天子乃齋。立秋之日，天子親率三公九卿諸侯大夫，以迎秋於西郊。還，乃賞軍率武人於朝。天子乃命將帥，選士厲兵，簡練桀俊，專任有功，以征不義，詰誅暴慢，以明好惡，巡彼遠方⑫。

是月也，命有司修法制⑬，繕囹圄，具桎梏，禁止奸，慎罪邪，務搏執⑭；命理瞻傷察創視折審斷⑮，決獄訟，必正平，戮有罪，嚴斷刑。天地始肅，不可以贏⑯。

注釋

①②③ 翼、斗、畢：均為星宿名。二十八宿之一。

④ 少皞（ㄏㄠˋ）：一作少昊，傳說中的上古部落首領，死後被尊為西方之帝，於五行則為金帝，故主秋。

⑤ 蓐（ㄖㄨˋ）收：傳說是少皞之子，名該，生前為主金之官，死後被祀為金神。

⑥ 商：五聲音階的第二個音，相當於今簡譜上的「2」音，按五行家的說法，商音屬金，故為秋音。

⑦ 辛：指蔥、蒜等具有的帶刺激性的辣味。

⑧ 鷹乃祭鳥：鷹把擊殺的鳥四面擺開，如陳列祭品，古人稱之為祭鳥。

⑨ 路：疑為「輅」。

⑩ 麻：假借為「穈」。穈通「糜」。即糜子，是黍的一種。

⑪ 廉：稜；玲角。

⑫ 巡：安撫。　遠方：指天下。

⑬ 有司：指官吏。古代設官分職，各有專司，故稱。

⑭ 搏執：拘捕。

⑮ 理：治理獄訟的官。

⑯ 贏：寬緩；鬆懈。

譯文

秋七月，太陽運行到翼宿一帶，黃昏時斗宿出現在南方天空的正中，黎明時畢宿出現在南方天空的正中。這個月的日子以庚辛為主日，少皞為天帝，蓐收為天神。這個月，代表動物為長著皮毛的虎豹等，五音中的商音與之相配，樂律中的夷則與之應和。這個月的成數是九，人們感覺到的味道是辛，聞到的氣味是腥。這個月，祭祀的神是門神，祭品要先用動物的肝臟。這個月，涼風吹來，夜降白露，寒蟬鳴叫，鷹將擊殺的鳥四面陳列如祭祀。這時可以開始處決罪犯。天子居住在明堂總章的左室，出巡時乘兵車，駕馭帶白色的駿馬，車上插白色的龍旗，天子穿白色的衣服，佩戴白色的玉珮，吃的食物是糜子和狗肉，使用的器物有稜角而深。

這個月立秋。立秋前三天，太史拜見天子說：「某日立秋，秋天的盛氣在金。」天子於是齋戒。立秋這天，天子親率三公、九卿、諸侯、大夫到西郊迎接秋天的來臨。返回後，在朝中賞賜軍隊的將帥和軍人們。天子於是命令將帥們，挑選戰士，磨礪兵器，選拔訓練優秀人才，全權委任有功的將帥，以征伐不道的君主，責問誅伐暴虐無禮的人，以示獎善伐惡，安撫天下。

這個月，命令有關的官吏修訂法律制度，修繕監獄，準備鐐銬，禁止違法行為，慎察罪犯和邪惡的人，務必拘捕他們；命令治理獄訟的理官察看被傷害者的創傷和折斷的肢體，審斷案件。判決案子必須公平，殺有罪，嚴判刑。天地之氣開始變得肅殺，執法不可以寬緩。

❁蕩　兵

➲ 原文

古聖王有義兵而無有偃兵①。兵之所自來者上矣②，與始有民俱。凡兵也者，威也；威也者，力也。民之有威力，性也。性者，所受於天也，非人之所能為也。武者不能革，而工者不能移。

夫有以死者，欲禁天下之食，悖；有以乘舟死者，欲禁天下之船，悖；有以用兵喪其國者，欲偃天下之兵，悖。夫兵不可偃也，譬之若水火然，善用之則為福，不能用之則為禍；若用藥者然，得良藥則活人，得惡藥則殺人。義兵之為天下良藥也亦大矣。

且兵之所自來者遠矣，未嘗少選不用③。貴賤、長少、賢者不肖相與同，有巨有微而已矣。察兵之微④：在心而未發，兵也；疾視⑤，兵也；作色⑥，兵也；傲言⑦，兵也；援推⑧，兵也；連反⑨，兵也；侈鬥⑩，兵也；三軍攻戰，兵也。此八者皆兵也，微巨之爭也。今世之以偃兵疾說者⑪，終生用兵而不自知悖，故說雖強，談雖辨⑫，文學雖博⑬，猶不見聽。故古之聖王有義兵而無有偃兵。兵誠義，以誅暴君而振苦民，民之說也，若孝子之見慈親也，若饑者之見美食也；民之號呼而走之，若強弩之射於深谿也，若積大水而失其壅堤也。中主猶若不能有其民，而況於暴君乎？

注釋

①偃：停息。　兵：戰爭。

②上：遠；久遠。

③少選：須臾；一會兒。

④兵：戰爭。　微：微妙。

⑤疾視：怒目而視。

⑥作色：因生氣而改變臉色。

⑦傲言：傲慢的言辭。

⑧援推：互相推搡。

⑨連反：角力。類似於摔跤。

⑩侈鬥：群鬥。

⑪疾説者：極力鼓吹某種學説的人。

⑫辨：通「辯」。

⑬文學：文獻典籍。

譯文

古代聖王發動正義的戰爭而不停止戰爭。戰爭的由來很久遠了，與人類的出現同時發生。凡戰爭，關鍵是威勢；有威勢，就有力量。人類有威勢和力量，這是本性。人的本性，是從上天接受來的，不是人所能製造的。有武力的人不能革除它，有技巧的人不能改變它。

有因為吃東西噎死的，就想禁絕天下人吃東西，荒謬；有因為乘船落水而淹死的，就想禁絕天下人行船，荒謬；有因為進行戰爭而亡國的，就想廢止天下的戰爭，荒謬。戰爭不可廢止，它好比水火一樣，用得好就創造幸福，用得不好就發生災禍；又好比用藥一樣，吃了良藥就把人救活了，吃了毒藥就把人殺死了。正義的戰爭作為天下良藥的作用也是很大的。

再說戰爭產生的由來很久遠了，沒有一刻不用到它，地位高的、地位低的、年長的、年少的、有才能的、沒有才能的，人人都要參與其中，只是戰爭的規模有大有小罷了。考察一下戰爭的微妙之處：對人有意見，埋在心裡而沒有發作出來，是戰爭；怒

目而視，是戰爭；變臉色生氣，是戰爭；用傲慢的言辭傷人，是戰爭；互相推搡，是戰爭；摔跤廝打，是戰爭；彼此鬥毆，是戰爭；三軍攻戰，是戰爭。這八種情形都是戰爭，只是在規模上有小和大的區別。當今世上那些極力鼓吹廢止戰爭的人，終生用兵，卻不知自己言行不一致。所以他們的遊說雖有力度，言談雖然雄辯，引用的文獻典籍雖然廣博，但其主張仍然不為人們所採納。所以古代聖王發動正義的戰爭而不廢止戰爭。如果戰爭確實是正義的，用以殺掉暴虐的國君、拯救苦難的百姓，那麼人民喜歡這種戰爭，就好比孝子見到慈愛的父母，好比饑餓的人見到美食一樣；百姓為之呼號而奔走去歸順他，就好像強弩射向深谷那樣迅速，好像聚積的大水沖決了堤壩那樣不可阻擋。普通的國君尚且阻擋不住百姓出走，何況是暴君呢？

❁振　亂

➲ 原文

當今之世濁甚矣，黔首之苦不可以加矣①。天子既絕②，賢者廢伏，世主恣行③，與民相離，黔首無所告訴。世有賢主秀士④，宜察此論也，則其兵為義矣。天下之民，且死者也而生，且辱者也而榮，且苦者也而逸。世主恣(ㄗˋ)行，則中人將逃其君，去其親，又況於不肖者乎？故義兵至，則世主不能有其民矣，人親不能禁其子矣。

凡為天下之民長也，慮莫如長有道而息無道，賞有義而罰不義。今之世學者多非乎攻伐⑤。非攻伐而取救守，取救守，則鄉之所謂長有道而息無道、賞有義而罰不義之術不行矣⑥。天下之長民⑦，其利害在察此論也。

注釋

①黔首：戰國時期和秦代稱平民、老百姓為黔首。

②天子既絕：本書成於秦八年，時周王朝已亡，秦始皇尚未稱帝。

③ 世主：當世的君主。這裡指當世昏庸的君主。
④ 秀士：指德才兼備的士人。
⑤ 學者：這裡指主張墨家學說的人。
⑥ 鄉：前面。
⑦ 長民：為民之長；官長。古指天子、諸侯，後泛指地方官吏。

譯文

當今的世道混亂極了，百姓的痛苦無以復加了。天子已經滅絕，賢德的人被廢黜或隱居，當世的昏庸的國君肆意妄為，與民心相悖離，百姓的痛苦無處申訴。當代如果有賢明的君主和德才兼備的士人，就應當考察其中的問題，那麼，他們舉兵征伐就是正義的。天下的人民，瀕臨死亡的因此而獲得新生，將要受辱的因此而得到榮耀，將要受苦的因此而獲得安逸。當代昏庸的國君肆意妄為，普通人就將逃離他們的國君，離開他們的父母，又何況愚昧平庸的人呢？所以只要正義的軍隊來到，當代昏庸的國君就不能擁有他的人民了，父母也不能阻止其子女歸附賢明的君主了。

凡是為天下人民作長遠打算，最好的計策莫過於助長有道而消滅無道，獎賞正義而懲罰不義。當今世上學者大多反對攻戰征伐。反對攻戰征伐就採取救援防守的策略，如採取救援防守的策略，則前面所說的助長有道而消滅無道、獎賞正義而懲罰不義的主張就得不到推行了。作為天下人民的君主，他帶給人民利益還是危害，就在於能否明察這一道理。

禁塞

原文

夫救守之心①，未有不守無道而救不義也。守無道而救不義，則禍莫大焉，為天下之民害莫深焉。凡救守者，太上以說②，其次以兵。以說則承從多群，日夜思之，事心任精，起則誦之，臥則夢之，自今單脣乾肺③，費神傷魂，上稱三皇五帝之業以愉其意，下稱五

伯名士之謀以信其事④，早朝晏罷⑤，以告制兵者⑥，行說語眾，以明其道。道畢說單而不行，則必反之兵矣。反之於兵，則必鬥爭之情，必且殺人，是殺無罪之民以興無道與不義者也。無道與不義者存，是長天下之害而止天下之利，雖欲幸而勝，禍且始長。

使夏桀、殷紂無道至於此者，幸也；使吳夫差、智伯瑤侵奪至於此者⑦，幸也；使晉厲、陳靈、宋康不善至於此者⑧，幸也……此七君者，大為無道不義，所殘殺無罪之民者，不可為萬數。壯佼、老幼、胎殰之死者⑨，大實平原，廣堙深谿大谷⑩，赴巨水，積灰填溝洫險阻⑪。犯流矢，蹈白刃，加之以凍餓饑寒之患，以至於今之世，為之愈甚。故暴骸骨無量數，為京丘若山陵⑫。世有興主仁士，深意念此，亦可以痛心矣，亦可以悲哀矣。察此其所自生，生於有道者之廢，而無道者之恣行。夫無道者之恣行，幸矣。故世之患，不在救守，而在於不肖者之幸也。救守之說出，則不肖者益幸也，賢者益疑矣。故大亂天下者，在於不論其義而疾取救守。

注釋

①心：本意；意圖。

②太上：最高；最上；首先。

③單脣乾肺：意思是說話過多，肺氣損傷。單，通「殫」。盡。乾肺，即燥肺。照中國古醫家的說法，認為說話多了會直接損傷肺氣。「乾肺」即肺氣損傷的表現。

④五伯（ㄅㄚˋ）：春秋時五個勢力最強的諸侯國國君，即齊桓公、晉文公、秦穆公、宋襄公、楚莊王。伯，通「霸」。

⑤早朝晏罷：早上朝會晚上退朝休息。晏，晚。

⑥制兵者：掌握兵權的人。

⑦吳夫差：春秋時期吳國國君。吳王闔廬之子，曾敗勾踐於會稽。後勾踐滅吳，夫差請和，不許，自刎死。　智伯瑤：又稱荀瑤、知瑤或知伯，春秋末晉四卿之一，晉哀公時為執政大臣。哀公四年，趙襄子、韓康子、魏桓子共殺智伯。

⑧晉厲：即春秋晉厲公。　陳靈：即陳靈公，陳共公之子，名平國。　宋康：即宋康王。戰國時宋國的最後一個國君，名偃，以

貪暴荒淫著稱。

⑨ 壯佼：青壯年。　胎㱡（ㄉㄨㄣˊ）：懷孕在腹內而死稱㱡。

⑩ 堙：填塞的意思。

⑪ 積灰：指戰火焚燒城郭、房舍所積的灰燼。

⑫ 京丘：也稱京觀。是古人收集戰死者屍體合土築成的高大墳墓。京，高丘。

譯文

救援防守的本意，都是為無道之君防守而救援不義之國的。為無道之君防守而救援不義之國，則禍患沒有比這更大的了，使天下人民受害沒有比這更深的了。凡是主張救援防守的人，首先是用言辭遊說對方主帥停戰，其次是訴諸武力。用言辭遊說，就糾集許多隨從徒眾，日夜思索它，操心勞神；早起就叨念它，睡覺就夢著它，致使唇乾肺燥，精神損傷；往上稱頌三皇五帝的功業，以使對方愉悅，往下稱頌春秋五霸、名士的計謀，以使人們相信停戰的必要性，從早上朝會到晚上退朝休息，不停地勸說掌握兵權的主帥，言辭滔滔不絕，力圖使人們明白救援防守的道理。道理講完了，話也說盡了，對方依然沒有被說服，那麼必然反過來動用軍隊了。回到動用軍隊上來，就必然會發生戰爭的情況，戰爭必然就殺人。這就是殺害無罪的人民，以助長無道之君和不義之國了。無道之君和不義之國保存下來，是助長危害天下者的力量，阻止利於天下者的發展。雖想僥倖取勝，禍患卻從此滋長。

使夏桀王、殷紂王的昏庸無道達到如此地步的，是僥倖；使吳王夫差、晉卿智伯瑤侵奪到了如此地步的，是僥倖；使晉厲公、陳靈公、宋康王壞到如此地步的，也是僥倖……這七個君主，大做無道不義之事，他們所殘殺的無罪的人民，多到不可以萬數計。死去的青壯年、老人小孩、孕婦胎兒，充滿了原野，填塞了深谿大谷，流入大河。戰火焚燒城郭、房舍所積的灰燼填滿溝渠和地勢險要之處。人民冒著飛矢，踩著利刃，還加上凍餓饑寒的迫害，這種情況到今天這個時代，發展得更加厲害。因而曝露在原野的屍骨不可以數計，積屍合土築成的高丘猶如一座座山陵。當今如

有救世的君主、仁愛的士人，深慮到這些，也足以痛心了，也足以悲哀了。考察發生這種情況的根源，乃產生於有道的人被廢棄不用，無道的人為所欲為。無道的人之所以為所欲為，是因為僥倖。所以，今世的憂患，不在於救護自守，而在於讓無道的人僥倖。救護自守的主張一出籠，無道的人就更僥倖，賢德的人就更疑惑不解了。所以，大亂天下的原因，在於不論戰爭正義與否，就急急忙忙地採取救援防守的政策。

懷寵

原文

凡君子之說也，非苟辨也①；士之義也②，非苟語也。必中理然後說，必當義然後議。故說義而王公大人益好理矣，士民黔首益行義矣③。義理之道彰，則暴虐、奸詐、侵奪之術息也。暴虐、奸詐之與義理反也，其勢不俱勝，不兩立。故兵入於敵之境，則民知所庇矣，黔首知不死矣。至於國邑之郊，不虐五穀，不掘墳墓，不伐樹木，不燒積聚，不焚室屋，不取六畜。得民虜奉而題歸之④，以彰好惡；信與民期，以奪敵資。若此，而猶有憂恨、冒疾、遂過、不聽者⑤，雖行武焉亦可矣。

故克其國，不及其民，獨誅所誅而已矣。舉其秀士而封侯之，選其賢良而尊顯之，求其孤寡而振恤之，見其長老而敬禮之。皆益其祿，加其級。論其罪人而救出之；分府庫之金，散倉廩之粟，以鎮撫其眾，不私其財；問其叢社、大祠⑥，民之所不欲廢者，而復興之，曲加其祀禮。是以賢者榮其名，而長老說其禮，民懷其德。今有人於此，能生死一人，天下必爭事之矣。義兵之生一人亦多矣，人孰不說？故義兵至，則鄰國之民歸之若流水，誅國之民望之若父母，行地滋遠，得民滋眾，兵不接刃而民服若化。

注釋

①辨：通「辯」。

②義：通「議」。議論。

③黔首：古代稱平民、老百姓為黔首。

④民虜：俘虜的敵國百姓。

⑤憂恨：猶愎恨。固執；乖戾。　冒疾：妒嫉。冒，通「媢」；疾，同「嫉」。媢，嫉妒。　遂過：掩飾過失。

⑥叢社：叢林中的神社。

譯文

大凡君子的學說，不是隨意的辯說；士人的議論，不是隨便的言談。一定要合乎公理然後才發言，一定要合乎道義然後才議論。所以，他們論說義理就使得王公大人更加崇尚公理，使得士人和平民百姓更加力行正義。義理之道彰明，則暴虐、奸詐、侵奪的邪術就會銷聲匿跡。暴虐、奸詐同正義公理是針鋒相對的，其勢必不能同時取勝，不能兩立。所以當正義之師進入敵人境內，人民就知道自己有人保護了，百姓就知道自己免於一死了。正義之師到達京城城郊，不踐踏五穀，不挖掘墳墓，不砍伐樹木，不燒掉積聚的糧草財物，不焚毀房屋，不掠取六畜。他們俘虜了敵國百姓審核姓名登記在冊後就遣送回去，以表明對百姓的好感和對暴君的厭惡；他們信守與人民的約定，以信義爭取到敵國人民的資助。如果這樣，還有固執乖戾、嫉妒他人、掩飾過失、不聽勸諫的人，即使對他們使用武力也是可以的了。

所以攻佔這個國家，卻不殃及那裡的人民，僅誅殺應該誅殺的人罷了。薦舉那些德才兼備的士人而給他們封侯，挑選那些賢良的人而給他們顯貴的地位，尋找那些孤兒寡婦而賑濟撫恤他們，會見那個國家的老人而尊敬地以禮相待。給這些人都增加俸祿，提高他們的地位。審理那些被關押的所謂罪人而釋放他們；分發府庫裡的金錢，散發倉庫裡的糧食，來安撫那裡的民眾，不私自佔有這些財產；查訪那些大大小小的神祠，對人民不願意廢除的神靈，就重新復興，格外加重祭祀的禮儀。因此，賢能的人對給予的名聲感到榮耀，年長的人對得到的禮遇感到高興，人民都感念正義之師的恩德。假如這裡有一個人，能主宰一個人的生死，天下的人一定會爭著為他辦事。正義之師救活的人很多，人民誰不喜歡呢？所以，正義之師到來，鄰國的人民歸順它就像流水歸

向大海一樣，被征伐國家的人民盼望它就像盼望父母一樣，它的征程越遠，得到的民眾就越多，軍隊不用交鋒，人民順服它就像冰雪融化一樣迅速。

◎卷八　仲秋紀第八

題解

◆仲秋紀由仲秋紀、論威、簡選、決勝、愛士五篇組成。其中仲秋紀為《禮記・月令》之一，記述了夏曆八月的天象、物候、氣候、君王的衣食住行、國家政令以及應當注意的諸多事項。論威、簡選、決勝、愛士四篇均為兵家學說。論威篇論述了戰爭之道和一些戰略戰術；簡選篇論述了在戰爭中選拔精兵銳器的重要作用；決勝篇論述了決定戰爭勝利的主要因素；愛士篇論述的主旨是君主愛惜士民才能在生死存亡的危急時刻得到救助。

❁仲秋紀

➲ 原文

仲秋之月①……涼風生，候雁來，玄鳥歸②，群鳥養羞③。

是月也，養衰老，授幾杖，行糜粥飲食④。乃命司服具飭衣裳⑤，文繡有常，制有小大，度有短長，衣服有量，必循其故，冠帶有常。命有司申嚴百刑，斬殺必當，無或枉橈⑥，枉橈不當，反受其殃。

是月也，可以築城郭，建都邑，穿竇窌⑦，修囷倉⑧。乃命有司趣民收斂⑨，務蓄菜，多積聚。乃勸種麥，無或失時，行罪無疑。

是月也，易關市，來商旅，入貨賄，以便民事。四方來雜，遠鄉皆至，則財物不匱，上無乏用，百事乃遂。

注釋

①仲秋之月：夏曆八月。

②玄鳥：燕子。

③養羞：儲藏食物。羞，饈美食。

④行：猶賜。　麋（ㄇㄧˊ）：通「糜」。粥。

⑤司服：掌管服裝的官。

⑥枉橈（ㄋㄠˊ）：彎曲。這裡指因量刑不準確而造成的冤案。

⑦穿：挖。　竇(ㄉㄡˋ)：地穴。　窌（ㄐㄧㄠˋ）：地窖。

⑧囷（ㄐㄩㄣ）倉：糧倉。囷，圓形的穀倉。囷窌(ㄐㄩㄣ ㄐㄧㄠˋ)圓形的倉廩與地窖。均為貯藏穀物的地方。

⑨趣：通「促」。督促，催促。

譯文

秋八月……涼風吹來，大雁從北方飛來，燕子飛回南方去，各種鳥都儲藏過冬的食物。

這個月，要撫養衰老的人，授給他們幾案和枴杖，賜給他們粥等飲食。命令掌管服裝的司服，準備和整理衣裳，花紋和繪製的圖案有常規，規格有大小，尺度有長短；縫製的各種衣服都有一定的要求，必須遵循舊法；冠冕和佩戴物都有定制。命令官吏，申明並嚴格執行各種刑罰，斬殺罪犯一定要恰當，不要造成冤案，量刑不準而造成冤案，反而會遭受災殃。

這個月，可以築城郭，建都邑，挖掘地穴地窖，修繕倉庫。於是命令官吏督促農民做好莊稼的收穫和儲藏，務必多儲藏蔬菜，多積聚糧食。於是鼓勵農民種麥，不要錯過農時。對錯過農時的人定罪責罰無疑。

這個月，整頓關市，吸引商賈西元前來，使財貨流入國內，以方便民眾的生產和生活。四方商賈聚集而來，遠鄉民眾皆來交易，財貨就不會匱乏，君王就不乏開支，百事才可以順利進行。

❁論　威

➲ 原文

義也者，萬事之紀也，君臣、上下、親疏之所由起也①，治亂、安危、過勝之所在也②。過勝之，勿求於他，必反於己。

凡軍，欲其眾也；心，欲其一也。三軍一心，則令可使無敵矣。令能無敵者，其兵之於天下也，亦無敵矣。古之至兵③，民之重令也，重乎天下，貴乎天子。其藏於民心，捷於肌膚也④，深痛執固⑤，不可搖盪，物莫之能動。若此則敵胡足勝矣⑥？故曰：其令強者其敵弱，其令信者其敵詘⑦。先勝之於此，則必勝之於彼矣。

凡兵⑧，天下之凶器也⑨；勇，天下之凶德也⑩。舉凶器，行凶德，猶不得已也。舉凶器必殺，殺，所以生之也；行凶德必威，威，所以懾之也。敵懾民生，此義兵之所以隆也。故古之至兵，才民未合⑪，而威已諭矣⑫，敵已服矣，豈必用枹鼓干戈哉⑬？故善諭威者，於其未發也，於其未通也，窅窅乎冥冥⑭，莫知其情。此之謂至威之誠。

凡兵，欲急疾捷先。欲急疾捷先之道，在於知緩徐遲後而急疾捷先之分也。急疾捷先，此所以決義兵之勝也。而不可久處，知其不可久處，則知所兔起鳧舉死殙之地矣⑮。雖有江河之險則凌之⑯，雖有大山之塞則陷之。並氣專精⑰，心無有慮，目無有視，耳無有聞，一諸武而已矣。……今以木擊木則拌⑱，以水投水則散，以冰投冰則沉，以塗投塗則陷⑲，以疾徐先後之勢也。

注釋

①上下：指長幼。

②過：敗。

③至兵：最精銳的軍隊。

④捷：通「接」。接觸、感覺的意思。

⑤深痛：深切。　執固：堅固。

⑥胡：怎麼。

⑦詘（ㄑㄩ）：通「屈」。屈服。

⑧兵：兵器。

⑨凶器：兵器是殺傷人的工具，所以古稱兵器為凶器。

⑩凶德：因勇武在戰爭中必殺傷人，所以稱勇武為凶德。

⑪ 才民：這裡指優秀的士卒。　合：交戰。

⑫ 諭：知道。

⑬ 枹（ㄈㄨˊ）鼓：古代作為進軍號令的鼓槌和鼓。

⑭ 窅（ㄧㄠˇ）窅乎冥冥：深奧隱晦的樣子。窅，深奧；精深；幽暗。

⑮ 兔起鳧（ㄈㄨˊ）舉：比喻行動迅疾。起，疾跑；鳧，水鳥名，俗稱「野鴨」；舉，飛。　死殙（ㄏㄨㄣ）之地：指地勢險惡的絕地。

⑯ 淩：越。

⑰ 並氣：屏住氣息。　專精：聚精會神。

⑱ 拌：分；析。

⑲ 塗：泥。

譯文

義，是萬事的綱紀，是君臣、長幼、親疏關係形成的起源，是國家治亂、安危、勝敗的關鍵。勝敗的關鍵，是不要求助於他人，一定要求助於自己。

凡軍隊，定要人數眾多；軍心，定要萬眾一心。三軍一心，則號令暢行軍威無敵。號令暢行軍威無敵者，他的軍隊在天下也就無敵了。古代最精銳的軍隊，士兵們看重軍令，把軍令看得比天下還重要，比天子還尊貴。號令藏於民心，感於肌膚，深切堅固，不能動搖，任何事物不能使它改變。像這樣的軍隊，敵人怎麼能夠取得勝利呢？所以說，號令嚴明的軍隊，它的敵人一定虛弱；令行禁止的軍隊，它的敵人一定屈服。先勝敵於號令，則必勝敵於戰場了。

凡兵器，是天下的凶器；勇猛，是天下的凶德。舉起凶器，行使凶德，那是不得已的事。舉起凶器必定要殺人，殺人，是為了使自身得以生存；行使凶德一定要威脅人，威脅，是為了懾服敵人。敵人被懾服，人民得以生存，這是正義之師能夠受到尊敬的原因。所以古代最精銳的軍隊，優秀的士卒尚未和敵軍交戰，其威名就已經播揚，敵人已經屈服了，難道一定要擂響戰鼓、大動干戈嗎？所以善於播揚軍威的人，要在戰爭爆發之前，要在敵

人不瞭解真實情況之時，散布深奧隱晦的資訊，使人無法搞清實際的情況。這就叫做最有實效的威懾力。

作戰，要強調緊急、迅速、敏捷、搶先。做到緊急、迅速、敏捷、搶先的辦法，在於知道寬緩、拖遝、遲鈍、落後與緊急、迅速、敏捷、搶先的區別。緊急、迅速、敏捷、搶先，這些是決定戰爭勝利的因素。〔險絕之地〕是不可久留的，知道不可久留，就應該知道像兔子奔走、野鴨起飛那樣迅速地脫離險境。即使有江河的險阻也要越過它，即使有大山的堵塞也要攻陷它，屏住氣息，聚精會神，心無雜念，眼睛不看別的東西，耳朵不聽別的聲音，只是把全部心力都投入戰鬥。……如果用木頭擊打木頭，被擊打的木頭就會裂開，用水拍打水，被拍打的水就會濺散，用冰碰撞冰，被碰撞的冰就會沉沒，用泥投射泥，被投射的泥就會陷塌，這就是快與慢、先與後的勢態。

❁簡　選

➲ 原文

世有言曰：「驅市人而戰之，可以勝人之厚祿教卒①；老弱罷民②，可以勝人之精士練材③；離散係系④，可以勝人之行陳整齊⑤；鋤耰白梃⑥，可以勝人之長銚利兵⑦。」此不通乎兵者之論。今有利劍於此，以刺則不中，以擊則不及，與惡劍無擇⑧，為是鬥因用惡劍則不可。簡選精良，兵械銛利⑨，發之則不時，縱之則不當，與惡卒無擇，為是戰因用惡卒則不可。王子慶忌、陳年猶欲劍之利也⑩。簡選精良，兵械銛利，令能將將之，古者有以王者，有以霸者矣，湯、武、齊桓、晉文、吳闔廬是矣。

殷湯良車七十乘，必死六千人⑪，以戊子戰於郕⑫，遂禽推移、大犧⑬，登自鳴條⑭，乃入巢門⑮，遂有夏。桀既奔走，於是行大仁慈，以恤黔首⑯，反桀之事，遂其賢良，順民所喜，遠近歸之，故王天下。

齊桓公良車三百乘，教卒萬人，以為兵首，橫行海內，天下莫之能禁，南至石樑⑰，西至酆郭⑱，北至令支⑲。中山亡邢⑳，狄

人滅衛㉑，桓公更立邢於夷儀㉒，更立衛於楚丘㉓。

故凡兵勢險阻，欲其便也；兵甲器械，欲其利也；選練角材㉔，欲其精也；統率士民，欲其教也。此四者，義兵之助也，時變之應也，不可為而不足專恃。此勝之一策也。

注釋

①教卒：受過訓練的士兵。

②罷民：疲憊的民眾。罷，通「疲」。

③練材：拳勇有力的士兵。

④係系：俘虜；罪犯。

⑤行陳：行陣。陳，通「陣」。

⑥耰（ㄧㄡ）：用來搗碎土塊、平整土地的農具。　梃（ㄊㄧㄥˇ）：棍棒；木棍。

⑦銚（ㄉㄧㄠˋ）：矛。

⑧擇：區別。

⑨銛（ㄒㄧㄢ）利：鋒利；鋭利。

⑩王子慶忌：春秋時吳王僚的兒子，以勇敢聞名。　陳年：古代齊國勇士。

⑪必死：敢死之士。

⑫郕（ㄔㄥˊ）：古邑名。在今山東省寧陽縣東北。

⑬禽：通「擒」。擒獲。　推移、大犧：人名。夏桀的兩位大臣。

⑭鳴條：地名。在今山西運城北。

⑮巢門：夏桀都城城門名。

⑯黔首：古代稱平民、老百姓為黔首。

⑰石樑：古地名。在今安徽天長縣西。

⑱酆（ㄈㄥ）郭：古地名。在今陝西西安市西南。

⑲令支：古地名。在今湖北遷安縣西。

⑳中山：古國名。在今河北定縣及靈壽一帶。　邢：古國名，在今河北邢台一帶。

㉑狄人：中國古代北方少數民族。　衛：古國名，其統治區域包括今河南東北及河北、山東部分地區。

㉒ 夷儀：地名。在今山東聊城西。
㉓ 楚丘：地名。在今河南滑縣。
㉔ 角材：將才。

譯文

社會上有一種論調說：「驅趕市民去作戰，能夠戰勝敵人優厚俸祿、訓練有素的士卒；年老體弱、疲憊不堪的民眾可以戰勝敵人武術精良、技藝熟練的士卒；散兵游勇、俘虜、罪人可以戰勝敵人行陣整齊的部隊；揮舞鋤頭、棍棒，可以戰勝敵人的長矛、利刃。」這是對軍事一竅不通的人的言論。如果有銳利的寶劍在此，用它來刺卻刺不中目標，用它來砍卻砍不倒對方，這就同劣劍沒有什麼區別，即使如此，戰鬥時使用劣劍還是不可以的。選拔精良的士卒，銳利的兵器，調動他們作戰他們卻不及時行動，命令他們戰鬥他們卻抵擋不住敵人，這就同最差的士卒沒有區別，即使如此，作戰時使用最差的士卒還是不可以的。王子慶忌、陳年這樣的勇士也想要刀劍鋒利啊。挑選精良的士卒，銳利的武器，命令有帥才的將領統率他們，古代有因此稱王者，有因此稱霸者啊，商；湯王、周武王、齊桓公、晉文公、吳王闔廬就是這樣的人。

商湯王有優良兵車七十輛，敢死之士六千人，在戊子這天與夏桀的軍隊交戰於郕，於是擒獲了夏桀的大臣推移、大犧，自鳴條山出發，進入夏桀都城的巢門，便取得了夏朝的天下。夏桀逃跑以後，商湯王於是施行仁慈之政，以安撫百姓，一反夏桀的所作所為，任用賢良之士，順從民眾的喜好，遠近的人民都歸附他，因此稱王於天下。

齊桓公有精良的兵車三百輛，訓練有素的士卒上萬人，以他們為先頭部隊，橫行四海之內，天下沒有誰能抵禦他，其勢力南至石梁，西達酆郭，北達令支。中山國吞滅了邢國，狄人消滅了衛國，齊桓公重新在夷儀建立了邢國，在楚丘建立了衛國。

所以，凡是軍事勢態和地形險阻，定要對自己有利；兵甲器械，定要銳利；選拔訓練將才，定要其優秀；統率士卒，定要其訓練有素。有利於自己的軍事勢態和險要地形、銳利的兵甲器械、

優秀的將領、訓練有素的士卒是正義軍隊的支柱，靠天時變化來契合兵機，人力不可為而且也不足以依賴。以上所說是克敵制勝的一種策略。

❁決　勝

➲ 原文

夫兵有本幹：必義，必智，必勇。義則敵孤獨。敵孤獨則上下虛，民解落①；孤獨則父兄怨，賢者誹，亂內作。智則知時化，知時化則知虛實盛衰之變，知先後遠近縱舍之數。勇則能決斷，能決斷則能若雷電飄風暴雨，能若崩山破潰、別辨霣墜②；若鷙鳥之擊也，搏攫則殪③，中木則碎。此以智得也。

凡兵，貴其因也④。因也者，因敵之險以為己固，因敵之謀以為己事。能審因而加，勝則不可窮矣。勝不可窮之謂神，神則能不可勝也。夫兵，貴不可勝。不可勝在己，可勝在彼。聖人必在己者，不必在彼者，故執不可勝之術以遇不勝之敵，若此，則兵無失矣。凡兵之勝，敵之失也。勝失之兵，必隱必微，必積必摶⑤。隱則勝闡矣⑥，微則勝顯矣，積則勝散矣，摶則勝離矣。諸搏攫柢噬之獸⑦，其用齒角爪牙也，必托於卑微隱蔽，此所以成勝。

注釋

①解落：瓦解；離散。

②別辨：異變。辨通「變」。　霣（ㄩㄣˇ）墜：隕星墜落。，古通「隕」。

③殪（ㄧˋ）：死。

④因：憑藉；利用。

⑤摶（ㄊㄨㄢˊ）：集聚；集中。

⑥闡：明；顯。這裡指公開的敵人。

⑦搏攫柢噬之獸：指各種依靠齒角爪牙抓取、頂撞、撕咬獵物的野獸。柢，通「抵」。

譯文

用兵有其根本原則：必須正義，必須善用智謀，必須勇猛。正義敵人就會孤立無援。敵人孤立無援就會上下虛弱，人民離散；孤立無援父兄就埋怨，賢人就譴責，禍亂就會從內部發生。善用智謀就能知道時勢的變化，知道時勢的變化就會知道虛實盛衰的轉化，就會知道西元前進與後退、遠襲與近戰、放縱與捨棄的戰略戰術。勇猛就決事果斷，決事果斷，用兵就能像雷電旋風暴雨一樣迅疾，就能像山體崩裂、河堤潰決、異變星墜一樣不可抵擋；就像猛禽俯衝出擊，搏擊禽獸則禽獸頃刻斃命，擊中樹木則樹木碎裂。這是靠智謀實現的。

凡用兵，貴在善於利用。所謂利用，就是利用敵人的險阻作為自己的堅固陣地，利用敵人的謀略達到自己的目的。能夠明察可利用的條件增加取勝的因素，那就戰無不勝了。戰無不勝叫做神，達到神的境界就不可戰勝了。用兵，貴在不被敵人戰勝。不被敵人戰勝取決於自己，能否戰勝敵人在於敵人是否失策。聖人注重把握自己，不依賴敵人的失策，所以運用不可被戰勝的戰略戰術，與可以戰勝的敵人交鋒，像這樣，用兵就不會失誤了。凡戰鬥的勝利，都是敵人失策的緣故。戰勝失策的敵人，必須隱蔽，必須潛藏，必須蓄積力量，必須集中兵力。隱蔽就能戰勝公開的敵人，潛藏就能戰勝曝露了目標的敵人，蓄積就能戰勝力量零散的敵人，集中就能戰勝兵力分散的敵人。各種依靠齒角爪牙抓取、頂撞、撕咬獵物的野獸，在使用齒角爪牙的時候，必定要依託低微的姿態和隱蔽的地形襲擊，這是它們之所以取勝的原因。

愛　士

原文

衣人以其寒也①，食人以其饑也②。饑寒，人之大害也；救之，義也。人之困窮，甚如饑寒，故賢主必憐人之困也，必哀人之窮也。如此則名號顯矣，國士得矣③。

昔者，秦繆公乘馬而車為敗④，右服失而野人取之⑤。繆公自

往求之，見野人方將食之於岐山之陽⑥。繆公歎曰：「食駿馬之肉而不還飲酒⑦，餘恐其傷女也⑧！」於是遍飲而去⑨。處一年，為韓原之戰⑩。晉人已環繆公之車矣⑪，晉梁由靡已扣繆公之左驂矣⑫，晉惠公之右路石奮投而擊繆公之甲，中之者已六箚矣⑬。野人之嘗食馬肉於岐山之陽者三百有餘人，畢力為繆公疾鬥於車下，遂大克晉，反獲惠公以歸。此《詩》之所謂曰「君君子則正，以行其德；君賤人則寬，以盡其力」者也。

趙簡子有兩白騾而甚愛之⑭。陽城胥渠處廣門之官⑮，夜款門而謁曰⑯：「主君之臣胥渠有疾，醫教之曰：『得白騾之肝，病則止；不得則死。』」謁者入通。董安於御於側，慍曰：「嘻！胥渠也。期吾君騾，請即刑焉。」簡子曰：「夫殺人以活畜，不亦不仁乎？殺畜以活人，不亦仁乎？」於是召庖人殺白騾，取肝以與陽城胥渠。處無幾何，趙興兵而攻翟⑰。廣門之官，左七百人，右七百人，皆先登而獲甲首。人主其胡可以不好士？

注釋

①衣：給……衣穿。

②食：給……飯吃。

③國士：一個國家傑出的人才。

④秦繆（ㄇㄨ ˋ）公：即秦穆公，秦國國君。繆，通「穆」。敗：壞。

⑤服：古代四馬駕一車，居中的兩匹馬稱「服」，兩邊的馬稱「驂」。　失（ㄕ）：通「逸」。奔逸。　野人：古代稱國都四郊以外的地方為野，居住在野的都是農民，所以農夫又稱野人。

⑥岐山：在今陝西岐山縣東北。　陽：山的南面為陽。

⑦還（ㄒㄩㄢ ˊ）：通「旋」。立刻。

⑧女（ㄖㄨ ˇ）：通「汝」。你們。

⑨飲（ㄧㄣ ˋ）：給……喝

⑩韓原：春秋晉國地名。在今山西芮城縣。秦、晉韓原之戰發生在西元前 645 年。

⑪環：包圍。

⑫ 扣：抓住。

⑬ 劄(ㄓㄚˊ)：鎧甲的葉片，多用皮革或金屬製成。書信公文。

⑭ 趙簡子：即趙鞅。春秋末年晉卿。在晉卿內訌中打敗范氏、中行氏，擴大封地，奠定了此後趙國建立的基礎。

⑮ 陽城胥渠：人名。　廣門：城門名。

⑯ 款：叩；敲。

⑰ 翟：通「狄」。

譯文

給人衣穿，因為他受凍；給人飯吃，因為他挨餓。挨餓受凍是人的大災難；救這樣的人，是仁義的行為啊。人遭受艱難困厄，跟受饑受寒相比是更深重的苦難，所以賢明的君主一定要憐憫陷入困境的人們，一定要同情遭受困厄的人。國君這樣做了名號就顯赫了，國家傑出的人才就得到了。

從前，秦穆公乘馬車出行而車子壞了，右側駕轅的馬脫韁跑掉而被農夫捉住。穆公親自去尋找，看到一群農夫正在岐山的陽坡上準備吃馬肉。穆公歎息道：「吃了駿馬的肉而不立刻喝酒，我擔心馬肉會傷害你們的身體啊！」於是穆公一一賜酒給他們喝，然後離去。過了一年，秦、晉兩國發生了韓原之戰。晉兵已包圍了穆公乘坐的戰車，晉將梁由靡已抓住了穆公戰車左邊的馬，護衛晉惠公的車右路石奮投擊穆公的鎧甲，擊穿的鎧甲已經有六片了。這時曾經在岐山的陽坡上分吃穆公馬肉的三百多農夫們，竭盡全力為穆公在車下勇猛戰鬥，於是秦軍大敗晉軍，反而抓住了晉惠公凱旋。這正如《詩》中所說：「給君子做國君就要公正，以使君子行其德；給賤民做國君就要寬容，以使賤人盡其力。」

趙簡子有兩匹白騾而又特別喜歡牠們。陽城胥渠在廣門任小官，夜晚叩門求見，說：「主君的家臣胥渠得了病，醫生告訴他說：『得到白騾的肝臟，病就可以治好；得不到肝臟就得死。』」門人進去通報，董安於正在旁邊侍候，聽說後氣憤地說：「嘿，胥渠啊，竟想得到我主人的白騾！您讓我這就去殺了他吧。」簡子說：「用殺人來保留牲畜的性命，不也太不仁義了嗎？殺牲畜

來救活人，不是非常仁義的嗎？」於是招來廚師殺死白騾，取出肝臟拿去送給陽城胥渠。過了沒有多長時間，趙簡子發兵攻打狄人。廣門的小官左邊帶七百人，右邊帶七百人，都最先登上城頭，並獲取敵人帶甲武士的首級。君主怎麼能不愛護士人呢？

◎卷九　季秋紀第九

題解

◆ 季秋紀由季秋紀、順民、知士、審己、精通五篇組成。其中季秋紀為《禮記•月令》之一，記述了夏曆九月的天象、物候、氣候、君王的衣食住行、國家政令以及應當注意的諸多事項。順民、知士、審己、精通四篇均為兵家學說。順民篇論述君主順應民心的必要性，旨在說明只有順應民心才能建功立業；知士篇論述了君主應如何瞭解士人，禮賢下士，使他們心甘情願地為君主的利益竭盡心力；審己篇論述審察自己的重要性，告訴人們應從自身尋找成功與失敗的原因；精通篇借人的精氣互相感應而談君道，認為君主的精誠應與百姓相通，從而得到人民的期盼和擁護。

☸ 季秋紀

➲ 原文

季秋之月……候雁來，賓爵入大水為蛤①。菊有黃華。豺則祭獸戮禽②。

是月也，申嚴號令，命百官貴賤無不務入，以會天地之藏，無有宣出③。命塚宰④：農事備收，舉五種之要；藏帝籍之收於神倉⑤，祗敬必飭⑥。

是月也，大饗帝⑦，嘗犧牲⑧，告備於天子。合諸侯，制百縣⑨，為來歲受朔日⑩，與諸侯所稅於民。輕重之法⑪，貢職之數⑫，以遠近土地所宜為度，以給郊廟之事⑬，無有所私。

是月也，天子乃教於田獵，以習五戎獀馬⑭。命僕及七騶咸駕⑮，載旍旐輿⑯，受車以級，整設於屏外；司徒搢撲⑰，北向以誓之。天子乃厲服厲飭⑱，執弓操矢以射。命主祠祭禽於四方⑲。

注釋

①賓爵：也作「賓雀」。泛指家雀。　大水：指海。

②豺則祭獸：豺殺獲獸類後常四面擺開像祭祀一樣，古人稱之為祭獸。

③宣：散。

④冢宰：周官名，也稱太宰。《書•周官》：「冢宰掌邦治，統百官，均四海。」

⑤神倉：收藏祭祀之穀的糧倉。

⑥祗（ㄓ）敬：恭敬。　飭（ㄔㄧˋ）：謹慎；恭敬；告誡。

⑦饗（ㄒㄧㄤˇ）：祭獻。

⑧嘗：古代秋祭名。也泛指祭祀。　犧牲：古代祭祀用牲畜的通稱，色純為「犧」，體全為「牲」。

⑨制：猶敕。

⑩為來歲受朔日：秦以十月為歲首，故季秋九月為年終。每年年終，天子要頒佈來歲之朔日，以統一曆法。朔日，每月初一。

⑪法：標準。

⑫貢職：指獻給天子的貢賦、貢品。

⑬郊廟之事：古代帝王祭天地稱郊，祭祖宗稱廟。

⑭五戎：指刀、箭、矛、戟、矢五種兵器。　獀（ㄙㄡ）：通「搜」。揀選；選擇。

⑮僕：即戎僕，掌駕軍車者。　七騶（ㄗㄡ）：天子之馬官。騶，主駕車馬的小吏。

⑯旍（ㄐㄧㄥ）：古同「旌」。旌旗。　旐（ㄓㄠˋ）：古代的一種旗，上畫龜蛇。　輿(ㄩˊ)：繪有鷹的旗。

⑰司徒：官名。　搢（ㄐㄧㄣˋ）撲：插撲於腰間。示以軍法警戒誓眾之意。搢，插；撲，鞭子之類的教刑之具。

⑱厲服：指戎服。　厲飭：指披掛的刀箭。飭，通「飾」。

⑲ 主祠：掌祭祀者。

譯文

秋九月……大雁飛來，家雀入海變化為蛤，菊開出了黃花，豺殺獸陳列周圍如祭，然後殺禽而食。

這個月，嚴申號令，命令各級官吏和貴賤人等都要致力於收割儲藏，以應合天地間收藏之氣，不要有散失。於是命令冢宰：農作物都要收穫完畢，要把五穀的收穫情況登記在簿；把天子籍田裡收穫的糧食藏入神倉，恭敬謹慎地做好這件事。

這個月，大祭上帝，宰殺牲畜舉行秋祭禮，祭事完備後向天子報告。召集諸侯，敕命畿內各縣，頒佈來年之朔日，以及諸侯向民徵稅之事。稅率輕重的標準，獻給天子的貢賦、貢品的數額，依照地域的遠近和當地出產的情況來確定，賦稅、貢品用來祭祀天地與祖先，不得據為私有。

這個月，天子透過田獵教民戰法，以熟習刀、箭、矛、戟、矢五種兵器的用法，揀選田獵用馬。命令掌駕軍車的戎僕和管理馬匹的七騶一起駕車，車上插著繪有龜蛇和鷹等圖案的旗，按級別分配車輛，列隊於軍門的樹屏外。司徒腰插鞭子，面朝北而向眾人宣告軍法。天子於是穿著軍服，手持弓矢開始射獵。命令主祠官用所獵獲的禽獸祭祀四方之神。

☸順　民

➲ 原文

先王先順民心，故功名成。夫以德得民心以立大功名者，上世多有之矣。失民心而立功名者，未之曾有也。得民必有道①，萬乘之國，百戶之邑，民無有不說②。取民之所說而民取矣，民之所說豈眾哉？此取民之要也③。

越王苦會稽之恥④，欲深得民心，以致必死於吳。身不安枕席，口不甘厚味⑤，目不視靡曼⑥，耳不聽鐘鼓⑦。三年苦身勞力，焦脣乾肺，內親群臣，下養百姓，以來其心⑧。有甘脆不足分⑨，弗

敢食；有酒流之江，與民同之。身親耕而食，妻親織而衣。味禁珍，衣禁襲⑩，色禁二⑪。時出行路，從車載食，以視孤寡老弱之漬病、困窮、顏色愁悴、不贍者⑫，必身自食之。於是屬諸大夫而告之曰⑬：「願一與吳徼天下之衷⑭。今吳、越之國相與俱殘⑮，士大夫履肝肺，同日而死，孤與吳王接頸交臂而僨⑯，此孤之大願也。若此而不可得也，內量吾國不足以傷吳⑰，外事之諸侯不能害之，則孤將棄國家，釋群臣⑱，服劍臂刃⑲，變容貌，易姓名，執箕帚而臣事之，以與吳王爭一旦之死。孤雖知要領不屬⑳，首足異處，四枝布裂㉑，為天下戮㉒，孤之志必將出焉！」於是異日果與吳戰於五湖㉓，吳師大敗，遂大圍王宮，城門不守，禽夫差㉔，戮吳相，殘吳二年而霸。此先順民心也。

注釋

①道：方式；方法；技能。

②説：通「悦」。

③要：關鍵。

④越王：指春秋時期越王勾踐。　會稽之恥：西元前494年吳王夫差打敗越王勾踐，圍勾踐於會稽山上，勾踐求和，吳王退兵。

⑤厚味：至味；美味。

⑥靡曼：美色。

⑦鐘鼓：指音樂。

⑧來：通「徠」。招攬；招引。

⑨甘脆：指食物之美而脆者。

⑩襲：重，衣上加衣。

⑪色：指女色。

⑫漬病：重病。　愁悴：即憔悴，面容枯槁的樣子。　贍：足。

⑬屬：聚集；會合。

⑭徼（ㄐㄧㄠˇ）：求。　衷：公正。

⑮殘：毀壞；破壞；傷害。

⑯僨（ㄈㄣˋ）：僵仆不動。這裡是説死。

⑰量：度量。　傷：敗。

⑱ 釋：放棄。

⑲ 服劍臂刃：帶劍執刃。服，帶。

⑳ 要領不屬：要領，即腰與頸。古代重罪腰斬，輕罪頸刑。屬，連。

㉑ 四枝布裂：四肢分裂。為古代的一種酷刑。枝，通「肢」。

㉒ 戮：羞辱。

㉓ 五湖：其說不一，有言五湖即太湖，有言包括太湖及其附近四湖。

㉔ 禽：通「擒」。

譯文

先王做事先順應民心，所以功成名就。依靠仁德得到民眾擁護而建功立名者，在古代有很多啊。失去民心而能成就功名的，從來不曾有過。獲取民心一定要有方法，要使萬乘的大國，百戶的小邑，無人不喜悅。從事人民所喜悅的事，就獲得人民的擁護了。人民所喜悅的事難道會很多嗎？這是得到民心的關鍵啊。

越王深為會稽之恥而痛苦，想要得到民眾的真心擁護，以求越國人民能與吳國決一死戰。於是身不安於枕席，口不食甘甜美味，眼睛不看美色，耳朵不聽音樂。三年苦身勞力，唇焦肺乾。對內親愛群臣，對下贍養百姓，以招攬民心。有美脆的食物，如果不夠分享，不敢獨食；有酒倒於江中，與民同飲。自己親自耕種糧食吃，妻子親自織布做衣穿。飲食禁止珍饈美味，衣服禁止衣上加衣，女色不近二人。不時出行於路，跟隨著滿載食物的車輛，以看望孤寡老弱疾病窮困以及面容憔悴衣食不足的人，必定要自己親自給他們食物。於是會集諸大夫而告訴他們說：「我願與吳國最終求得上天公正的判決。現在吳、越兩國，相互殘殺毀滅，士大夫踏肝踐肺同日戰死，我與吳王頸臂相交肉搏而亡，這是我最大的願望。如果這個願望不能實現，從國內狀況衡量，我們的國力不足以損傷吳國，從國外考慮，與諸侯結盟也不能危害吳國，那麼，我將拋棄國家，捨棄群臣，身帶長劍，手持利刃，改變容貌，更換姓名，充當手執箕帚的僕役去服侍吳王，以便跟吳王決死於

頃刻之間。我雖然知道這樣做會招致腰斬頸斷之刑，首足異處，四肢分裂，被天下人所羞辱，但是我的志向必要實現！」後來越國終於與吳國在五湖展開決戰，吳國軍隊大敗，越國軍隊隨即包圍了吳國王宮，吳國城門失守，越國活捉了吳王夫差，殺死了吳相。滅掉吳國之後二年勾踐稱霸諸侯。這是先順應民心的結果。

知　士

原文

今有千里之馬於此，非得良工[1]，猶若弗取[2]。良工之與馬也，相得則然後成[3]，譬之若枹之與鼓[4]。夫士亦有千里，高節死義，此士之千里也。能使士待千里者，其惟賢者也。

靜郭君善劑貌辨[5]。劑貌辨之為人也多訾[6]，門人弗說[7]。士尉以證靜郭君[8]，靜郭君弗聽，士尉辭而去。孟嘗君竊以諫靜郭君[9]，靜郭君大怒曰：「剗而類[10]，揆吾家[11]，苟可以慊劑貌辨者[12]，吾無辭為也！」於是舍之上舍，令長子御，朝暮進食。

數年，威王薨[13]，宣王立[14]。靜郭君之交，大不善於宣王，辭而之薛，與劑貌辨俱。留無幾何，劑貌辨辭而行，請見宣王。靜郭君曰：「王之不說嬰也甚，公往，必得死焉。」劑貌辨曰：「固非求生也。請必行！」靜郭君不能止。

劑貌辨行，至於齊。宣王聞之，藏怒以待之。劑貌辨見，宣王曰：「子，靜郭君之所聽愛也？」劑貌辨答曰：「愛則有之，聽則無有。王方為太子之時，辨謂靜郭君曰：『太子之不仁，過 x 涿視[15]，若是者倍反[16]。不若革太子，更立衛姬嬰兒校師。』靜郭君泫而曰：『不可，吾弗忍為也。』且靜郭君聽辨而為之也，必無今日之患也。此為一也。至於薛，昭陽請以數倍之地易薛，辨又曰：『必聽之。』靜郭君曰：『受薛於先王，雖惡於後王，吾獨謂先王何乎？且先王之廟在薛，吾豈可以先王之廟予楚乎？』又不肯聽辨。此為二也。」宣王太息，動於顏色，曰：「靜郭君之於寡人，一至此乎！寡人少，殊不知此。客肯為寡人少來靜郭君乎？」劑貌辨答曰：「敬諾。」靜郭君來，衣威王之服，冠其冠，帶其劍。宣王自迎靜郭君於郊，

望之而泣。靜郭君至，因請相之。靜郭君辭，不得已而受。十日，謝病強辭，三日而聽。當是時也，靜郭君可謂能自知人矣。能自知人，故非之弗為阻。此劑貌辨之所以外生樂、趨患難故也。

注釋

①良工：古代泛指技藝高超的人。這裡指善於相馬的人。

②猶若：還是。

③相得：會合；相遇。

④枹（ㄈㄨˊ）：鼓槌。

⑤靜郭君：姓田名嬰，號靜郭君，戰國時齊國相，因受封於薛（今山東滕縣東南），又稱薛公。　劑貌辨：齊人，靜郭君的門客。

⑥訾（ㄗ）：通「疵」。過失；毛病；缺點。

⑦門人：門客。　説：通「悦」。

⑧士尉：齊人，靜郭君的門客。　證：諍諫。

⑨孟嘗君：戰國時齊國宗室，靜郭君之子，名文，號孟嘗君，戰國四公子之一。　竊：私下。

⑩（ㄔㄢˇ）：剷除；滅除。　而類：你們。而，同「爾」。

⑪揆（ㄎㄨㄟˊ）：滅；破。

⑫慊（ㄑㄧㄢˋ）：滿足。

⑬威王：指戰國時齊國國君齊威王。西元前356～西元前320年在位。　薨（ㄏㄨㄥ）：死的別稱。古代稱諸侯之死。後世有封爵的大官之死也稱薨。

⑭宣王：指戰國時齊國國君齊宣王。齊威王的兒子，西元前319～西元前310年在位。

⑮過XXX：即相面人所説的耳後見腮。　涿視：下斜偷視。

⑯倍反：即背叛。

譯文

假如有一匹千里馬在這裡，如果遇不到善於相馬的人，還是不會被選取。善於相馬的人與千里馬，相遇然後才能得到良工和千里馬的美名，他們的關係就如同鼓和鼓槌一樣。士人中也有千

里馬一樣的人才，節操高尚、為正義而獻身的人就是士人中的千里馬。能夠使士人成為千里馬的，只有賢明的人。

靜郭君對他的門客劑貌辨很好。劑貌辨的為人處世有很多毛病，其他門客都不喜歡他。士尉為此勸諫靜郭君，靜郭君不聽，於是士尉告辭而去。孟嘗君曾私下以此勸說靜郭君，靜郭君大怒說：「把你們這些人都滅除了，把我的家破了，如果可以滿足劑貌辨，我也在所不辭！」於是讓劑貌辨住在上等客舍，讓他的長子侍奉，早晚進獻食物。

過了幾年，齊威王死了，齊宣王即位。靜郭君廣泛結交天下士的行為，齊宣王很不喜歡，靜郭君辭去官職，回到封地薛邑，跟劑貌辨在一起。過了不久，劑貌辨辭行，請求讓他去見宣王。靜郭君說：「宣王不滿意我到極點，您去一定會被害。」劑貌辨說：「我本來就不是去求活命的，請一定允許我去！」靜郭君勸阻不了他。

劑貌辨離開了薛邑，到了齊國都城。宣王聽說了，心懷憤怒等著他。劑貌辨拜見宣王，宣王說：「你，就是那個靜郭君言聽計從、非常喜愛的人吧？」劑貌辨回答說：「喜愛是有的，言聽計從卻不曾有過。君王你還做太子的時候，我對靜郭君說：『太子面相不仁，從耳後能見到腮，目光下斜偷視，像這種相貌的人必定背叛恩義。不如廢掉他，改立衛姬的幼子校師為太子。』靜郭君流著淚說：『不行，我不忍心這樣做。』如果靜郭君聽從我的話而改立太子，一定不會有今天的禍患。這是其一。到薛邑後，楚相昭陽請求用比薛邑大幾倍的土地交換薛邑。我又說：『一定要答應這件事。』靜郭君說：『薛地是從先王那裡接受的，現在我雖被後王厭惡，（如果薛地換給楚國）我怎麼對先王說呢？況且先王的宗廟在薛，我難道可以把先王的宗廟給楚國嗎？』他又不肯聽我的話。這是其二。」宣王長歎一聲，一改初見劑貌辨時的表情，說：「靜郭君對我，竟忠心到這種程度！我年紀輕，竟然不知道這些，您願意替我把靜郭君請來嗎？」劑貌辨回答說：「遵命。」靜郭君來到國都，穿著威王所賜的衣服，戴著威王所賜的帽子，佩戴著威王所賜的寶劍。宣王親自到郊外迎接靜郭君，

望見他就流下淚來。靜郭君到了以後，宣王就請他作齊相。靜郭君再三推辭，不得已才接受下來。十天之後，他藉口有病，堅決要辭去國相，過了三天，宣王才應允。在當時，靜郭君可以說是能自己判斷識別人的人了。能夠自己判斷識別人，所以別人的非議不能妨礙他的決定。這正是劑貌辨能把生命與歡樂置之度外，為靜郭君奔走解除患難的原因。

審己

原文

凡物之然也，必有故。而不知其故①，雖當②，與不知同，其卒必困③。先王、名士、達師之所以過俗者，以其知也。水出於山而走於海，水非惡山而欲海也，高下使之然也。稼生於野而藏於倉，稼非有欲也，人皆以之也④。故子路揜雉而復釋之⑤。

子列子常射中矣⑥，請之於關尹子⑦。關尹子曰：「知子之所以中乎？」答曰：「弗知也。」關尹子曰：「未可。」退而習之三年，又請。關尹子曰：「子知子之所以中乎？」子列子曰：「知之矣。」關尹子曰：「可矣，守而勿失。」非獨射也，國之存也，國之亡也，身之賢也，身之不肖也，亦皆有以⑧。聖人不察存亡、賢不肖，而察其所以也。

齊湣王亡居於衛⑨，晝日步足⑩，謂公玉丹曰⑪：「我已亡矣，而不知其故。吾所以亡者，果何故哉？我當已。」公玉丹答曰：「臣以王為已知之矣，王故尚未之知邪？王之所以亡也者，以賢也。天下之王皆不肖，而惡王之賢也，因相與合兵而攻王。此王之所以亡也。」湣王慨焉太息曰：「賢固若是其苦邪？」此亦不知其所以也。此公玉丹之所以過也。

注釋

① 而：表示假設關係，相當於「如果」。

② 當：適宜；恰當。

③ 卒：最終。

④ 以：用。

⑤ 子路：孔子的學生。　揜（ㄧㄢˇ）：捕取。　雉（ㄓㄟ）：野雞。

⑥ 子列子：名列禦寇，戰國時鄭國人。古有列子能禦風之說。又《列子》為中國道教典籍之一，傳為列禦寇著。　常：通「嘗」。曾經。

⑦ 關尹子：戰國初人，相傳為函谷關令尹。

⑧ 有以：有原因。

⑨ 齊湣（ㄇㄧㄣˇ）王：戰國時齊國國君。約西元前 300 年～西元前 284 年在位。曾聯合韓、魏，先後戰勝楚、秦、燕三國。一度與秦昭王並稱東西帝，繼又攻滅宋國。後因五國聯合攻齊，被燕將樂毅攻破，他出走到莒（今山東莒縣），不久被殺。

⑩ 步足：散步。

⑪ 公玉丹：齊湣王寵臣。湣(ㄇㄧㄣˇ)，諡也。史記齊有湣王。

譯文

凡事物之所以這樣，必定有它形成的原因。如果不知道它形成的原因，即使事情處理得恰當，也和處理得不恰當相同，最終必陷入困窘。先代君王、知名之士、博古通今的師長之所以超過凡俗之人，正是因為他們知道事物形成的原因。水從山中流出奔向大海，並不是水討厭山而嚮往流入海，而是地勢高低的態勢使它這樣的。莊稼生長在田野而貯藏在糧倉中，並不是莊稼有什麼欲望，而是人們都需用它啊。所以子路捕捉到野雞卻又放了它。

子列子曾經偶爾射中箭靶，於是向關尹子請教關於射箭的道理。關尹子問：「你知道你射中的原因嗎？」子列子回答說：「不知道。」關尹子說：「現在還不能跟你談論射箭的事。」子列子回去練習了三年射箭，又去請教。關尹子問：「你知道你射中的原因了嗎？」子列子說：「知道了。」關尹子說：「可以了，你要牢記而不要忘記了它。」不僅射箭如此，國家的生存，國家的滅亡，自身的賢明，自身的不肖，也都各有原因，聖人不考察存與亡、賢與不肖的現象，而是考察存與亡、賢與不肖形成的原因。

齊湣王逃亡在外，寄居衛國，白天散步時，對臣子公玉丹說：「我已經流亡在外了，但不知道流亡的原因。我之所以流亡，究竟是什麼原因呢？我應當流亡在外嗎？」公玉丹回答說：「我以為大王已經知道流亡的原因了，大王原來還不知道嗎？大王之所以流亡，是因為您賢明。天下的國君都不賢明，因而憎惡您的賢明，於是一起合兵而攻擊大王，這就是大王您流亡在外的原因啊。」齊湣王慨然長歎說：「賢明原來竟會如此痛苦嗎？」這也是不明白他流亡的原因了。這就是公玉丹的過失了。

精通

原文

人或謂菟絲無根①。菟絲非無根也，其根不屬也②，伏苓是③。慈石召鐵④，或引之也。樹相近而靡⑤，或軵之也⑥。聖人南面而立⑦，以愛利民為心，號令未出，而天下皆延頸舉踵矣⑧，則精通乎民也。夫賊害於人，人亦然。

養由基射兕⑨，中石，矢乃飲羽⑩，誠乎兕也。伯樂學相馬⑪，所見無非馬者，誠乎馬也。宋之庖丁好解牛⑫，所見無非死牛者，三年而不見生牛，用刀十九年，刃若新磨研，順其理，誠乎牛也。

注釋

① 菟絲：植物名，一種寄生的蔓草。

② 屬（ㄓㄨˇ）：接連。

③ 伏苓：伏苓即茯苓，寄生在松樹根上的菌類植物，形狀像甘薯。

④ 慈石：即磁石。古人認為磁石吸鐵就像慈母吸引子女一樣，故名「慈石」。

⑤ 靡（ㄇㄧˊ）：通「摩」。摩擦；接觸。

⑥ 軵（ㄈㄨˇ）：推。

⑦ 南面而立：古代以坐北朝南為尊位，故國君接見群臣皆面南而坐。

⑧ 延頸舉踵：伸長脖子，踮起腳跟，形容盼望之急切。

⑨ 養由基：春秋時楚國大夫，以射箭技藝高超著稱。　兕（ㄙ ˋ）：犀牛類動物。

⑩ 飲羽：箭深入所射物體；中箭。羽，箭尾部的羽毛。

⑪ 伯樂：春秋時秦人，以善於相馬而著稱。

⑫ 庖（ㄆㄠ ˊ）丁：廚師。

譯文

有人說菟絲草沒有根。菟絲草並不是沒有根，它的根不與菟絲相連，而是連到茯苓上面去了。磁石能把鐵吸引來，是因有某種力量吸引了鐵。樹木彼此靠近而相互摩擦，是因有某種東西推擠它們。聖人面向南方稱王，是因為有愛民利民之心，當號令還沒有發出，天下的人就都伸長脖子、踮起腳跟等候他了，這樣聖人的精誠就與民相通了。如果你殘害別人，別人也會殘害你。

養由基射殺犀牛，卻射中了石頭，連箭尾部的羽毛也插入了石中，這是因為他全神貫注在犀牛上。伯樂學習相馬，他所看見的除了馬沒別的東西，這是因為他全神貫注在馬上。宋國的廚師庖丁喜好解剖牛，他所看見的除了死牛沒別的東西，三年以後，在他眼裡竟看不見活牛，解剖牛的刀用了十九年，刀口還像在磨刀石上新磨的一樣，這是因為他解剖時順著牛的肌理，全神貫注在牛身上。

◎卷十　孟冬紀第十

題解

◆ 孟冬紀由孟冬紀、節喪、安死、異寶、異用五篇組成。其中孟冬紀為《禮記•月令》之一，記述了夏曆十月的天象、物候、氣候、君王的衣食住行、國家政令以及應當注意的諸多事項。節喪、安死兩篇為墨家學說。節喪篇論述了節約辦喪事的必要性；

安死篇批評了世上厚葬的作法，提出應按照節儉的原則安葬死者，從而使死者得到安寧的主張。異寶篇係道家學說，論述了人們對寶物的不同理解。異用篇是儒家學說，論述了人們對物的使用不同而導致的不同後果，強調用物的核心在於遵禮義，講仁愛。

孟冬紀

原文

孟冬之月①，日在尾②，昏危中③，旦七星中④。其日壬癸，其帝顓頊⑤，其神玄冥⑥，其蟲介⑦，其音羽⑧，律中應鐘。其數六，其味鹹，其臭朽，其祀行⑨，祭先腎。水始冰，地始凍，雉入大水為蜃⑩。虹藏不見。天子居玄堂左個，乘玄輅，駕鐵驪，載玄旗，衣黑衣，服玄玉，食黍與彘⑪，其器宏以弇彘⑫。

是月也，天子始裘，命有司曰：「天氣上騰，地氣下降，天地不通，閉而成冬。」命百官謹蓋藏⑬。命司徒循行積聚，無有不斂；附城郭，戒門閭，修楗閉⑭，慎關籥⑮，固封璽⑯，備邊境，完要塞，謹關梁，塞蹊徑⑰，飭喪紀⑱，辨衣裳，審棺槨之厚薄，營丘壟之小大、高卑、薄厚之度，貴賤之等級。

是月也，大飲蒸⑲，天子乃祈來年於天宗⑳。大割㉑，祠於公社及門閭㉒，饗先祖五祀㉓，勞農夫以休息之。天子乃命將率講武，肄射御，角力㉔。

注釋

①孟冬之月：夏曆十月。

②③④尾、危中、七星：均為星宿名。二十八宿之一。

⑤顓頊（ㄓㄨㄢ　ㄒㄩˋ）：傳說中上古部落首領，死後為北方之帝，於五行屬水帝，於四季則主冬。

⑥玄冥：水神名。

⑦介：甲蟲類，龜、鱉之屬。

⑧羽：五聲音階的第五個音，相當於今簡譜上的「6」音。

⑨行：路神之名，其神位在宗廟門外西邊。

⑩ 蜃（ㄕㄣˋ）：大蛤。

⑪ 彘（ㄓˋ）：本指大豬，後泛指一般的豬。

⑫ 弇（ㄧㄢˇ）：指器物口小而腹大。

⑬ 蓋藏：儲藏。

⑭ 楗閉：鎖。其牡為楗，牝為閉。

⑮ 關龠（ㄩㄝˋ）：鑰匙。

⑯ 封璽：封緘的印信。璽（ㄒㄧˇ），印章。古時尊卑通用，自秦代以後專指帝王的印。

⑰ 蹊徑：田間小道。

⑱ 喪紀：喪事的等級規格。

⑲ 大飲：謂十月秋收後，天子、諸侯與其群臣飲酒於太學。蒸：冬祭。

⑳ 天宗：指日月星辰。

㉑ 大割：古代殺割群牲以祭祀。

㉒ 公社：即國社，祭祀後土神的地方。

㉓ 饗（ㄒㄧㄤˇ）：祭獻。　五祀：古代祭祀的五種神。一說指祭祀金木水火土五行之神；一說指祭祀戶、灶、中霤、門、行五種住宅內外的神。

㉔ 角力：比賽武藝。通常為徒手相搏。

譯文

冬十月，太陽運行到了尾宿的位置，黃昏時危星出現在南方天空的正中，拂曉時七星出現在南方天空的正中。這個月的日子以壬癸為主日，天帝是顓頊，天神是玄冥。這個月的代表動物是甲蟲類，五音中的羽音與之相配，樂律中的應鐘與之應和，數以六為成數，人們感覺到的味道是鹹，聞到的氣味是朽，祭祀對象是行神，祭品要先用牲畜的腎。水開始結冰，地開始封凍，野雞飛入大海變為大蛤，彩虹隱藏不再出現。天子居住在明堂玄堂的左室，乘黑色的車，駕鐵黑色的駿馬，插黑色的旗，穿黑色的衣服，佩戴黑色的玉，食物以黍和豬肉為主，所用的器物口小而腹大。

這個月，天子開始穿皮衣。命令官吏說：「天氣升騰，地氣

沉降，天地二氣不相通融，各自閉塞而形成冬天。」命令各級官吏謹慎地做好儲藏工作。命令司徒，巡視積聚的物資，不要遺漏收藏物品。增固城郭，加強城門和閭裡的警戒，修理好門鎖，保管好鑰匙，加強對封緘所用印信的管理，守備邊境，完善要塞，慎守關隘和橋樑，堵塞田間小路。整頓有關喪事的制度，分辨喪服的尊卑，審察棺槨的厚薄，以及營造墳墓的大小、高低、薄厚的尺度，表明貴賤的等級。

這個月，舉行盛宴和冬祭之禮，天子於是向日月星辰祈求明年豐收，大殺牲畜，祭祀於國社後土之神以及城門和里巷之門，祭祀祖先和戶、灶、中霤、門、行五神。慰勞農民讓他們休息。天子於是命令將帥講習武事，操練射箭和駕車的本領，比賽武藝。

節喪

原文

凡生於天地之間，其必有死，所不免也。孝子之重其親也，慈親之愛其子也，痛於肌骨，性也。所重所愛，死而棄之溝壑，人之情不忍為也，故有葬死之義。葬也者，藏也，慈親孝子之所慎也。慎之者，以生人之心慮①。以生人之心為死者慮也，莫如無動，莫如無發②。無發無動，莫如無有可利，則此之謂重閉③。

民之於利也，犯流矢，蹈白刃，涉血抽肝以求之④。野人之無聞者⑤，忍親戚、兄弟、知交以求利⑥。今無此之危，無此之醜，其為利甚厚，乘車食肉，澤及子孫。雖聖人猶不能禁，而況於亂？國彌大，家彌富，葬彌厚。含珠鱗施⑦，玩好貨寶，鐘鼎壺濫⑧，輿馬衣被戈劍，不可勝其數。諸養生之具，無不從者。題湊之室⑨，棺槨數襲⑩，積石積炭，以環其外。奸人聞之，傳以相告。上雖以嚴威重罪禁之，猶不可止。且死者彌久，生者彌疏；生者彌疏，則守者彌怠；守者彌怠而葬器如故，其勢固不安矣。世俗之行喪，載之以大輴⑪，羽旄旌旗、如雲僂翣以督之⑫，珠玉以佩之，黼黻文章以飭之⑬，引紼者左右萬人以行之⑭，以軍制立之然後可⑮。以此觀世⑯，則美矣，侈矣；以此為死，則不可也。

注釋

①生人：活著的人。

②發：掘開。

③重閉：永遠埋藏。

④涉（ㄕㄜˋ）血：形容血流遍地，指殺人很多。涉，通「喋」。血流的樣子。

⑤野人：鄉野之人，指農夫。　無聞者：指沒有見識的人。

⑥忍：殘忍對待。　親戚：這裡代稱父母。

⑦含珠：古代貴族死後，死者口中放入的珍珠叫含殊，放入的玉塊叫含玉。　鱗施：玉石製成的葬服。古代貴族死後，把玉石琢成各種形狀的小薄片，角上穿孔，連綴而成衣。因套在死者身上如魚鱗狀，所以名為「鱗施」，又名「玉匣」。

⑧濫（ㄌㄢˋ）：古器名。形似大盆，有耳。青銅製，盛行於東周。或盛水，大的可做浴盆；或盛冰，用來冷藏食物。

⑨題湊：古代天子、諸侯的棺槨體制，也賜用於大臣。槨室用大木堆壘而成，木的頭都向內，好像四面有簷的屋子，故名題湊。題，頭；湊，聚。

⑩襲：一層以上，即重（ㄓㄨㄥˋ）層。

⑪輴（ㄔㄨㄣ）：古代載棺材的車。

⑫羽旄旌旗：泛指各種旗幟。旄，旗杆頂端用旄牛尾裝飾的旗。旌，用旄牛尾和彩色鳥羽作竿飾的旗。

如雲僂翣：畫有雲氣的裝飾物。僂，蓋在靈車上的飾物。翣，用羽毛製成的傘形之物，有柄，有人舉著在靈車兩旁隨行。

⑬黼黻（ㄈㄨˇ　ㄈㄨˊ）：古代禮服上繪繡的花紋。黑白相間的花紋叫黼，黑與青相間的花紋叫黻。　文章：錯雜的色彩或花紋。　飭：通「飾」。

⑭引紼（ㄈㄨˊ）：牽引棺柩的繩索。古人送葬時都牽著下葬用的繩索，稱為執紼。

⑮軍制：軍法。

⑯觀世：向世人顯示。

譯文

凡天地間的生命，必然都有死亡，這是不可避免的。孝子尊重他們的父母，父母疼愛他們的子女，這種尊重、疼愛之情深入肌骨，這是天性。對所尊重、所疼愛的人，死後如果把他們拋入溝壑，這是人的情感所不忍心做的，因而產生了葬送死者的道義。葬就是藏的意思，這是慈親孝子應慎重對待的事。所謂慎重，就是活著的人為死者考慮問題。活著的人為死者考慮，沒有比死者不被移動，墳墓不被挖掘開更重要的了。要使墳墓不被挖掘開死者不被移動，沒有比讓盜墓者無利可圖更好的辦法了，這就叫做重閉。

百姓對於利益，冒著飛箭，踩著利刃，瀝血披肝地去追求它。那些沒有見識的鄉野之人，忍心以父母、兄弟、朋友為代價去追求利益。如今盜墓沒有這種危險，沒有這種恥辱，得到的利益更豐厚，乘車吃肉，福澤延及子孫，即使是聖人也不能禁止這種行為，更何況在亂國之中？國家越大，家庭越富，陪葬之物就越豐厚。死者口含珠寶，身穿玉衣，供賞玩的奇珍異寶，鐘鼎壺，車馬衣被戈劍，數也數不盡。各種養生的器具，無一不隨葬。墓室用大木堆壘而成，棺槨一層套一層，裡面堆積石頭、木炭，環繞在棺槨之外。奸邪的人聽說後，互相轉告。君主雖然用嚴刑重罰禁止他們，仍然禁止不住。況且死者死去的時間越久，活著的人與死者的感情就越疏遠，感情越疏遠，守墓的人就越懈怠；守墓人越來越懈怠而墓中隨葬的器物依然和原來一樣，這種情勢死者肯定就不安全了。世俗之人舉行葬禮，用大型靈車載著棺槨，各種用雞毛和牛尾裝飾的旗幟、畫有雲氣的裝飾物隨靈車而行，棺柩之上裝飾著珠玉，塗畫了各種花紋，執紼送葬者上萬人隨行。這麼多人送葬要用軍法約束才能保證秩序。舉行這種葬禮向世人顯示，那是夠華麗的了，夠盛大的了；但是用這種葬禮對待死者，那是不可以的。

安　死

➲ 原文

世之為丘壟也①，其高大若山，其樹之若林，其設闕庭、為宮室、造賓阼也若都邑②。以此觀世示富則可矣，以此為死則不可也。夫死，其視萬歲猶一瞬也。人之壽，久之不過百，中壽不過六十。以百與六十為無窮者之慮，其情必不相當矣。以無窮為死者之慮，則得之矣。

今有人於此，為石銘置之壟上③，曰：「此其中之物，具珠玉、玩好、財物、寶器甚多，不可不扣④，扣之必大富，世世乘車食肉。」人必相與笑之，以為大惑。世之厚葬也，有似於此。自古及今，未有不亡之國也；無不亡之國者，是無不扣之墓也。以耳目所聞見，齊、荊、燕嘗亡矣，宋、中山已亡矣，趙、魏、韓皆亡矣，其皆故國矣。自此以上者，亡國不可勝數，是故大墓無不扣也。而世皆爭為之，豈不悲哉？

注釋

① 丘壟：指墳墓。

② 闕（ㄑㄩㄝ ㄟ）：古代宮殿、祠廟或陵墓前的高台，通常左右各一，台上起樓觀。　賓阼（ㄗㄨㄛ ㄟ）：大堂西元前的東西階。古代賓主相見，賓自西階而上，主人立於東階，故西階稱賓，東階稱阼。

③ 壟上：這裡指墳墓。

④ 扣（ㄏㄨ ㄧ）：發掘。

譯文

世上的人建造墳墓，像山一樣高大，墓地周圍種上樹，像森林一樣茂密，墓前修築墓闕、庭院，建築宮室，建造東西石階，也都像都邑一樣。用這些向世人誇耀財富，可以說是達到了目的；但是用這種辦法安葬死者卻不可取。人的死亡，把一萬年就當成是一瞬間。人的壽命，最長的不超過百歲，一般的不超過六十歲。根據百歲或六十歲壽命為無限久遠的死者考慮，用這種感情去安葬死者就不適合了。根據無限久遠的需要來為死者考慮，就考慮

對了。

假如有這樣一個人，在死者的墓上立一塊石碑，上面刻道：「這裡面的器物，有很多珠玉、玩好、財物、寶器，不可不發掘，掘開它一定暴富，可以世世代代坐車吃肉。」人們一定相互嘲笑他，認為這個人太糊塗。世上的厚葬，與此相類似。從古到今，沒有不滅亡的國家；沒有不滅亡的國家，這就決定了沒有不被挖掘的墳墓。就人們耳聞目睹來說，齊、楚、燕曾經滅亡過，宋、中山已經滅亡了，趙、魏、韓都滅亡了，它們都成了現在不存在的古國了。從它們再往西元前，滅亡的國家數也數不盡，所以，大墓沒有不被挖掘開的。但是世人卻都爭著營造高大的墳墓，難道不可悲嗎？

❁異　寶

➲ 原文

古之人非無寶也，其所寶者異也。孫叔敖疾①，將死，戒其子曰：「王數封我矣，吾不受也。為我死，王則封汝，必無受利地。楚、越之間有寢之丘者，此其地不利，而名甚惡。荊人畏鬼，而越人信禨②。可長有者，其唯此也。」孫叔敖死，王果以美地封其子，而子辭，請寢之丘，故至今不失。孫叔敖之知，知不以利為利矣。知以人之所惡為己之所喜，此有道者之所以異乎俗也。

今以百金與摶黍以示兒子③，兒子必取摶黍矣；以和氏之璧與百金以示鄙人④，鄙人必取百金矣；以和氏之璧、道德之至言以示賢者，賢者必取至言矣。其知彌精，其所取彌精；其知彌粗，其所取彌粗。

注釋

① 孫叔敖：春秋末楚國大臣。

② 禨（ㄐㄧ）：事神以求福去災。

③ 摶（ㄊㄨㄢˊ）黍：捏成團的黃米飯。摶，把東西捏聚成團。兒子：小孩。

④ 和氏之璧：春秋時楚國人卞和在楚山中得璞玉一塊，獻給楚厲王、武王，厲王、武王不識玉反斷其左足和右足。到楚文王時卞和抱玉哭於荊山下，王使人剖璞，果真得到寶玉，名之為「和氏璧」。鄙人：粗俗無知的人。

譯文

古代的人不是沒有寶物，只是他們看作寶物的東西與今人不同。孫叔敖病了，臨死的時候告誡他的兒子說：「大王多次賜給我土地，我都沒有接受。如果我死了，大王就會賜給你土地，你一定不要接受肥沃富饒的土地。楚國和越國之間有個寢丘，這個地方土地貧瘠，而且地名很不吉利。楚人畏懼鬼，而越人迷信鬼神和災祥。所以，能夠長久佔有的封地，恐怕只有這塊土地了。」孫叔敖死後，楚王果然把肥美的土地賜給他的兒子，但是孫叔敖的兒子謝絕了，請求賜給寢丘，所以這塊土地至今沒有被他人佔有。孫叔敖的智慧在於懂得不把世俗心目中的利益看作利益。懂得把別人所厭惡的東西當作自己所喜愛的東西，這就是有道之人之所以不同於世俗之人的原因。

假如現在把百金和黃米飯團擺在小孩的面前，小孩一定去抓黃米飯團了；把和氏之璧和一百兩金子擺在粗俗無知的人面前，粗俗無知的人一定拿走一百兩金子；把和氏之璧和關於道德的至理名言擺在賢人面西元前，賢人一定會接受至理名言。人的智慧越精深，所取的東西就越珍貴；人的智慧越低下，所取的東西就越粗陋。

異　用

原文

萬物不同，而用之於人異也，此治亂、存亡、死生之原①。故國廣巨，兵強富，未必安也；尊貴高大，未必顯也，在於用之。桀、紂用其材而以成其亡，湯、武用其材而以成其王。

湯見祝網者②，置四面，其祝曰：「從天墜者，從地出者，從

四方來者，皆離吾網[3]。」湯曰：「嘻！盡之矣。非桀，其孰為此也？」湯收其三面，置其一面，更教祝曰：「昔蛛蝥作網罟[4]，今之人學紓[5]。欲左者左，欲右者右，欲高者高，欲下者下，吾取其犯命者[6]。」漢南之國聞之[7]，曰：「湯之德及禽獸矣。」四十國歸之。人置四面，未必得鳥；湯去其三面，置其一面，以網其四十國，非徒網鳥也。

周文王使人扫池[8]，得死人之骸。吏以聞於文王，文王曰：「更葬之。」吏曰：「此無主矣。」文王曰：「有天下者，天下之主也；有一國者，一國之主也。今我非其主也？」遂令吏以衣棺更葬之。天下聞之，曰：「文王賢矣！澤及髊骨[9]，又況於人乎？」或得寶以危其國，文王得朽骨以喻其意，故聖人於物也無不材。

注釋

①原：根本；根源。

②祝：向神靈求福的禱告辭。

③離：通「罹」。遭受；遇到。

④蛛蝥（ㄇㄠˊ）：蟲名。秦晉之間稱蜘蛛為蛛鼊。　網罟（ㄍㄨˇ）：網。罟，網的總稱。

⑤紓：通「杼」。織布梭，這裡用做動詞，是織的意思。

⑥犯命：觸犯天命。

⑦漢南：漢水以南。

⑧扫（ㄏㄨˊ）：挖掘。

⑨澤：恩澤；恩惠。髊（ㄘ）骨：肉未爛盡的骸骨。髊，古同「骴」。

譯文

萬物不同，而且人們對它們的利用也不相同，這是治亂、存亡、死生產生的根源。所以，國土廣大，兵力強盛，未必安定；尊貴高大，未必顯赫，在於如何利用它們。夏桀王、商紂王運用他們的才智卻促成了他們的滅亡，商湯、周武王運用他們的才智而成就了他們的王業。

商湯王在郊外看見有個獵人對著網禱告，他在四面都設了網，禱告說：「從天上墜落的，從地上生出的，從四方來這裡的，讓它們都落到我的網中。」商湯王說：「哈！這是一網打盡了。除了夏桀那樣的暴君，誰還會這樣做呢？」商湯王收起三面的網，只留下一面的網，教那人改變禱告詞，說：「從前蜘蛛結網，現在的人學著織網。禽獸想向左去的就左去，想向右去的就右去，想向高處去的就向高處去，想向低處去的就向低處去，我只捕取那些觸犯天命的。」漢水以南的國家聽到這件事，說：「商湯王的仁德連禽獸都顧及到了。」四十個國家歸附了商湯王。獵人在四面設網，未必能捕獲到鳥；商湯王撤去三面的網，只在一面設網，卻得到了四十個國家的歸附，這不僅僅是捕捉飛鳥啊！

周文王派人掘池塘，挖出了死人的屍骨，官吏把此事稟告文王，文王說：「重新安葬他。」官吏說：「這具屍骨是沒有主的。」文王說：「擁有天下的人是天下之主，擁有一國的人是一國之主。現在我不就是它的主人嗎？」於是讓官吏給那具屍骨置備了衣服棺木重新埋葬。天下人聽到這件事，說：「文王賢明啊！恩澤都施及死人的屍骨，又何況活著的人呢？」有的人得到寶物卻危害了自己的國家，文王得具朽骨卻能借它宣揚自己的仁德，所以對聖人來說沒有沒用的東西。

◎卷十一　仲冬紀第十一

題解

◆ 仲冬紀由仲冬紀、至忠、忠廉、當務、長見五篇組成。其中仲冬紀為《禮記•月令》之一，記述了夏曆十一月的天象、物候、氣候、君王的衣食住行、國家政令以及應當注意的諸多事項。至忠篇為陰陽家學說，闡述人臣對君主的忠誠，宣揚了腐朽的愚忠思想。忠廉、當務兩篇系北宮黝、孟施捨、漆雕氏學派的學說。忠廉篇讚揚了士人「臨大利而不易其義」「不以富貴而忘其辱」

的忠廉精神；當務篇提出了辨事要切合時務這一論點。長見篇是法家學說，闡述了關於「長見」即遠見的重要性，指出人的智力差別在於目光長遠與目光短淺。

❁仲冬紀

➲ 原文

仲冬之月……冰益壯，地始坼①，鶡鴠不鳴②，虎始交。

命有司曰：「土事無作，無發蓋藏③，無起大眾，以固而閉。」發蓋藏，起大眾，地氣且泄，是謂發天地之房，諸蟄則死，民多疾疫，又隨以喪。命之曰「暢月」④。

是月也，命閹尹申宮令⑤，審門閭⑥，謹房室，必重閉。省婦事，毋得淫。雖有貴戚近習⑦，無有不禁。乃命大酋⑧，秫稻必齊⑨，麴糵必時⑩，湛饎必潔⑪，水泉必香，陶器必良，火齊必得，兼用六物⑫，大酋監之，無有差忒。天子乃命有司祈祀四海、大川、名原、淵澤、井泉。

注釋

① 坼（ㄔㄜˋ）：裂開；分裂。

② 鶡（ㄏㄜˊ）：鶡雞。今名褐馬雞。　鴠（ㄉㄢˋ）：一種山鳥。

③ 蓋藏：儲藏。

④ 暢月：農曆十一月。暢，充；充實。孔穎達疏：「言明此月為充實之月，當使萬物充實，不發動故也。」

⑤ 閹尹：主領閹豎（宦者）之官。

⑥ 門閭：「門閭」當作「門閂」。

⑦ 近習：天子所親幸者。

⑧ 大酋：酒官之長。

⑨ 秫（ㄕㄨˊ）：黏高粱。可用來釀酒。有的地區泛指高粱。齊：劑量。

⑩ 麴糵（ㄑㄩˊ ㄋㄧㄝˋ）：釀酒用的發酵劑。

⑪ 湛饎（ㄓㄢˋ ㄒㄧ）：指釀酒時浸漬、蒸煮米 之事。湛，浸漬；饎，蒸煮。

⑫ 六物：即指以上所述秫稻、麴糵、湛、水泉、陶器、火齊六者。

譯文

夏曆十一月……冰更加堅厚，地開始凍裂，鶡鳥不再鳴叫，老虎開始交配。

天子命令官吏說：「不要破土興工，不要開啟儲藏的物品，不要徵發大眾，以此加固自然界的封閉。」開啟儲藏的物品，徵發大眾，地氣就將洩漏，這就叫做開啟天地的房門，各種冬眠的動物就會死去，民眾一定會感染疾病瘟疫，又隨瘟疫死亡。這個月被命名為「暢月」。

這個月，命令掌管宮廷的閹尹申明宮禁令，察看門戶，謹守房室，一定要重重關閉房門。視察婦女的事務，不得有淫亂之事發生。即使皇親貴戚和天子所親幸者，也必須一律遵守禁令。於是命令酒官之長大酋，造酒用的秫稻多少必須合適，麴糵的製作必須及時，浸漬、蒸煮米麴必須潔淨，泉水必須香美，陶器必須質地優良，火候必須得當，兼顧好以上六個方面，由大酋監督，不得有差錯。天子命令官吏祈禱和祭祀四海、大河、著名的水源地、深淵湖泊、水井和水泉。

至　忠

原文

至忠逆於耳，倒於心①，非賢主其孰能聽之？故賢主之所說②，不肖主之所誅也。人主無不惡暴劫者，而日致之，惡之何益？今有樹於此，而欲其美也，人時灌之，則惡之，而日伐其根，則必無活樹矣。夫惡聞忠言，乃自伐之精者也③。

荊莊王獵於雲夢④，射隨兕⑤，中之。申公子培劫王而奪之⑥。王曰：「何其暴而不敬也⑦？」命吏誅之。左右大夫皆進諫曰：「子培，賢者也，又為王百倍之臣⑧，此必有故，願察之也。」不

出三月，子培疾而死。荊興師，戰於兩棠⑨，大勝晉，歸而賞有功者。申公子培之弟進請賞於吏曰：「人之有功也於軍旅，臣兄之有功也於車下。」王曰：「何謂也？」對曰：「臣之兄犯暴不敬之名，觸死亡之罪於王之側，其愚心將以忠於君王之身，而持千歲之壽也⑩。臣之兄嘗讀故記曰⑪：『殺隨兕者，不出三月。』是以臣之兄驚懼而爭之，故伏其罪而死。」王令人發平府而視之⑫，於故記果有，乃厚賞之。申公子培，其忠也可謂穆行矣⑬。穆行之意，人知之不為勸⑭，人不知不為沮⑮，行無高乎此矣。

注釋

①倒：逆。

②說：通「悅」。

③精：甚；過分。

④荊莊王：即楚莊王。　雲夢：即雲夢澤，故址在今湖北江陵至蘄（ㄑㄧˊ）春的太湖區域。

⑤隨兕（ㄙˋ）：惡獸名。

⑥申公子培：楚國中邑的邑宰，子培是其字。楚國擅自稱王，所以把邑宰稱為公。

⑦暴：臣下侵凌君主的行為稱為暴。

⑧百倍：指子培的才能超過別人多倍。百，喻多。

⑨戰於兩棠：指春秋時發生於楚、晉兩國間的著名的邲之戰。兩棠，當是邲的屬地，在鄭國境內，故址在今河南滎陽以北。

⑩持：保持。

⑪故記：古書。

⑫平府：楚國收藏古籍文書的庫府。

⑬穆行：美好的行為。

⑭勸：通「歡」。

⑮沮：終止。

譯文

最忠心的話不順耳，逆於心，不是賢明的君主誰能聽取它？

所以賢明的君主所喜悅的，正是不肖的君主所譴責處罰的。君主沒有不憎惡侵暴劫奪的，然而自己卻在天天招引它，憎惡它又有什麼益處？假如這裡有棵樹，希望它枝葉茂盛，人們按時澆灌它，卻又憎惡它，而且每天砍伐它的根，這樣這棵樹肯定是活不了了。憎惡聽取忠言，乃是自我毀滅最嚴重的表現。

楚莊王在雲夢澤打獵，射擊猛獸隨兕，射中了。申公子培搶在楚莊王之前把隨兕(ㄙㄟ)奪走了。楚莊王說：「怎麼這樣強暴而犯上不敬啊？」命令官吏殺掉子培。左右大夫都勸諫說：「子培，是個賢人，又是您的臣子中最有才能的臣子，他這樣做必有原因，希望您能仔細瞭解這件事的緣故。」不到三個月，子培生病死了。楚國發兵，楚、晉兩國在兩棠交戰，楚軍大勝晉軍，班師後獎賞功臣。申公子培的弟弟向主管官吏請賞說：「別人的功勞在軍旅中，我哥哥的功勞在大王的車下。」楚莊王問：「你這是什麼意思？」子培的弟弟回答說：「我哥哥冒著強暴而犯上不敬的惡名，在大王身邊犯了死罪，他的愚心是要效忠君王，讓您享有千歲之壽！我哥哥曾讀過古書，古書上記載說：『殺死隨兕的人，活不過三個月。』為此我哥哥十分驚恐而搶在你之前奪走了隨兕，所以接受懲罰而死。」楚莊王讓人打開收藏古籍文書的平府查閱，果然有這樣的記載，於是厚賞了子培的弟弟。申公子培，其忠心可稱為是美好的行為了。美好行為的含意是：別人瞭解我，我不因此而歡喜，別人不瞭解我，我不因此而終止行動，人的德行沒有比這更高尚的了。

忠廉

原文

士議之不可辱者，大之也。大之則尊於富貴也，利不足以虞其意矣①，雖名為諸侯，實有萬乘，不足以挺其心矣②。誠辱則無為樂生。若此人也，有勢則必不自私矣，處官則必不為汙矣③，將眾則必不撓北矣④。忠臣亦然。苟便於主利於國，無敢辭違，殺身出生以徇之⑤。國有士若此，則可謂有人矣。若此人者固難得，其患

雖得之有不智⑥。

吳王欲殺王子慶忌而莫之能殺⑦，吳王患之。要離曰⑧：「臣能之。」吳王曰：「汝惡能乎⑨？吾嘗以六馬逐之江上矣⑩，而不能及；射之矢，左右滿把⑪，而不能中。今汝拔劍則不能舉臂，上車則不能登軾⑫，汝惡能？」要離曰：「士患不勇耳，奚患於不能⑬？王誠能助，臣請必能。」吳王曰：「諾。」明旦加要離罪焉，摯執妻子⑭，焚之而揚其灰。要離走，往見王子慶忌於衛。王子慶忌喜曰：「吳王之無道也，子之所見也，諸侯之所知也。今子得免而去之，亦善矣。」要離與王子慶忌居有間⑮，謂王子慶忌曰：「吳之無道也愈甚，請與王子往奪之國。」王子慶忌曰：「善。」乃與要離俱涉於江。中江，拔劍以刺王子慶忌。王子慶忌捽之⑯，投之於江，浮則又取而投之，如此者三。其卒曰⑰：「汝天下之國士也，幸汝以成而名⑱。」要離得不死，歸於吳。吳王大說⑲，請與分國。要離曰：「不可。臣請必死！」吳王止之，要離曰：「夫殺妻子，焚之而揚其灰，以便事也，臣以為不仁。夫為故主殺新主，臣以為不義。夫捽而浮乎江，三入三出，特王子慶忌為之賜而不殺耳⑳，臣已為辱矣。夫不仁不義，又且已辱，不可以生。」吳王不能止，果伏劍而死㉑。要離可謂不為賞動矣。故臨大利而不易其義，可謂廉矣。廉，故不以貴富而忘其辱。

注釋

① 虞：通「娛」。快樂。

② 挺：動搖。

③ 處官：做官。　不為汙：不做敗壞名節的事。

④ 將眾：率領眾人。　撓北：敗北；潰逃。

⑤ 出生：捨棄生命。　徇：通「殉」。為某種目的而獻身。

⑥ 智：通「知」。知道。

⑦ 吳王：指春秋時期吳國國君闔廬。他指使專諸刺殺吳王僚而自立為王。　王子慶忌：吳王僚之子。

⑧ 要（一ㄠ）離：吳王闔廬之臣。

⑨ 惡：表示疑問，相當於「何」「怎麼」。

⑩ 六馬：六匹馬駕的車，此指車速非常快。　江上：長江岸邊。
⑪ 左右滿把：指王子慶忌左右手接住射來的箭，雙手握滿。
⑫ 軾：古代車廂西元前用作扶手的橫木。
⑬ 奚：何。
⑭ 摯執：拘捕。　妻子：妻子和兒女。
⑮ 居有間：過了一段時間。
⑯ 捽（ㄗㄨˊ）：揪住頭髮。
⑰ 卒：最後。
⑱ 幸汝：饒了你。幸，使……活命；汝，你。
⑲ 說：通「悦」。高興。
⑳ 特：只；不過。
㉑ 伏劍：用劍自殺。

譯文

士人認為「不可辱」這一原則是最重要的。其重要程度高出富貴，利益不足以使他們心情快樂，即使名為諸侯，擁有萬輛兵車，也不足以動搖他們的心志。假如真的受到侮辱，就不能快樂地生活。像這種人，有權勢則一定不自私，做官則一定不做敗壞名節的事，統率軍隊一定不會敗北潰逃。忠臣也是這樣，只要有利於君主、有利於國家的事，決不敢推辭逃避，定能殺身捨生為君主為國家獻身。國家有這樣的士人，就可以稱得上有人才了。像這樣的人本來就很難得，問題是即使得到了，君主也不能完全理解他們。

吳王闔廬想要殺掉王子慶忌，但是沒有誰能殺死他，吳王對此很憂慮。要離說：「我能夠殺死王子慶忌。」吳王說：「你怎麼能行呢？我曾用駕著六匹馬的車追趕他到江邊，卻趕不上他；用箭射他，他左右手接滿了射去的箭，卻射不中他。現在你拔劍則舉不起手臂，登車則不能扶住車軾，你怎麼能行呢？」要離說：「士人只擔憂自己是否勇敢，哪裡會擔憂做不成事？大王假如能夠相助，請相信我一定能夠成功！」吳王說：「好吧。」第二天，吳王給要離加上罪名，拘捕了要離的妻子和兒女，處死了他們，

焚燒了屍體，揚棄了骨灰。要離逃跑了，跑到衛國去見王子慶忌。王子慶忌高興地說：「吳王昏庸無道，這是你親眼所見，也是諸侯都知道的。如今你得以倖免離開了他，也算對了。」要離和王子慶忌在一起待了不久，就對王子慶忌說：「吳王暴虐無道越加厲害了，請允許我跟隨您去奪取他的國家。」王子慶忌說：「好。」於是和要離一起渡江。兩人行至江水中流，要離拔劍擊刺王子慶忌，王子慶忌揪住要離的頭髮，把他投入江中，等要離浮出水面，王子慶忌又把他抓起來投入江中，像這樣重複了三次。王子慶忌最後說：「你可以稱得上是國士了，饒你一死，成全你的美名。」要離因此得以不死，回到吳國。吳王非常高興，希望與他分享國家。要離說：「不行。請允許我實現必死的心願！」吳王勸阻他，要離說：「殺死妻子兒女焚燒屍體揚棄骨灰，為的是便於行事，我認為這是不仁。為原先的主人刺殺新的主人，我認為這是不義。我被人揪住頭髮投入江中，三入三出，只不過王子慶忌對我開恩而沒殺我，我已經受到侮辱了。不仁不義，而且又受到侮辱的人，不能再活在世上了。」吳王勸止不住，要離果真用劍自殺了。要離可以算是不為賞賜動心了。所以面對大的利益而不改變自己做人的原則，可以說是廉潔。因為廉潔，所以不會因富貴而忘記遭受的恥辱。

❁當　務

➲ 原文

辨而不當論①，信而不當理，勇而不當義，法而不當務②，惑而乘驥也，狂而操吳干將也③。大亂天下者，必此四者也。所貴辨者，為其由所論也；所貴信者，為其遵所理也；所貴勇者，為其行義也；所貴法者，為其當務也。

蹠之徒問於蹠曰④：「盜有道乎？」蹠曰：「奚啻其有道也⑤？夫妄意關內⑥，中藏⑦，聖也；入先，勇也；出後，義也；知時，智也；分均，仁也。不通此五者而能成大盜者，天下無有。」備說非六王、五伯⑧，以為堯有不慈之名⑨，舜有不孝之行⑩，禹有淫

湎之意[11]，湯、武有放殺之事[12]，五伯有暴亂之謀[13]。世皆譽之，人皆諱之，惑也。故死而操金椎以葬，曰：「下見六王、五伯，將穀其頭矣[14]！」辨若此不如無辨。

齊之好勇者，其一人居東郭[15]，其一人居西郭。卒然相遇於塗[16]，曰：「姑相飲乎？」觴數行[17]，曰：「姑求肉乎？」一人曰：「子，肉也；我，肉也；尚胡革求肉而為[18]？於是具染而已[19]。」因抽刀而相啖[20]，至死而止。勇若此不若無勇。

注釋

①辨：通「辯」。　當：合。

②法：效法。

③干將：春秋時吳國人。善鑄劍。後用於泛稱寶劍。

④蹠（ㄓˊ）：人名。傳說是春秋戰國之際的奴隸起義領袖，先秦古籍中多稱其為「盜蹠」。　徒：徒黨。

⑤奚啻（ㄔˋ）：何止；豈但。啻，僅僅；只有。

⑥妄意：猜想；推測。　關：泛指門戶。

⑦中（ㄓㄨㄥˋ）：猜中。　藏：指屋內所藏之物。

⑧六王：指堯、舜、禹、商湯王、周文王、周武王。　五伯（ㄅㄚˋ）：春秋時五個勢力最強的諸侯國國君，即齊桓公、晉文公、秦穆公、宋襄公、楚莊王。

⑨堯有不慈之名：傳說堯曾殺其長子丹朱。

⑩舜有不孝之行：傳說舜曾放逐其父瞽叟（ㄍㄨˇ　ㄙㄡˇ）。

⑪禹有淫湎之意：傳說帝女令儀狄造酒，進獻給禹，禹飲後認為很甘美。淫湎，沉迷於酒色。

⑫湯、武有放殺之事：商湯王起兵伐夏桀王，將桀驅逐至南巢；周武王伐殷紂王，紂兵敗自焚，所以有「放殺」之說。

⑬五伯有暴亂之謀：指齊桓公、晉文公、秦穆公、宋襄公、楚莊王爭為春秋時期的霸主，分割周朝天下。

⑭穀（ㄍㄨˇ）：敲擊；擊。

⑮郭：古代在城的周邊加築的一道城牆。

⑯塗：通「途」。道路。

⑰ 觴（ㄕㄤ）：古代飲酒器。這裡用作動詞，舉觴飲酒。
⑱ 革：另；更。
⑲ 具：置辦。　染：豆豉醬。
⑳ 啖（ㄉㄢˋ）：吃或給別人吃。

譯文

辯說卻不合公論，誠信卻不合情理，勇敢卻不合道義，效法先代卻不合時務，這就像迷了路的人乘著快馬，癲狂的人手持吳地所產的名劍干將。大亂天下者，必定是以上四種行為。人們看重辯說，是在於它遵循理義；人們看重勇敢，是在於它伸張正義；人們看重效法先代，是在於它合於時務。

蹠的徒黨問：「強盜有道義嗎？」蹠說：「何止是有道義啊？推測出屋內情況，猜中屋內所藏之物，就是聖；帶頭進去，就是勇；最後出來，就是義；知道把握時機，就是智；分配所得財物均勻，就是仁。不精通以上五點而能成為大盜的，天下沒有。」蹠又一一論說非難六王、五霸，認為堯有不慈的名聲，舜有不孝的行為，禹有沉溺於酒色的意思，商湯王、周武王有放逐、弒君的行為，春秋五霸有暴亂的圖謀。還說世上的人都讚譽他們，人們都諱忌他們的過錯，真讓人迷惑不解。所以蹠說自己死後要手持金椎下葬，說：「到陰間見到六王、五霸，要敲碎他們的頭。」辯說要像這樣，還不如不辯說。

齊國有兩個喜歡誇耀勇敢的人，一人住在城東，另一人住在城西。一天，他們在路上意外地相遇了，說：「姑且一起喝幾杯吧？」斟過幾遍酒後，一人說：「姑且弄點肉吧？」另一人說：「你身上有肉，我身上也有肉，何必另去弄肉呢？在這兒準備一點豆豉醬就行了。」於是兩人拔出刀從自己身上割肉對吃起來，一直到死為止。勇敢要像這樣還不如不勇敢。

長見

原文

智所以相過①，以其長見與短見也。今之於古也，猶古之於後世也；今之於後世，亦猶今之於古也。故審知今則可知古，知古則可知後，古今前後一也。故聖人上知千歲，下知千歲也。

呂太公望封於齊②，周公旦封於魯③，二君者甚相善也。相謂曰：「何以治國？」太公望曰：「尊賢上功④。」周公旦曰：「親親上恩。」太公望曰：「魯自此削矣。」周公旦曰：「魯雖削，有齊者亦必非呂氏也。」其後，齊日以大，至於霸，二十四世而田成子有齊國⑤。魯公以削，至於覲存⑥，三十四世而亡。

吳起治西河之外⑦，王錯譖之於魏武侯⑧，武侯使人召之。吳起至於岸門⑨，止車而望西河，泣數行而下。其僕謂吳起曰：「竊觀公之意，視釋天下若釋躧⑩，今去西河而泣，何也？」吳起抿泣而應之曰⑪：「子不識。君知我，而使我畢能西河，可以王。今君聽讒人之議而不知我，西河之為秦取不久矣，魏從此削矣。」吳起果去魏入楚。有間，西河畢入秦，秦日益大。此吳起之所先見而泣也。

注釋

① 相過：超過。這裡的意思是有差別。

② 呂太公望：本名呂尚，又名姜尚。俗稱姜子牙，姜太公。得周文王賞識，號太公望。周文王去世後，輔佐周武王伐紂滅商。

③ 周公旦：周文王之子，周武王之弟，名旦。因采邑在周，稱為周公。曾助武王滅商。周武王去世後，成王幼小，代攝政七年，致太平，成王封之於魯。

④ 上功：崇尚功績。上，通「尚」。

⑤ 田成子：即田常。田常曾殺齊簡公於徐州，立簡公弟驁，是為齊平公。齊平公立，田常為相，專齊政。

⑥ 覲（ㄐㄧㄣˋ）：通「僅」。

⑦ 吳起：戰國衛人，善用兵，魏文侯以為魏將，後守西河以拒秦、韓。文侯卒，事武侯，亦封西河守，甚有聲名。因受讒去楚，作楚悼王相。悼王死，宗室作亂，被射殺死。　西河：魏地，居黃河西，故名。在今陝西華陰、華縣、白水、澄城一帶。

⑧ 王錯：魏大夫。　譖（ㄗㄣˋ）：誣陷；中傷。　魏武侯：戰國時期魏國國君，魏文侯之子，西元前 386 ～前 371 年在位。

⑨ 岸門：魏邑名。在今山西河津縣南。

⑩ 釋：棄。　（ㄒㄧˇ）：同「屣」。即履，鞋。

⑪ 抿（ㄇㄧㄣˇ）泣：擦眼淚。抿，拭；泣，淚。

譯文

人的智力之所以有差別，是因為有的人目光長遠有的人目光短淺。今天對於古代來說，也猶如古代對於後世；現代對於後世來說，也猶如古代對於現代。所以，明白地瞭解今天就可以知道過去，知道過去就可以知道未來，古今前後是同一個道理。因此，聖人能上知千年，下知千年。

呂太公望封於齊，周公旦封於魯，兩人的關係十分好。他們曾經互相談論說：「用什麼方法治理國家呢？」太公望說：「尊重賢人，崇尚功績。」周公旦：「親近親屬，崇尚恩德。」太公望說：「魯國從此就要削弱了！」周公旦回答說：「魯國雖然將削弱，將來掌握齊國政權的也必然不是呂氏啊。」後來，齊國日益強大，以至成了霸主，但傳到二十四代，田成子就掌握齊國的政權。魯國一天一天削弱，以至僅能苟延殘喘地存在，傳了三十四代而滅亡。

吳起治理西河地區，王錯在魏武侯面西元前說他的壞話，武侯派人召回吳起。吳起走到岸門，停車而回望西河，不禁眼淚數行而下。他的僕人對吳起說：「我私下觀察您的思想，視棄天下如棄鞋一樣。現在離開西河就哭哭啼啼，這是為什麼呢？」吳起擦著眼淚回答說：「您不知道！國君如果瞭解我的志向和才能，而使我竭盡才能治理西河，他就可以稱王天下。如今國君聽信小人的話而不瞭解我，西河被秦國所奪取為時不久了，魏國從此就要削弱了。」後來吳起果真離開魏國到了楚國。不久，西河全部被秦國佔有，秦國日益強大。這正是吳起預見到這種結局而哭泣的原因。

◎卷十二　季冬紀第十二

題解

◆ 季冬紀由季冬紀、士節、介立、誠廉、不侵五篇組成。其中季冬紀為《禮記 • 月令》之一，記述了夏曆十二月的天象、物候、氣候、君王的衣食住行、國家政令以及應當注意的諸多事項。士節、介立、誠廉、不侵四篇均為北宮黝、孟施捨、漆雕氏學派的學說。士節篇論述了士人具有的不避危難、臨難忘利，舍生行義、視死如歸的氣節；介立篇頌揚了士人以耿介立身，不為外物所動的高尚節操；誠廉篇闡述了士人不被污濁玷污的真誠廉潔的氣節；不侵篇指出士人具有不可侵犯侮辱的品質，勸誡君主一定要親自鑒察士人的品行。

☸ 季冬紀

➲ 原文

季冬之月……雁北鄉①，鵲始巢，雉雊雞乳②。

命有司大儺③，旁磔④，出土牛⑤，以送寒氣。征鳥厲疾⑥。乃畢行山川之祀，及帝之大臣、天地之神祇癘⑦。

是月也，日窮於次⑧，月窮於紀⑨，星回於天。數將幾終⑩，歲將更始。專於農民，無有所使。天子乃與卿大夫飭國典，論時令，以待來歲之宜。乃命太史次諸侯之列，賦之犧牲，以供皇天上帝社稷之享。乃命同姓之國，供寢廟之芻豢⑪；令宰歷卿大夫至於庶民土田之數⑫，而賦之犧牲，以供山林名川之祀。凡在天下九州之民者，無不咸獻其力，以供皇天上帝社稷寢廟山林名川之祀。

注釋

①鄉：通「向」。

②雉（ㄓ ㄧ）：野雞。　雊（ㄍㄡ ㄧ）：野雞鳴叫。　乳：指卵。

③儺（ㄋㄨㄛ ˊ）：驅除災異的祭祀。

④旁磔（ㄓㄜ ˊ）：在四方之門宰殺牲口以攘除疫鬼。磔，

古代分裂牲體以祭神。

⑤ 出土牛：製作土牛。冬季五行屬水，而土能勝水，故製作土牛以送寒氣。出，猶製作。

⑥ 征鳥：遠飛的鳥。指鷹隼等猛禽。

⑦ 帝之大臣：謂五帝之佐，如句芒、祝融之屬。　神祇（ㄑㄧˊ）：説法不一，一説指天神與地神，一説指司中、司命、風師、雨師等天神。也泛指神靈。

⑧ 次：我國古代將黃道帶分成十二部分，稱為次。

⑨ 紀：指日月相會。

⑩ 數：指一年的日月數。

⑪ 芻豢（ㄔㄨˊ　ㄏㄨㄢˋ）：牛羊豬狗等牲畜。也泛指祭祀用的犧牲。牛羊食草，稱芻；犬豕食穀，稱豢。

⑫ 宰：古代官吏的統稱。這裡專指春秋時期卿大夫的家臣和采邑的長官。　歷：審視；察看；審查。

譯文

夏曆十二月……大雁開始向北飛，喜鵲開始築巢，山雞鳴叫母雞生蛋。

天子命令官吏舉行驅除災異的祭祀，在四方之門宰殺牲口以攘除疫鬼，製作土牛，用來送走寒氣。鷹隼等猛禽變得猛厲而迅疾。於是遍祭山川之神，和天帝的大臣們，以及天地間的神祇。

這個月，太陽已經走完了十二次，月亮又回到與太陽的會合處，星星走完一週天回到去年此月所在的位置。一年的日月將近終結，新的一年將重新開始。國家要發佈專門針對農民的政策，不要向他們徵派徭役。天子於是同公卿、大夫整頓國家典章制度，討論四季政令，以待來年事宜。於是命令太史，排列諸侯國的大小，規定各國所當進獻祭祀用牲畜的多少，以供皇天上帝和社稷之神享用。於是命令同姓諸侯國，供奉宗廟祭祀所需的犧牲；命令宰查清卿大夫乃至庶民土地田畝的數量，按地畝數徵收祭祀用牲畜，以供山林和名川祭祀之用。凡天下九州人民，無不全部貢獻自己的力量，以供皇天上帝、社稷、寢廟、山林和名川的祭祀。

❁士　節

➲ 原文

士之為人，當理，不避其難，臨患忘利，遺生行義，視死如歸。有如此者，國君不得而友，天子不得而臣。大者定天下，其次定一國，必由如此人者也。故人主之欲大立功名者，不可不務求此人也。賢主勞於求人，而佚於治事。

齊有北郭騷者①，結罘罔②，捆蒲葦③，織萉屨④，以養其母，猶不足，踵門見晏子曰⑤：「願乞所以養母⑥。」晏子之僕謂晏子曰：「此齊國之賢者也。其義不臣乎天子，不友乎諸侯，於利不苟取，於害不苟免。今乞所以養母，是說夫子之義也⑦，必與之。」晏子使人分倉粟、分府金而遺之⑧，辭金而受粟。有間⑨，晏子見疑於齊君⑩，出奔⑪，過北郭騷之門而辭。北郭騷沐浴而出⑫，見晏子曰：「夫子將焉適⑬？」晏子曰：「見疑於齊君，將出奔。」北郭子曰：「夫子勉之矣。」晏子上車，太息而歎曰：「嬰之亡豈不宜哉？亦不知士甚矣。」晏子行。北郭子召其友而告之曰：「說晏子之義，而嘗乞所以養母焉。吾聞之曰：『養及親者，身伉其難⑭。』今晏子見疑，吾將以身死白之⑮。」著衣冠，令其友操劍奉笥而從⑯，造於君庭⑰，求復者曰⑱：「晏子，天下之賢者也，去則齊國必侵矣⑲。必見國之侵也，不若先死。請以頭托白晏子也。」因謂其友曰：「盛吾頭於笥中，奉以托。」退而自刎也。其友因奉以托。其友謂觀者曰：「北郭子為國故死⑳，吾將為北郭子死也。」又退而自刎。齊君聞之，大駭，乘馹而自追晏子㉑，及之國郊，請而反之㉒。晏子不得已而反，聞北郭騷之以死白己也，曰：「嬰之亡豈不宜哉？亦愈不知士甚矣。」

注釋

① 北郭騷：春秋時齊國的隱士。北郭，姓；騷，名。

② 罘（ㄈㄨˊ）：捕兔網。泛指狩獵用的網。　罔（ㄨㄤˇ）：網。

③ 捆：砸。編蒲葦時要邊編邊砸，使之牢固。

④ 萉屨（ㄐㄩˋ）：麻鞋。

⑤ 踵門：走到門上。踵，腳後跟。名詞作動詞。　晏子：春秋時齊國人，名嬰，齊景公的宰相。

⑥ 所以養母：用以奉養母親的東西，這裡指糧食。

⑦ 説：通「悦」。悦服。

⑧ 府金：府庫的金錢。府庫，國家儲藏財物的地方。

⑨ 有間：過了一段時間。

⑩ 見疑於齊君：被齊君猜忌。見，表被動。

⑪ 出奔：出逃到外國。

⑫ 沐浴：洗髮洗身。北郭騷沐浴而出，以示恭敬有禮。

⑬ 焉適：到哪裡去。適，到 ...... 去。

⑭ 伉：當；承擔。

⑮ 白：這裡是洗清冤誣的意思。

⑯ 奉：通「捧」。　笥（ㄙㄟ）：葦或竹製的方形盛器。

⑰ 造：到……去。

⑱ 復者：指王宮門西元前負責傳話的下級官吏。

⑲ 侵：這裡是被動用法。

⑳ 國故：等於説「國難」，指國家遭受的凶喪、戰爭等重大變故。

㉑ 馹（ㄖㄟ）：古代驛站專用的車。

㉒ 反：通「返」。

譯文

士子的為人，合乎義理，就不避危難，臨難忘利，捨生行義，視死如歸。有這樣品德的人，國君難於找到他們做朋友，天子難於找到他們當臣子。大至安定天下，次至安定國家，必定要由這樣的人完成。所以君主想要建樹不朽功名，不可不努力尋求這樣的人。賢明的君主在訪求賢士上花費力氣，而在治理政事上輕鬆安逸。

齊國有個叫北郭騷的，靠結獸網、編蒲葦、織麻鞋來奉養他的母親，但仍不足以維持生活，於是他到晏子門上求見晏子說：「我希望討點奉養母親的東西。」晏子的僕人對晏子說：「這是齊國

的賢士，他的原則是不向天子稱臣，不與諸侯為友，對利益不隨意地索取，對危害不苟且逃避。現在他向你乞求奉養母親的東西，是悅服您的道義，一定要給他。」晏子派人分出一些糧倉中的糧食、府庫中的金錢送給他，他謝絕了金錢而收下了糧食。過了不久，晏子被齊君猜忌，出逃國外，經過北郭騷的門前向他告別。北郭騷洗髮洗身，恭敬地迎出來，見到晏子說：「您將要到哪兒去？」晏子說：「我受到齊君的猜忌，將要逃往國外。」北郭騷說：「您好自為之吧。」晏子上了車，長歎一聲說：「我逃亡國外難道不應該嗎？我也太不瞭解士子了。」於是晏子走了。北郭騷招來他的朋友，告訴他說：「我悅服晏子的道義，曾向他求得糧食奉養母親。我聽說：『奉養過自己父母的人，自己要承擔他的危難。』如今晏子受到猜忌，我將用自己的死為他洗清冤誣。」北郭騷穿戴好衣冠，讓他的朋友拿著寶劍捧著竹匣跟隨在後。走到宮廷門前，找到負責通稟的官吏說：「晏子是名聞天下的賢人，他若出亡，齊國必定遭受侵犯。與其看到國家必定遭受侵犯，不如先死。我願把頭託付給您來為晏子洗清冤誣。」於是對他的朋友說：「把我的頭盛在竹匣中，捧去託付給那個官吏。」說罷，退後幾步自刎而死。他的朋友於是捧著盛了頭的竹匣託付給那個官吏，然後對旁觀的人說：「北郭子為國難而死，我將為北郭子而死。」說罷，又退後幾步自刎而死。齊君聽說這件事，大為震驚，乘著驛車親自去追趕晏子，在離國都不到百里的地方趕上了晏子，請求晏子回去。晏子不得已而返回，聽說北郭騷用死來替自己洗清冤誣，感慨地說：「我逃亡國外難道不應該嗎？北郭騷之死讓我越發不瞭解士子了。」

❁介　立

➲ 原文

以貴富有人易，以貧賤有人難。今晉文公出亡①，周流天下②，窮矣，賤矣，而介子推不去，有以有之也。反國有萬乘③，而介子推去之，無以有之也。能其難，不能其易，此文公之所以不王也。

晉文公反國，介子推不肯受賞④，自為賦詩曰：「有龍於飛⑤，周遍天下。五蛇從之⑥，為之丞輔。龍反其鄉⑦，得其處所。四蛇從之，得其露雨⑧。一蛇羞之⑨，橋死於中野⑩。」懸書公門⑪，而伏於山下⑫。文公聞之曰：「嘻！此必介子推也。」避舍變服⑬，令士庶人曰：「有能得介子推者，爵上卿，田百萬。」或遇之山中，負釜蓋簦⑭，問焉，曰：「請問介子推安在？」應之曰：「夫介子推苟不欲見而欲隱，吾獨焉知之？」遂背而行，終生不見。

注釋

①今：疑是「昔」字之誤。

②周流：遍行。

③反：通「返」。　萬乘：周制，天子地方千里，能出兵車萬乘，因以萬乘指天子。也指能出兵車萬乘的大國。乘，古代一車四馬為一乘。

④介子推：春秋時晉國人。跟隨晉文公重耳流亡十九年。晉文公返國執政後，重賞隨從人員，惟獨忘了介子推。介子推不願爭功，遂與母隱居山中而終。

⑤有龍於飛：喻晉公子重耳（晉文公）離國逃亡。於，作助詞，無義。

⑥五蛇：喻跟隨公子重耳流亡的五位賢士。

⑦龍反其鄉：喻晉文公返國繼君位。反，通「返」。

⑧露雨：喻君主的恩澤。

⑨一蛇：喻介子推自己。

⑩橋死：清畢沅疑為「槁死」。　中野：野外。

⑪書：指介子推自賦之詩。

⑫伏：這裡指隱居。　山：指綿山。在今山西介休縣東南。

⑬避舍變服：古代君主為了表示有罪，離開原來的住所，另居簡陋之處，改穿凶喪之服。

⑭釜：古炊器。斂口圜底，或有二耳。有鐵製的，也有銅或陶製的。　簦（ㄉㄥ）：古代有柄的笠，像現在的雨傘。

譯文

憑藉富貴擁有人容易，依靠貧賤擁有人難。從前晉文公逃亡在外，遍行天下，又困窘又貧賤，可是介子推一直沒離開他，這是晉文公因貧賤擁有介子推。晉文公返回晉國後，有了萬乘大國國君的地位，然而介子推卻離開了他，這是晉文公因富貴不能擁有介子推。能夠辦成困難的事情，而辦不成容易的事情，這正是晉文公不能稱王天下的原因啊！

晉文公返回晉國後，介子推不肯接受封賞，他為自己賦詩道：「有龍飛翔，遍遊天下。五蛇追隨，左右輔佐。龍返故鄉，得其處所。四蛇追隨，得其恩澤。一蛇羞慚，槁死荒野。」他把這首詩懸掛在晉文公門西元前，自己去山下隱居。晉文公聽說這件事，說：「啊！這一定是介子推。」於是離開宮室另換住處，改穿凶喪之服，以示自責，並命令士民百姓說：「有能找到介子推的，封爵上卿，賞田百萬畝。」有人在山中遇到介子推，見他背著釜，打著有長柄的斗笠。問道：「請問介子推在哪兒？」他回答說：「介子推假如不想當官而想要隱居，我單單會知道他在哪兒？」於是轉身走了，終生沒再露面。

誠廉

原文

石可破也，而不可奪堅；丹可磨也[1]，而不可奪赤。堅與赤，性之有也。性也者，所受於天也，非擇取而為之也。豪士之自好者，其不可漫以汙也[2]，亦猶此也。

昔周之將興也，有士二人，處於孤竹[3]，曰伯夷、叔齊[4]。二人相謂曰：「吾聞西方有偏伯焉[5]，似將有道者，今吾奚為處乎此哉？」二子西行如周，至於岐陽[6]，則文王已歿矣[7]。武王即位，觀周德[8]，則王使叔旦就膠鬲於次四內[9]，而與之盟曰[10]：「加富三等，就官一列[11]。」為三書，同辭，血之以牲，埋一於四內，皆以一歸[12]。又使保召公就微子開於共頭之下[13]，而與之盟曰：「世為長侯[14]，守殷常祀[15]，相奉桑林[16]，宜私孟諸[17]。」為三書，同辭，

血之以牲，埋一於共頭之下，皆以一歸。伯夷、叔齊聞之，相視而笑曰：「嘻！異乎哉！此非吾所謂道也。昔者神農氏之有天下也，時祀盡敬而不祈福也；其於人也，忠信盡治而無求焉；樂正與為正，樂治與為治；不以人之壞自成也，不以人之庳自高也⑱。今周見殷之僻亂也⑲，而遽為之正與治⑳，上謀而行貨㉑，阻丘而保威也㉒。割牲而盟以為信，因四內與共頭以明行，揚夢以說眾，殺伐以要利，以此紹殷㉓，是以亂易暴也。吾聞古之士，遭乎治世，不避其任；遭乎亂世，不為苟在㉔。今天下闇㉕，周德衰矣。與其並乎周以漫吾身也㉖，不若避之以潔吾行。」二子北行，至首陽之下而餓焉㉗。

注釋

①丹：朱砂。

②漫：汙。

③孤竹：商周時國名。在今河北省盧龍縣一帶。

④伯夷、叔齊：商末孤竹國君的兩個兒子。相傳孤竹君遺命立次子叔齊為繼承人，叔齊讓位給兄長伯夷，伯夷不接受，叔齊也不肯為君，二人一起投奔周。周武王伐紂，二人曾諫阻；武王滅商後，他們恥食周粟，逃到首陽山，後餓死。

⑤偏伯：偏居一方的諸侯。這裡指西伯姬昌。姬昌死後諡為文王。

⑥岐陽：岐山（在今陝西岐山縣）之南。

⑦歿：死。

⑧觀：顯示。

⑨叔旦：即周公旦，周文王之子，周武王之弟。周武王去世後，成王幼小，代攝政七年，致太平，成王封之於魯。　就：到……去。　膠鬲：人名。商紂王的臣子。　次：當是衍文。　四內：古地名。

⑩盟：在祖先或神靈西元前立誓締約。

⑪就官一列：官居第一等。

⑫為三書，同辭……皆以一歸：孔穎達《禮記‧曲禮下‧疏》：古人為盟，「先鑿地為方坎，殺牲於坎上，割牲左耳，盛以珠盤，

又取血盛以玉敦，用血為盟書，成，乃歃血而讀書。」雙方盟誓，寫出內容相同的三份盟書，一份埋於盟誓所在地（在河邊盟誓則沉於河），與盟者各持一份而歸，藏於祖廟或專門存放盟書的書庫。　以：持。

⑬ 保召（ㄕㄠˋ）公：周文王庶子，周武王之臣。受封地召，故稱召公或召伯。輔佐周武王伐紂滅商後，受封於北燕。成公時任太保。　微子開：人名，即微子啟。周代宋國的始祖。名啟，商紂王的庶兄，封於微（今山東梁山西北）。因見紂淫亂將亡，數諫，紂不聽，遂出走。周武王滅商後復其官。　共頭：山名。在今河南輝縣境內。

⑭ 長（ㄓㄤˇ）侯：諸侯之長。

⑮ 常祀：按慣例舉行的祭祀。

⑯ 桑林：一說為古地名，相傳為商湯王祈雨的地方；一說為傳說中的神名。

⑰ 孟諸：地名。在今河南商丘市東北。

⑱ 庳：低；矮。

⑲ 僻亂：邪僻反常，不合正道。

⑳ 遽（ㄐㄩˋ）：急速；立刻；馬上。

㉑ 上謀：崇尚權謀。上，通「尚」。　行貨：行賄。

㉒ 阻丘：疑為「阻兵」之誤（依畢沅說）。阻，倚仗。

㉓ 紹：繼承。

㉔ 苟在：苟且生存。

㉕ 闇（ㄢˋ）：同「暗」。

㉖ 並：依傍；依附。　漫：玷污。

㉗ 首陽：山名。在今山西永濟縣南。　餓：這裡是餓死的意思。

譯文

石頭可以被砸破，卻不能改變它堅硬的本質；朱砂可以被磨碎，卻不能改變它朱紅的本色。堅硬和朱紅色，是石頭、朱砂固有的本性。所謂本性，是自然形成的，並不是人為擇取製造的結果。豪傑之士自尊自愛者，不能被污濁玷污，也如同石頭和朱砂

的本性一樣。

從前周朝將要興盛的時候，有兩位士人，居住在孤竹國，名叫伯夷、叔齊。兩人商量說：「我聽說在西方有個稱霸一方的諸侯，好像將成為有道的人，現在我們為什麼要待在這兒呢？」於是兩人西行去周地。走到岐山的南面時，周文王已死，武王即位，為顯示周朝的德政，派周公旦到四內這個地方迎接商紂王的臣子膠鬲，盟誓說：「給您增加財富三級，出任頭等官職。」寫了內容相同的三份盟書，宰殺牲口歃血而盟誓，一份埋在四內，叔旦與膠鬲各持一份而歸。周武王又派太保召公到共頭山下迎接商紂王的庶兄微子開，跟他盟誓說：「讓您世世代代做諸侯之長，保留殷朝按慣例舉行的祭祀，供奉桑林之神，把孟諸封為您的私邑。」寫了內容相同的三份盟書，宰殺牲口歃血而盟誓，一份埋在共頭山下，召公與微子開各持一份而歸。伯夷、叔齊聽到這些，互相望著笑道：「哈哈！跟我們原來聽說的不同啊！這不是我們所說的『道』啊！從前神農氏治理天下的時候，按時祭祀以盡恭敬之心卻不乞求福佑；對於人民，忠信為本盡職盡責而無所求；人民喜歡公正他就公正辦事，人民喜歡太平他就把國家治理的太平；不利用別人的失敗使自己成功，不因為別人地位的卑微而抬高自己。如今周國看到殷朝邪僻混亂，便急於替它匡正與治理，崇尚權謀而行賄，倚仗兵力炫耀威勢，殺牲盟誓藉以表明誠信，憑藉四內和共頭的盟約來宣揚德行，宣揚武王滅殷的夢兆取悅眾人，用屠殺攻伐攫取利益，用這種作法承繼殷朝，是用亂政代替暴政。我們聽說古代的賢士，遇到太平之世，不逃避自己的責任；遇到亂世，不苟且偷生。如今天下黑暗，周朝德政衰微了。與其依附周朝而玷污我們自己，不如避開它而保持我們高潔的品行。」於是兩人北行，走到首陽山下就餓死在那裡。

不侵

原文

天下輕於身，而士以身為人。以身為人者，如此其重也，而人

不知，以奚道相得①？賢主必自知士，故士盡力竭智，直言交爭②，而不辭其患。豫讓、公孫弘是矣③。當是時也，智伯、孟嘗君知之矣④。世之人主，得地百里則喜，四境皆賀；得士則不喜，不知相賀：不通乎輕重也。湯、武，千乘也⑤，而士皆歸之。桀、紂，天子也，而士皆去之。孔、墨，布衣之士也⑥，萬乘之主、千乘之君不能與之爭士也⑦。自此觀之，尊貴富大不足以來士矣，必自知之然後可。

孟嘗君為從⑧，公孫弘謂孟嘗君曰：「君不若使人西觀秦王⑨。意者秦王帝王之主也⑩，君恐不得為臣，何暇從以難之？意者秦王不肖主也，君從以難之未晚也。」孟嘗君曰：「善。願因請公往矣。」公孫弘敬諾，以車十乘之秦。秦昭王聞之，而欲醜之以辭，以觀公孫弘。公孫弘見昭王，昭王曰：「薛之地小大幾何？」公孫弘對曰：「百里。」昭王笑曰：「寡人之國，地數千里，猶未敢以有難也。今孟嘗君之地方百里，而因欲以難寡人猶可乎？」公孫弘對曰：「孟嘗君好士，大王不好士。」昭王曰：「孟嘗君之好士何如？」公孫弘對曰：「義不臣乎天子，不友乎諸侯，得意則不慚為人君，不得意則不肯為人臣，如此者三人。能治可為管、商之師⑪，說義聽行，其能致主霸王，如此者五人。萬乘之嚴主辱其使者，退而自刎也，必以其血污其衣，有如臣者七人。」昭王笑而謝焉⑫，曰：「客胡為若此？寡人善孟嘗君，欲客之必謹諭寡人之意也。」公孫弘敬諾。公孫弘可謂不侵矣。昭王，大王也；孟嘗君，千乘也。立千乘之義而不克凌⑬，可謂士矣。

注釋

① 奚道：什麼途徑。　相得：相遇；會合。

② 交爭：相諫。爭，勸諫。

③ 豫讓：春秋戰國間晉卿智伯的門客。趙、韓、魏共滅智氏後，他為了給智伯報仇，改名換姓，用漆塗身，吞炭使啞，一再謀刺趙襄子，被捕後求得趙襄子衣服，拔劍擊衣後自殺。　公孫弘：戰國時齊國貴族孟嘗君的門客。

④ 智伯：指智伯瑤。又稱荀瑤、知瑤或知伯，春秋末晉四卿之

一，晉哀公時為執政大臣。聯合韓、魏圍趙襄子於晉陽，結果反被韓魏趙三家暗地聯合滅掉。 孟嘗君：田文的封號。戰國時齊國貴族，被齊湣王任命為相國，門下有食客數千。一度入秦為相，不久逃歸。後出奔魏國，任魏相。

⑤ 千乘：戰國時期諸侯國或諸侯的代稱。

⑥ 布衣：指平民百姓。

⑦ 萬乘之主：周制，天子地方千里，能出兵車萬乘，因以「萬乘」指天子。

⑧ 從（ㄗㄨㄥˋ）：通「縱」。合縱。合縱，是戰國時蘇秦提倡齊、楚、燕、趙、韓、魏六國聯合抗秦的一種主張。當時，秦在西，六國在東，土地南北相連，故將聯合六國而抗秦稱為合縱。

⑨ 秦王：指秦昭王。西元前 306 ～前 261 年在位。在位期間堅持向東擴張的政策，連續擊破蘇秦六國的合縱勢力，為秦日後統一中國奠定了基礎。

⑩ 意者：表示猜測。大概；或許；恐怕。

⑪ 管商：指管仲、商鞅。

⑫ 謝：道歉。

⑬ 凌：侮辱。

譯文

生命重於天下，但士人卻能為他人獻出生命。能為他人獻出生命的人，品行如此尊貴，而別人卻不知道他們，那透過什麼途徑能與他們相遇共事呢？賢明的君主必定是親自鑒察士人的品行、才能，所以士人能竭盡全力和智慧，直言相諫，而不躲避由此帶來的災禍。豫讓、公孫弘就是這樣的士人。在那時，智伯、孟嘗君已經知道他們的品行、才能。世上的君主得到百里的土地就滿心歡喜，四境之內的人全都慶賀；得到賢士卻不以為喜，不知相互慶賀，這是不明白輕重啊。商湯王、周武王當時只是擁有千輛兵車的諸侯，而士人都歸附他們。夏桀王、殷紂王是天子，然而士人都離開了他們。孔子、墨子都是平民百姓，然而擁有萬輛兵車的天子、擁有千輛兵車的諸侯都無法與他們爭奪士人。由此看

來，尊貴富有勢力強大不足以招攬士人，君主一定要親自鑒察士人的品行、才能，然後才能使士人歸附。

孟嘗君推行合縱抗秦的主張，公孫弘對孟嘗君說：「您不如派人到西方觀察一下秦王。或許秦王是個具有帝王之才的君主，您恐怕連想做臣子都辦不到，哪裡顧得上推行合縱跟秦國做對呢？或許秦王是個凡庸的君主，那時您再參加合縱抗秦的行列也為時不晚。」孟嘗君說：「好。那就請您去一趟。」公孫弘答應了，於是帶著十輛車西元前往秦國。秦昭王聽說此事，想用話語羞辱公孫弘，以此觀察他是什麼樣的人。公孫弘拜見昭王，昭王問：「薛這個地方有多大？」公孫弘回答說：「方圓百里。」昭王笑道：「我的國家土地縱橫數千里，還不敢據此向哪國發難。如今孟嘗君擁有的土地才方圓百里，就想據此跟我做對，能行嗎？」公孫弘回答說：「孟嘗君重用士人，大王您不重用士人。」昭王說：「孟嘗君重用士人又怎麼樣？」公孫弘回答說：「崇尚道義，不向天子稱臣，不與諸侯交友，如果得志就是做人君也毫不慚愧，不得志則連做人臣也不肯，像這樣的士人，孟嘗君那裡有三人。有治國之才，可以做管仲、商鞅的老師，闡述自己主張而又能被採納，能使君主成就霸王之業，像這樣的士人孟嘗君那裡有五人。擁有萬輛兵車的威嚴君主，侮辱了孟嘗君的使者，使者退而自殺，但必用自己的血染汙對方的衣服，有像我一樣的人七個。」秦昭王笑著道歉說：「客人何必如此？我對孟嘗君是很友好的，希望客人務必恭敬地向他說明我的意思。」公孫弘恭敬地答應了。公孫弘可稱得上不可侵犯了。秦昭王，是大國國君；孟嘗君，只是擁有千輛兵車的諸侯。公孫弘面對昭王敢於弘揚千乘小國的尊嚴而不可凌辱，真可稱得上是士人了。

◎卷十三　有始覽第一

題解

◆有始覽由有始、應同、去尤、聽言、謹聽、務本、諭大七篇組成。其中有始、應同兩篇為陰陽家學說。有始篇闡述了天地萬物生成的理論，第一次完整地記錄了星空中二十八宿的名字，反映了當時我國天文學的成就，並詳細介紹了九野、九州、九山、九塞、九藪、八風、六川的具體概念；應同篇提出了同類事物互相招引應和的觀點，分析了自然與社會之間的各種聯繫。去尤、聽言、謹聽三篇係料子、宋鈃、尹文學派的學說。去尤篇論述的主題是去掉偏見；聽言篇旨在規勸君主聽取言論要分辨善與不善；謹聽篇特別指出君主應謹慎聽取有道之士的言論，不要自以為是。務本、諭大兩篇為季子學派的學說。務本篇闡述了為臣之道，指出臣子應致力的根本在於為國君謀慮和加強自身修養；諭大篇鼓勵人們樹立遠大目標，並對大與小、全域與局部的關係做了精闢的論述。

❁有 始

➲ 原文

天地有始。天微以成，地塞以形。天地合和，生之大經也①。以寒暑日月晝夜知之，以殊形殊能異宜說之。夫物合而成，離而生。知合知成，知離知生，則天地平矣。平也者，皆當察其情，處其形②。

天有九野③，地有九州，土有九山，山有九塞④，澤有九藪⑤，風有八等，水有六川。

何謂九州⑥？河、漢之間為豫州⑦，周也；兩河之間為冀州⑧，晉也；河、濟之間為兗州⑨，衛也；東方為青州，齊也；泗上為徐州⑩，魯也；東南為揚州，越也；南方為荊州，楚也；西方為雍州，秦也；北方為幽州，燕也。何謂九山？會稽、太山、王屋、首山、太華、岐山、太行、羊腸、孟門⑪。何謂九藪？吳之具區⑫，楚之雲夢⑬，秦之陽華⑭，晉之大陸⑮，梁之圃田⑯，宋之孟諸⑰，齊之海隅⑱，趙之鉅鹿⑲，燕之大昭⑳。何謂八風？東北曰炎風，東方曰滔風，東南曰熏風，南方曰巨風㉑，西南曰淒風，西方曰飂風，西北曰厲風，北方曰寒風。何謂六川？河水、赤水、遼水、黑水、

江水、淮水。

注釋

①大經：常規；常道。

②處：審度；辨察。

③九野：古代指天的八方及中央。

④塞：要塞。

⑤藪（ㄙㄡˇ）：湖澤的通稱。也指水少而草木茂盛的湖澤。

⑥九州：古代將中國分為九州。九州之説，古籍所記，各不一致。《禹貢》九州為：冀、兗、青、徐、揚、荊、豫、梁、雍。《爾雅》九州是：冀、幽、兗、營、徐、揚、荊、豫、雍。《周禮》九州為：冀、幽、並、兗、青、揚、荊、豫、雍。

⑦河：黃河。　漢：漢水。

⑧兩河：指清河及西河。清河在今河北境，西河即黃河。

⑨濟：濟水。源出河南濟源縣西王屋山。

⑩泗：古水名。即泗水。發源於山東巨野縣，因四源併發而得名，是淮海的支流。　上：指南面或陽面。

⑪會稽：山名。在今浙江紹興東北。　太山：即泰山。　王屋：山名。在今山西陽城縣西南。　首山：即首陽山、雷首山。在今山西永濟縣南。　太華：即華山。在今陝西華陰縣南。　岐山：山名。在今陝西岐山縣東北。　羊腸：山名。在今山西靜樂縣內，其山盤紆，猶如羊腸。　孟門：山名。當在今河南輝縣西。一説為今陝西宜川東北龍門上口的孟門。

⑫具區：今江蘇太湖的古稱。在今吳縣西南，地跨常州、蘇州、湖州境。

⑬雲夢：古澤名。故址在今湖北監利縣西北。

⑭陽華：古澤名。古書對它的地理位置有兩説：一説是冀州澤藪，一説是秦澤。不能確指。

⑮大陸：古澤名。又稱廣阿澤。故址在今河北任縣東北與巨鹿、隆堯縣接壤處。

⑯圃田：古澤名。在今河南中牟縣西。

⑰ 孟諸：古澤名。在今河南商丘東北接虞城縣。

⑱ 海隅：即海隅澤。今山東蓬萊、掖縣以西，壽光、樂安以東，及武定之海豐、利津以北，延袤千餘里間，皆古海隅澤之地。

⑲ 鉅鹿：古澤名。故址在今河北任縣東北與鉅鹿、隆堯縣接壤處。

⑳ 大昭：古澤名。在今山西祁縣東南。

㉑ 飂（ㄌㄧㄠˊ）風：西風。

譯文

天地有它的起始。天由細微的物質組成，地由重濁的物質充塞而成形。天地合和，是萬物生成的根本原理。從寒暑交替、日月運行、晝夜往覆可以認識這個道理，從萬物不同的形態、不同的功能、不同的用途可以說明這個道理。萬物都是透過結合而形成的，物質分離出來就產生出新的物質。知道物質的結合形成，知道物質的分離生成，天地形成的原理就知道了。要知道天地形成的原理，皆應觀察萬物的情況，辨察萬物的形態。

天上有九野，地上有九州，土地上有九座高山，山有九處要塞，水澤有九大湖泊，風有八種，水有六條大河。

什麼叫做九州？黃河與漢水之間是豫州，屬於周王室；清河與西河之間是冀州，屬於晉國的疆域；黃河和濟水之間為兗州，屬於衛國的疆域；東方是青州，屬於齊國的疆域，泗水南面是徐州，屬於魯國的疆域；東南為揚州，屬於越國的疆域；南方為荊州，屬於楚國的疆域；西方是雍州，屬於秦國的疆域；北方是幽州，屬於燕國的疆域。什麼叫做九山？就是會稽山、泰山、王屋山、首陽山、太華山、岐山、太行山、羊腸山、孟門山。什麼叫做九大湖泊？就是吳國的具區，楚國的雲夢，秦國的陽華，晉國的大陸，梁國的圃田，宋國的孟諸，齊國的海隅，趙國的鉅鹿，燕國的大昭。什麼叫做八風？東北風叫炎風，東風叫滔風，東南風叫熏風，南風叫巨風，西南風叫淒風，西風叫飂風，西北風叫厲風，北風叫寒風。什麼叫做六川？就是黃河、赤水、遼水、黑水、長江、淮河。

應同

原文

凡帝王者之將興也，天必先見祥乎下民[1]。黃帝之時，天先見大螾大螻[2]。黃帝曰：「土氣勝[3]。」土氣勝，故其色尚黃[4]，其事則土[5]。及禹之時，天先見草木秋冬不殺[6]。禹曰：「木氣勝。」木氣勝，故其色尚青，其事則木。及湯之時，天先見金刃生於水。湯曰：「金氣勝。」金氣勝，故其色尚白，其事則金。及文王之時，天先見火，赤烏銜丹書集於周社[7]。文王曰：「火氣勝。」火氣勝，故其色尚赤，其事則火。代火者必將水，天且先見水氣勝。水氣勝，故其色尚黑，其事則水。水氣至而不知，數備[8]，將徙於土。

天為者時，而不助農於下。類固相召，氣同則合，聲比則應[9]。鼓宮而宮動[10]，鼓角而角動。平地注水，水流濕；均薪施火，火就燥；山雲草莽，水雲魚鱗，旱雲煙火，雨雲水波，無不皆類其所生以示人。故以龍致雨，以形逐影。師之所處，必生棘楚[11]。禍福之所自來，眾人以為命，安知其所。夫覆巢毀卵，則鳳凰不至；刳獸食胎[12]，則麒麟不來；乾澤涸漁，則龜龍不往。物之從同，不可為記。

注釋

① 見（ㄒㄧㄢˋ）：「現」的古字。顯現；出現。　祥：祥瑞；吉祥的徵兆。

② 螾（ㄏㄨㄤˊ）：同「蚓」。蚯蚓。　螻：螻蛄。一種對農作物有害的昆蟲。

③ 勝：超過。這裡是旺盛的意思。

④ 尚：崇尚。

⑤ 則：效法。

⑥ 殺：凋零。

⑦ 赤烏：赤色烏鴉。　集：止。　周社：周祭祀土神的地方。

⑧ 數：氣數。　備：完；盡。

⑨ 比：同。

⑩ 鼓：敲擊。　宮：古代五音之一。最古的音階僅用五音，即宮、商、角、徵、羽。古人通常以宮作為音階的第一級音。

⑪ 棘楚：叢生多刺的灌木。

⑫ 刳（ㄎㄨ）：剖；剖開。

譯文

古代凡是有帝王要興起的時候，上天必定先向地上的人們顯示吉祥的徵兆。黃帝的時候，上天先顯現出大蚯蚓大螻蛄。黃帝說：「這象徵土氣旺盛。」因為土氣旺盛，所以黃帝時的顏色以黃色為尊貴，做事情效法土的特性。到夏禹的時候，上天先顯現出草木秋冬時節仍不凋零的景象。夏禹說：「這象徵木氣旺盛。」因為木氣旺盛，所以夏朝的顏色以青色為尊貴，做事情效法木的特性。到了商湯時代，上天先顯示出金屬刀劍在水中出現的跡象。商湯說：「這象徵金氣旺盛。」金氣旺盛，所以商朝的顏色以白色為尊貴，做事情效法金屬的特性。周文王時代，上天先顯現出火，赤色烏鴉銜著丹書飛集於周祭祀土神的地方。周文王說：「這象徵火氣旺盛。」火氣旺盛，聽以周朝的顏色以紅色為尊貴，做事情效法火的特性。取代火的必將是水，上天將先顯現水氣旺盛的景象。因為水氣旺盛，所以那時候的顏色以黑色為尊貴，做事情效法水的特性。如果水氣到了人們還察覺不到，氣數一盡，天運必將轉移到土氣上去。

上天運行準時，不會改變時令幫助農民耕作。同類本來就互相招引，氣味相同就互相融合，聲音相同就互相應和。敲擊樂器的宮音，與宮音訊率相同的物體就會隨之震動，敲擊樂器的角音，與角音訊率相同的物體就會隨之震動。在平地灌水，水流向潮濕的地方；在堆放均勻的柴草上點火，火向乾燥的地方燃燒；山上的雲氣狀如草莽，水上的雲氣狀如魚鱗，乾旱時的雲氣狀如燃燒的煙火，陰雨時的雲氣狀如蕩漾的水波，萬物無不用來向人們顯示類似事物的發生。所以用龍就能招致雨，用形體就能帶來影。軍隊經過的地方，來年必定生長出荊棘。禍福有它發生的起源，一般人認為是命中注定，哪裡知道有它到來的緣由。搗翻鳥巢毀

壞鳥卵，那麼鳳凰就不會再來；剖開獸腹吃掉獸胎，那麼麒麟就不會再來；排乾湖澤的水捕魚，那麼龜龍就不會再去。事物同類相從的現象，數也數不盡。

❁去尤

➲ 原文

世之聽者，多有所尤①。多有所尤，則聽必悖矣②。所以尤者多故，其要必因人所喜，與因人所惡。東面望者不見西牆，南鄉視者不睹北方③，意有所在也。

人有亡鈇者④，意其鄰之子。視其行步，竊也；顏色，竊也；言語，竊也；動作態度，無為而不竊也。相其谷而得其，他日復見其鄰之子，動作態度，無似竊者。其鄰之子非變也，己則變矣。變也者無他，有所尤也。

注釋

①尤：通「囿」。局限，引申為偏見。

②悖：謬誤；荒謬。

③鄉：通「向」。

④鈇（ㄈㄨ）：斧子。

譯文

世上聽話的人，大多有偏見。有偏見，聽到的東西就必定發生謬誤。之所以形成偏見，原因很多，其主要原因就在於人總是有所喜好，有所憎惡。這就好比向東望的人看不見西牆，朝南看的人望不見北方，因為他們的注意力集中在某一地方。

有一個丟了斧子的人，懷疑是他鄰居的兒子偷去了斧子。看他走路，像是偷了斧子；看他的臉色，像是偷了斧子；聽他說話，像是偷了斧子；看他的舉止神態，沒有一樣不像是偷了斧子的樣子。這個人巡視山谷的時候，發現了自己丟失的斧子，過了幾天又看見他鄰居的兒子，舉止神態，沒有一樣像偷了斧子的人。他

鄰居的兒子並沒有發生變化，他自己的心理卻發生了變化。他的心理變化沒有別的原因，是因為自己存在偏見。

聽 言

原文

聽言不可不察，不察則善不善不分。善不善不分，亂莫大焉。三代分善不善，故王。今天下彌衰①，聖王之道廢絕。世主多盛其歡樂，大其鐘鼓，侈其台榭苑囿②，以奪人財；輕用民死，以行其忿。老弱凍餒，夭瘠壯狡③，汔盡窮屈④，加以死虜。攻無罪之國以索地，誅不辜之民以求利，而欲宗廟之安也，社稷之不危也，不亦難乎？

《周書》曰⑤：「往者不可及，來者不可待，賢明其世，謂之天子。」故當今之世，有能分善不善者，其王不難矣。善不善本於義，不於愛。愛利之為道大矣。夫流於海者，行之旬月，見似人者而喜矣。及其期年也⑥，見其所嘗見物於中國者而喜矣。夫去人滋久，而思人滋深歟！亂世之民，其去聖王亦久矣。其願見之，日夜無間。故賢王秀士之欲憂黔首者，不可不務也。

注釋

① 彌：更加；越發。

② 苑囿（ㄩㄢˋ　ㄧㄡˋ）：古代蓄養禽獸供帝王貴族遊玩的園林。

③ 夭瘠（ㄐㄧˊ）壯狡（ㄐㄧㄠˇ）：使壯年人夭折瘦弱。　夭，夭折；早死。瘠，古同「瘠」。瘦弱。狡，多力，壯健。

④ 汔（ㄑㄧˋ）：幾乎；差不多。　窮屈：極盡。

⑤《周書》：《尚書》中的一篇。相傳《尚書》為虞夏商周四代之書，其中《泰誓》至《秦誓》三十二篇記載周朝之事，稱《周書》。

⑥ 期年：一周年。

譯文

聽話不可不詳細考察，不詳細考察，善與不善就分不清了。善與不善分不清，就會造成莫大的混亂。夏、商、周三代由於分清了善與不善，所以稱王於天下。如今天下越來越衰落，聖王的主張被廢棄殆盡。當代的國君大多無節制地尋歡作樂，把鐘鼓鑄得更大，把亭台樓閣苑囿修得更豪華，以掠奪人民的財富；濫用民力使之戰死，以發洩自己的憤怒。使年老體弱者受凍挨餓，壯年人夭折瘦弱，民眾幾乎死傷殆盡，再加上還有戰死和被俘的人。這些國君攻伐無罪的國家以索取土地，殺戮無辜的人民以追求私利，卻想要宗廟安寧，國家不危亡，不也太困難了嗎？

《周書》說：「過去的時代不可追趕，未來的時代不可等待，賢明於當世的人，稱為天子。」故當今之世，有能分辨出善與不善的人，他稱王就不難了。分辨善與不善要從道義出發，不能從私心所愛考慮。愛民與利民作為為君之道太重要了。漂流在海上的人，航行一個月後，看見像人的動物就感到高興。等到航行了一年以後，看見他曾經在中原見到的東西就高興。離開人類越久，思念人類就越深啊！亂世的人民，他們離開聖王也已經很久了。他們希望見到聖王，日夜無間。所以賢明的君主和德才兼備的士人想要關心百姓疾苦，不可不致力於愛民利民。

☸謹　聽

➲ 原文

昔者禹一沐而三捉髮①，一食而三起，以禮有道之士，通乎己之不足也。通乎己之不足，則不與物爭矣②。愉易平靜以待之③，使夫自得之④；因然而然之，使夫自言之。亡國之主反此，乃自賢而少人⑤。少人則說者持容而不極⑥，聽者自多而不得⑦。雖有天下，何益焉？是乃冥之昭，亂之定，毀之成，危之寧。故殷周以亡，比干以死⑧，悖而不足以舉。故人主之性，莫過乎所疑，而過於其所不疑；不過乎所不知，而過於其所以知。故雖不疑，雖已知，必察之以法，揆之以量⑨，驗之以數⑩。若此則是非無所失，而舉措

無所過矣。

主賢世治，則賢者在上；主不肖世亂，則賢者在下。今周室既滅，而天子已絕。亂莫大於無天子。無天子，則強者勝弱，眾者暴寡，以兵相殘，不得休息。今之世當之矣。故當今之世，求有道之士，則於四海之上，山谷之中，僻遠幽閒之所，若此則幸於得之矣。得之，則何欲而不得？何為而不成？太公釣於滋泉⑪，遭紂之世也，故文王得之而王。文王，千乘也；紂，天子也。天子失之，而千乘得之，知之與不知也。諸眾齊民，不待知而使，不待禮而令。若夫有道之士，必禮必知，然後其智能可盡。

注釋

①沐：洗髮。　捉：握。

②物：這裡指人。

③愉易：和悅。

④夫：彼。這裡指有道之士。

⑤自賢：認為自己賢明。　少人：輕視別人。少，輕視。

⑥持容：為保持官位而取悅於君主。　不極：不盡。

⑦自多：自以為賢明。多，用如動詞。

⑧比干：商代貴族，紂王叔父。官少師。相傳因屢諫紂王，被剖心而死。

⑨揆（ㄎㄨㄟˊ）：測量。

⑩數：數術。古人關於天文、曆算、占卜等方面的學問。

⑪滋泉：泉名，也作「茲泉」。渭水的支流。

譯文

從前禹洗一次頭竟然要三次把頭髮握起來，吃一餐飯要三次起身，以禮待前來求見的有道之人，瞭解自己的不足。瞭解自己的不足，就不會與人相爭了。他平心靜氣地對待別人，讓有道之士自然地闡述意見；他們認為對的他就加以肯定，讓他們說出自己的觀點。亡國的君主與此相反，他們自以為賢明而輕視別人，輕視別人就使得進言的人為保官而取悅於君主不肯把話說完，聽

的人自以為賢明而一無所得。這樣，他們即使擁有天下，又有什麼益處呢？這乃是將光明變昏暗，將安定變混亂，使成功遭毀滅，使安寧變危殆。所以商代和周代因此而亡國，比干因此而喪命，這些辦事荒謬的國君不值得跟他們共事。所以國君之常情是，不在懷疑的事物上犯錯誤，而在堅信不疑的事上犯錯誤；不在不知道的事上犯錯誤，而在已經知道的事上犯錯誤。所以即使是堅信不疑的事物，即使是已經知道的事物，也一定要以法度考察它，以量器測量它，以數術檢驗它。如果能這樣，對是非的判斷就不致失誤，舉動就不會失當了。

君主賢明，世道太平，賢德之人地位就高，君主不賢明，世道混亂，賢德之人地位就低。如今周朝已經滅亡，而天子已長久沒有出現。混亂沒有比無天子更為嚴重的了。沒有天子，強暴的就壓制弱小的，人多的就欺凌人少的，以武力互相殘殺，沒完沒了。如今的時代正好是這樣。所以現代尋求有道德的人，就要到四海之內，山谷之中，偏遠幽靜的地方，這樣或許能幸運地找到他們。得到了他們，那麼國君有什麼欲望不能實現？做什麼事情不能成功呢？太公望在滋泉釣魚，正遇上商紂王的亂世，周文王得到他因而稱王於天下。周文王原是只有千輛戰車的諸侯，而商紂王是天子，天子失去了賢者，而諸侯得到了他們，原因就在於是否瞭解他們。對普通平民不必瞭解他們就可以使用，不必禮遇他們就可以命令。至於對那些有道德的人，必須尊敬賞識他們，然後他們才會竭盡才智輔佐國君。

☸務　本

➲ 原文

嘗試觀《上古記》①，三王之佐，其名無不榮者，其實無不安者②，功大也。《詩》云③：「有晻淒淒④，興雲祁祁⑤。雨我公田，遂及我私。」三王之佐⑥，皆能以公及其私矣。……今處官則荒亂，臨財則貪得，列近則持諫⑦，將眾則罷怯⑧，以此厚望於主，豈不難哉！

今有人於此，修身會計則可恥⑨，臨財物資盡則為己⑩，若此而富者，非盜則無所取。故榮富非自至也，緣功伐也⑪。今功伐甚薄而所望厚，誣也；無功伐而求榮富，詐也。詐誣之道，君子不由⑫。人之議多曰：「上用我，則國必無患。」用己者未必是也，而莫若其身自賢。而已猶有患，用己於國，惡得無患乎？己，所制也；釋其所制而奪乎其所不制，悖。未得治國治官可也。若夫內事親，外交友，必可得也。苟事親未孝，交友未篤⑬，是所未得，惡能善之矣？故論人無以其所未得，而用其所已得，可以知其所未得矣。

注釋

①《上古記》：古書名。已佚。
②實：指地位、俸祿等。
③《詩》：指《詩經》。以下詩引自《詩經•小雅•大田》。
④晻（ㄢˇ）：雲起；陰雨。　淒淒：雲起貌。
⑤祁祁：眾多貌。這裡形容濃雲密佈。
⑥三王：指夏禹、商湯、周武王。
⑦列近：在君主身邊。
⑧將眾：領兵。　罷（ㄆㄧˊ）：通「疲」。疲軟。　怯：怯懦。
⑨會計：管理財務等。
⑩盡：通「贐」。財貨。
⑪功伐：功勞。
⑫由：用。
⑬篤：忠誠；敦厚。

譯文

曾經觀看《上古記》，夏禹、商湯、周武王的輔佐之臣，他們的名聲無不榮耀，他們的實際利益無不安穩，因為他們的功勞大啊。《詩經》上說：「天色陰暗雲滾滾，小雨徐徐下不停，將我公田先濕透，然後潤澤我私田。」夏禹、商湯、周武王的輔佐之臣，都能先公後私。……如果身居官位就荒淫昏亂，面對財富就貪得無厭，置身君王左右卻不勸諫，率領軍隊則疲軟、怯懦，

就這樣還對君主心存厚望，豈不是很難嗎？

假如這裡有個人，對於修身和理財便認為可恥，見到財物便據為己有，像這樣的人，其財富不是盜取的，又是從哪裡來的呢？所以榮華富貴不是自動到來的，而是因建立功業得來的。如果功績很小而期望的爵祿很高，就是假冒有功而受祿；沒有功績卻要求榮華富貴，就是敲詐。敲詐和欺騙的行徑，君子是不做的。人們談論起來常說：「國君任用我，國家一定沒有禍患。」然而任用了他未必能這樣，這種人不如先修養身心使自己成為賢能的人。如果自己還存在著毛病，國家任用自己，怎麼可能沒有禍患呢？自身，是自己所能控制的，放棄自己所能控制的，而爭取自己所不能控制局面的事情去做，那是荒謬。這種人不能治國治官，是理所當然的。至於在家侍奉父母孝敬，在外交友忠誠，對自身修養必有好處。如果在家侍奉父母不孝敬，結交朋友不忠誠，那對自身修養必無好處，又怎能治理好國家呢？所以評價一個人，不要根據他說過但還沒有做到的事，而要根據他已經做好的事情，這樣就可以推知他能否做那些尚未做的事。

諭　大

原文

昔舜欲旗古今而不成[1]，既足以成帝矣；禹欲帝而不成，既足以正殊俗矣[2]；湯欲繼禹而不成，既足以服四荒矣[3]；武王欲及湯而不成，既足以王道矣[4]；五伯欲繼三王而不成[5]，既足以為諸侯長矣；孔丘、墨翟欲行大道於世而不成[6]，既足以成顯名矣。夫大義之不成，既有成矣已。《夏書》曰：「天子之德廣運，乃神，乃武，乃文。」故務在事，事在大。

地大則有常祥、不庭、歧母、群抵、天翟、不周，山大則有虎、豹、熊、螇蛆[7]，水大則有蛟、龍、黿、鼉、鱣、鮪[8]。《商書》曰[9]：「五世之廟，可以觀怪。萬夫之長，可以生謀。」空中之無澤陂也，井中之無大魚也，新林之無長木也。凡謀物之成也，必由廣大眾多長久，信也。

注釋

①旗：號令。

②殊俗：與中原不同的風俗。

③四荒：四方極遠之地。

④王道：仁政。

⑤五伯：春秋時五個勢力最強的諸侯國國君，即齊桓公、晉文公、秦穆公、宋襄公、楚莊王。　三王：指夏禹、商湯、周武王。

⑥大道：大路。喻仁政。

⑦螇（ㄒㄧ）蛆：猿猴類猛獸。

⑧黿（ㄩㄢˊ）：大龜，亦稱「綠團魚」，俗稱「癩頭黿」。鼉（ㄊㄨㄛˊ）：揚子　，產於長江下游。　鱣（ㄓㄢ）：鱘鰉魚的古稱。　鮪（ㄨㄟˇ）：鱘魚和鰉魚的古稱。

⑨《商書》：古佚書。

譯文

從前舜想要號令古今，雖不能成功，卻足以成為帝王了；夏禹想要成就帝業，雖不能成功，卻足已匡正異於中原的風俗了；商湯王想要繼承禹的事業，雖不能成功，卻足以使四方邊遠之地歸服了；周武王想趕上商湯王的事業，雖不能成功，卻足已稱王施行仁政了；齊桓公、晉文公、秦穆公、宋襄公、楚莊王想要繼承夏禹、商湯王、周武王的事業，雖不能成功，卻足已成為諸侯的盟主了；孔丘、墨翟想要在世上推行仁政，雖不能成功，卻足已取得顯赫的名聲了。他們所追求的遠大理想雖不能成功，卻已經有所成就了。《夏書》上說：「天子的功德廣大深遠，如此神奇，如此威武，如此柔和。」所以，要專心於事業，事業的目標要遠大。

地大了，就有常祥、不庭、歧母、群抵、天翟、不周等高山；山大了，就有虎、豹、熊、猿猴；水大了，就有蛟、龍、黿、鼉、鱣、鮪。《商書》上說：「存在了五代的祖廟，可以看到鬼怪。統帥萬人的首領，可以想出謀略。」洞穴中不會有池沼，水井中不會有大魚，剛成長起來的樹林中不會有大樹。凡是謀劃事情取得成功者，必定是著眼於廣大、眾多、長久，這是確定無疑的。

◎卷十四　孝行覽第二

題解

◆ 孝行覽由孝行、本味、首時、義賞、長攻、慎人、遇合、必己八篇組成。其中孝行篇為儒家學說，闡述了孝道，認為孝道是治國之本，是仁、禮、義、信等賴以存在的基礎。本味篇是伊尹學派的學說，記載了伊尹以「至味」說服商湯王的故事，其本義是說任用賢才，推行仁義之道可得天下做天子，享用人間所有美味佳餚，但在其中卻保存了我國、也是世界上最古老的烹飪理論，並記載了商湯時期天下的美食。首時、義賞、長攻、慎人、遇合、必己六篇均為陰陽家學說。首時篇闡述舉事把握時機的重要性；義賞篇論述的主旨是賞罰要合於道義；長攻篇主要闡述做事情要長期努力以等待時機；慎人篇論述的主題是慎重地對待人為的因素，強調謀事在人；遇合篇論述士子得遇賞識自己的君主要與時機相合，認為遇合無常是天子時絕、國亂世衰的主要根源；必己篇主要闡述外在事物千變萬化不可依賴，一定要把握自己。

☸孝　行

➲ 原文

凡為天下①，治國家，必務本而後末②。所謂本者，非耕耘種殖之謂③，務其人也。務其人，非貧而富之，寡而眾之，務其本也。務本莫貴於孝。人主孝，則名章榮④，下服聽，天下譽；人臣孝，則事君忠，處官廉，臨難死；士民孝，則耕芸疾⑤，守戰固，不罷北⑥。夫孝，三皇五帝之本務，而萬事之紀也⑦。

曾子曰：「先王之所以治天下者五：貴德、貴貴、貴老、敬長、慈幼。此五者，先王之所以定天下也。所謂貴德⑧，為其近於聖也；所謂貴貴，為其近於君也；所謂貴老，為其近於親也；所謂敬長，為其近於兄也；所謂慈幼，為其近於弟也。」

注釋

①為：統治。
②務：致力。　本：根本。　末：末節。
③殖：種植。
④章：通「彰」。彰顯。
⑤芸：通「耘」，除草。
⑥罷北：敗走；敗北。
⑦紀：綱紀。
⑧所謂：所以。

譯文

凡是統治天下，治理國家，必先致力於根本，之後再考慮末節。所謂根本，說的不是耕耘種植，而是致力於人的治理。致力於人的治理，不是指使貧困的人富裕起來，使少的人口增多，而是致力於人的根本的治理。致力於人的根本的治理，沒有比注重孝道更重要的了。君主孝，名聲就彰顯榮耀，臣下服從，天下讚譽；臣子孝，侍奉君主就忠心，居官清廉，臨難獻身；士子、百姓孝，就努力耕耘，守戰堅定不移，不打敗仗。孝道，是三皇五帝致力的根本，是萬事的綱紀。

曾子說：「先王用來治理天下的方法有五條：尊重有道德的人，尊重地位尊貴的人，尊重老年人，尊敬年長的人，慈愛年幼的人。這五條，是先王之所以能安定天下的原因。所以尊重有道德的人，是因為其近於聖人；所以尊重地位尊貴的人，是因為其近於君主；所以尊重老人，是因為其近於父母；所以尊敬年長的人，是因為其近於兄長；所以慈愛年幼的人，是因為其近於弟弟。」

本　味

原文

求之其本，經旬必得；求之其末，勞而無功。功名之立，由事之本也，得賢之化也。非賢，其孰知乎事化？故曰其本在得賢。

湯得伊尹，祓之於廟①，爝以爟火②，釁以犧猳③。明日，設

朝而見之。說湯以至味④，湯曰：「可對而為乎？」對曰：「君之國小，不足以具之，為天子然後可具。夫三群之蟲⑤，水居者腥，肉玃者臊，草食者羶。臭惡猶美，皆有所以。凡味之本，水最為始。五味三材⑥，九沸九變，火為之紀⑦，時疾時徐。滅腥去臊除羶，必以其勝，無失其理。調和之事，必以甘酸苦辛鹹，先後多少，其齊甚微⑧，皆有自起。鼎中之變，精妙微纖，口弗能言，志弗能喻，若射御之微，陰陽之化，四時之數⑨。故久而不弊，熟而不爛，甘而不噥⑩，酸而不酷，鹹而不減⑪，辛而不烈，澹而不薄⑫，肥而不腴。

「肉之美者：猩猩之唇，獾獾之炙⑭，雋觾之翠⑮，述蕩之踏⑯，旄象之約⑰。流沙之西，丹山之南，有鳳之丸⑱，沃民所食⑲。魚之美者：洞庭之鱄⑳，東海之鮞㉑。醴水之魚㉒，名曰朱鱉，六足、有珠、百碧。雚水之魚㉓，名曰鰩，其狀若鯉而有翼，常從西海夜飛游於東海……果之美者：沙棠之實㉔，常山之北㉕，投淵之上㉖，有百果焉，群帝所食，箕山之東㉗，青鳥之所有甘櫨焉㉘；江浦之橘，雲夢之柚，漢上石耳㉙。所以致之，馬之美者，青龍之匹，遺風之乘。非先為天子，不可得而具。天子不可強為，必先知道。道者止彼在己，己成而天子成，天子成則至味具。故審近所以知遠也，成己所以成人也。聖人之道要矣，豈越越多業哉！」

注釋

① 祓（ㄈㄨˊ）：古代為除災求福而舉行的一種儀式。

② 爝（ㄐㄩㄝˊ）：燒葦草以驅除不祥。　爟（ㄍㄨㄢˋ）火：將柴火放到桔槔上吊起來燒，也是除災的儀式。

③ 釁（ㄒㄧㄣˋ）：殺牲塗血。　豭（ㄐㄧㄚ）：純色公豬。

④ 至味：美味。

⑤ 三群：三類。　蟲：動物。

⑥ 五味：指酸、甜、苦、辣、鹹。　三材：指水、木、火。

⑦ 紀：關鍵。

⑧ 齊：調劑，將調料調配在一起。

⑨ 四時之數：四季的變化規律。

⑩ 噥（ㄋㄨㄥˊ）：味道濃厚。

⑪ 減：味苦。

⑫ 澹：通「淡」。

⑬ 腴（ㄩˊ）：膩。

⑭ 獾獾（ㄏㄨㄢ）：古代一種鳥名。 炙（ㄓˋ）：通「蹠」。腳掌。

⑮ 雋觾（ㄧㄢˋ）：燕的一種。觾，古同「燕」。 翠：鳥尾肉。

⑯ 述蕩：古代傳說中的一種兩頭獸。 踏：這裡指肘部。

⑰ 旄（ㄇㄠˊ）：犛牛。 約：通「腰」。

⑱ 鳳之丸：鳳凰卵。

⑲ 沃民：國名。在西方。

⑳ 鱄（ㄓㄨㄢ）：一種淡水魚，有人認為指「江豚」。

㉑ 鮞（ㄦˊ）：一種海魚。

㉒ 醴（ㄌㄧˇ）水：水名。在湖南境內。

㉓ 雚（ㄍㄨㄢˋ）水：水名。在西方。

㉔ 沙棠：樹名，其果實色紅，味如李，無核。

㉕ 常山：即恒山。

㉖ 投淵：地名。具體位置不詳。

㉗ 箕山：山名。在今河南登封縣東南。

㉘ 青鳥：傳說中為西王母傳送資訊的神鳥。

㉙ 石耳：地衣類植物，類似地耳，生石上。

譯文

探尋事物從根本著手，花費十天左右的時間必定有收穫；探尋事物從枝梢末節著手，徒勞無功。功名的建立，是由於掌握了事物的根本，得到了賢人教化。除了賢人，誰懂得事物的發展變化呢？所以說，建立功名的根本在於得到賢人。

商湯王得到伊尹之後，在宗廟裡舉行除災驅邪的儀式，點燃葦把來消除不祥，用純色雄豬的血塗抹祭器。第二天上朝，商湯王接見伊尹，伊尹給商湯王講述世上美味，商湯王說：「可以現在就做這些美味嗎？」伊尹回答說：「您的國家小，不足以具備

這些東西，做了天子後才可以具備它們。三類動物中，生活在水裡的有腥味，吃肉的有臊氣，吃草的有膻味。氣味不好，美味卻在其中，它們都含有美味成分。凡調味之本，首先是水。酸、甜、苦、辣、鹹五種味道，水、木、火三種材料，多次煮沸，多次變化，火候是關鍵，要時而用急火，時而用微火。要去除腥味、臊氣、膻味，一定要以別的味道壓過它們，不要違背烹調規律。調和味道之事，必須用甜酸苦辣鹹五味，先放後放，放多放少，調料的劑量很細微，這些都有根據。鼎中食物味道的變化，精妙微細，不能言傳，不能意會，如同射擊和駕車一樣微妙，像陰陽變化一樣複雜，像四季交替一樣有規律。所以烹煮時間雖久卻不會壞掉，熟而不爛，甜卻不過分，酸而恰到好處，鹹而不苦，辣而不烈，淡而有味，肥而不膩。

「肉類裡的美味是：猩猩的嘴唇，獾獾的腳掌，雋觾鳥的尾巴，述蕩獸的肘子，犛牛和大象的腰子。流沙的西面，丹山的南面，有鳳凰的蛋，沃民國人所食。魚類的美味是：洞庭湖的魚，東海的鮞魚。醴水的一種魚，名叫朱鱉，六隻腳，能從口中吐出青色珠子。雚水的一種魚叫鰩，樣子像鯉魚而有翅膀，常在夜間從西海飛遊到東海……水果中的美味是：沙棠的果實；常山的北面，投淵的上面，有各種水果，很多帝王都吃過；箕山的東面，傳說中神鳥青鳥住所生長的甜橙；江浦的橘子，雲夢的柚子，漢上的石耳。能夠運送來這些美味的是青龍、遺風這樣的千里馬。然而不先成為天子，這些好東西都不可能得到。天子不可以勉強去做，必須先懂得道義。道義施加於天下萬物而存在於自身，自身的道義修成了也就做成了天子，成了天子世間的美味也就都具備了。所以說審察眼前身邊的事才能知遠啊，成就了自己就成就了別人啊。聖人之道是簡要的，豈在於做許許多多瑣事。」

❁首　時

➲ 原文

聖人之於事，似緩而急，似遲而速，以待時。王季曆困而死①

，文王苦之②，有不忘羑里之醜③，時未可也。武王事之④，夙夜不懈，亦不忘王門之辱⑤。立十二年⑥，而成甲子之事⑦。時固不易得。太公望⑧，東夷之士也⑨，欲定一世而無其主。聞文王賢，故釣於渭以觀之。

墨者有田鳩⑩，欲見秦惠王⑪，留秦三年而弗得見。客有言之於楚王者，往見楚王。楚王說之⑫，與將軍之節以如秦⑬。至，因見惠王。告人曰：「之秦之道，乃之楚乎？」固有近之而遠、遠之而近者。時亦然。有湯武之賢，而無桀紂之時，不成；有桀紂之時，而無湯武之賢，亦不成。聖人之見時，若步之與影不可離。故有道之士未遇時，隱匿分竄，勤以待時。時至，有從布衣而為天子者，有從千乘而得天下者⑭，有從卑賤而佐三王者⑮，有從匹夫而報萬乘者⑯。故聖人之所貴，唯時也。水凍方固，后稷不種⑰，后稷之種必待春。故人雖智而不遇時，無功。方葉之茂美，終日采之而不知；秋霜既下，眾林皆羸⑱。事之難易，不在小大，務在知時。

注釋

① 季曆：周文王之父，被商王文丁害死。

② 文王：指周文王。

③ 有：通「又」。　羑（ㄧㄡˇ）里之醜：指周文王被商紂王拘於羑里之事，事見《史記》本紀。羑里，古地名，故址在今河南省湯陰縣北。　醜：恥。

④ 武王事之：指周武王臣事商紂王。

⑤ 不忘王門之辱：王門當是玉門之誤。指武王不忘在玉門遭到商紂王辱　的恥辱。

⑥ 立十二年：指周武王繼位的第十二年。

⑦ 甲子之事：周武王伐紂，於甲子日在牧野大敗殷軍。

⑧ 太公望：即呂望。姜姓，名尚，號太公望。周文王在渭水邊遇到他，立他為師，武王尊他為師尚父。輔武王滅商，建立周王朝，被封於齊。

⑨ 東夷之士：太公望是東海邊的人，所以這裡稱他為「東夷之士」。東夷，我國古代對東方民族的稱呼。

⑩ 田鳩：人名。春秋時期齊國人。

⑪ 秦惠王：春秋時秦國國君，西元前 337 ～前 331 年在位。

⑫ 説：通「悦」。

⑬ 如：到……地方去。

⑭ 千乘：戰國時期諸侯國或諸侯的代稱。

⑮ 三王：指夏禹王、商湯王、周武王。

⑯ 萬乘：周制，天子地方千里，能出兵車萬乘，因以「萬乘」指天子。

⑰ 后稷（ㄐㄧˋ）：名棄，周的始祖，舜主管農業的官員。

⑱ 羸（ㄌㄟˊ）：瘦弱。這裡指樹葉凋零。

譯文

聖人做事情，看似緩慢卻很急迫，看似遲鈍卻很迅速，這是為了等待時機。周文王的父親季曆被商王文丁困死，周文王對此一直深感痛苦，同時又不忘自己被商紂王拘禁在羑里所蒙受的恥辱，（他之所以沒有立即報仇）是因為時機尚未成熟。周武王臣事商紂王，日日夜夜都不敢懈怠，也不忘在玉門曾遭到辱　的恥辱。周武王繼位十二年之後，終於在甲子那一天大敗殷軍。時機本來是不易得到的。太公望是東夷人，他想平定天下，可是沒有遇到賢明的君主。他聽說文王賢明，所以到渭水邊釣魚以觀察文王。

墨家有個叫田鳩的，想見秦惠王，在秦國待了三年都沒能夠見到。有個門客把這種情況告訴了楚王，他就去見楚王。楚王很喜歡他，給了他將軍的符節讓他到秦國去。他到了秦國，才得以見到秦惠王。他告訴別人說：「到秦國來見惠王的途徑，竟然是要先到楚國去啊！」事情本來就有想走近路結果反而走遠了，走了遠路結果反而走近了的情況。時機也是這樣。有商湯王、周武王那樣的賢德而沒有夏桀王、商紂王無道那樣的時機，就不可能成就王業；有夏桀王、商紂王無道那樣的時機，而沒有商湯王、周武王那樣的賢德，也不可能成就王業。在聖人看來，人事和時機的關係，就好像步行時身與影不可分離一樣。所以，有道之士

在沒有遇到時機的時候，之所以到處隱匿藏伏，只不過是為了等待時機。時機一到，有的人從平民一躍而成為天子，有的人從諸侯起家而取得天下，有的人從地位卑賤的身分一躍而成為輔佐三王的大臣，有的人身為一名普通百姓卻可以對擁有萬乘兵車的君主進行報復。所以聖人所重視的，只是時機。水凍得正堅固時，后稷不會去耕種；后稷耕種，一定要等待春暖花開的時候。所以一個人即使擁有聰明智慧，但如果遇不到時機，就不可能建功立業。當樹葉正長得繁茂的時節，一天到晚採摘它，也採摘不完；等到秋霜一落，林中的樹葉就都凋零了。做事情的難易，不在於事情的大小，而在於必須掌握好時機。

義賞

原文

春氣至則草木產①，秋氣至則草木落。產與落，或使之②，非自然也。故使之者至，物無不為；使之者不至，物無可為。古之人審其所以使，故物莫不為用。賞罰之柄③，此上之所以使也。其所以加者義，則忠信親愛之道彰。久彰而愈長，民之安之若性，此之謂教成。教成，則雖有厚賞嚴威弗能禁。故善教者，不以賞罰而教成，教成而賞罰弗能禁。用賞罰不當亦然。奸偽賊亂貪戾之道興，久興而不息，民之讎之若性④……故賞罰之所加，不可不慎。

趙襄子出圍⑤，賞有功者五人，高赦為首⑥。張孟談曰⑦：「晉陽之中⑧，赦無大功，賞而為首，何也？」襄子曰：「寡人之國危，社稷殆⑨，身在憂約之中⑩，與寡人交而不失君臣之禮者，惟赦。吾是以先之。」仲尼聞之⑪，曰：「襄子可謂善賞矣！賞一人，而天下之為人臣莫敢失禮。」為六軍則不可易⑫，北取代⑬，東迫齊，令張孟談逾城潛行，與魏桓、韓康期而擊智伯⑭，斷其頭以為觴⑮，遂定三家⑯，豈非用賞罰當邪？

注釋

① 產：生長。

⑵ 或：無所指代詞。這裡指外力。

⑶ 柄：權柄。

⑷ 讎（ㄔㄡˊ）：匹敵；等同。

⑸ 趙襄子出圍：西元前 453 年，智伯向趙襄子索取土地，趙襄子不答應，智伯率韓、魏兩家把趙襄子圍困在晉陽三個月，趙襄子令張孟談與韓、魏兩家暗中聯合，擊敗智伯，於是趙襄子之圍遂解。趙襄子，名毋恤，趙簡子之子，春秋末戰國初晉國執政貴族。

⑹ 高赦：人名。趙襄子家臣。

⑺ 張孟談：人名。趙襄子家臣。

⑻ 晉陽：古地名。故址在今山西太原晉源鎮古城營村一帶。

⑼ 殆：危。

⑽ 憂約：憂困。

⑾ 仲尼聞之：趙襄子事發生在孔子死後，此處當偽託。

⑿ 六軍：這裡泛指軍隊。　易：輕慢。

⒀ 代：春秋戰國時國名。故址在今河北省蔚縣一帶。後為趙襄子所滅。

⒁ 魏桓：即魏桓子，春秋末戰國初晉國貴族，晉國六卿之一。韓康：即韓康子，春秋末戰國初晉國貴族，晉國六卿之一。　智伯：又稱荀瑤、知瑤或知伯，春秋末晉四卿之一，晉哀公時為執政大臣。

⒂ 觴（ㄕㄤ）：古代盛酒器。

⒃ 定三家：春秋末期，晉國的韓、趙、魏三家滅掉智氏後，三分其地。從此，晉國為韓、趙、魏三家所瓜分，晉君反而成為附庸。周威烈王二十三年（西元前 403 年），周天子正式承認三家為諸侯。

譯文

春氣到來草木就生長，秋氣到來草木就凋零。草木生長與凋零，是外力支配的，不是草木自身要這樣的。所以外力到來了，事物沒有不發生變化的，外力沒到來，事物本身沒法發生變化。古代的人審知了事物發生變化的根源，所以萬物無不為之所利用。賞罰的權柄，這是君主用來駕馭臣民的。施加賞罰符合道義，那麼忠信親愛之道就會顯揚。忠信親愛之道長久顯揚且越來越光大，

人們就像安於本性一樣信守它，這就叫做教化成功。教化成功了，那麼即使有厚賞或嚴刑威嚇也不能禁止人們遵循忠信親愛之道。所以善於進行教化的人，不用賞罰就完成教化。教化成功了，即使賞罰也不能禁止人們遵循教化。賞罰不恰當也是這樣。奸詐虛偽賊亂貪戾之風興起，長盛而不息，人們就像出於本性一樣照此去做……所以施加賞罰，不可不慎重啊。

趙襄子從晉陽的圍困中解脫以後，賞賜五個有功勞的人，高赦為首。張孟談說：「被圍困在晉陽之時，高赦沒有大功，賞賜時卻以他為首，這是為什麼呢？」襄子說：「我的國家遇到危難，社稷危在旦夕，我陷於憂困之中，跟我交往而不失君臣之禮的，只有高赦。因此我把他放在最前邊。」孔子聽到這件事以後，說：「襄子可以說是善於賞賜了。賞賜了一個人，天下那些當臣子的就沒人敢於失禮了。」趙襄子用這種辦法治理軍隊，軍隊就不敢輕慢，他向北滅掉代國，向東威逼齊國，讓張孟談越出城牆暗中去跟魏桓、韓康約定日期襲擊智伯，砍下智伯的頭作為酒器，終於奠定了三家分晉的局面，難道這不是因為賞罰恰當嗎？

❁長　攻

➲ 原文

越國大饑，王恐①，召范蠡而謀②。范蠡曰：「王何患焉？今之饑，此越之福，而吳之禍也。夫吳國甚富，而財有餘，其王年少③，智寡才輕，好須臾之名④，不思後患。王若重幣卑辭以請糴於吳⑤，則食可得也。食得，其卒越必有吳⑥，而王何患焉？」越王曰：「善！」乃使人請食於吳。吳王將與之，伍子胥進諫曰：「不可與也！夫吳之與越，接土鄰境，道易人通⑦，仇讎敵戰之國也⑧，非吳喪越，越必喪吳。若燕秦齊晉，山處陸居，豈能逾五湖九江越十七厄以有吳哉⑨？故曰非吳喪越，越必喪吳。今將輸之粟，與之食，是長吾讎而養吾仇也⑩。財匱而民恐，悔無及也。不若勿與而攻之，固其數也⑪，此昔吾先王之所以霸⑫。且夫饑，代事也，猶淵之與阪⑬，誰國無有？」吳王曰：「不然。吾聞之，義兵不攻服，仁者

食饑餓。今服而攻之，非義兵也；饑而不食，非仁體也[14]。不仁不義，雖得十越，吾不為也。」遂與之食。不出三年，而吳亦饑。使人請食於越，越王弗與，乃攻之，夫差為禽[15]。

趙簡子病[16]，召太子而告之曰[17]：「我死已葬，服衰而上夏屋之山以望[18]。」太子敬諾。簡子死，已葬，服衰，召大臣而告之曰：「願登夏屋以望。」大臣皆諫曰：「登夏屋以望，是遊也[19]。服衰以遊，不可。」襄子曰：「此先君之命也，寡人弗敢廢。」群臣敬諾。襄子上於夏屋，以望代俗，其樂甚美。於是襄子曰：「先君必以此教之也。」及歸，慮所以取代，乃先善之。代君好色，請以其弟姊妻之[20]，代君許諾。弟姊已往，所以善代者乃萬故。馬郡宜馬[21]，代君以善馬奉襄子。襄子謁於代君而請觴之[21]。馬郡盡[22]。先令舞者置兵其羽中[23]，數百人。先具大金斗。代君至，酒酣，反斗而擊之[25]，一成[26]，腦塗地。舞者操兵以鬥，盡殺其從者。因以代君之車迎其妻，其妻遙聞之狀，磨笄以自刺[27]。故趙氏至今有刺笄之證與反斗之號。

注釋

①王：指越王勾踐。

②范蠡（ㄌㄧˊ）：春秋末越國大夫，字少伯。輔佐越王勾踐滅吳。

③王：指吳王夫差。

④須臾：一時；眼西元前。

⑤幣：財物。　糴（ㄉㄧˊ）：買進糧食。這裡指借糧。

⑥卒：最終。

⑦易：平坦。

⑧仇讎：仇敵。

⑨厄：險要之地。

⑩讎：相匹敵；對手。

⑪數：天命；命運；氣數。

⑫先王：指吳王闔閭。

⑬阪：山坡。

⑭ 體：指事物的本體、主體。

⑮ 禽：通「擒」。擒獲。

⑯ 趙簡子：即趙鞅。春秋末年晉卿。在晉卿內訌中打敗范氏、中行氏，擴大封地，奠定了此後趙國建立的基礎。

⑰ 太子：指趙襄子。

⑱ 衰（ㄘㄨㄟ）：喪服。　夏屋：山名。在今山西代縣東北。

⑲ 遊：遊玩。

⑳ 妻：以女嫁人。

㉑ 馬郡：代地產馬，所以稱之為「馬郡」。

㉒ 觴：古代酒器。這裡用如動詞，飲酒。

㉓ 馬郡盡：此句與上下文不能連接，疑在「代君以善馬奉襄子」之後。

㉔ 羽：舞蹈所用的舞具。

㉕ 斗：酒斗。

㉖ 一成：一下；一擊。

㉗ 笄（ㄐㄧ）：古代婦女用的簪子，用來插住挽起的頭髮，或插住帽子。

譯文

越國遇上大災年，越王很恐慌，招來大夫范蠡來商量。范蠡說：「您有什麼可憂慮的呢？現在的災荒，這是越國的福氣，卻是吳國的災禍。吳國非常富足，錢財有餘，它的君主年少，缺少智謀，才能淺薄，喜歡圖一時的虛名，不思慮後患。您如果用貴重的禮物、謙卑的言辭去向吳國請求在呈國收購糧食，那麼就可以得到糧食了。得到糧食，最終越國必定會佔有吳國，您何必憂慮呢？」越王說：「好！」於是就派人到吳國去請求糧食。吳王將要給越國糧食，伍子胥上前勸阻說：「不能給越國糧食。吳國與越國，土地相接，國境相鄰，道路平坦通暢，人民互通往來，是勢均力敵的國家。不是吳國滅掉越國，就必定是越國滅掉吳國。像燕國、秦國、齊國、晉國，它們或處高山或居陸地，怎能跨越五湖九江穿過十七處險阻來佔有吳國呢？所以說，不是吳國滅掉越國，就

必定是越國滅掉吳國。現在您要送給越國糧食，給越國吃的，這是增長我們對手的實力、養活我們的仇人啊。國家錢財缺乏，人民就會恐慌，後悔就來不及了。不如不給它糧食而去攻打它。這本來是天命，這是從前我們的先王所以成就霸業的原因啊。再說鬧饑荒，這是輪番出現的事，就如同深淵和山坡一樣，哪個國家沒有？」吳王說：「不是這樣。我聽說過，正義的軍隊不攻打已歸服的國家，仁德的人給饑餓的人飯吃。假如攻打已歸服的國家，這不是正義的軍隊；看到饑餓的人不給他飯吃，這不是仁德的宗旨。不仁不義，即使得到十個越國，我也不去做。」於是就給了越國糧食。沒過三年，吳國也遇到災年，派人向越國請求借糧，越王不給，卻來攻打吳國，吳王夫差被俘虜。

趙簡子病重，召見太子趙襄子並告訴他說：「我死了安葬畢之後，你穿著喪服登上夏屋山去觀望。」太子恭敬地答應了。趙簡子死了，安葬完以後，太子穿著喪服，召見大臣們並且告訴他們說：「我希望登上夏屋山去觀望一下。」大臣們都勸諫說：「登夏屋山去觀望，這是遊玩啊。穿著喪服遊玩，不行。」趙襄子說：「這是先君的遺命，我不敢不聽。」大臣們恭敬地答應了。襄子登上夏屋山，觀望代國的民俗，看到民眾歡樂祥和非常美好的景象，於是襄子說：「先君必定是用這種辦法來教導我啊！」等到回來以後，思考奪取代國的辦法，於是先友好地對待代國。代君愛好女色，襄子就請求把姐姐嫁給代君為妻，代君答應了。襄子的姐姐嫁給代君以後，襄子千方百計地討好代國。代地適宜養馬，代君把好馬奉獻給襄子，代地的馬都送光了。襄子拜見代君並請他赴酒宴，事先命令幾百個跳舞的人把兵器藏在羽毛舞具之中，事先還準備了巨大的金斗。代君來赴宴，酒意正濃時，襄子把酒斗翻過來猛擊在代君頭上，只一下，代君就腦漿塗地。跳舞的人拿兵器戰鬥，把代君的隨從全都殺死。隨後用代君的車子去迎接代君的妻子，代君的妻子在遠處聽說代君被殺的情形，磨尖簪子自刺而死。因此趙國至今有見證此事的「刺笄山」和稱為「反斗」的地名。

慎 人

原文

功名大立，天也。為是故，因不慎其人[1]，不可。夫舜遇堯，天也；舜耕於歷山[2]，陶於河濱[3]，釣於雷澤[4]，天下說之，秀士從之，人也。夫禹遇舜，天也；禹周於天下，以求賢者，事利黔首[5]，水潦川澤之湛滯壅塞可通者[6]，禹盡為之，人也。夫湯遇桀，武遇紂，天也；湯、武修身積善為義，以憂苦於民，人也。

百里奚之未遇時也[7]，亡虢而虜晉，飯牛於秦[8]，傳鬻以五羊之皮[9]。公孫枝得而說之[10]，獻諸繆公[11]，三日，請屬事焉。繆公曰：「買之五羊之皮而屬事焉，無乃天下笑乎？」公孫枝對曰：「信賢而任之，君之明也；讓賢而下之，臣之忠也。君為明君，臣為忠臣。彼信賢，境內將服，敵國且畏，夫誰暇笑哉？」繆公遂用之。謀無不當，舉必有功，非加賢也。使百里奚雖賢，無得繆公，必無此名矣。今焉知世之無百里奚哉？故人主之欲求士者，不可不務博也。

孔子窮於陳、蔡之間[12]，七日不嘗食，藜羹不糝[13]。宰予備矣[14]，孔子弦歌於室，顏回擇菜於外[15]。子路與子貢相與而言曰[16]：「夫子逐於魯，削跡於衛[17]，伐樹於宋[18]，窮於陳、蔡。殺夫子者無罪，藉夫子者不禁[19]，夫子弦歌鼓舞，未嘗絕音。蓋君子之無所醜也若此乎[20]？」顏回無以對，入以告孔子。孔子憱然推琴[21]，喟然而歎曰：「由與賜小人也。召，吾語之。」子路與子貢入，子貢曰：「如此者，可謂窮矣！」孔子曰：「是何言也？君子達於道之謂達，窮於道之謂窮。今丘也拘仁義之道[22]，以遭亂世之患，其所也，何窮之謂？故內省而不疚於道，臨難而不失其德。大寒既至，霜雪既降，吾是以知松柏之茂也。昔桓公得之莒[23]，文公得之曹[24]，越王得之會稽[25]。陳、蔡之厄[26]，於丘其幸乎！」孔子烈然返琴而弦[27]，子路抗然執干而舞[28]。子貢曰：「吾不知天之高也，不知地之下也。」

注釋

① 人：指人為的努力。

② 歷山：山名。其所在說法不一，一說為山東濟南市歷下區的

歷山。相傳舜曾在歷山耕作。

③ 陶：製陶器。

④ 雷澤：古澤名，即雷夏。在今山東菏澤市東北鄄城縣一帶。

⑤ 黔首：戰國時期和秦代稱平民、老百姓為黔首。

⑥ 湛（ㄓㄢˋ）：通「沉」。沉積。

⑦ 百里奚：春秋時人。原為虞大夫，虞亡時被晉擄去，作為陪嫁之臣送入秦。後出走，為楚人所執，秦穆公將其贖回。後幫助穆公建立霸業。

⑧ 飯牛：餵牛。

⑨ 傳鬻（ㄩˋ）：轉賣。鬻，賣。出售。

⑩ 公孫枝：春秋時秦國大夫。

⑪ 繆（ㄇㄨˋ）公：即秦穆公。春秋時秦國國君，西元前659～西元前621年在位。繆，通「穆」。

⑫ 窮：困頓。

⑬ 藜羹：野菜湯。　糝（ㄙㄢˇ）：以米和羹。

⑭ 宰予：人名。孔子的學生。　備：當作「憊」。

⑮ 顏回：孔子的學生。

⑯ 子路：孔子的學生。名仲由，字子路。　子貢：孔子的學生。名端木賜，字子貢。

⑰ 削跡：指隱居。

⑱ 伐樹於宋：按《史記•孔子世家》載：「孔子去曹，適宋，與弟子習禮大樹下。宋司馬桓魋欲殺孔子，拔其樹，孔子去。」

⑲ 藉：凌辱。

⑳ 醜：恥。

㉑ 慽（ㄘㄨˋ）然：變色改容的樣子。慽，憂傷，臉色改色。

㉒ 拘：固守。

㉓ 桓公得之莒：指齊桓公遭國難，出奔莒國後而萌生複國稱霸的志向。

㉔ 文公得之曹：指晉文公遭驪姬之讒，被迫逃亡，經過曹國又蒙侮辱，遂而萌生復國稱霸的志向。

㉕ 越王得之會稽：指越王勾踐被吳王夫差打敗，棲於會稽山而

萌生復國稱霸的志向。

㉖ 厄：挫折；危難。

㉗ 烈然：威烈的樣子。

㉘ 抗然：威武的樣子。 干：盾。這裡是舞具。

譯文

能使功名顯赫，靠的是天意。因為這個緣故，就不慎重看待個人的努力，是不行的。舜遇到堯那樣的賢德君主，是天意；舜在歷山種地，在黃河邊製作陶器，在雷澤釣魚，天下人喜歡他，傑出的人士跟隨著他，這是個人努力。禹遇到舜那樣的賢德君主，是天意。禹周遊天下，以尋求賢德之人，做對百姓有利的事情，那些淤積阻塞的河流湖泊，凡是可以疏通的，禹全都疏通了，這是個人的努力。商湯王遇上夏桀王那樣昏庸的君主，周武王遇上商紂王那樣殘暴的君主，是天意；商湯王、周武王修養自身品德，積善行義，為百姓憂慮勞苦，這是個人的努力。

百里奚沒有遇到賞識的時候，從虞國逃亡至虢國，虢、虞兩國滅亡後又被晉國俘虜，後在秦國餵牛，以五張羊皮的價格被轉賣。秦國大夫公孫枝得到百里奚以後很欣賞他，把他推薦給秦穆公，過了三天，公孫枝請求委任他官職。秦穆公說：「用五張羊皮就買了他，卻要委任他官職，不是要被天下恥笑嗎？」公孫枝回答說：「信任賢人而任用他，這是君王您的英明；讓位給賢人而自己甘居賢人之下，這是我臣子的忠誠。君主是英明的君主，我是忠誠的臣子。他確實賢德，國內都將服從，敵國都將畏懼，誰還會有閒工夫恥笑呢？」秦穆公於是任用了百里奚。百里奚的謀劃無不得當，做事情必定見成效，這並不是他的賢德增加了。縱使百里奚雖然賢德，如果不遇見穆公，一定沒有這樣的名聲。怎麼知道現在世上沒有像百里奚這樣的人呢？所以君主要尋求賢士的話，不可不廣泛地去尋求。

孔子被困在陳國、蔡國之間，七天沒吃到糧食，煮的野菜湯裡也沒有米粒。他的學生宰予疲憊極了，孔子在屋裡彈琴歌唱，顏回在外面擇野菜。子路跟子貢一起議論說：「先生在魯國被逐，

在衛國隱居，在宋國的大樹下習禮時樹被人砍倒，被困在陳國、蔡國之間。要殺先生的人沒有罪，凌辱先生的人不被禁止，而先生的歌聲從未中止過。君子無所謂羞恥竟到這樣的地步嗎？」顏回無言以對，進屋把這些話告訴了孔子。孔子很不高興地推開琴，歎息著說：「仲由和端木賜是小人啊！叫他們來，我有話對他們說。」子路和子貢進來了，子貢說：「像現在這種情況可以說是困窘了。」孔子說：「這是什麼話呢？君子的主張能通行於天下叫做顯達，主張行不通叫做困窘。如今我堅持仁義之道，因此遭到亂世的患難，這是很自然的事，怎麼能說是困窘？所以我反省自己並不為我所主張的仁義之道愧疚，面臨危難也不喪失我的道德。嚴寒已經到來，霜雪已經降臨，我因此知道松柏的優秀。從前齊桓公遭國難出奔莒國後而萌生復國稱霸的志向，晉文公遭驪姬之讒被迫逃亡，經過曹國又蒙受侮辱，遂而萌生復國稱霸的志向。越王勾踐被吳王夫差打敗，棲於會稽山而萌生複國稱霸的志向。陳國、蔡國的危難，對於我來說是幸運啊！」孔子以一種威烈的表情回到琴邊彈起琴，子路昂然執盾而舞。子貢說：「我不知天之高，不知地之厚啊。」

☸遇　合

➲ 原文

凡遇①，合也②。時不合，必待合而後行。故比翼之鳥死乎木③，比目之魚死乎海④。孔子周流海內，再干世主⑤，如齊至衛⑥，所見八十餘君。委質為弟子者三千人⑦，達徒七十人⑧。七十人者，萬乘之主得一人用可為師，不為無人。以此游，僅至於魯司寇⑨。此天子之所以時絕也，諸侯之所以大亂也……故君子不處幸，不為苟，必審諸己然後任，任然後動。

陳有惡人焉⑩，曰敦洽讎糜，椎顙廣顏⑪，色如漆赭⑫，垂眼臨鼻，長肘而盭⑬。陳侯見而甚說之，外使治其國，內使制其身。楚合諸侯，陳侯病，不能往，使敦洽讎糜往謝焉。楚王怪其名而先見之。客有進，狀有惡其名，言有惡〔其〕狀。楚王怒，合大夫而

告之，曰：「陳侯不知其不可使，是不知也⑭；知而使之，是侮也。侮且不智，不可不攻也。」興師伐陳，三月然後喪。惡足以駭人，言足以喪國，而友之足於陳侯而無上也，至於亡而友不衰。夫不宜遇而遇者，則必廢。宜遇而不遇者，此國之所以亂、世之所以衰也。天下之民，其苦愁勞務從此生。凡舉人之本，太上以志，其次以事，其次以功。三者弗能，國必殘亡，群孽大至⑮，身必死殃，年得至七十、九十猶尚幸。賢聖之後，反而孽民⑯，是以賊其身，豈能獨哉？

注釋

①遇：這裡指得到君主賞識。

②合：適合。

③比翼之鳥：傳說中的一種鳥。《爾雅・釋地》：「南方有比翼鳥焉，不比不飛，其名謂之鶼鶼。」古代常用以比喻恩愛夫妻，也比喻形影不離的朋友。　比翼，翅膀挨著翅膀（飛翔）。

④比目之魚：魚名。舊說此魚一目，需兩兩相並始能游行，古代常用來比喻形影不離的情侶或朋友。

⑤再：兩次。這裡指多次。　干：求取。這裡指謀求官職。

⑥如：往，到……去。

⑦委質：初次拜見尊長時獻上禮物。質，通「贄」。初次拜見尊長時執以為禮的物品。

⑧達徒：學問通達的弟子。

⑨司寇：周代官職名。主管刑獄。

⑩惡：貌醜。

⑪椎顙（ㄙㄤˇ）廣顏：尖頂寬臉。椎，尖；顙，額頭。

⑫漆赭（ㄓㄜˇ）：黑紅色。漆，黑；赭，褐色。

⑬蠡（ㄌㄧˋ）：下當脫「股」字（依畢沅之說）。　蠡股：兩腿歪向兩旁。

⑭知：通「智」。明智。

⑮孽（ㄋㄧㄝˋ）：妖孽；災害。

⑯孽：危害；害。

譯文

凡是得到賞識，是因為雙方互相適合。時機還不到雙方互相適合時，一定要等待互相適合後再行動。所以比翼鳥找不到相合的伴侶就困死在樹上，比目魚找不到相合的同伴就困死於海中。孔子周遊海內，多次向當世的君主求職，到過齊國到過衛國，拜見過八十多個國君。他正式收為弟子的有三千人，學問通達的弟子七十人。這七十個人，君主得到其中的一個，就可做君主的老師，不是沒有人才。孔子帶著這七十個人周遊四海，官僅至於魯國的司寇。這就是天子之所以不時斷絕，諸侯之所以大亂天下的原因 …… 故君子不把自己放在僥倖的位置，不做苟合的事，一定要審視自己然後再任職，任職之後再行動。

陳國有一個面貌醜陋的人，名字叫敦洽讎糜，尖頭頂寬額頭，面色黑紅，眼睛下垂接近鼻子，胳膊很長，大腿向兩側彎曲。陳侯見了以後卻十分喜歡他，在宮外讓他治理國家，在宮內讓他侍候自己起居。楚王盟會諸侯，陳侯有病不能前往，於是派敦洽讎糜去向楚王表示歉意。楚王覺得這個名字很奇怪，就最先接見他。他進去以後，楚王覺得他的模樣比他的名字更可惡，他說話的聲音比他的模樣更可惡。楚王很生氣，召集眾大夫，告訴他們說：「陳侯如果不知道這樣的人不可以出使，這就是不明智；如果知道他不可以出使卻硬派他出使，這就是有意侮辱我。有意侮辱人而又不明智，這樣的人不可不受到攻伐。」楚王於是發兵討伐陳國，三個月後消滅了陳國。相貌醜陋足以驚嚇別人，言談粗魯足以喪失國家，可是陳侯卻對相貌醜陋言談粗魯的敦洽讎糜喜愛到極點，沒有人能超過他了，直到亡國，喜愛的程度都沒有減弱。可見不該受到君主賞識的人卻受到賞識，國家一定要衰落；應該受到君主賞識的人卻沒有受到賞識，國家也必定會滅亡。這就是國家之所以混亂、世道之所以衰微的原因。天下的百姓，他們的愁苦勞碌也就由此產生出來了。大凡舉薦人的根本，最上等是根據道德，其次是根據辦事能力，再次是根據功績。這三種人如果不能舉薦上來，國家就一定會殘破滅亡，各種災禍就會一起到來，自身也一定會遭殃，如果能活到七十歲或九十歲，那就是萬分僥倖的了。

陳侯是聖賢的後代，反而給人民帶來危害，因用人不當而殘害了自身，豈止是君主獨受殘害呢？

☸必　己

➲ 原文

外物不可必①。故龍逢誅②，比干戮③，箕子狂④，惡來死⑤，桀紂亡。人主莫不欲其臣之忠，而忠未必信。故伍員流乎江⑥，萇弘死⑦，藏其血三年而為碧。親莫不欲其子之孝，而孝未必愛。故孝已疑⑧，曾子悲。

莊子行於山中⑨，見木甚美長大，枝葉盛茂，伐木者止其旁而弗取。問其故，曰：「無所可用。」莊子曰：「此以不材得終其天年矣。」出於山，及邑，舍故人之家⑩。故人喜，具酒肉⑪，令豎子為殺雁饗之⑫。豎子請曰：「其一雁能鳴，一雁不能鳴，請奚殺⑬？」主人之公曰⑭：「殺其不能鳴者。」明日，弟子問於莊子曰：「昔者山中之木以不材得終天年，主人之雁以不材死，先生將何以處？」莊子笑曰：「周將處於材不材之間⑮。材不材之間，似之而非也，故未免乎累⑯。若夫道德則不然：無訝無訾⑰，一龍一蛇，與時俱化，而無肯專為；一上一下，以禾為量⑱，而浮游乎萬物之祖，物物而不物於物，則胡可得而累？此神農、黃帝之所法。若夫萬物之情、人倫之傳則不然。成則毀，大則衰，廉則剉⑲，尊則虧，直則歡⑳，合則離，愛則隳㉑，多智則謀，不肖則欺，胡可得而必？」

君子之自行也，敬人而不必見敬，愛人而不必見愛。敬愛人者，己也；見敬愛者，人也。君子必在己者，不必在人者也。必在己，無不遇矣。

注釋

① 外物：指外界的人或事物。　必：信賴；依仗。

② 龍逢：即關龍逢。因諫夏桀王被殺。

③ 比干：商代貴族，紂王叔父，官少師。相傳因屢諫紂王，被剖心而死。

④ 箕子：商代貴族，封於箕。曾勸諫紂王，被紂王囚禁。

⑤ 惡來：商紂王的佞臣，被周武王殺死。

⑥ 伍員：即伍子胥，春秋吳國大夫。因諫吳王拒絕越國求和被賜死，屍體被投入江中。

⑦ 萇（ㄔㄤˊ）弘：人名。周敬王的大臣。在晉卿內訌中幫助范氏，後被周人殺死。

⑧ 孝己：人名。殷高宗的兒子。遭後母之難，憂苦而死。

⑨ 莊子：即莊周。戰國時哲學家，他繼承並發展了老子的思想，和老子同為道家學派的代表人物。

⑩ 舍：住宿。　故人：老朋友。

⑪ 具：準備。

⑫ 豎子：童僕。　雁：鵝。　饗（ㄒㄧㄤˇ）：以酒食款待人。

⑬ 奚殺：殺哪隻。奚，哪個。

⑭ 公：指父親。

⑮ 周：莊子名。

⑯ 累：禍害。

⑰ 訝：稱譽；讚譽。　訾（ㄗ）：誹謗非議。

⑱ 以禾為量：指順應自然。「禾」同「和」。量，度量；準則；界限。

⑲ 廉：鋒利。　剉（ㄘㄨㄛˋ）：折傷。

⑳ 骫（ㄨㄟˇ）：彎曲。

㉑ 隳（ㄏㄨㄟ）：廢；毀壞。

譯文

外界的人或事物不可信賴，所以關龍逄被殺害，比干被剖心，箕子裝瘋癲，惡來獲死罪，夏桀、商紂最終滅亡。君主沒有誰不希望臣子忠誠的，可是忠誠未必能得到君主的信任。所以伍員的屍體被吳王拋入江中，周敬王的大臣萇弘遇害後，他的血被人藏了三年化為碧玉。父母沒有誰不希望兒子孝順的，可是孝順卻未必得到父母的喜愛。所以殷高宗的兒子孝己因後母離間被父親猜疑，曾子因常遭父母毆打而悲傷。

莊子在山中行走，看見一棵樹長得很美很高大，枝葉很茂盛，伐木者停在那棵樹旁卻不伐取它。莊子問他們這是什麼緣故，伐木者回答說：「這棵樹沒有什麼用處。」莊子說：「這棵樹因為不成材，結果得以終其天年了。」莊子出了山，來到縣邑，住在老朋友的家裡。老朋友很高興，準備酒肉，叫童僕殺一隻鵝款待他。童僕請示道：「一隻鵝會叫，一隻鵝不會叫，請問殺哪隻？」主人的父親說：「殺那隻不會叫的。」第二天，弟子向莊子問道：「昨天山裡的樹因為不成材而得以終其天年，現在這位主人的鵝卻因為不成材而被殺死，先生您將在成材與不成材這兩者間處於哪一邊呢？」莊子笑著說道：「我將處於成材與不成材之間。成材與不成材之間，似乎是合適的位置，其實不然，所以還是免不了遭到禍害。如果遵循道德行事，就不是這樣了：既沒有稱譽，也沒有誹謗非議，一時為龍，一時為蛇，隨時勢而變化，而不肯專為一物；一時在上，一時在下，以順應自然為準則，在萬物的原始狀態中漫遊，主宰萬物而不被萬物所役使，那麼怎麼會遭到災禍呢？這就是神農、黃帝所取法的處世原則。至於萬物之情，人倫相傳之道，就不是這樣了。成功了就會有毀傷，強大了就會衰微，鋒利了就會折傷，尊貴了就會傾覆，直了就會彎曲，聚合了就會分離，受到愛惜就會被廢棄，智謀多了就會受人算計，平庸就會受人欺辱。怎麼可以獲得某方面的優勢就依仗呢？」

君子自己行事，尊敬別人而不一定非要被別人尊敬，愛戴別人而不一定非要被別人愛戴。尊敬愛戴別人，在於自己；被別人尊敬愛戴，在於別人。君子要把握好自己，不要依賴別人。把握自己，沒有不遇到機會的。

◎卷十五　慎大覽第三

題解

◆ 慎大覽由慎大、權勳、下賢、報更、順說、不廣、貴因、

察今八篇組成。其中慎大篇為儒家學說，主旨在於告誡君主在國家強盛時應該以謹慎的態度處理國政。權勳、察今兩篇系法家學說。權勳篇告誡君主要權衡功利的大小輕重，從國家的整體長遠利益出發，決定安邦之策；察今篇闡述了根據當今時勢變化改變法令制度的必要性，為秦制定新法做輿論準備。下賢、報更、順說三篇均系料子、宋鈃、尹文學派的學說。下賢篇的主旨是君主應該禮賢下士；報更篇透過幾則故事說明士人得到幫助或禮遇後必會報償，規勸國君要將禮賢下士作為安邦治國的基本國策；順說篇主張勸說君主的人要順其思路而行說，因勢利導，達到勸說目的。不廣、貴因兩篇為陰陽家學說。不廣篇的主旨是告訴人們做任何事都不要放棄人為的努力；貴因篇論述了因時因勢行事在人類改造自然、國家改朝換代及人們的社會、政治生活中的重要性。

慎　大

原文

賢主愈大愈懼，愈強愈恐。凡大者，小鄰國也[1]；強者，勝其敵也。勝其敵則多怨，小鄰國則多患。多患多怨，國雖強大，惡得不懼？惡得不恐？故賢主於安思危，於達思窮，於得思喪[2]。《周書》曰[3]：「若臨深淵，若履薄冰。」以言慎事也。

趙襄子攻翟[4]，勝老人、中人[5]，使使者來謁之，襄子方食摶飯[6]，有憂色。左右曰：「一朝而兩城下，此人之所以喜也，今君有憂色，何？」襄子曰：「江河之大也[7]，不過三日。飄風暴雨[8]，日中不須臾。今趙氏之德行，無所於積，一朝而兩城下，亡其及我乎！」孔子聞之曰：「趙氏其昌乎？」夫憂所以為昌也，而喜所以為亡也。勝非其難者也，持之其難者也。賢主以此持勝，故其福及後世。齊荊吳越，皆嘗勝矣，而卒取亡，不達乎持勝也。唯有道之主能持勝。

注釋

①小鄰國：使鄰國小。小，使動用法。

②喪：喪失。

③《周書》：古逸書。

④翟：國名。

⑤老人、中人：城邑名。

⑥摶（ㄊㄨㄢˊ）飯：飯團。摶，把東西捏聚成團。

⑦大：這裡指漲水。

⑧飄風暴雨：雨字後脫「不終朝」三字。《列子•說符》《老子》均有「不終朝」三字。　飄風：旋風。

譯文

賢明的君主，國土越廣大越感到恐懼，國力越強盛越感到害怕。凡是大國，都是侵削弱小鄰國而擴大自己領土的；凡是強國，都是戰勝敵國而強大的。戰勝敵國就會招致很多怨恨，侵削弱小鄰國就會埋下很多禍患。多禍患多怨恨，國家雖然強大，怎能不懼怕？怎能不恐慌？所以賢明的君主在平安時不忘記危險，在顯達時不忘記困窘，在有所得的時候不忘記有喪失的可能。《周書》上說：「好像面臨深淵，好像行走在薄冰上。」以此比喻做事情要小心謹慎。

趙襄子派人攻打翟國，攻下了老人城、中人城。攻城的將領派使者回來報告襄子，襄子正在吃飯團，聽了以後面有憂色。身邊的人說：「一下子攻下兩座城，這是人們感到高興的事，現在您卻面露憂愁，這是為什麼呢？」襄子說：「江河漲水，不超過三天就會退落。旋風暴雨不能整天不停，太陽當頂不過一會兒。現在趙氏的德行還沒有蓄積豐厚，一下子攻下兩座城，滅亡恐怕要輪到我！」孔子聽到這件事以後說：「趙氏大概要昌盛了吧！」憂慮是致使國家昌盛的因素，歡喜是導致國家滅亡的因素。取得勝利不是困難的事，保持勝利才是困難的事，賢明的君主依照這種認識保持勝利，所以他的福澤延及後代。齊國、楚國、吳國、越國，都曾經勝利過，可是最終都遭到了滅亡。這是因為它們不懂得如何保持勝利成果啊！只有有治國之術的君主才能保持勝利

成果。

權　勳

原文

利不可兩，忠不可兼。不去小利，則大利不得；不去小忠，則大忠不至。故小利，大利之殘也；小忠，大忠之賊也。聖人去小取大。

昔者晉獻公使荀息假道於虞以伐虢①。荀息曰：「請以垂棘之璧與屈產之乘②，以賂虞公，而求假道焉，必可得也。」獻公曰：「夫垂棘之璧，吾先君之寶也；屈產之乘，寡人之駿也。若受吾幣而不吾假道③，將柰何④？」荀息曰：「不然。彼若不吾假道，必不吾受也；若受我而假我道，是猶取之內府而藏之外府也，猶取之內皂而著之外皂也⑤。君奚患焉？」獻公許之。乃使荀息以屈產之乘為庭實⑥，而加以垂棘之璧，以假道於虞而伐虢。虞公濫於寶與馬而欲許之⑦，宮之奇諫曰⑧：「不可許也。虞之與虢也，若車之有輔也⑨，車依輔，輔亦依車。虞虢之勢是也。先人有言曰：『唇竭而齒寒。』夫虢之不亡也，恃虞；虞之不亡也，亦恃虢也。若假之道，則虢朝亡而虞夕從之矣。柰何其假之道也？」虞公弗聽，而假之道。荀息伐虢，克之。還反伐虞，又克之。荀息操璧牽馬而報。獻公喜曰：「璧則猶是也，馬齒亦薄長矣⑩。」故曰：小利，大利之殘也。

中山之國有厹繇者⑪，智伯欲攻之而無道也⑫，為鑄大鐘，方車二軌以遺之⑬。厹繇之君將斬岸堙溪以迎鐘⑭。赤章蔓枝諫曰⑮：「詩云：『唯則定國。』我胡以得是於智伯？夫智伯之為人也，貪而無信，必欲攻我而無道也，故為大鐘，方車二軌以遺君。君因斬岸堙溪以迎鐘，師必隨之。」弗聽，有頃諫之。君曰：「大國為歡，而子逆之，不祥。子釋之。」赤章蔓枝曰：「為人臣不忠貞，罪也。忠貞不用，遠身可也。」斷轂而行⑯，至衛七日而厹繇亡。欲鐘之心勝也。欲鐘之心勝，則安厹繇之說塞矣。凡聽說所勝不可不審也。故太上先勝。

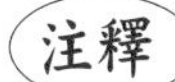
注釋

①晉獻公：春秋時期晉國國君。西元前676～前651年在位。 荀息：晉大夫。 假道：借路。 虞：國名。姬姓，故址在今山西平陸縣北。 虢(ㄍㄨㄛˊ)：國名。故址也在今山西平陸縣。

②垂棘：晉國地名，出產美玉。 屈：晉國地名，出產駿馬。

③幣：禮物。

④柰（ㄋㄞˋ）何：同「奈何」。

⑤皂：通「槽」。餵牛馬的草料槽。

⑥庭實：諸侯間互相拜訪，把禮物陳於中庭，叫做庭實。

⑦濫：貪。

⑧宮之奇：虞國大夫。

⑨車：牙床。 輔：頰骨。

⑩馬齒：指馬的年齡。馬的牙齒隨年齡而添換，據馬齒可以斷定馬的年齡。 薄：稍微。

⑪中山：古國名，故地在今河北定縣、唐縣一帶。 厹繇（ㄑㄧㄡˊ ㄧㄡˊ）：春秋時國名，故址在今山西陽泉市。

⑫智伯：即智伯瑤，又稱荀瑤、知瑤或知伯，春秋末晉國四卿之一，晉哀公時為執政大臣。

⑬方車：兩車並列。方，並列。 遺（ㄨㄟˋ）：給予；饋贈；送交；交付。

⑭斬：截；削。 岸：水邊高地。 堙（ㄧㄣ）：堵塞；填埋。

⑮赤章蔓枝：人名。姓赤章，名蔓枝。厹繇國的大臣。

⑯斷轂（ㄍㄨˇ）：砍掉車軸兩端長出的部分。轂，車輪中心的圓木，周圍與車輻一端相接，中有圓孔，可以插軸。

譯文

大小利益不能兩得，大小忠心不能兼備。不捨棄小利就得不到大利；不捨棄小忠，就不能實現大忠。所以說，小利是大利的禍害，小忠是大忠的禍害。聖人捨棄小的選取大的。

從前，晉獻公派荀息去向虞國借路以便攻打虢國。荀息說：「請用垂棘之璧和屈地所產的駿馬作為禮物贈送給虞公，這樣去要求借路，一定可以得到允許。」晉獻公說：「垂棘之璧是先君傳下

來的寶貝；屈地所產的駿馬是我的駿馬。如果他們接受了我們的禮物而又不借給我們路，那將怎麼辦呢？」荀息說：「不會這樣。他們如果不借路給我們，一定不會接受我們的禮物；如果他們接受我們的禮物而借路給我們，這就好像我們把垂棘之璧從內府轉藏到外府，把屈地產的良馬從內廄牽出來關到外廄裡。有什麼好擔憂的呢？」晉獻公同意了。於是派荀息把屈地出產的駿馬作為禮物，再加上垂棘之璧，送給虞國以借路攻打虢國。虞公對美玉和駿馬有了貪心，就想答應荀息。虞國大夫宮之奇勸諫說：「不可以答應呀！虞國跟虢國，就像牙床跟頰骨的關係，牙床依賴頰骨，頰骨也依賴牙床，這正是虞虢相依的形勢。古人有句話說：『嘴唇沒有了，牙齒就會感到寒冷。』虢國不被滅亡，靠的是有虞國；虞國不被滅亡，靠的是有虢國。如果我們借路給晉國，那麼虢國早晨滅亡，虞國晚上就會跟著滅亡。怎麼能借路給晉國呢？」虞公不聽宮之奇的話，把路借給了晉軍。荀息領兵攻打虢國，消滅了虢國。再回軍攻打虞國，又消滅了虞國。荀息拿著璧牽著馬回來向晉獻公報告。晉獻公高興地說：「玉璧還是原來的樣子，只是馬的年齡稍微長了一點。」所以說，小利是大利的禍害。

中山諸國中有個厹繇國，晉國大夫智伯想攻打它卻不通道路，於是就給厹繇國鑄造了一個大鐘，用兩輛車並排裝載著去送給它。厹繇國的君主準備削平高地填平山谷來迎接大鐘。大臣赤章蔓枝勸諫說：「古詩說：『只有遵循規則才能安定國家。』我們憑什麼會從智伯那裡得到這東西？智伯的為人，貪婪而且沒有信譽，一定是他想攻打我們而沒有進軍的道路，所以鑄造了大鐘，用兩輛車並排裝載著來送給您。您因此削平高地填平山谷來迎接大鐘，智伯的軍隊必定跟隨著大鐘到來。」厹繇國的君主不聽，過了一會兒，赤章蔓枝再次勸諫。厹繇國的君主說：「大國要跟你交好，而你卻拒絕人家，這不吉祥，你不要再說了。」赤章蔓枝說：「當臣子的不忠貞，這是罪過；忠貞而不被信用，脫身遠去是可以的。」於是，（為了盡快趕路）他砍掉車軸兩端長出的部分趕緊離開厹繇國，到了衛國的第七天厹繇國就滅亡了。這是因為厹繇國的君主想得到鐘的心情太強烈了。想得到鐘的心情太強烈，那麼安定

厹繇國的主張就行不通了。凡聽取別人意見，對自己強烈的欲望不可不審慎啊！所以最好先戰勝自己強烈的欲望。

下賢

原文

有道之士，固驕人主[1]；人主之不肖者，亦驕有道之士。日以相驕，奚時相得？若儒墨之議與齊荊之服矣。賢主則不然。士雖驕之，而己愈禮之，士安得不歸之？士所歸，天下從之帝。

齊桓公見小臣稷[2]，一日三至弗得見。從者曰：「萬乘之主，見布衣之士，一日三至而弗得見，亦可以止矣。」桓公曰：「不然，士驁祿爵者[3]，固輕其主；其主驁霸王者，亦輕其士。縱夫子驁祿爵，吾庸敢驁霸王乎？」遂見之，不可止。世多舉桓公之內行[4]，內行雖不修，霸亦可矣。誠行之此論，而內行修，王猶少。

魏文侯見段干木[5]，立倦而不敢息。反見翟黃[6]，踞於堂而與之言[7]。翟黃不說[8]，文侯曰：「段干木官之則不肯，祿之則不受；今女欲官則相位，欲祿則上卿。既受吾實[9]，又責吾禮，無乃難乎[10]！」故賢主之畜人也[11]，不肯受實者其禮之。禮士莫高乎節欲，欲節則令行矣。文侯可謂好禮士矣。好禮士，故南勝荊於連堤[12]，東勝齊於長城[13]，虜齊侯，獻諸天子，天子賞文侯以上聞[14]。

注釋

① 驕：傲視。　人主：君主。

② 小臣稷：春秋時齊國的隱士。複姓小臣，名稷。

③ 驁：通「傲」。傲視；輕視。

④ 內行：私生活；平日家居的操行。

⑤ 魏文侯：戰國初魏國建立者，西元前446～前396年在位。段干木：戰國初魏國人。

⑥ 翟黃：魏文侯上卿。

⑦ 踞（ㄐㄩˋ）：張開兩腿坐。是一種不恭敬的、隨便的姿勢。

⑧ 說：通「悦」。

⑨ 實：指爵祿。
⑩ 無乃：表示反問的習慣說法，與「恐怕」義近。
⑪ 畜：收容。
⑫ 連堤：楚地名。
⑬ 長城：指齊境內的長城。
⑭ 上聞：指始列為侯，名字上聞於天子。

譯文

有道之士，本來就傲視君主；不賢明的君主，也傲視有道之士。他們天天這樣互相傲視，什麼時候才能相投合呢？這就像儒家墨家互相非議，齊國楚國互相不服的情況一樣。賢明的君主就不是這樣。有道之士雖然傲視自己，而自己對他卻更加以禮相待，士人怎麼會不歸附呢？士人所歸附的君主，天下的人也會跟從，他就可以成為帝王。

齊桓公去見小臣稷，一天去了三次都沒能見到。跟隨的人說：「擁有萬乘兵車的國君，去見一個平民，一天去了三次都沒能見到，就不要再去了吧！」桓公說：「不是這樣。士人如果看輕爵位俸祿，固然輕視君主；君主如果輕視霸王之業，也輕視士人。縱使小臣稷輕視爵位俸祿，我怎麼敢輕視霸王之業呢？」桓公於是又去見小臣稷，隨從沒能阻止住。世人大多列舉齊桓公的私生活問題，他的私生活雖然不檢點，但也可以成為霸主。如果他能禮賢下士，又對私生活加以檢點，稱王也就差不多了。

魏文侯去見段干木，站得疲倦了卻不敢休息。返回宮後會見翟黃，張開兩腿坐在堂上跟他談話。翟黃很不高興。文侯說：「段干木給他官做他不肯，給他俸祿他不要；現在你想當官任你為相，想要俸祿就給你上卿的俸祿。你既得到了我給你的官職俸祿，又要求我以禮相待，恐怕很難辦到吧。」所以賢明的君主收容人才，不肯接受官職俸祿的就以禮相待。禮賢下士最重要的是節制自己的欲望，欲望得到節制，命令就能夠執行。魏文侯可以說是喜好禮賢下士的君主了。魏文侯喜好禮賢下士，所以能在南邊的連堤戰勝楚國，在東邊的長城戰勝齊國，俘虜齊侯，並把他獻給周天

子，周天子獎賞魏文侯，封他為諸侯。

報　更

原文

張儀①，魏氏餘子也②。將西遊於秦，過東周。客有語之於昭文君者，曰：「魏氏人張儀，材士也，將西遊於秦，願君之禮貌之也。」昭文君見而謂之曰：「聞客之秦，寡人之國小，不足以留客。雖遊，然豈必遇哉？客或不遇，請為寡人而一歸也。國雖小，請與客共之。」張儀還走③，北面再拜。張儀行，昭文君送而資之。至於秦，留有間，惠王說而相之。張儀所德於天下者，無若昭文君。周，千乘也，重過萬乘也。令秦惠王師之。逢澤之會④，魏王嘗為御，韓王為右，名號至今不忘。此張儀之力也。

孟嘗君前在於薛⑤，荊人攻之。淳于髡為齊使於荊⑥，還反，過於薛，孟嘗君令人禮貌而親郊送之，謂淳于髡曰：「荊人攻薛，夫子弗為憂，文無以復侍矣。」淳于髡曰：「敬聞命矣。」至於齊，畢報，王曰：「何見於荊？」對曰：「荊甚固，而薛亦不量其力。」王曰：「何謂也？」對曰：「薛不量其力，而為先王立清廟。荊固而攻薛，薛清廟必危，故曰薛不量其力，而荊亦甚固。」齊王知顏色，曰：「嘻！先君之廟在焉。」疾舉兵救之，由是薛遂全。顛蹶之請⑦，坐拜之謁⑧，雖得則薄矣。故善說者，陳其勢，言其方，見人之急也，若自在危厄之中，豈用強力哉？強力則鄙矣。說之不聽也，任不獨在所說，亦在說者。

注釋

①張儀：戰國時魏人。戰國時期著名的縱橫家。秦惠王的宰相。

②餘子：大夫庶子。

③還走：倒退著走，以示敬意。

④逢澤：地名。故址在今河南商丘境內。秦國曾在逢澤會盟諸侯。

⑤孟嘗君：戰國時齊國公子田文，封於薛。孟嘗君是他的封號。

薛：地名。在今山東滕州市南。

⑥ 淳于髡（ㄎㄨㄣ）：齊國大夫，以博學善辯著稱。

⑦ 顛蹶：走路跌跌撞撞，這裡的意思是奔波勞累。

⑧ 坐拜之謁：指應酬時相坐相拜。表示無深交。

譯文

張儀是魏國大夫的庶子，將要向西到秦國去遊說，路過東周。有一個門客告訴周昭文君說：「魏國人張儀，是個有才幹的士人，將要向西到秦國去遊說，希望君王對他能以禮相待。」周昭文君接見了張儀，對他說：「聽說您要到秦國去。我的國家小，不足以留住客人。但您西去遊說，難道就一定能為秦王所賞識嗎？您要是得不到知遇，請看在我的面上回到這裡來。我的國家雖然小，我願與您共同治理這個國家。」張儀倒退著走到臣子的位置，面北連拜了兩拜。張儀走時，周昭文君又去送行，並資助旅費。張儀到了秦國，在那兒待了一段時間，秦惠王很喜歡他，任命他為相國。張儀在天下所受的恩德，沒有比在周昭文君那裡所受的更大了。東周是個只擁有千輛兵車的小國，但是張儀尊重它超過了擁有萬輛兵車的大國。他讓秦惠王以周昭文君為師。秦國在逢澤盟會諸侯的時候，魏王曾為周昭文君駕車，韓王做周昭文君的車右護衛，周昭文君的名號至今沒有被忘掉，這都得力於張儀啊！

孟嘗君從前在薛邑的時候，楚國人攻打薛。淳于髡作為齊國使者到楚國去，返回的時候，經過薛。孟嘗君派人以禮相待，並親自到郊外送他，對他說：「楚國人攻打薛，如果先生不為我分憂，我將沒有機會再侍奉您了。」淳于髡說：「遵命了。」到了齊國，稟報完畢，齊王說：「到楚國見到了什麼？」淳于髡回答說：「楚國很固執強硬，薛也自不量力。」齊王說：「你說的是什麼意思？」淳于髡回答說：「薛自不量力，給先王立了宗廟。楚國固執強硬地要攻打薛，薛的宗廟必定危險。所以說薛自不量力，楚國也太固執強硬了。」齊王變了臉色，說：「哎呀！先王的宗廟在薛呢！」於是急忙發兵援救薛，因此薛才得以保全。奔波勞累地去請求，沒有深交的坐拜會見，即使得到幫助也是很少的。所以善於勸說

的人，陳述形勢，講述主張，看到別人的急難，就像自己處於危難之中，這樣，哪裡用得著極力勸說呢！極力勸說就見識淺薄行為低下了。勸說而不被採納，責任不單單在被勸說的人，也在勸說者自己。

❁順　說

➲ 原文

善說者若巧士，因人之力以自為力①，因其來而與來②，因其往而與往，不設形象，與生與長，而言之與響③，與盛與衰，以之所歸。力雖多，材雖勁，以制其命。順風而呼，聲不加疾也；際高而望④，目不加明也。所因便也⑤。

惠盎見宋康王⑥。康王蹀足謦欬⑦，疾言曰：「寡人之所說者勇有力，而無為仁義者。客將何以教寡人？」惠盎對曰：「臣有道於此，使人雖勇，刺之不入；雖有力，擊之弗中。大王獨無意邪？」王曰：「善！此寡人所欲聞也。」惠盎曰：「夫刺之不入，擊之不中，此猶辱也。臣有道於此，使人雖有勇弗敢刺，雖有力不敢擊。大王獨無意邪？」王曰：「善！此寡人之所欲知也。」惠盎曰：「夫不敢刺、不敢擊，非無其志也。臣有道於此，使人本無其志也。大王獨無意邪？」王曰：「善！此寡人之所願也。」惠盎曰：「夫無其志也，未有愛利之心也。臣有道於此，使天下丈夫女子莫不驩然皆欲愛利之，此其賢於勇有力也，居四累之上。大王獨無意邪？」王曰：「此寡人之所欲得。」惠盎對曰：「孔、墨是也。孔丘、墨翟，無地為君，無官為長，天下丈夫女子莫不延頸舉踵而願安利之⑧。今大王，萬乘之主也，誠有其志，則四境之內皆得其利矣，其賢於孔、墨也遠矣。」宋王無以應。惠盎趨而出。宋王謂左右曰：「辨矣⑨。客之以說服寡人也。」宋王，俗主也，而心猶可服，因矣。因則貧賤可以勝富貴矣，小弱可以制強大矣。

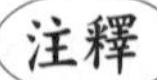
注釋

①因：憑藉。

②與來：相隨而來。

③而：如。　響：迴聲。

④際：臨；登。

⑤便：有利。

⑥惠盎：戰國時期宋國人。　宋康王：戰國時宋國的最後一個國君，名偃，以貪暴荒淫著稱。

⑦蹀（ㄉㄧㄝˊ）足：頓足。　謦欬（ㄑㄧㄥˋ　ㄎㄞˋ）：咳嗽。

⑧延頸舉踵：伸長脖子，踮起腳跟，形容熱切盼望的心情。

⑨辨：通「辯」。

譯文

善於勸說的人像技巧高超的武士，能借別人的力為自己的力，順著對方的來勢而拉他過來，順著對方的去勢而把他推開，不設置有形可見的東西，與對方的力一起出現、發展，如同言語與迴聲一樣相隨，與對方一起興盛一起衰微，以便因勢利導，達到自己的目的。對方雖然力量很大，才能很強，也能控制他的命運。順風呼喊，聲音並沒有加大卻能傳得遠；登高瞭望，眼睛並沒有更明亮卻可以看得遠。這是因為所憑藉的東西有利。

惠盎拜見宋康王。宋康王一邊跺腳一邊咳嗽，急躁地說道：「我所喜歡的是勇敢有力的人，而不喜歡行仁義的人。客人將對我有何見教？」惠盎回答說：「我這裡有一種辦法，能使人雖然勇敢，但他的劍刺不進您的身體；雖然有力氣，卻擊打不到您。大王您難道無意於這種辦法嗎？」康王說：「好！這是我想要聽的。」惠盎說：「劍刺不進您的身體，擊打不到您的身體，但您還是受到了侮辱。我這裡有一種辦法，能使人雖然勇敢卻不敢刺您，雖然有力卻不敢擊打您。大王您難道無意於這種辦法嗎？」康王說：「好！這是我想要知道的。」惠盎說：「那些人雖然不敢刺您，不敢擊打您，但並不是沒有刺殺擊打您的意圖啊。我這裡有一種辦法，能使人根本就沒有刺殺擊打您的想法。大王您難道無意於這種辦法嗎？」康王說：「好！這是我所希望的。」惠盎說：「那

些人雖然沒有刺殺擊打您的想法，但還沒有愛您利您的心。我這裡有一種辦法，能使天下的男男女女無不愉快地愛您利您，這勝過了勇敢有力，在四種辦法中位居於首。大王您難道無意於這種辦法嗎？」康王說：「這是我想要得到的。」惠盎回答說：「這就是孔丘、墨翟的學說呀！孔丘、墨翟沒有領土卻成為君王，沒有官職卻成為尊長。天下的男男女女沒有誰不伸長脖子、抬起腳跟盼望他們帶給百姓平安順利。現在大王您是擁有萬輛兵車的大國君主，如果真有孔丘、墨翟以仁政治理天下、兼愛天下的心志，那麼四境之內都能得到您的好處了，您就能遠遠勝過孔丘、墨翟了。」宋康王聽了無話可答。惠盎快步走了出去。宋康王對左右的人說：「很善辯啊！客人已經說服了我。」宋康王是個庸俗的君主，而他的想法還可以被說服，這是惠盎因宋王之所好而加以引導的結果。因勢利導，則貧賤可以戰勝富貴，弱小可以制服強大。

不廣

原文

智者之舉事必因時，時不可必成[1]，其人事則不廣[2]。成亦可，不成亦可，以其所能托其所不能，若舟之與車。

晉文公欲合諸侯，咎犯曰[3]：「不可，天下未知君之義也。」公曰：「何若？」咎犯曰：「天子避叔帶之難[4]，出居於鄭，君奚不納之，以定大義，且以樹譽。」文公曰：「吾其能乎？」咎犯曰：「事若能成，繼文之業[5]，定武之功[6]，辟土安疆，於此乎在矣；事若不成，補周室之闕[7]，勤天子之難[8]，成教垂名，於此乎在矣。君其勿疑！」文公聽之，遂與草中之戎、驪土之翟[9]，定天子於成周[10]。於是天子賜之南陽之地，遂霸諸侯。舉事義且利，以立大功，文公可謂智矣。此咎犯之謀也。出亡十九年，反國四年而霸[11]，其聽皆如咎犯者邪！

①成：成熟。

②廣：通「曠」。廢棄；荒廢。

③咎犯：晉文公的母舅，也是晉文公的主要謀臣。

④天子：指周襄王。　叔帶之難：西元前636年，周襄王異母弟叔帶在周作亂，周襄王逃亡到鄭國，史稱叔帶之難。

⑤文：指晉文侯，曾輔佐周平王東遷。

⑥武：指曲沃武公，晉文公的祖父，西元前678年晉武公殺晉侯湣，統一晉國。

⑦闕（ㄑㄩㄝ）：失誤；錯誤。

⑧勤：出兵救援。

⑨草中、驪土：古邑名，在晉東。　戎、翟：古代部族名。

⑩成周：地名。即雒邑，今洛陽。

⑪反：通「返」。

譯文

明智的人做事情一定要根據時機，時機不一定成熟，但人為的努力卻不可廢棄。時機成熟也好，時機不成熟也好，用自己能具備的條件彌補自己所不具備的條件，就像人利用船和車到達遠處一樣。

晉文公打算盟會諸侯，謀臣咎犯說：「不行，現在天下還不瞭解您的道義啊。」文公問：「應該怎麼做？」咎犯說：「天子周襄王逃避叔帶的災難，流亡在鄭國。您何不接納他，以此確立大義，而且藉此樹立自己的聲譽。」文公說：「我能做到嗎？」咎犯說：「事情如果能做成，那麼繼承文侯的事業，確立武公的功績，開拓國土，安定疆域，就在此一舉了；事情如果不能成功，也彌補了周室的缺失，救助了天子的危難，成就教化，垂名青史，就在此一舉了。您不要遲疑了。」晉文公聽取了咎犯的主張，於是同草中、驪土的戎、翟部族聯合，在成周尊周襄王為天子。於是周襄王賜給晉文公南陽之地，晉文公遂稱霸諸侯。辦事合乎道義而且有利於自己，因此建立大功業，晉文公可以說是明智了。這是咎犯的智謀啊。晉文公出亡十九年，回國四年就稱霸諸侯，

是因為他採納的都是像咎犯這樣的人的建議啊。

貴因

原文

三代所寶莫如因①，因則無敵。禹通三江五湖，決伊闕②，溝回陸③，注之東海，因水之力也。舜一徙成邑④，再徙成都，三徙成國，而堯授之禪位⑤，因人之心也。湯、武以千乘制夏、商⑥，因民之欲也。如秦者立而至，有車也；適越者坐而至⑦，有舟也。秦、越，遠塗也⑧，竫立安坐而至者⑨，因其械也。

武王使人候殷⑩，反報岐周曰⑪：「殷其亂矣！」武王曰：「其亂焉至⑫？」對曰：「讒慝勝良⑬。」武王曰：「尚未也。」又復往，反報曰：「其亂加矣！」武王曰：「焉至？」對曰：「賢者出走矣。」武王曰：「尚未也。」又往，反報曰：「其亂甚矣！」武王曰：「焉至？」對曰：「百姓不敢誹怨矣⑭。」武王曰：「嘻！」遽告太公⑮，太公對曰：「讒慝勝良，命曰戮⑯；賢者出走，命曰崩；百姓不敢誹怨，命曰刑勝⑰。其亂至矣，不可以駕矣⑱。」故選車三百，虎賁三千⑲，朝要甲子之期⑳，而紂為禽㉑。則武王固知其無與為敵也。因其所用，何敵之有矣！

夫審天者，察列星而知四時，因也；推曆者㉒，視月行而知晦朔㉓，因也；禹之裸國㉔，裸入衣出，因也；墨子見荊王，錦衣吹笙，因也；孔子道彌子瑕見釐夫人㉕，因也；湯、武遭亂世，臨苦民，揚其義，成其功，因也。故因則功，專則拙㉖。因者無敵，國雖大，民雖眾，何益？

注釋

①因：順應；利用。

②伊闕：山名。在今河南省洛陽市南。

③溝：疏通。　回陸：古代大澤名。

④邑：泛指一般城鎮。大曰都，小曰邑。

⑤禪位：帝王讓位給別人。

⑥ 千乘：戰國時期代指擁有兵車千輛的諸侯或諸侯國。

⑦ 適：到……地方去。

⑧ 塗：通「途」。

⑨ 竫：通「靜」。

⑩ 候：刺探。

⑪ 反：通「返」。返回。　岐周：周代城邑名。周於此地建國，故名岐周。故址在今陝西岐山縣東北。

⑫ 焉至：達到什麼程度。

⑬ 讒慝（ㄔㄢˊ　ㄊㄜˋ）：邪惡的人。　良：賢良的人。

⑭ 誹：指責。

⑮ 遽（ㄐㄩˋ）：極速；立刻。

⑯ 戮：暴亂。

⑰ 刑勝：刑法過重。

⑱ 駕：通「加」。添加；增多；增加。

⑲ 虎賁（ㄅㄣ）：勇士。

⑳ 朝：早朝。　要：約定。　甲子之期：甲子那一天。武王伐紂，於甲子日兵至牧野。

㉑ 禽：通「擒」。擒獲。

㉒ 厤：厤法。

㉓ 晦（ㄏㄨㄟˋ）：夏曆每月的最後一天。　朔：夏曆每月的第一天。

㉔ 裸國：指不穿衣服的部族。

㉕ 道：透過；由。　彌子瑕：衛靈公的寵臣。　釐（ㄒㄧ）夫人：當指衛靈公夫人南子。

㉖ 拙：倒楣。

譯文

夏商周三代所珍重的莫過於因勢利導了，因勢利導就能所向無敵。禹疏通三江五湖，鑿開伊闕山，溝通回陸澤，使水流入東海，是順應了水勢。舜第一次遷移形成了城鎮，第二次遷移形成了都城，第三次遷移形成了國家，而堯把帝位讓給了他，是順應了人

心。商湯王、周武王以諸侯小國戰勝了夏、商，是順應了人民的願望。到秦國去的人站著就能到達，是因為有車；到越國去的人坐著就能到達，是因為有船。到秦國、越國去，路途遙遠，安靜地站著、坐著就能到達，是因為利用了車、船等器械。

周武王派人刺探殷商的情況，派去的人回到岐周稟報說：「殷商大概要混亂了！」武王說：「混亂達到什麼程度？」那人回答說：「邪惡的人壓制了賢良的人。」武王說：「混亂得還不夠。」那人又去刺探，回來稟報說：「它混亂的程度加重了！」武王說：「達到什麼程度？」那人回答說：「賢德的人都逃走了。」武王說：「混亂得還不夠。」那人又去刺探，回來稟報說：「它混亂得很嚴重了！」武王說：「達到什麼程度？」那人回答說：「老百姓都不敢講怨恨不滿的話了。」武王說：「啊！」急忙把這種情況告訴太公望，太公望回答說：「邪惡的人壓制了忠良的人，叫做暴亂；賢德的人逃走，叫做崩潰；老百姓不敢講怨恨不滿的話，叫做刑法太殘酷。它混亂達到極點了，無以復加了。」因此挑選了戰車三百輛，勇士三千名，與各國諸侯約定甲子日早朝兵至牧野，而商紂王這一天被擒獲。周武王本來就知道商紂王無力抵抗自己。根據敵方的形勢運用自己的戰略，還有什麼敵人能抵擋得住呢？

觀測天象的人，觀察眾星運行的情況就能知道四季的變化，是根據了眾星運行的規律；推算曆法的人，觀看月亮運行的情況就能知道每月的初一和十五，是根據了月亮運行的規律；禹到以不穿衣服為習俗的國家去，進去時脫光衣服，出來以後再穿上衣服，是順應裸國的習俗；墨子見楚王，穿上華麗衣服，吹起笙，是迎合楚王的愛好；孔子透過彌子瑕去見釐夫人，是利用他們的關係；商湯王、周武王遇逢亂世，面對苦難的人民，弘揚其道義，成就了其功業，是順應了民眾的心願。所以順應局勢就能成功，獨斷專行就會倒楣。順應局勢的人所向無敵，獨斷專行的人國土即使廣大，人民即使眾多，又有什麼益處？

察今

➲ 原文

上胡不法先王之法①？非不賢也，為其不可得而法。先王之法，經乎上世而來者也，人或益之，人或損之，胡可得而法？雖人弗損益，猶若不可得而法。東夏之命②，古今之法，言異而典殊。故古之命多不通乎今之言者，今之法多不合乎古之法者。殊俗之民，有似於此，其所為欲同，其所為異。口惛之命不愉③，若舟車衣冠滋味聲色之不同。人以自是，反以相誹。天下之學者多辯，言利辭倒，不求其實，務以相毀，以勝為故。先王之法，胡可得而法？雖可得，猶若不可法。

凡先王之法，有要於時也④。時不與法俱至，法雖今而至，猶若不可法。故擇先王之成法⑤，而法其所以為法。先王之所以為法者，何也？先王之所以為法者，人也，而己亦人也。故察己則可以知人，察今則可以知古。古今一也，人與我同耳。有道之士，貴以近知遠，以今知古，以益所見⑥，知所不見。故審堂下之陰⑦，而知日月之行，陰陽之變；見瓶水之冰，而知天下之寒，魚鱉之藏也；嘗一脟肉⑧，而知一鑊之味⑨，一鼎之調⑩。

楚人有涉江者，其劍自舟中墜於水，遽契其舟⑪，曰：「是吾劍之所從墜。」舟止，從其所契者入水求之。舟已行矣，而劍不行，求劍若此，不亦惑乎？以此故法為其國，與此同。時已徙矣⑫，而法不徙，以此為治，豈不難哉？

注釋

①上：這裡指君主。　胡：何；為什麼。

②東：東夷，指東方民族。　夏：華夏，指中原之國。　命：名；名稱。

③口惛（ㄇㄣˋ）之命：方言。　愉：通「諭」。明白。

④要：合。

⑤擇：通「釋」。

⑥益：多；大量。

⑦陰：陰影。這裡是指太陽月亮照射的影子。

⑧脟（ㄆㄠ）肉：切成塊的肉。

⑨ 鑊（ㄏㄨㄛˋ）：鼎無足叫鑊。像近世的鍋。

⑩ 鼎：古金屬器，三足兩耳，大小不一，有作為傳國重器的，有作為祭祀盛犧牲的，有作為烹殺罪人的，有作為烹飪的。這裡是指作為烹飪用的鼎。

⑪ 遽（ㄐㄩˋ）：疾速；趕快。　契：刻。

⑫ 徙（ㄒㄧˇ）：遷移。

譯文

當今一些君主為什麼不效法先王的法制呢？並不是先王的法制不好啊，而是因為它不可能得到而加以效法。先王的法制是經過前代而流傳下來的，有人增補它，有人刪改它，怎麼可能得到而加以效法呢？即使沒有人刪改、增補，仍然不能得到而加以效法。東夷和華夏民族的名稱，古代和現代的法制，言辭不同，典章制度不一樣。所以古代的名稱大多和今天的名稱不相通，今天的法制大多不合於古代的法制。各種不同風俗習慣的人民，和這種情形有相似之處，他們所具有的生活欲望雖然相同，但他們的生活方式不一樣。各地區的方言彼此聽不明白，就像船、車、衣服、帽子、飲食滋味、聲色各不相同一樣。人們自以為是，反過來相互指責。天下的學者大多善辯，語言犀利，字辭運用自如，但不顧事實，只圖以此攻擊別人，把爭勝作為目的。先王的法制怎麼可能得到而加以效法？即使可能得到，還是不可效法。

凡是古代帝王的法制，都是切合於當時的時勢的。但時勢不能同法制同時流傳下來，法制雖然流傳至今，還是不可能效法。所以說應該拋棄古代帝王的舊法，而效法他們制定法制的宗旨。古代帝王制定法制的宗旨是什麼呢？古代帝王制定法制的宗旨是以人為本，而自己也是人。所以明察自己也就可以瞭解別人，明察現在也就可以瞭解古代。古今是一樣的，別人和我是相同的。有道之士，他們的可貴之處在於能由目前推知遙遠，由今天推知古代，由大量見到的，推知見不到的。所以觀察房子下面的陰影，就知道太陽或月亮的運行，陰陽的變化；看見瓶子裡的水變成冰，就知道天下已經寒冷，河水裡的魚鱉已經潛藏；嘗一塊肉，就知

道一鍋肉的滋味，一鼎肉調味的好壞。

楚國人有一個渡江的，他的劍從船上掉下水去，於是趕忙在船邊刻個記號說：「這是我的劍掉下去的地方。」船停下來後，他從刻記號的地方下水去尋找劍。船已經移動了，而劍沒有移動，像這樣尋找劍，不是很糊塗嗎？用這樣的舊法來治理他的國家，和刻舟求劍相同。時代已經變遷了，而法制不改變，用不變的舊法來治理國家，難道不是很難嗎？

◎卷十六　先識覽第四

題解

◆先識覽由先識、觀世、知接、悔過、樂成、察微、去宥、正名八篇組成。其中先識、觀世、知接、悔過、樂成、察微六篇為陰陽家學說。先識篇論述了賢者預見國家敗亡的先見之明，目的在於告誡君主要聽取「有道者之言」；觀世篇主要論述觀察世道治亂的根源，勸誡君主必須求賢、任賢；知接篇認為人的智力是有差異的，指出亡國之君智力所限，自作聰明，不能理解智者的先見之明；悔過篇記述了秦穆公不聽勸諫興師襲鄭全軍覆沒後，對眾悔恨過錯一事；樂成篇透過大禹治水等事例說明智者能夠衝破阻力開創新事業，最終和民眾共同享受成功的樂趣；察微篇論述了考察事物端倪的重要性，強調「故治亂存亡，其始若秋毫。察其秋毫，則大物不過矣」。去宥篇系料子、宋鈃、尹文學派的學說，主要闡發如何去掉偏見和蒙蔽，正確認識事物。正名篇為尹文學派的學說，論述了「名」與「實」的關係，強調「名正則治，名喪則亂」。

❁先　識

➲原文

凡國之亡也，有道者必先去，古今一也。地從於城，城從於民，民從於賢。故賢主得賢者而民得，民得而城得，城得而地得。夫地得豈必足行其地、人說其民哉？得其要而已矣。

夏史令終古出其圖法①，執而泣之。夏桀迷惑，暴亂愈甚。太史令終古乃出奔如商②。湯喜而告諸侯曰：「夏王無道，暴虐百姓，窮其父兄，恥其功臣，輕其賢良，棄義聽讒，眾庶鹹怨。守法之臣，自歸於商。」

殷內史向摯見紂之愈亂迷惑也③，於是載其圖法，出亡之周。武王大說④，以告諸侯曰：「商王大亂，沈於酒德⑤，辟遠箕子⑥，爰近姑與息⑦。妲己為政⑧，賞罰無方，不用法式，殺三不辜⑨，民大不服。守法之臣，出奔周國。」

注釋

① 史令：史官名。掌典冊、祭祀、天文曆算等。　終古：人名。圖法：史官所掌典冊一類的書。

② 如：去；往。

③ 內史：職官名。掌著作簡冊、冊命官爵等。

④ 說：通「悅」。

⑤ 沈於酒德：沉溺於飲酒作樂。「沈」，「沉」的古體字。酒德，指酒後昏亂。

⑥ 辟遠：避開。「辟」通「避」。　箕子：商紂王叔父。商紂王暴虐，剖比干之心，箕子諫不聽，箕子懼，披髮佯狂為奴，商紂王將其囚禁。

⑦ 爰：連詞，於是。　姑：婦女。　息：男寵。

⑧ 妲己：商紂王的寵妃。武王滅商時被殺死。

⑨ 殺三不辜：指商紂王因其叔父比干諫諍而剖其心；見寒冬涉水者而砍其腿察看他的腿為何不怕冷；剖孕婦腹而觀其腹中胎兒三件事。

譯文

大凡國家將要滅亡，有道之士一定事先離去，古今如此。土

地的存在依賴於城池，城池的存在依賴於民眾，民眾依賴於賢者。所以賢明的君主一定要招致賢者。賢者得到了，民眾就得到了；民眾得到了，城池就得到了；城池得到了，土地就得到了。所謂得到土地，難道一定要君主親自走到那裡，親自勸說民眾嗎？只需掌握要領罷了。

夏代的史令終古拿出典冊，抱著哭泣。夏桀心神迷亂，暴虐昏亂越來越嚴重。太史令終古於是出逃到商國。商湯王高興地對諸侯說：「夏王無道，暴虐百姓，使父兄困窘，使功臣蒙恥，輕賤賢良，背棄道義，聽信讒言，所有的人都怨恨他。掌管法典的大臣，自己來投靠商國。」

殷代的內史向摯見商紂王越來越昏憒迷亂，就用車載著典冊逃到周國。周武王非常高興，對諸侯說：「商王非常昏亂，沉溺於飲酒作樂，疏遠賢臣箕子，親近婦人和男寵。他的妃子妲己參與朝政，賞罰沒有法度，不依照常規做事，殺了比干等三個無辜的人，民眾極為不服。掌管法典的大臣，逃出來投奔周國。」

❁觀　世

➲ 原文

天下雖有有道之士，國猶少。千里而有一士，比肩也①；累世而有一聖人，繼踵也②。士與聖人之所自來，若此其難也，而治必待之，治奚由至？雖幸而有，未必知也，不知則與無賢同。此治世之所以短，而亂世之所以長也。故王者不四③，霸者不六④，亡國相望，囚主相及。得士則無此之患。此周之所封四百餘，服國八百餘，今無存者矣。雖存，皆嘗亡矣⑤。賢主知其若此也，故日慎一日，以終其世。譬之若登山，登山者，處已高矣，左右視，尚巍巍焉山在其上。賢者之所與處，有似於此。身已賢矣，行已高矣，左右視，尚盡賢於己。故周公旦曰：「不如吾者，吾不與處，累我者也；與我齊者，吾不與處，無益我者也。」惟賢者必與賢於己者處。賢者之可得與處也，禮之也。

子列子窮⑥，容貌有饑色。客有言之於鄭子陽者⑦，曰：「列

禦寇，蓋有道之士也，居君之國而窮，君無乃為不好士乎？」鄭子陽令官遺之粟數十秉⑧。子列子出見使者，再拜而辭。使者去，子列子入，其妻望而拊心曰⑨：「聞為有道者妻子，皆得逸樂。今妻子有饑色矣，君過而遺先生食，先生又弗受也。豈非命也哉？」子列子笑而謂之曰：「君非自知我也，以人之言而遺我粟也，至已而罪我也，有罪且以人言。此吾所以不受也。」其卒民果作難，殺子陽。受人之養而不死其難，則不義；死其難，則死無道也。死無道，逆也。子列子除不義、去逆也，豈不遠哉？且方有饑寒之患矣，而猶不苟取，先見其化也。先見其化而已動，遠乎性命之情也⑩。

注釋

①比肩：肩並肩。形容人很多。

②繼踵：腳挨腳。形容人很多。

③王者：這裡指三王，即夏禹、商湯王、周武王。　不四：不出現第四個。

④霸者：這裡指五霸，即春秋時的諸侯國國君齊桓公、晉文公、秦穆公、宋襄公、楚莊王。　不六：不出現第六個。

⑤嘗：曾經。

⑥子列子：即戰國時鄭人列禦寇。道家代表人物之一。

⑦鄭子陽：鄭附庸國的君主。又為鄭相。

⑧遺：送給；給予。　秉：古代計量單位。十六斛為一秉。

⑨望：怨。　拊（ㄈㄨˇ）：拊掌；拍手。表示驚訝，惱怒或歡喜。

⑩遠：疑為「達」字之誤。

譯文

天下雖然有有道之士，一國之內有道之士還是不多。方圓千里有一個賢士，那就可以叫肩並肩了；幾代出現了一個聖人，那就可以叫腳挨腳了。賢士和聖人的產生這樣困難，而安定的時代一定等他們出現才到來，那麼安定的時代怎麼會到來呢？即使有幸有這樣的賢才，又未必為人所知。不為人所知，那麼和沒有賢才一樣，這就是為什麼安定的時代時間短、混亂的世道時間長的

原因啊。所以天下稱王的只有夏禹王、商湯王、周武王而沒出現第四個，稱霸的只有齊桓公、晉文公、秦穆公、宋襄公、楚莊王而沒出現第六個，國家眼看著一個個滅亡，君主眼看著一個又一個被囚禁。國家得到賢士就不會有這種禍患。這就是周代所封之國四百多個，服從的國家八百多個，現在一個也沒有存在下來的原因。即使有存在下來的，也都曾經滅亡過。賢明的君主知道這些，所以每天都非常謹慎，以平安過完他的一生。這好比登山，登山者已經爬得很高了，左右看看，山還是高高在上。賢人與別人相處，和這相類似。自己已經很賢明了，志行已經很高潔了，左右看看，還有許多賢於自己的。所以周公旦說：「不如我的人，我不和他相處，因為他會拖累我；和我水準相當的，我不和他相處，因為他對我沒有幫助。」只有賢明的人才一定要和賢於自己的人相處。想要和賢者相處，就要禮待他們。

列子很窮困，面有饑色。門客中有人向鄭子陽進言說：「列禦寇，是一個有道之士。他在您的國家居住卻很窮困，您恐怕不喜歡士人吧？」鄭子陽讓屬官送給列子幾百石糧食。列子出來會見使者，再三拜謝推辭不受。使者離開了，列子回到家中，他的妻子怨恨地拍著胸說：「我聽說有道之士的妻子兒女都能過得安逸快樂。現在你的妻子兒女面有饑色，國君派人探望你，又給你送來糧食，你又不接受。難道我們一家命裡注定要忍饑挨餓嗎？」列子笑著對她說：「國君自己並不瞭解我，因為聽了別人的話而送給我糧食，等到他加罪於我的時候，將會因為別人的話加罪於我。這是我不接受饋贈的原因。」後來，鄭國的平民果然發難，殺了子陽。受別人的供養卻不死於其危難，這是不義；死於其危難卻又為無道之人而死，這是背理的事。列子避免了不義，又不去做背理的事，這難道不是遠見卓識嗎？當他有饑寒之患時，仍舊不隨便接受饋贈，這是因為他預見到事情的變化。能夠預見到事情的變化而採取相應的行動，就通曉了人生的真諦了。

❁知　接

➲ 原文

人之目，以照見之也①，以瞑則與不見②，同。其所以為照、所以為瞑異。瞑士未嘗照，故未嘗見。瞑者目無由接也③，無由接而言見，謊。智亦然。其所以接智、所以接不智同，其所能接、所不能接異。智者，其所能接遠也；愚者，其所能接近也。所能接近而告之以遠，奚由相得？無由相得，說者雖工④，不能喻矣⑤。戎人見暴布者而問之曰⑥：「何以為之莽莽也⑦？」指麻而示之。怒曰：「孰之壤壤也⑧，可以為之莽莽也！」故亡國非無智士也，非無賢者也，其主無由接故也。無由接之患，自以為智，智必不接。今不接而自以為智，悖⑨。若此則國無以存矣，主無以安矣。智無以接，而自知弗智，則不聞亡國，不聞危君。

管仲有疾。桓公往問之曰⑩：「仲父之疾病矣⑪，將何以教寡人？」管仲曰：「齊鄙人有諺曰⑫：『居者無載，行者無埋。』今臣將有遠行，胡可以問？」桓公曰：「願仲父之無讓也。」管仲對曰：「願君之遠易牙、豎刀、常之巫、衛公子啟方。」公曰：「易牙烹其子以慊寡人⑬，猶尚可疑邪？」管仲對曰：「人之情，非不愛其子也，其子之忍，又將何有於君？」公又曰：「豎刀自宮以近寡人⑭，猶尚可疑耶？」管仲對曰：「人之情，非不愛其身也，其身之忍，又將何有於君？」公又曰：「常之巫審於死生，能去苛病⑮，猶尚可疑邪？」管仲對曰：「死生，命也，苛病，失也。君不任其命，守其本，而恃常之巫，彼將以此無不為也。」公又曰：「公子啟方事寡人十五年矣，其父死而不敢歸哭，猶尚可疑邪？」管仲對曰：「人之情，非不愛其父也，其父之忍，又將何有於君？」公曰：「諾。」管仲死，盡逐之，食不甘，宮不治，苛病起，朝不肅。居三年，公曰：「仲父不亦過乎？孰謂仲父盡之乎？」於是皆復召而反。明年，公有病，常之巫從中出曰：「公將以某日薨⑯。」易牙、豎刀、常之巫相與作亂，塞宮門，築高牆，不通人，矯以公令。有一婦人逾垣入，至公所。公曰：「我欲食。」婦人曰：「吾無所得。」公又曰：「我欲飲。」婦人曰：「吾無所得。」公曰：「何故？」對曰：「常之巫從中出曰：『公將以某日薨。』易牙、豎刀、常之巫相與作亂，塞宮門，築高牆，不通人，故無所得。公子啟方以書社四十下衛⑰。」

公慨焉歎，涕出，曰：「嗟乎！聖人之所見，豈不遠哉？若死者有知，我將何面目以見仲父乎？」蒙衣袂而絕乎壽宮。蟲流出於戶，上蓋以楊門之扇，三月不葬⑱。此不卒聽管仲之言也。桓公非輕難而惡管子也，無由接見也。無由接，固卻其忠言，而愛其所尊貴也。

注釋

①照：明亮。

②瞑：閉上眼睛。這裡指失明。

③接：接觸。

④工：這裡指善辯。

⑤喻：使動用法，使……明白。

⑥暴：同「曝」。曬。

⑦莽莽：又長又大的樣子。

⑧壤壤：紛亂的樣子。

⑨悖：惑亂；糊塗。

⑩桓公：指春秋時齊國國君齊桓公。西元前 685 ～西元前 643 年在位。即位後任用管仲進行改革，使齊國國力富強。曾多次會盟諸侯，為春秋時期第一個霸主。

⑪仲父：齊桓公尊管仲為仲父。

⑫鄙人：村野之人。

⑬慊（ㄑㄧㄝˋ）：滿足；愜意。

⑭自宮：男子割去自己的生殖器，自毀其身。

⑮苛病：指鬼降給人的病。

⑯薨（ㄏㄨㄥ）：古代稱諸侯之死。後世有封爵的大官之死也稱薨。

⑰書社：古制二十五家為一書社。

⑱「三月不葬」：與《左傳‧僖公十七年》和《史記‧齊世家》的記載不符。當為「三月不殯，九月不葬」。

⑲固：同「故」。　卻：拒絕。

譯文

人的眼睛，因為明亮而能看見東西，因為失明就不能看見東西，而眼睛是相同的。只是它在看東西時或明亮、或失明是不同的。失明的人眼睛從未明亮過，所以從未看見過東西。失明的人眼睛沒有辦法與外界接觸，沒有辦法與外界接觸卻說看見了事物，是騙人。智力也是如此。人們或聰明或愚笨，其接受事物的頭腦是相同的，只是他們所能接受和不能接受的事物不同。聰明的人，能夠預見很遠以後的事；愚笨的人，只能知道眼前的事。他只能知道眼前的事卻告訴他很遠以後的事，他怎麼會理解呢？他無法理解，向他解說的人即使口才非常好，也不能使他明白。戎族人看見有人曬布，就問：「用什麼東西做成了這樣又長又大的東西？」曬布的人指著麻絲讓他看。戎族人生氣地說：「這些亂紛紛的東西是什麼，能做出這樣又長又大的東西！」所以亡敗的國家不是沒有聰明人，不是沒有賢良人，而是它的君主不能理解他們的緣故。無法理解他們而帶來的禍患，是君主自以為聰明，必然無法和智士賢士溝通。如果理解不了智士賢者又自以為聰明，這就是糊塗。像這樣的國家就沒法存在，君主就沒法安寧了。理解不了智士賢者，但自知自己不聰明，則沒聽說有亡國的，沒聽說君主處於險境的。

管仲得了重病。齊桓公西元前去探視，問他說：「仲父的病很嚴重了，您將用什麼話來教誨我呢？」管仲說：「齊國的鄉下人有句諺語說道：『家居的人不用準備外出時車上裝載的東西，行路的人不用準備家居時需要埋藏的東西。』現在我將要遠離人世了，還有什麼值得詢問？」桓公說：「希望仲父不要推辭。」管仲回答說：「希望君王疏遠易牙、豎刀、常之巫、衛公子啟方。」桓公說：「易牙不惜烹煮自己的兒子以滿足我的口味，這樣的人還能夠懷疑嗎？」管仲回答說：「人的本性，不是不愛自己的兒子啊，自己的兒子都忍心煮死，對君王又將會有什麼不忍心呢？」桓公又說：「豎刀自己閹割了自己以便能接近我，這樣的人還能夠懷疑嗎？」管仲回答說：「人的本性，不是不愛自己的身體啊。自己的身體都忍心閹割，對君王又將會有什麼不忍心呢？」桓公又說：「常之巫能審察死生之理，能驅除鬼降給人的疾病，這樣

的人還能夠懷疑嗎？」管仲回答說：「死和生，是命中注定的，鬼降給人的疾病，是由於人的精神失守引起的。君王不聽任天命，守住精神，卻去依靠常之巫，他將因此無所不為了。」桓公又說：「衛公子啟方侍奉我十五年了，他的父親死了都不敢回去哭喪，這種人還能夠懷疑嗎？」管仲回答說：「人的本性，不是不熱愛自己的父親啊，父親死了都忍心不回去奔喪，對君王又將會有什麼不忍心呢？」桓公說：「好吧。」管仲死後，齊桓公把易牙、豎刀、常之巫、衛公子啟方全都驅逐走了。此後桓公吃飯不香甜，內宮不安定，鬼病四起，朝政混亂。過了三年，桓公說：「仲父不免也太過分了吧？誰說仲父的話都可信呢？」於是又把他們全都召了回來。第二年，桓公病了，常之巫從宮中出來，說：「君王將在某日去世。」易牙、豎刀、常之巫共同作亂，堵塞宮門，築起高牆，不准人進宮，假稱這是桓公的命令。有一個婦人翻牆進入宮內，到了桓公那裡。桓公說：「我想吃東西。」婦人說：「我沒有地方能弄到吃的。」桓公又說：「我想喝水。」婦人說：「我沒有地方能弄到水。」桓公說：「這是什麼緣故？」回答說：「常之巫從宮中出去說：『君王將在某日去世。』易牙、豎刀、常之巫共同作亂，堵塞宮門，築起高牆，不准人進宮，所以沒有地方能弄到食物和水。衛公子啟方帶著四十個書社投降了衛國。」桓公慨然歎息，流著眼淚說：「唉！聖人所預見到的，難道不是很遠嗎？如果死者有知，我將有什麼面目去見仲父呢？」於是用衣袖蒙住臉死在壽宮。屍體上的蛆蟲從門縫爬出門外，屍體上蓋著楊門的門板，三個月沒有入棺，九個月還沒安葬。這是齊桓公最終沒有聽從管仲的話的結果啊。桓公不是輕視災難而憎惡管子，而是他的智力無法理解管仲對事物發展的預見，不能理解管仲，當然就會拒絕接受管仲的忠言，而親近自己所寵信的那些小人。

☸悔　過

➲ 原文

穴深尋①，則人之臂必不能極矣②。是何也？不至故也。智亦

有所不至。所不至，說者雖辯，為道雖精，不能見矣。故箕子窮於商[3]，范蠡流乎江[4]。

昔秦繆公興師以襲鄭[5]，蹇叔諫曰[6]：「不可。臣聞之，襲國邑，以車不過百里，以人不過三十里，皆以其氣之趫與力之盛至[7]，是以犯敵能滅，去之能速。今行數千里，又絕諸侯之地以襲國[8]，臣不知其可也。君其重圖之。」繆公不聽也。蹇叔送師於門外而哭曰：「師乎！見其出而不見其入也。」……師過周而東。鄭賈人弦高、奚施將西市於周，道遇秦師，曰：「嘻！師所從來者遠矣。此必襲鄭。」遽使奚施歸告，乃矯鄭伯之命以勞之[9]，曰：「寡君固聞大國之將至久矣。大國不至，寡君與士卒竊為大國憂，日無所與焉，惟恐士卒罷弊與糗糧匱乏[10]。何其久也！使人臣犒勞以璧，膳以十二牛。」秦三帥對曰[11]：「寡君之無使也，使其三臣丙也、術也、視也於東邊候晉之道，過，是以迷惑，陷入大國之地。」不敢固辭，再拜稽首受之[12]。三帥乃懼而謀曰：「我行數千里，數絕諸侯之地以襲人，未至而人已先知之矣，此其備必已盛矣。」還師去之。當是時也，晉文公適薨[13]，未葬。先軫言於襄公曰[14]：「秦師不可不擊也，臣請擊之。」……襄公不得已而許之。先軫遏秦師於淆而擊之，大敗之，獲其三帥以歸。繆公聞之，素服廟臨[15]，以說於眾曰：「天不為秦國，使寡人不用蹇叔之諫，以至於此患。」此繆公非欲敗於殽也，智不至也，智不至則不信。言之不信，師之不反也從此生[16]。故不至之為害大矣。

注釋

①尋：古代長度單位。八尺為一尋。

②極：至；到達。

③箕子窮於商：商紂王暴虐，剖比干之心，箕子諫不聽，箕子懼，披髮佯狂為奴，商紂王囚禁他。箕子，商紂王叔父；窮，窘迫。

④范蠡流乎江：范蠡輔佐越王勾踐滅吳後，乘輕舟浮於江離去。

⑤秦繆公：即秦穆公，春秋五霸之一。繆，通「穆」。

⑥蹇（ㄐㄧㄢˇ）叔：秦穆公時秦國上大夫。

⑦趫（ㄑㄧㄠˊ）：壯盛。交走

⑧ 絕：穿越。

⑨ 矯：假託君命。　鄭伯：鄭國國君。　勞：慰勞。

⑩ 罷弊：通「疲敝」。羸弱疲困。　糗（ㄑㄧㄡˇ）糧：炒熟的米麥等穀物。

⑪ 秦三帥：指秦國的三個主帥白乙丙、西乞術、孟明視。

⑫ 稽首：古時一種跪拜禮，叩頭至地。

⑬ 薨（ㄏㄨㄥ）：古代稱諸侯之死。後世有封爵的大官之死也稱薨。

⑭ 先軫（ㄓㄣˇ）：晉國執政大臣。　襄公：晉文公的兒子。

⑮ 素服：這裡指喪服。

⑯ 反：通「返」。

譯文

深達八尺的洞穴，人的手臂就一定不能探到底。這是什麼原因呢？是因為手臂不能到達洞底的緣故。智力也有達不到的範圍。君主智力所不能及的方面，遊說的人雖然善辯，道理雖然精妙，他也不能理解。所以，箕子被商紂王囚禁，范蠡輔佐越王勾踐滅吳後漂泊在江湖上。

從前秦穆公發兵襲擊鄭國，大夫蹇叔勸諫：「不可。我聽說，偷襲他國城邑，若是用戰車，襲擊的範圍不應超過百里；若用步兵，襲擊的範圍不應超過三十里。都是趁著士氣旺盛和精力強盛時到達，因此攻敵能勝，撤離能快。如今行軍幾千里，還要穿越他國領土去襲擊鄭國，我不知道它的可行性在哪裡。您應慎重考慮此事。」秦穆公沒聽從蹇叔的勸阻。蹇叔送軍隊到城門外，哭著說：「秦國軍隊啊，我只能看你們走出卻看不到你們回來啊。」……秦軍過了周的都城向東西元前進，鄭國商人弦高、奚施要到西面周的都城去做買賣，途中遇到秦軍，說：「啊！這支軍隊遠道而來，一定是去偷襲鄭國的。」弦高立即派奚施回鄭國報信，他假託鄭國國君的命令去慰勞秦軍，說：「我國君王和士卒很早就聽說貴國軍隊要來了。貴軍沒到，我國君王和士卒私下都暗暗為貴軍擔憂，每天都心情不悅，唯恐貴軍士兵羸弱疲困，乾糧短缺，你們

怎麼這麼久才到這裡呢？我們國君派我拿玉璧犒勞你們，並且送十二頭牛給貴軍食用。」秦軍的三個主帥回答說：「我們國君沒使者可遣，只派他的三個臣子白乙丙、酉乞術、孟明視去東面察看晉國的道路，沒料到走過了頭而迷路誤入貴國。」三個主帥不敢堅決推辭弦高送來的東西，拜了兩拜，又叩頭至地，接受了禮物。秦軍的三個主帥很害怕，共同商量說：「我們出征幾千里，穿越多個諸侯國的土地去偷襲人家，我們還沒到達而他們卻已先知道，這說明他們的準備一定已經很充分了。」於是，秦軍回師離開鄭國。與此同時，晉文公去世，尚未安葬。晉國大臣先軫對晉襄公說：「秦國軍隊不能不襲擊，我請求您讓我去襲擊秦軍。」……襄公沒辦法，答應了他。先軫在殽山阻擋住秦軍進行攻擊，大勝秦軍，抓獲秦軍三個主帥班師回國。秦穆公聽說這件事，穿著喪服到祖廟去哭，對大家說：「老天不助我秦國，讓我不採納蹇叔的勸諫，造成這種災難。」這不是秦穆公想在殽山打敗仗，而是由於他智商不夠，智商不夠他才不相信蹇叔的話。不相信蹇叔的話，才導致秦軍有去無回。所以，智商不夠造成的危害是巨大的。

☸樂成

➲ 原文

大智不形①，大器晚成，大音希聲②。

禹之決江水也③，民聚瓦礫。事已成，功已立，為萬世利。禹之所見者遠也，而民莫之知。故民不可與慮化舉始，而可以樂成功④。

孔子始用於魯⑤，魯人鷖誦之曰⑥：「麛裘而韠⑦，投之無戾⑧。韠而麛裘，投之無郵⑨。」用三年，男子行乎塗右⑩，女子行乎塗左，財物之遺者，民莫之舉⑪。大智之用，固難逾也⑫。子產始治鄭⑬，使田有封洫⑭，都鄙有服⑮。民相與誦曰：「我有田疇⑯，而子產賦之⑰；我有衣冠，而子產貯之。孰殺子產，吾其與之⑱。」後三年，民又誦之曰：「我有田疇，而子產殖之；我有子弟，而子產誨之⑲。子產若死，其使誰嗣之⑳？」使鄭簡、魯哀當民之

誹訾也[21]，而因弗遂用，則國必無功矣，子產、孔子必無能矣。非徒不能也，雖罪施，於民可也。今世皆稱簡公、哀公為賢，稱子產、孔子為能。此二君者，達乎任人也。

注釋

①形：顯露；表露。

②大器晚成，大音希聲：見《老子》四十章。　希：通「稀」。稀少。

③決：疏通。

④以：與。

⑤用：任用。

⑥鷖（ㄧ）：魯國人名。　誦：以婉言、隱語諷諫。

⑦麛（ㄇㄧˊ）：小鹿。　韠（ㄅㄧˋ）：蔽膝。古代朝覲或祭禮遮蔽在衣裳前面的一種服飾。　裘是常服，為朝賀之服，兩者一般不同時穿。當時人以為孔子穿著不合時宜。

⑧投：棄。　戾：罪過。

⑨郵：通「尤」。過錯。

⑩塗：道路。

⑪舉：取。

⑫逾：通曉；知曉。

⑬子產：春秋時鄭國大夫。姓公孫，名僑，字子產。著名政治家。

⑭封：界域；邊界。　洫（ㄒㄩˋ）：田間水道。

⑮鄙：邊邑；小邑。　服：衣冠服色。

⑯疇（ㄔㄡˊ）：已耕作的田地。

⑰賦：用如動詞，徵收賦稅。

⑱與：幫助。

⑲殖：生長；繁殖。

⑳嗣：繼承。

㉑訾（ㄗˇ）：指責；詆毀。

譯文

大智慧不顯露於外，大形體的器物很遲製成，最優美的聲音聽起來好像無聲。

大禹在疏通江水之時，百姓聚積瓦礫來加以攔阻。治水事業已經完成，功業已經建立之後，為千秋萬世帶來了好處。大禹所預見的事情很遠，可百姓卻沒人能理解。所以跟百姓不能一起考慮事物的變化與新事業的開創，但可以與他們同享成功的歡樂。

孔子剛開始在魯國被任用為官時，魯國有人唱著歌謠說：「穿著鹿皮衣服又穿蔽膝，丟棄它沒罪過；穿著蔽膝又穿著鹿皮衣，拋棄它沒有過錯。」孔子被任用三年後，男子在道路的右邊行走，女子在道路的左邊行走，財物遺失了，也沒有人取走。大智慧的運用，本來就讓人難以理解。子產剛開始治理鄭國時，下令劃定田地水道界域，讓都市和四鄙各有規定的服色。人們互相唱著歌謠說：「我們有田地，子產卻徵賦稅；我們有衣冠，子產卻讓我們將其收藏。誰要是殺掉子產，我們一定去幫助他。」過了三年，人民又歌頌他說：「我們有田地，子產讓它生長農作物；我們有子弟，子產教導他們。子產如果死了，將讓誰繼承他呢？」假如鄭簡公、魯哀公在民眾詆毀子產和孔子時，就因此而不重用他們，魯國、鄭國一定沒什麼成就，子產和孔子一定無所作為。不僅無所作為，即使加罪於他們，民眾也不會反對。今世人們都稱讚鄭簡公、魯哀公為賢君，子產、孔子為能臣。鄭簡公、魯哀公這兩個國君，很精通用人之道呀！

❁察　微

➲ 原文

使治亂存亡若高山之與深谿①，若白堊之與黑漆②，則無所用智，雖愚猶可矣。且治亂存亡則不然。如可知，如可不知；如可見，如可不見。故智士賢者相與積心愁慮以求之，猶尚有管叔、蔡叔之事與東夷八國不聽之謀③。故治亂存亡，其始若秋毫④。察其秋毫，

則大物不過矣⑤。

魯國之法，魯人為人臣妾於諸侯⑥，有能贖之者，取其金於府。子貢贖魯人於諸侯⑦，來而讓，不取其金。孔子曰：「賜失之矣。自今以往，魯人不贖人矣。」取其金，則無損於行；不取其金，則不復贖人矣。子路拯溺者，其人拜之以牛⑧，子路受之。孔子曰：「魯人必拯溺者矣。」孔子見之以細，觀化遠也。

楚之邊邑曰卑梁，其處女與吳之邊邑處女桑於境上⑨，戲而傷卑梁之處女。卑梁人操其傷子以讓吳人⑩，吳人應之不恭，怒殺而去之。吳人往報之，盡屠其家。卑梁公怒⑪，曰：「吳人焉敢攻吾邑？」舉兵反攻之，老弱盡殺之矣。吳王夷昧聞之怒⑫，使人舉兵侵楚之邊邑，克夷而後去之⑬。吳、楚以此大隆。吳公子光又率師與楚人戰於雞父，大敗楚人，獲其帥潘子臣、小惟子、陳夏齧，又反伐郢⑭，得荊平王之夫人以歸。實為雞父之戰。凡持國，太上知始，其次知終，其次知中。三者不能，國必危，身必窮。《孝經》曰：「高而不危，所以長守貴也；滿而不溢，所以長守富也。富貴不離其身，然後能保其社稷，而和其民人。」楚不能之也。

注釋

①深谿（ㄒㄧ）：深谷。

②白堊（ㄜˋ）：白色的土。

③管叔：周公弟。　蔡叔：周公兄。管、蔡二人在周武王滅商後分別被封於管、蔡之地。成王登基後年少，由周公攝政，管叔、蔡叔二人乘機作亂，東夷八國附從他們，不聽王命。

④秋毫：鳥獸在秋天新長出的細毛。比喻細微的東西和事物。

⑤大物：指大事。

⑥臣：男僕。　妾：女僕。

⑦子貢：孔子弟子。姓端木，名賜，字子貢。

⑧拜之以牛：指用牛來答謝。

⑨處女：女孩。　桑：用如動詞，採桑。

⑩子：指上文的「處女」。　讓：責備；責怪。

⑪卑梁公：卑梁公實為卑梁大夫。楚僭稱王。

⑫ 夷昧：春秋時吳國國君，吳王壽夢之子。西元前 530 一西元前 527 年在位。

⑬ 夷：平。

⑭ 郢（ㄧㄥˇ）：春秋戰國時楚國都城。故址在今湖北省江陵縣紀南城。

譯文

如果治亂存亡之間的差別像高山和深谷，像白土和黑漆那樣明顯的話，那麼就沒必要任用有智慧之人，愚蠢的人也可以勝任。可是治亂存亡之間的差別卻不是這樣。似乎可以知道，又似乎不可以知道；似乎可以看見，又似乎看不見。因此那些智士賢人都在千方百計費盡心機去尋求國家長治久安的方法，盡管如此，周成王時尚且有管叔、蔡叔作亂和東夷八國不服王命的陰謀。因此治亂存亡的徵兆開始時如同鳥獸秋天長出的新毛一樣細微。如果能夠明察秋毫，那麼大事就不會出現過失了。

魯國的法律規定，魯國人在其他諸侯國做奴僕的，如有人能夠贖出他們，就可以從國庫中領取贖金。子貢在別的諸侯國中贖回了做奴僕的魯國人，回國後辭讓，沒從國庫中領取贖金。孔子說：「子貢做得不對啊，從今以後，魯國人不會再贖人了。」領取贖金，無損於一個人的品行；不領取贖金，就沒人再贖人了。子路救了一個溺水的人，這個人用牛來答謝，子路接受了。孔子說：「魯國人必定會拯救溺水的人。」孔子從細小之處看事物，觀察事物發展變化深遠啊。

楚國有個邊境城邑叫卑梁，那裡的女孩和吳國邊境城邑的女孩同在邊境上採桑葉，遊戲時吳國的女孩弄傷了卑梁的女孩。卑梁的人帶著受傷的女孩去責備吳國人。吳國人出言不恭，卑梁人怒殺吳國人而去。吳國人去卑梁報復，把那個卑梁人全家都殺了。卑梁的守邑大夫大怒，說：「吳國人怎麼敢攻打我的城邑？」於是發兵反攻吳國邊境，把老弱全部殺死。吳王夷昧聽到這件事後大怒，派人領兵入侵楚國的邊境城邑，攻佔夷平該地後離去。吳國和楚國因此發生了大規模的衝突。吳國公子光又率領軍隊在雞

父和楚國人交戰，大敗楚軍，俘獲了楚軍的主帥潘子臣、小惟子、陳夏齧，又回師攻打郢都，捉獲楚平王的夫人才撤回。這就是雞父之戰。凡是主持國事，首先要瞭解事情的起始，其次是要預見到事情的結局，再次是要知道事情發展的經過。這三點都做不到，國家一定危險，自身一定困窘。《孝經》上說：「高而不傾，就能長期保持尊貴；滿而不溢，就能長期保持富足。富貴不離其身，然後才能保住他的國家，而使人民和樂。」楚國做不到這一點。

☸去　宥

➲ 原文

東方之墨者謝子①，將西見秦惠王②。惠王問秦之墨者唐姑果。唐姑果恐王之親謝子賢於己也③，對曰：「謝子，東方之辯士也。其為人甚險④，將奮於說⑤，以取少主也⑥。」王因藏怒以待之。謝子至，說王，王弗聽。謝子不說⑦，遂辭而行。凡聽言以求善也，所言苟善，雖奮於取少主，何損？所言不善，雖不奮於取少主，何益？不以善為之慤⑧，而徒以取少主為之悖⑨，惠王失所以為聽矣。用志若是，見客雖勞，耳目雖弊⑩，猶不得所謂也⑪。

齊人有欲得金者，清旦，被衣冠⑫，往鬻金者之所⑬，見人操金，攫而奪之⑭。吏搏而束縛之，問曰：「人皆在焉，子攫人之金，何故？」對吏曰：「殊不見人，徒見金耳。」此真大有所宥也⑮。夫人有所宥者，固以晝為昏，以白為黑，以堯為桀。宥之為敗亦大矣。亡國之主，其皆甚有所宥邪？故凡人必別宥然後知，別宥則能全其天矣。

注釋

①謝子：謝為姓，子為古代對人的尊稱。　宥：(ㄧㄡˋ)寬厚仁慈的對待。

②秦惠王：即秦惠文王。秦孝公之子，名為駟，西元前337～前311年在位。

③賢：超過。

④ 險：陰險；奸邪。
⑤ 奮：竭力。
⑥ 取：取悅。　少主：指秦惠王的太子。
⑦ 説：通「悦」。喜悦。
⑧ 愨（ㄑㄩㄝ ㄟ）：恭謹；厚道；樸實。
⑨ 悖：悖逆；違背正道。
⑩ 弊：困乏；疲憊。
⑪ 所謂：指言談的要旨。
⑫ 被：穿戴。
⑬ 鬻（ㄩ ㄟ）：賣。
⑭ 攫（ㄐㄩㄝ ㄧ）：迅速抓取。
⑮ 宥（ㄧㄡ ㄟ）：通「囿」。局限；蔽礙。

譯文

東方的墨家學者謝子，準備西行謁見秦惠王。秦惠王向秦國的墨家學者唐姑果打聽謝子的情況。唐姑果擔心秦王親信謝子超過自己，就回答說：「謝子是東方的雄辯家。他為人十分奸邪，他將會竭力遊說，以取悅於太子。」秦惠王因而心懷憤怒地等待謝子的到來。謝子來了，向秦惠王進行遊說，秦惠王不肯聽從他的主張。謝子不高興，於是就告辭走了。凡聽取別人的言論是為了求得好的建議，假如他所說的意見好，就算他竭力想取得太子的歡心，又有什麼損害呢？如果他所說的意見不好，即便他不是竭力要取得太子的歡心，又有什麼益處呢？不因為他的好建議而認為他恭謹，而僅因為他想取悅太子就認為他悖逆，秦惠王捨棄了聽取別人言論的真正目的。如果採用這種態度，會見客人即使會見到疲勞，耳朵眼睛就算用到困乏，還是得不到客人言談的要旨。

齊國有個人想得到金子，清晨，穿戴好衣帽，去了賣金人的住所，看見有人拿著金子，他抓住金子就奪了過來。官吏把他抓住捆了起來，問他說：「人們都在場，你就搶人家的金子，這是為什麼？」他回答說：「我根本沒有看見人，只看見了金子。」

這真是受蔽礙到了極點。人在受蔽礙的情況下，當然會把白天當成黑夜，把白當成黑，把堯帝當成夏桀，受蔽礙造成的危害也太大了。亡國的君主，他們都是嚴重受蔽礙了吧？所以普通人必須去除蔽礙然後才能明白事理，去除蔽礙就能保全自己的天性。

正　名

原文

名正則治，名喪則亂。使名喪者，淫說也①。說淫則可不可而然不然，是不是而非不非。故君子之說也，足以言賢者之實、不肖者之充而已矣②，足以喻治之所悖③、亂之所由起而已矣，足以知物之情、人之所獲以生而已矣。

尹文見齊王④，齊王謂尹文曰：「寡人甚好士。」尹文曰：「願聞何謂士？」王未有以應。尹文曰：「今有人於此，事親則孝，事君則忠，交友則信，居鄉則悌⑤。有此四行者，可謂士乎？」齊王曰：「此真所謂士已⑥。」尹文曰：「王得若人，肯以為臣乎？」王曰：「所願而不能得也。」尹文曰：「使若人於廟朝中深見侮而不鬥⑦，王將以為臣乎？」王曰：「否。大夫見侮而不鬥⑧，則是辱也，辱則寡人弗以為臣矣。」尹文曰：「雖見侮而不鬥，未失其四行也。未失其四行者，是未失其所以為士一矣。未失其所以為士一，而王以為臣；失其所以為士一，而王不以為臣，則向之所謂士者，乃士乎⑨？」王無以應。尹文曰：「今有人於此，將治其國，民有非則非之，民無非則非之，民有罪則罰之，民無罪則罰之，而惡民之難治，可乎？」王曰：「不可。」尹文曰：「竊觀下吏之治齊也，方若此也。」王曰：「使寡人治信若是，則民雖不治，寡人弗怨也。意者未至然乎！」尹文曰：「言之不敢無說，請言其說。王之令曰：『殺人者死，傷人者刑。』民有畏王之令、深見侮而不敢鬥者，是全王之令也，而王曰：『見侮而不敢鬥，是辱也。』夫謂之辱者，非此之謂也。以為臣不以為臣者，罪之也。此無罪而王罰之也。」齊王無以應。論皆若此，故國殘身危，走而之谷，如衛⑩。

注釋

①淫説：邪説；誇大失實的言論。

②充：實。

③喻：明。　悖：通「勃」。盛。

④尹文：齊人。戰國時名家學者。　齊王：指齊湣王。戰國時齊國的國君，齊宣王的兒子，約西元前300～前284年在位。

⑤悌：敬愛兄長。亦泛指敬重長上。

⑥已：語氣詞。

⑦廟朝：宗廟和朝廷。這裡指大庭廣眾之下。

⑧大夫：當是「丈夫」之誤。「大」與「丈」，古書常以形互訛。

⑨未失其四行者……乃士乎：原文似有誤，當據《公孫龍子•跡府篇》改作：「未失其四行者，是未失其所以為士矣。未失其所以為士，而王一以為臣，一不以為臣，則向之所謂士者乃非士乎？」

⑩故國殘身危，走而之谷，如衛：西元前284年，燕、秦、楚三國合謀敗齊，燕將樂毅入臨淄，盡取齊寶器，齊湣王出奔穀邑，又逃亡到衛國。谷，齊邑。如，到。

譯文

名分正國家就能治理好，名分不正國家就混亂。使名分不正的，是邪說。邪說使不可以變成可以而使不對變成對，使不是變成是而使不非變成非。所以君子的言論，足以說明賢者、不肖者的本質就行了，足以闡明治世之所以興盛，亂世之所以發生的原因就行了，足以知道萬物的真實情況、人們如何獲得賴以生存的物質就行了。

名家學者尹文見齊湣王，齊湣王對尹文說：「我很喜好士子。」尹文說：「很想知道您認為什麼樣的人才算士子？」齊湣王沒有回答。尹文說：「假如有人在這裡，侍奉父母孝順，侍奉君主忠誠，結交朋友守信，居鄉敬重年長的人，有這四種品行的人，可以叫做士子嗎？」齊湣王回答說：「這真可以說是士子了！」尹文說：「您得到這樣的人，肯用他作臣嗎？」齊湣王說：「這是我所希望而不可能得到的呀！」尹文說：「假若像這樣的人，在宗廟、朝

廷這樣的大庭廣眾之下，深受侮辱而不抗爭，您將用他作臣嗎？」齊湣王回答說：「不。作為一個大丈夫被侮辱而不抗爭，就是恥辱，甘受恥辱的人我不能用他作臣子。」尹文說：「雖然被侮辱而不抗爭，但是並沒喪失他的四種品行啊。沒喪失那四種品行，就沒喪失士子的條件。沒喪失士子的條件，而您一時要用他作臣，一時又不用他作臣，那麼前面您所說的士子竟不是士子了嗎？」齊湣王沒法回答。尹文說：「假如有人在這裡，想治理他的國家，百姓有過失就斥責，百姓沒有過失同樣斥責，百姓犯了罪就處罰，百姓沒有犯罪同樣處罰，卻怨恨百姓難於治理，可以嗎？」齊湣王說：「不可以！」尹文說：「我看您手下的官吏治理齊國，正像這樣。」齊湣王說：「假若我治理齊國確實像這樣，那麼百姓即使治理不好，我也不怨恨。想來還沒到如此地步吧！」尹文說：「我不敢毫無道理地這樣說，請允許我講出其中的道理。您的法令說：『殺人的處死，傷人的判刑。』百姓中有害怕您這個法令的人，深受侮辱而不敢抗爭，這是為了顧全您的法令呀。而您說：『被侮辱而不抗爭，這是恥辱。』那被叫做恥辱的，不是指這種情況而言。本應該用他作臣子而不讓他作臣子，這等於是處罰他。這就是他沒罪而您卻處罰他。」齊湣王沒法回答。齊湣王的論調都類似這種情況，所以後來弄得國破身危，狼狽地出奔穀邑，又逃亡到衛國。

◎卷十七　審分覽第五

題解

◆ 審分覽由審分、君守、任數、勿躬、知度、慎勢、不二、執一八篇組成。其中審分、君守、任數、勿躬、知度五篇為尹文學派的學說。審分篇論述了審定君臣上下職分的重要性，並提出了審分正名的方法；君守篇闡述了君主應該遵守之道，主張國君清靜無為，垂拱而治；任數篇論述了君主的統治之術，認為因勢

利導是君主統治的策略，親自做事是臣子的準則；勿躬篇告誡君主不必親自去做臣子應該做的事，而應加強自身修養，讓百官「畢力盡智」；知度篇論述了為君者的度量，認為聖明的君主只要明白君主所掌握的權柄、知道駕馭百官的要領就能治理好國家。慎勢、不二、執一三篇系法家學說。慎勢篇論述的主旨是君主要謹慎地守住權勢，認為君主只有建立絕對的權勢，才能控制整個國家的局面；不二篇論述了在治理國家中用共同的法令統一人的思想的必要性；執一篇主要論述國君應執國家大權於一身，強調要建立中央集權的君主專制制度。

❁審　分

➲ 原文

凡人主必審分，然後治可以至，奸偽邪辟之塗可以息①，惡氣苛疾無自至②。夫治身與治國，一理之術也。今以眾地者③，公作則遲，有所匿其力也；分地則速，無所匿遲也。主亦有地，臣主同地，則臣有所匿其邪矣，主無所避其累矣。

凡為善難，任善易。奚以知之？人與驥俱走④，則人不勝驥矣；居於車上而任驥，則驥不勝人矣。人主好治人官之事⑤，則是與驥俱走也，必多所不及矣。夫人主亦有居車⑥，無去車，則眾善皆盡力竭能矣，諂諛詖賊巧佞之人無所竄其奸矣，堅窮廉直忠敦之士畢競勸騁騖矣⑦。人主之車，所以乘物也。察乘物之理，則四極可有⑧。不知乘物，而自怙恃⑨，奪其智能，多其教詔，而好自以，若此則百官恫擾⑩，少長相越⑩，萬邪並起。權威分移，不可以卒，不可以教，此亡國之風也。

王良之所以使馬者⑫，約審之以控其轡⑬，而四馬莫敢不盡力。有道之主，其所以使群臣者亦有轡。其轡何如？正名審分，是治之轡已⑭。故按其實而審其名，以求其情；聽其言而察其類⑮，無使放悖⑯。夫名多不當其實，而事多不當其用者，故人主不可以不審名分也。不審名分，是惡壅而愈塞也。壅塞之任，不在臣下，在於人主。堯、舜之臣不獨義⑰，湯、禹之臣不獨忠，得其數也⑱；桀、

紂之臣不獨鄙⑲，幽、厲之臣不獨辟⑳，失其理也。

注釋

①塗：通「途」。
②苛疾：重病。
③地：名詞用作動詞，種地。
④驥：良馬。　走：跑。
⑤人官：官吏。
⑥居車：坐在車上。
⑦騁鶩（ㄔㄥˇ　ㄨㄟ）：縱橫奔馳。
⑧四極：四方邊遠之地。
⑨怙恃：憑藉；倚仗。
⑩恫（ㄉㄨㄥˋ）擾：動亂。
⑪少長相越：指長幼失序。
⑫王良：春秋時晉國善於駕馬的人。
⑬轡（ㄆㄟˋ）：駕馭牲口用的轠繩。
⑭已：句末語。
⑮類：事。
⑯放悖：悖逆。
⑰獨：特；特別地。
⑱數：術；法術。
⑲鄙：見識淺薄，行為低下。
⑳辟：邪僻。

譯文

凡是君主，一定要審定君臣的名分，然後國家安定的局面才能到來，奸偽邪惡者的道路才能堵塞，穢氣惡疾也就無從產生。修身和治國，道理是一樣的。如果大家共同耕種一塊土地，耕作進度就慢，這是由於人們有辦法隱藏力氣；將這塊土地分開耕種，進度就快，這是因為人們無法隱藏力氣浪費時間。君主治國也像種地一樣，臣子和君主共同治理，臣子就有辦法隱藏自己的邪惡，君主就無法逃避勞累了。

凡是親自做善事就難，任用別人做善事就容易。怎麼知道是這樣呢？人和良馬一起跑，那麼人就不能跑過良馬；如果人坐在車上駕馭良馬，那麼良馬就不能跑過人了。君主喜歡管官吏職權範圍內的事，就好比人和良馬一起跑啊，一定在很多方面不如官吏。君主也有他所乘坐的「車子」，他不離開自己的「車子」，那麼眾多善良的人就都盡力竭能，阿諛、邪僻、奸巧的人就無法施展奸詐了，剛強睿智、廉潔正直、忠誠淳樸的人就都會爭相努力奔走效勞了。君主的「車子」，是用來載物的。懂得了載物的道理，即使四方偏遠的地方都可以佔有；不知道載物的道理，而憑藉自己的權勢，誇耀自己的才能，教令繁多，好剛愎自用，如果這樣，那麼各級官吏就會發起動亂，長幼就會失序，各種邪惡會一起出現。權威分散轉移，不能善終，不可以施教，這是亡國的風氣啊。

王良之所以善於駕馬，是因為他善於審明馬的習性而用馬韁繩約束馬，所以四匹馬不敢不盡力。有治國之道的君主，他駕馭眾臣也有「韁繩」。他的「韁繩」是什麼呢？就是正名分審職分，這是治理臣子的「韁繩」啊。所以，根據臣子的實際能力而審察他的名分，以掌握他的實情；傾聽臣子的言論而考察他做的事，不要讓言行悖逆。名分大多不符合實情，而事物大多不切實用，所以君主不能不審定名分。不審定名分，是憎惡君臣之道壅塞卻更加壅塞。君臣之道壅塞的責任，不在臣子，而在君主。堯、舜的臣子並非特別地仁義，湯、禹的臣子並非特別地忠誠，只是堯、舜、湯、禹掌握了駕馭臣子之術啊；夏桀王、商紂王的臣子並非特別地見識淺薄、行為低下，周幽王、周厲王的臣子並非特別地邪僻，只是因為夏桀王、商紂王、周幽王、周厲王喪失了為君之道啊。

君守

原文

得道者必靜，靜者無知。知乃無知，可以言君道也。故曰中欲

不出謂之扃①，外欲不入謂之閉。既扃而又閉，天之用密②。有準不以平③，有繩不以正④，天之大靜。既靜而又寧，可以為天下正⑤。身以盛心，心以盛智，智乎深藏，而實莫得窺乎！《洪範》曰⑥：「惟天陰騭下民⑦。」陰之者，所以發之也⑧。故曰不出於戶而知天下，不窺於牖而知天道⑨。其出彌遠者，其知彌少。故博聞之人、強識之士闕矣⑩，事耳目、深思慮之務敗矣，堅白之察、無厚之辯外矣⑪。不出者，所以出之也；不為者，所以為之也。此之謂以陽召陽⑫、以陰召陰。東海之極，水至而反；夏熱之下，化而為寒。故曰天無形，而萬物以成；至精無象，而萬物以化；大聖無事，而千官盡能。此乃謂不教之教，無言之詔。

故有以知君之狂也，以其言之當也；有以知君之惑也，以其言之得也。君也者，以無當為當，以無得為得者也。當與得不在於君，而在於臣。故善為君者無識，其次無事。有識則有不備矣⑬，有事則有不恢矣。不備不恢，此官之所以疑，而邪之所從來也。今之為車者，數官然後成⑭。夫國豈特為車哉？眾智眾能之所持也，不可以一物一方安車也。

注釋

①扃（ㄐㄩㄥ）：鎖閉。
②用：行。　密：精密。
③准：水準儀，取平的儀器。
④繩：墨繩，畫直線的工具。
⑤正：主宰。
⑥《洪範》：《尚書》中的一篇。
⑦陰：通「蔭」。保護。　騭（ㄓˋ）：安定。
⑧發之：指使人民繁衍生息。
⑨牖（ㄧㄡˇ）：窗戶。
⑩闕（ㄑㄩㄝ）：毀傷。
⑪堅白、無厚：春秋戰國時期名家辯論的兩個命題。
⑫以陽召陽、以陰召陰：當為「以陽召陰，以陰召陽」。
⑬恢：完善；周全。

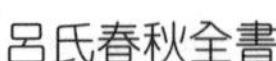

⑭ 數官然後成：官，指造車的部門。古代造車，車的轅、軸、輪等要由不同的部門來做。

譯文

得道的人一定平靜，平靜的人無知，有知也像無知一樣，這樣的人就可以與他談論為君之道了。所以說，內心的欲望不露出來叫做封鎖，外界的誘惑不進入內心叫做關閉。既封鎖內心的欲望又關閉外界的誘惑，天性運行就精密了。有水平器卻不用來作平正的依據，有墨繩卻不用來作取直的標準，天性達到極度清靜的境界。既清靜而又安寧，就可以成為天下之主了。身體用來盛放心，心用來盛放智慧，智慧深藏，它的真實情況人們無法窺探。《尚書•洪範》說：「只有上天蔭庇安定著下民。」蔭庇他們，是為了使他們繁衍生息。因此說，得道的人不出門戶就知曉天下的情況，不往窗外看就知道自然運行的規律。一個人考慮的事情越高遠，他所知道的事情就越少。所以，博聞之人、強識之士的天性被損傷了，用耳目聽看、深思熟慮的事情被敗壞了，考察「堅白」、論辯「無厚」的人智慧被廢棄了。不出去，正是為了出去；無所作為，正是為了有所作為。這就叫做用陰氣招致陽氣，用陽氣招致陰氣。東海的盡頭，水流到那裡還會返回；夏季炎熱以後，天氣就會變冷。所以說，上天無形，而萬物卻靠它形成；最精微的元氣無形，而萬物卻靠它化育；偉大的聖王無所事事，而所有官吏盡其所能。這就叫做不施行教化的教化，不說話的詔令。

所以判斷君主的狂妄，是根據他說話的恰當；所以判斷君主的糊塗，是根據他說話的得體。君主，是以不恰當為恰當，以不得體為得體的人。恰當和得體不在於國君，而在於臣子。所以善於當君主的人給臣子的感覺是沒見識，其次是不做具體的事。顯露自己有見識就會曝露自己不具備的才能，做具體的事就會有不周全的地方。君主才能不完備，辦事不周全，這正是使官吏疑惑，邪惡由此產生的原因。現在製造車輛，要經過許多部門才能造成。國家難道只像車輛嗎？國家是靠眾人的智慧和能力來維持的，不可以憑一個人一種方法安定它。

❁任　數

➲ 原文

古之王者，其所為少，其所因多。因者，君術也；為者，臣道也。為則擾矣，因則靜矣。因冬為寒，因夏為暑，君奚事哉？故曰君道無知無為，而賢於有知有為，則得之矣。

有司請事於齊桓公①，桓公曰：「以告仲父②。」有司又請，公曰：「告仲父。」若是三。習者曰③：「一則仲父，二則仲父，易哉為君！」桓公曰：「吾未得仲父則難，已得仲父之後，曷為其不易也④？」桓公得管子，事猶大易，又況於得道術乎？

注釋

①齊桓公：春秋時齊國國君。西元前 685 ～西元前 643 年在位。即位後任用管仲進行改革，使齊國國力富強。曾多次大會諸侯，訂立盟約，成為春秋時期第一個霸主。

②仲父：指管仲。齊桓公尊稱管仲為仲父。

③習者：近臣；國君左右的人。

④曷（ㄏㄜˊ）：怎麼。

譯文

古代的君王，他們所做的事很少，他們依靠臣子做的事卻很多。依靠臣子做事，是君主統治的策略；親自做事，是臣子的準則。君主親自做事就會忙亂，依靠臣子做事就會清靜。順應冬天的寒冷，順應夏天的炎熱，君主還有什麼事做呢？因此說為君之道無知無為，而勝於有知有為，這樣就掌握了做君王的方法了。

主管官吏有事情向齊桓公請示，桓公說：「把這件事情告訴仲父。」主管官吏又請示事情，桓公說：「告訴仲父。」這種情況連續出現了三次。桓公的近臣說：「第一次請示讓去找仲父，第二次又讓去找仲父，當君主太容易了！」桓公說：「我沒有得到仲父時做國君就很難，已經得到仲父之後，怎麼會不容易呢？」

桓公得到管仲，做事已經很容易了，更何況掌握了為君的道術呢？

勿躬

原文

人之意苟善，雖不知，可以為長。故李子曰①：「非狗不得兔，兔化而狗，則不為兔。」人君而好為人官，有似於此。其臣蔽之，人時禁之；君自蔽，則莫之敢禁。夫自為人官，自蔽之精者也②。祓篲日用而不藏於篋③，故用則衰，動則暗，作則倦。衰、暗、倦，三者非君道也。

管子復於桓公曰④：「墾田大邑⑤，辟土藝粟⑥，盡地力之利，臣不若寧戚桓⑦，請置以為大田⑧；登降辭讓，進退閑習，臣不若隰朋⑨，請置以為大行⑩；蚤入晏出⑪，犯君顏色，進諫必忠，不辟死亡⑫，不重貴富，臣不若東郭牙⑬，請置以為大諫臣⑭；平原廣城⑮，車不結軌⑯，士不旋踵⑰，鼓之，三軍之士視死如歸，臣不若王子城父⑱，請置以為大司馬⑲；決獄折中，不殺不辜，不誣無罪，臣不若弦章⑳，請置以為大理㉑。君若欲治國強兵，則五子者足矣；君欲霸王，則夷吾在此。」桓公曰：「善。」令五子皆任其事，以受令於管子。十年，九合諸侯，一匡天下，皆夷吾與五子之能也。

注釋

① 李子：即李悝（ㄌㄧˇ　ㄎㄨㄟ）。戰國初魏國人，法家代表人物，曾擔任魏文侯相，主持變法，使魏國成為戰國初強國。

② 精：甚；嚴重。

③ 祓篲（ㄈㄨˊ ㄏㄨㄟˋ）：笤帚。　篋（ㄑㄧㄝˋ）：小箱子。

④ 復：稟告。

⑤ 大：形容詞用作動詞，擴大。

⑥ 藝：種植。

⑦ 寧戚：人名。春秋時衛國人。

⑧ 大田：掌管農業的官吏。

⑨ 隰（ㄒㄧˊ）朋：齊國大夫。
⑩ 大行：掌管接待賓客的官吏。
⑪ 蚤：同「早」。　晏：晚。
⑫ 辟：同「避」。
⑬ 東郭牙：齊桓公臣。
⑭ 大諫臣：諫官。
⑮ 城：當為「域」。
⑯ 車不結軌：指戰車行進很有秩序，不混亂。
⑰ 旋踵：後退。旋，掉轉；踵，腳後跟，這裡指腳。
⑱ 王子城父：人名。齊襄公、齊桓公兩朝臣。
⑲ 大司馬：掌管攻伐征戰的官名。
⑳ 弦章：人名。齊臣。
㉑ 大理：掌管刑法的官。

譯文

人的心意如果善良，即使不懂得什麼，也可以做君長。因此李悝說：「沒有狗就不能捕獲到兔子，兔子變成狗，就沒有兔子可捕獲了。」君主假如喜歡做臣子該做的事，就和這很相似了。臣子蒙蔽君主，別人還能不時加以制止；君主自己蒙蔽自己，就沒有人敢制止了。君主自己做臣子的事情，這是自己蒙蔽自己最嚴重的行為。掃帚每天都要使用就不能藏在箱子裡，因此，君主用心於臣子的事，心力就會衰竭，做臣子分內的事就會昏昧，做臣子該做的事就會疲憊。衰竭、昏昧、疲憊，這三者都不是為君之道。

管子向齊桓公稟報說：「開墾田地擴大城邑，開闢土地種植穀物，充分利用地力，我比不上寧戚，請讓他擔任掌管農業的大田；熟悉登堂下階、辭讓、進退等各種禮儀，我比不上隰朋，請讓他擔任掌管接待賓客的大行；早入朝晚退朝，敢於冒犯君主，盡忠進諫，不避死亡不看重富貴，我比不上東郭牙，請任命他為大諫臣；在平原開闊的戰場上，能使戰車行進有條不紊，士兵不倒退，擊鼓進軍，三軍將士視死如歸，我比不上王子城父，請任命他為

大司馬；審判案件準確公正，不殺害無辜的人，不誣陷無罪的人，我比不上弦章，請讓他擔任掌管刑法的大理。您如果想治國強兵，那麼這五個人足夠了；您要想成就霸業，那麼有我在這裡。」桓公說：「好。」於是任命五個人分別擔任了上述官職，讓他們聽從管子的命令。十年後，齊桓公多次和諸侯盟會，匡正天下，這都是憑藉管夷吾和那五個人的才能啊。

知度

原文

明君者，非遍見萬物也，明於人主之所執也①。有術之主者，非一自行之也，知百官之要也②。知百官之要，故事省而國治也。人主自智而愚人③，自巧而拙人④，若此，則愚拙者請矣⑤，巧智者詔矣⑥。詔多則請者愈多矣，請者愈多，且無不請也。主雖巧智，未無不知也。以未無不知，應無不請，其道固窮。為人主而數窮於其下，將何以君人乎？窮而不知其窮，其患又將反以自多，是之謂重塞之主，無存國矣。故有道之主，因而不為，責而不詔，去想去意，靜虛以待，不伐之言⑦，不奪之事，督名審實，官使自司，以不知為道，以柰何為實⑧。

人主之患，必在任人而不能用之，用之而與不知者議之也。絕江者托於船⑨，致遠者托於驥⑩，霸王者托於賢。伊尹、呂尚、管夷吾、百里奚，此霸王者之船驥也。釋父兄與子弟⑪，非疏之也；任庖人釣者與仇人僕虜⑫，非阿之也⑬。持社稷立功名之道，不得不然也。猶大匠之為宮室也，量小大而知材木矣，訾功丈而知人數矣⑭。故小臣、呂尚聽⑮，而天下知殷、周之王也；管夷吾、百里奚聽，而天下知齊、秦之霸也。豈特驥遠哉？

注釋

①執：掌握。

②要：根本。

③愚人：以為別人愚蠢。

④ 拙人：以為別人笨拙。

⑤ 請：請示。

⑥ 詔：告訴。多用於上對下。

⑦ 伐：自吹自擂；誇耀自己。

⑧ 柰何：同「奈何」。如何；怎樣。

⑨ 絕：橫渡。　托：憑藉。

⑩ 驥：良馬。

⑪ 釋：放棄，捨棄。

⑫ 庖人：廚師，指伊尹。　釣者：指呂尚。　仇人：指管夷吾。僕虜：指百里奚。

⑬ 阿：偏愛。　訾（ㄗˇ）：計算、衡量。

⑭ 訾（ㄗ）：衡量；計量。

⑮ 聽：治理、管理或執行事務。

譯文

聖明的君主，並非一定要遍察萬物，明白君主所掌握的權柄就行。有治國方法的君主，並非一切事情都去親自做，知道駕馭百官的要領就行。君主知道駕馭百官的要領，所以事情少而國家太平。君主認為自己聰明卻認為別人愚蠢，認為自己靈巧而認為別人笨拙，這樣的話，那麼愚蠢笨拙的人就向上請示了，靈巧聰明的人就向下指示了。發佈的指示越多，請求指示的人就越多，而且沒有不請示的事了。君主即使再靈巧聰明，也不會沒有不知道的事。用未必無所不知的頭腦，應付無所不請示的人，道術一定會窮盡。作為君主卻屢次被臣下問得道術窮盡，又將怎樣治理人民呢？道術窮盡了卻不知道自己的道術已窮盡，其禍害在於他反而更加自以為是，這就叫受雙重阻塞的君主，這樣的君主不能保住國家。所以有道術的君主，依靠大臣做事而不親自去做，要求大臣做事卻不發佈指示，去掉思慮去掉猜測，清靜無為地等待，不誇耀自己，不搶奪大臣的工作，督察名分審核實情，讓官吏自己管理自己的事，把不知當作為君之道，把詢問臣下事情該怎樣做當做處理政事的實際內容。

君主的禍患，必定在於任用了人卻不採用其主張，或採用其主張又與不明智的人去議論。渡長江的人憑藉的是船，走遠路的人憑藉的是良馬，稱霸稱王的人憑藉的是賢人。伊尹、呂尚、管夷吾、百里奚，這些人是成就霸王之業者的渡船和良馬啊。不任用自己的父兄和子弟，並不是疏遠他們；任用廚師、釣魚人和仇人、僕虜，並不是偏愛他們。這是保住國家、建立功名的途徑，不得不這樣啊。這就好像大工匠建造宮室，量一量大小就知道要用多少木料，估量一下工程的大小尺寸就知道要用多少人。因此，小臣伊尹、呂尚被重用，天下人就知道殷朝、周朝要稱王於天下了；管夷吾、百里奚被重用，天下人就知道齊國、秦國要成就霸業了。他們豈止是能到達遠方的駿馬呢！

慎勢

原文

天下之民窮矣苦矣。民之窮苦彌甚，王者之彌易。凡王也者，窮苦之救也。水用舟，陸用車，塗用輴①，沙用鳩②，山用樏③，因其勢也者令行。位尊者其教受，威立者其奸止，此畜人之道也。故以萬乘令乎千乘易④，以千乘令乎一家易⑤，以一家令乎一人易。嘗識及此⑥，雖堯、舜不能。諸侯不欲臣於人，而不得已。其勢不便，則奚以易臣？權輕重，審大小，多建封，所以便其勢也。王也者，勢也。王也者，勢無敵也。勢有敵則王者廢矣。有知小之愈於大、少之賢於多者，則知無敵矣。知無敵則似類嫌疑之道遠矣。

慎子曰⑦：「今一兔走，百人逐之，非一兔足為百人分也，由未定。由未定，堯且屈力⑧，而況眾人乎？積兔滿市，行者不顧，非不欲兔也，分已定矣。分已定，人雖鄙，不爭。」故治天下及國，在乎定分而已矣。

注釋

①塗：即泥地。　輴（ㄔㄨㄣ）：古代用於泥濘路上的交通工具。

②沙：沙地。　鳩：古代沙地中交通運輸工具。

③ 山：山地。　欙（ㄌㄟˇ）：古代走山路時乘坐的東西，類似於今天的山轎。

④ 萬乘：周制，天子地方千里，兵車萬乘，因以「萬乘」指天子。　千乘：即千乘之國。代指諸侯國或諸侯。

⑤ 家：大夫所食的埰地、采邑叫家，因此大夫也稱家。

⑥ 嘗識及此：「及」疑為「反」。此句大意是「試試如果不這樣的話」。

⑦ 慎子：人名，即慎到。戰國時趙國人，法家代表人物之一。

⑧ 屈力：用盡氣力。屈，窮盡。

譯文

天下的人民貧窮困苦啊。人民的貧窮困苦越厲害，稱王就越容易。凡能稱王天下的人，是窮苦人的救星啊。水行用船，陸行用車，泥行用輴，沙行用鳩，山行用欙，順應時勢者號令就通行無阻。地位尊貴者的教導容易被人接受，威望建立者能使周圍的奸邪行為止息，這是治理人的道理。所以，以擁有萬乘兵車的君主去命令擁有千乘兵車的諸侯容易，以諸侯命令一個大夫容易，以一個大夫命令一個人容易。試試如果不這樣的話，即使是堯、舜也不能辦到。諸侯不願意向別人稱臣，但迫不得已。如果君主自己的權勢處於不利的地位，那麼如何改變臣子的地位呢？權衡輕重，審視大小，多分封建立諸侯國，以使自己的權勢處於有利的地位。稱王天下，靠的是權勢。稱王天下的人，權勢無可匹敵。如果王者的權勢有了匹敵的對手，那麼他的王位就要被廢棄了。有懂得分封諸侯小國勝過大國、封地少優於封地多的君主，那麼他就懂得權勢無可匹敵的道理了。懂得這個道理，那麼臣子類似君主僭越君主的事情就不會發生了。

慎子說：「現在一隻兔子奔跑，一百個人追趕，並不是一隻兔子足以滿足一百人的欲望，而是兔子的歸屬未定啊。兔子的歸屬未定，堯帝尚且盡力追逐，何況普通人呢？整個市場都堆著兔子，路過的人一眼也不看，不是不想得到兔子，而是兔子的歸屬已經確定。兔子的歸屬已定，即使粗俗卑下的人，也不會去爭奪。」

所以治理天下及國家，在於確定歸屬而已。

☸不　二

➲ 原文

聽群眾人議以治國①，國危無日矣。何以知其然也？老耽貴柔②，孔子貴仁，墨翟貴廉③，關尹貴清④，子列子貴虛⑤，陳駢貴齊⑥，陽生貴己⑦，孫臏貴勢⑧，王廖貴先⑨，兒良貴後⑩。此十人者，皆天下之豪士也。

有金鼓⑪，所以一耳；必同法令，所以一心也。智者不得巧，愚者不得拙，所以一眾也；勇者不得先，懼者不得後，所以一力也。故一則治，異則亂；一則安，異則危。夫能齊萬不同⑫，愚智工拙皆盡力竭能，如出乎一穴者，其唯聖人矣乎！無術之智，不教之能，而恃強速貫習⑬，不足以成也。

注釋

① 群：即諸。群、諸古通用。古書常以「諸」字作「群」。

② 老耽（ㄉㄢ）：即老聃、老子。姓李名耳，字聃，春秋時期楚國人。中國古代思想家，道家學派創始人。

③ 墨翟(ㄉㄧ ˊ)：即墨子。戰國初魯國人，或說是宋國人。墨家學派創始人。

④ 關尹：即關尹子。春秋末道家人物。著有《道書》九篇。

⑤ 子列子：列子，名禦寇，戰國時期鄭國人。今傳《列子》八卷。「貴虛」是列子主要學說的概括。

⑥ 陳駢：即田駢。陳、田古字通。戰國時期齊國人。《漢書・藝文志》道家有《田子》二十五篇，今已不存。其主要學說是主張「貴齊」。即齊生死，等古今。

⑦ 陽生：楊朱，戰國衛人。其主要學說主張「為我」「貴己」。

⑧ 孫臏：戰國時軍事家。齊國人。著有《孫臏兵法》八十九篇。

⑨⑩ 王廖、兒良：均為戰國時兵家。

⑪ 金鼓：在古代軍隊中用來指揮軍士作戰的鑼鼓。金，鑼。古

代軍隊作戰時鳴金則退，擊鼓則進。

⑫ 齊：使……齊。

⑬ 恃：依靠。　速：疾；敏捷。　貫習：熟練；熟悉。

譯文

聽從眾說紛紜的主張來治理國家，國家很快就要危亡。怎麼知道是這樣的呢？老耽的學說重柔弱，孔子的學說重仁愛，墨翟的學說重兼愛，關尹的學說重清靜，列子的學說重虛無，陳駢的學說重齊生死、等古今，陽生的學說重利己，孫臏用兵重威勢，王廖用兵重戰西元前訂策略，兒良用兵重戰爭後果。這十人，都是天下的豪傑之士啊。

設置金鼓，是為了使士卒的進退一致；統一法令，是為了讓民眾一心。使聰明的人不逞其巧智，使愚昧的人不顯出笨拙，是為了集中眾人的智慧；使勇敢的人不得冒進，使膽怯的人不得畏縮不前，是為了集中眾人的力量。所以說，統一國家就能治理好，不統一國家就混亂；統一國家就安定，不統一國家就危險。能整齊千差萬別的萬物，使愚智巧拙都盡力竭能，好像從一個孔穴裡出來的一樣，恐怕只有聖人才能辦到啊！依靠不懂治國之術的小聰明，未經過教育訓練的才能，單憑自己的強力、敏捷和熟練，不足以成就功業啊。

❁執　一

➲ 原文

天地陰陽不革①，而成萬物不同；目不失其明，而見白黑之殊；耳不失其聽，而聞清濁之聲。王者執一②，而為萬物正③。軍必有將，所以一之也；國必有君，所以一之也；天下必有天子，所以一之也；天子必執一，所以摶之也④。一則治，兩則亂。今御驪馬者⑤，使四人人操一策⑥，則不可以出於門閭者，不一也。

吳起謂商文曰⑦：「事君果有命矣夫！」商文曰：「何謂也？」吳起曰：「治四境之內，成訓教，變習俗，使君臣有義，父子有序，

子與我孰賢？」商文曰：「吾不若子。」曰：「今日置質為臣⑧，其主安重；今日釋璽辭官⑨，其主安輕，子與我孰賢？」商文曰：「吾不若子。」曰：「士馬成列，馬與人敵⑩，人在馬西元前，援桴一鼓⑪，使三軍之士樂死若生，子與我孰賢？」商文曰：「吾不若子。」吳起曰：「三者子皆不吾若也，位則在吾上，命也夫事君！」商文曰：「善。子問我，我亦問子。世變主少，群臣相疑，黔首不定⑫，屬之子乎，屬之我乎？」吳起默然不對，少選⑬，曰：「與子。」商文曰：「是吾所以加於子之上已！」吳起見其所以長，而不見其所以短；知其所以賢，而不知其所以不肖。故勝於西河⑭，而困於王錯⑮，傾造大難⑯，身不得死焉。

注釋

①革：改變。

②執一：國君集大權於一身。

③正：主。

④摶（ㄊㄨㄢˊ）：結聚；集中。

⑤驪（ㄌㄧˊ）馬：並列駕車的馬。

⑥策：馬鞭。

⑦吳起：戰國時期衛國人，善用兵，魏文侯以為魏將，後守西河以拒秦、韓。文侯卒，事武侯，因受讒去楚，作楚悼王相。悼王死，宗室作亂，被射殺死。　商文：亦做田文。即孟嘗君。孟嘗君曾擔任魏國宰相。

⑧置質：猶「委質」。謂臣下向君主呈獻禮物，以示委身。質，通「贄」（ㄓˋ），古時初次求見人時所送的禮物。

⑨璽（ㄒㄧˇ）：印。秦以前，天子、諸侯、卿、大夫、從吏的印皆稱璽。秦以後，專指皇帝的印。

⑩敵：相當；相匹。

⑪桴（ㄈㄨˊ）：鼓槌。　鼓：擊鼓。

⑫黔首：戰國時期和秦代稱平民、老百姓為黔首。

⑬少選：一會兒。

⑭勝於西河：指吳起為魏奪取西河地。

⑮ 困於王錯：魏文侯死後，王錯向魏武侯說吳起的壞話，吳起被迫逃到吳國。

⑯ 傾造大難：不久遭到大難。指吳起在楚國被舊貴族射死。傾，同「頃」，不久；造，遭到。

譯文

天地陰陽的規律不變，才能形成萬物的不同；眼睛不喪失視力，才能看見黑白的差別；耳朵不喪失聽力，才能聽出清亮渾濁聲音的不同。君王集大權於一身，而成為萬物之主。軍隊必定有將領，為的是統一軍隊；國家必定有君主，為的是統一國家；天下必定有天子，為的是統一天下；天子一定要集大權於一身，為的是使權力集中。天子集大權於一身天下就能治理好，天子不集大權於一身天下就混亂。譬如駕馭並排拉車的四匹馬，讓四個人每人拿一根馬鞭，那就連裡巷的大門也出不去，這是行動不統一造成的啊。

吳起對魏國宰相商文說：「侍奉君主果真是靠命運啊！」商文說：「為什麼這樣說呢？」吳起說：「治理整個國家，使人民聽從教令，改變習俗，使君臣之間有道義，父子之間有次序，您跟我比誰強？」商文說：「我不如您。」吳起說：「現在委身為臣，君主的地位就安穩尊貴；現在交印辭官，君主的地位就輕微，在這方面您跟我比，誰強？」商文說：「我不如您。」吳起說：「士兵戰馬已經成列，戰馬與人相匹配，人站在馬前，拿起鼓槌一擊鼓，讓三軍的兵士樂於死如同樂於生，在這方面您跟我比，誰強？」商文說：「我不如您。」吳起說：「這三樣您都不如我，職位卻在我之上，侍奉君主真是靠命運啊！」商文說：「好。您問我，我也問問您。世道變亂，君主年少，群臣之間互相猜疑，百姓心神不定，這時把政權交託給您呢，還是交託給我？」吳起沉默不答，過了一會兒，說：「交託給您。」商文說：「這就是我的職位在您之上的原因啊。」吳起看到了自己的長處，卻看不到自己的短處；知道自己的才能，卻不知道自己的缺點。所以他能在西河打勝仗，但卻被奸臣王錯所困，不久就遇到大難，自身

不得好死。

◎卷十八　審應覽第六

題解

◆審應覽由審應、重言、精諭、離謂、淫辭、不屈、應言、具備八篇組成。八篇均為料子、宋鈃、尹文學派的學說。審應篇論述的主旨是國君的言談表情要審慎，認為有道的君主應讓臣子充分發表意見；重言篇告誡君主說話要慎重，要言而有信；精諭篇論述的主題是聖人之間不需要交談就能互相瞭解，認為人們的思想可以不使用語言而透過精神、眼神、容貌音聲、行步氣志等表現出來；離謂篇論述了言辭和心意互相悖離的危害，強調言辭要和思想相符；淫辭篇對強詞奪理的詭辯進行了批判，對持這種學說的名家學派加以否定；不屈篇批評了巧言善辯、不屈於理的名家察士；應言篇告誡人們與別人應答要合宜；具備篇論述了建功立業必須具備的條件，並特別強調了客觀條件的重要性。

☸審　應

➲ 原文

人主出聲應容①，不可不審。凡主有識，言不欲先。人唱我和②，人先我隨，以其出為之入，以其言為之名，取其實以責其名，則說者不敢妄言，而人主之所執其要矣。

趙惠王謂公孫龍曰③：「寡人事偃兵十餘年矣④，而不成，兵不可偃乎？」公孫龍對曰：「偃兵之意，兼愛天下之心也⑤。兼愛天下，不可以虛名為也，必有其實。今藺、離石入秦⑥，而王縞素布總⑦；東攻齊得城，而王加膳置酒。秦得地而王布總，齊亡地而王加膳，所非兼愛之心也。此偃兵之所以不成也。」今有人於此，無禮慢易而求敬⑧，阿黨不公而求令⑨，煩號數變而求靜，暴戾貪

得而求定，雖黃帝猶若困。

注釋

①出聲：說話。　應容：表情。

②唱：宣導；發起。

③趙惠王：戰國時期趙國國君。《史記・趙世家》《戰國策・趙策》俱作「趙惠文王」。西元前298～前266年在位。　公孫龍：戰國時期趙國人，名家的代表人物，以善辯著稱。

④偃：止息；消除。

⑤兼愛：春秋、戰國之際，墨子提倡的一種倫理學說。主張愛無差別等級，不分厚薄親疏。

⑥藺（ㄌㄧㄣˋ）、離石：均為縣名，原屬於趙國，後被秦奪去。其地在今山西省西部。

⑦縞（ㄍㄠˇ）素：白色的喪服。縞，白色。　布總：以布束髮，是古人服喪時的一種裝束。

⑧慢易：輕慢。

⑨阿黨：阿私；偏袒一方。　令：善；好。

譯文

君主對自己的言語神色，不可以不慎重。大凡有見識的君主，說話都不想先說。別人宣導我附和，別人先行我跟隨，根據臣子外在的表現考察他的內心，根據臣子的言論來確定他的名分，根據臣子的實績來考察他是否適合其名位，這樣說話的人就不敢胡言亂語，國君就掌握了駕馭臣子的要領了。

趙惠王對公孫龍說：「我致力於消除戰爭已經有十多年了，可是沒有成功，戰爭不可以消除嗎？」公孫龍回答說：「消除戰爭的本意，展現了兼愛天下人之心。兼愛天下人，不可以只圖虛名，一定要有實際內容。現在趙國的藺、離石二縣納入秦國的疆土，大王您就穿上喪國之服；趙國向東攻打齊國奪取了城邑，您就加膳置酒慶賀。秦國得到土地您就穿喪服哀悼，齊國丟了土地您就加膳慶賀，這不是兼愛天下人之心。這就是您致力於消除戰

爭之所以不能成功的原因啊。」假如現在有這樣一個人，傲慢無禮卻要求別人尊敬他，結黨營私處事不公卻想得到好名聲，號令繁瑣多變卻想清靜，乖戾殘暴貪得無厭卻要求安定，即使是黃帝也會感到困難。

❁重 言

➲ 原文

人主之言，不可不慎。高宗①，天子也，即位諒闇②，三年不言。卿大夫恐懼，患之。高宗乃言曰：「以餘一人正四方③，餘唯恐言之不類也，茲故不言。」古之天子，其重言如此，故言無遺者。

成王與唐叔虞燕居④，援梧葉以為珪⑤，而授唐叔虞曰：「余以此封女⑥。」叔虞喜，以告周公。周公以請曰：「天子其封虞邪？」成王曰：「余一人與虞戲也。」周公對曰：「臣聞之，天子無戲言。天子言，則史書之，工誦之，士稱之。」於是遂封叔虞於晉。周公旦可謂善說矣，一稱而令成王益重言，明愛弟之義，有輔王室之固⑦。

荊莊王立三年⑧，不聽而好讔⑨。成公賈入諫⑩，王曰：「不穀禁諫者⑪，今子諫，何故？」對曰：「臣非敢諫也，願與君王也。」王曰：「胡不設不穀矣⑫？」對曰：「有鳥止於南方之阜，三年不動不飛不鳴，是何鳥也？」王射之⑬，曰：「有鳥止於南方之阜，其三年不動，將以定志意也；其不飛，將以長羽翼也；其不鳴，將以覽民則也。是鳥雖無飛，飛將沖天；雖無鳴，鳴將駭人。賈出矣，不穀知之矣。」明日朝，所進者五人，所退者十人。群臣大說，荊國之眾相賀也。故《詩》曰⑭：「何其久也，必有以也。何其處也，必有與也。」其莊王之謂邪！成公賈之也，賢於太宰嚭之說也⑮。太宰嚭之說，聽乎夫差，而吳國為墟⑯；成公賈之，喻乎荊王，而荊國以霸。

注釋

① 高宗：殷王盤庚之弟小乙之子武丁，商朝中興之君主。

②諒闇（ㄢ丶）：指帝王居喪。或作「諒陰」「亮陰」等。

③餘：天子自稱。

④成王：即周成王，周武王之子。　唐叔虞：周代晉國的始祖。成王之弟，封於唐（故址在今山西翼城縣），故稱「唐叔虞」。　燕居：退朝而居；閒居。

⑤珪（ㄍㄨㄟ）：也作「圭」。古玉器名。長條形，上端作三角形，下端正方。中國古代貴族朝聘、祭祀、喪葬時以為禮器。也用做諸侯的印信。

⑥女：假借為「汝」。你。

⑦有：通「又」。　輔王室之固：古代諸侯乃天子屏障，叔虞封於晉，可藩屏周王室，使之鞏固。

⑧荊莊王：即楚莊王。春秋時楚國國君。西元前 613 ～前 591 年在位。春秋五霸之一。

⑨讔（ㄧㄣˇ）：謎語；隱語。

⑩成公賈：楚莊王之臣。

⑪不穀：古代王、侯自稱的謙辭。

⑫設：行，施，這裡有說謎語之意。

⑬射：揣測；猜度。

⑭詩句見《詩經•邶風•旄丘》。原詩為：「何其處也，必有與也。何其久也，必有以也。」　有以：有原因。以，原因。　處：安居。　有與：和「有以」義同。

⑮賢：勝過；超過。　太宰嚭：吳國大夫，屢進讒言，敗壞國事，吳亡後被殺。太宰，官名。

⑯吳國為墟：吳國成為丘墟，借指吳國被越國滅亡。

譯文

君主說話，不可以不慎重。殷高宗，是天子啊，即位以後守孝，三年不說話。卿大夫們驚恐害怕，很憂慮這件事。高宗於是才說道：「以我一個人的力量治理天下，我惟恐我說的話不恰當啊，因此才不說話。」古代的天子，他們說話慎重到這種地步，所以所說的話嚴密無遺。

周成王與弟弟唐叔虞在一塊閒居時，摘下一片梧桐葉子當作諸侯的印信，交給唐叔虞說：「我用這片葉子來分封你。」叔虞很高興，把這件事告訴了周公。周公向周成王請示說：「天子您分封過叔虞了吧？」成王說：「我不過是和叔虞開玩笑而已。」周公回答說：「我聽說，天子沒有開玩笑的話。天子一說話，史官就要記下來，樂工就要朗誦它，士大夫就要稱道它。」周成王於是就把叔虞封在晉國。周公旦可以說是善於勸說了，他一番勸說就使成王對言談更加慎重，使成王愛護弟弟的道義得到顯揚，又因為封叔虞於晉而使周王室更加穩固。

楚莊王即位三年，不聽朝政，而愛好謎語。楚莊王之臣成公賈入朝勸諫，楚莊王說：「我禁止人們來勸諫，現在你卻來勸諫，什麼原因呢？」成公賈回答說：「我不敢來勸諫，我希望和您猜猜謎語。」莊王說：「你為什麼不說些謎語讓我猜猜呢？」成公賈回答說：「有一隻鳥停在南方的土山上，三年不動不飛不叫，這是什麼鳥啊？」莊王猜測說：「有隻鳥停在南方的土山上，它之所以三年不動，是要以此安定意志；它之所以不飛翔，是要借此生長羽翼；它之所以不叫，是要以此觀察民間的法度。這隻鳥雖然不飛，一飛就將沖上天空；雖然不叫，一叫就將使人吃驚。你出去吧，我知道謎語的含義了。」第二天上朝，他提拔的有五個人，罷免的有十個人。大臣們都十分高興，楚國的人們都互相慶賀。因此《詩經》上說：「為什麼這麼久不行動呢，一定是有原因的。為什麼安居不動呢，一定是有緣故的。」這大概說的就是楚莊王吧！成公賈說的謎語，勝於吳國大夫太宰嚭勸說吳王夫差的言論。太宰嚭勸說的言論被吳王夫差採納，吳國因此成為廢墟；成公賈說的謎語，被楚莊王理解了，楚國因此稱霸諸侯。

☸精　諭

➲ 原文

勝書說周公旦曰①：「廷小人眾，徐言則不聞，疾言則人知之。徐言乎，疾言乎？」周公旦曰：「徐言。」勝書曰：「有事於此，

而精言之而不明②，勿言之而不成。精言乎，勿言乎？」周公旦曰：「勿言。」故勝書能以不言說，而周公旦能以不言聽。此之謂不言之聽。不言之謀，不聞之事，殷雖惡周，不能疵矣③。口吻不言④，以精相告，紂雖多心，弗能知矣。目視於無形，耳聽於無聲，商聞雖眾，弗能窺矣。同惡同好，志皆有欲，雖為天子，弗能離矣。

齊桓公合諸侯⑤，衛人後至。公朝而與管仲謀伐衛。退朝而入，衛姬望見君⑥，下堂再拜，請衛君之罪。公曰：「吾於衛無故⑦，子曷為請？」對曰：「妾望君之入也，足高氣強，有伐國之志也。見妾而有動色，伐衛也。」明日君朝，揖管仲而進之。管仲曰：「君舍衛乎？」公曰：「仲父安識之⑧？」管仲曰：「君之揖朝也恭，而言也徐，見臣而有慚色，臣是以知之。」君曰：「善。仲父治外，夫人治內，寡人知終不為諸侯笑矣。」桓公之所以匿者不言也，今管子乃以容貌音聲，夫人乃以行步氣志。桓公雖不言，若暗夜而燭燎也。

注釋

① 勝書：人名。　周公旦：西周初年政治家。周武王之弟，名旦。因采邑在周（今陝西岐山北），稱為周公。曾助周武王滅商。周武王死後，成王年幼，由他攝政。

② 精言：精妙婉轉的言辭。

③ 疵：咒謗；責難；誹謗；非議。

④ 吻：昏亂、糊塗不明。

⑤ 合：會集；彙聚。

⑥ 衛姬：齊桓公夫人。

⑦ 故：事故，指戰事。

⑧ 仲父：齊桓公尊稱管仲為「仲父」。

譯文

勝書對周公旦遊說，問道：「廷小人多，輕聲說您聽不到，大聲說別人就會知道。那麼是輕聲地說呢，還是大聲地說呢？」周公旦說：「輕聲說。」勝書說：「現在有件事情，如果用精妙

婉轉的言辭說就說不明白，不說它就辦不成事。那麼是用精妙婉轉的言辭說呢，還是不說呢？」周公說：「不說。」所以勝書可以用「不言」遊說周公旦，而周公旦則能夠從勝書的「不言」中明白他的意思。這就叫做不言之聽。不用語言的謀劃，事情不為人所聞，殷商雖然討厭周朝，也不能責難周朝。嘴巴不說話，而透過神情等精妙婉轉的方式相互告諭，商紂王雖然多心，也沒辦法得知周的計謀。眼睛看到的東西是無形的，耳朵聽到的東西是無聲的，商朝打探消息的人雖然多，卻仍舊無法窺視周的秘密。人都同樣有好惡，內心都有未表露出來的欲望，即使貴為天子，也不能悖離這一點。

齊桓公會盟諸侯，衛國人遲到了。桓公上朝時就與管仲謀劃攻打衛國的事情。退朝以後，齊桓公進入住所，夫人衛姬望見他後，下到殿堂拜了兩拜，為衛國君主請罪。桓公說：「我對衛國沒有戰事，你為什麼要請罪？」衛姬回答說：「我看見您進來的時候，邁著大步，氣勢洶洶，有攻打別國的志向。見到我就變了臉色，可見這是要攻打衛國啊。」第二天齊桓公上朝，向管仲拱手施禮請他進來。管仲說：「您不攻打衛國了吧？」桓公說：「仲父您是怎麼知道的？」管仲說：「您上朝時做揖行禮恭恭敬敬，說話也徐緩，見到我就露出慚愧的神色，我因此知道您不攻打衛國了。」桓公說：「好。仲父您治理宮外的事情，夫人治理宮內的事情，我知道自己到底不會讓諸侯們恥笑了。」齊桓公用來隱藏自己意圖的方法是不講話，可是現在管仲卻憑藉著他的神色聲音，夫人卻憑著他走路時的氣勢察覺出了他的意思。儘管桓公沒有說話，但是他的意圖就像黑夜裡點燃的燭火一樣讓人看得清晰明白。

❁離　謂

➲ 原文

言者以諭意也。言意相離，凶也。亂國之俗，甚多流言，而不顧其實，務以相毀，務以相譽，毀譽成黨，眾口熏天①，賢不肖不分。

以此治國，賢主猶惑之也，又況乎不肖者乎？惑者之患，不自以為惑，故惑惑之中有曉焉②，冥冥之中有昭焉③。亡國之主，不自以為惑，故與桀、紂、幽、厲皆也。然有亡者國，無二道矣。

洧水甚大④，鄭之富人有溺者，人得其死者⑤。富人請贖之，其人求金甚多。以告鄧析⑥，鄧析曰：「安之。人必莫之賣矣。」得死者患之，以告鄧析，鄧析又答之曰：「安之。此必無所更買矣。」夫傷忠臣者有似於此也。夫無功不得民，則以其無功不得民傷之；有功得民，則又以其有功得民傷之。人主之無度者，無以知此，豈不悲哉？比干、萇弘以此死⑦，箕子、商容以此窮⑧，周公、召公以此疑⑨，范蠡、子胥以此流⑩，死生存亡安危，從此生矣。

注釋

① 熏天：形容氣勢之盛。

② 惑惑：疑惑。

③ 冥冥：昏昏沉沉。

④ 洧（ㄨㄟˇ）水：古水名。源出河南登封市陽城山，東南流至新鄭市與溱水合，至西華縣入潁水。

⑤ 死：屍體。

⑥ 鄧析：春秋末鄭國人。

⑦ 比干：商代貴族，紂王叔父，官少師。相傳因屢諫紂王，被剖心而死。　萇弘：周景王、敬王的大臣劉文公所屬大夫。劉氏與晉卿范氏世為婚姻，在晉卿內訌中幫助范氏，晉卿趙鞅為此聲討萇弘，萇弘被周人殺死。神話傳說其血被人藏起來，三年後化為碧玉。

⑧ 箕子：商紂王之叔父，因勸諫紂而被囚禁。　商容：商代貴族。

⑨ 周公：即周公旦。　召（ㄕㄠˋ）公：指召公奭（ㄕˋ）。周公旦和召公奭都是周初大臣。武王死後，他們輔佐成王，管叔、蔡叔散佈流言，他們因此而被懷疑。

⑩ 范蠡：春秋末年政治家、軍事家。與文種協助越王勾踐滅吳。後遊齊國。至陶，改名陶朱公，經商致富。晚年放情太湖山水。子胥：伍子胥，春秋吳國大夫。因諫吳王拒絕越國求和並停止伐齊

而被賜死，屍體被投入江中。

譯文

語言是用來表達心意的。語言和心意相悖離，是凶險的。亂國的民俗，流言蜚飛語很多，而且不顧客觀事實，致力於互相詆毀，致力於互相讚譽，因詆毀和讚譽形成黨派，眾口之氣勢震天，賢良與不肖者不分。這樣來治理國家，賢明的君主尚且會感到疑惑，又何況是昏君呢？疑惑不清者的禍患，在於不以為自己糊塗，所以在疑疑惑惑之中還自以為清醒，在昏昏沉沉之中還自以為明白。亡國的君主，不以為自己糊塗，所以與夏桀王、商紂王、周幽王、周厲王這些亡國暴君一樣。然而所有滅亡的國家都是如此，沒有其他原因。

洧水水勢很大，鄭國有個富人在河裡淹死了，有個人撈得了他的屍體。富人的家人請求贖買屍體，撈得屍體的那個人要的贖金很多。富人家把這件事告訴鄧析，鄧析說：「放心吧。那個人一定沒地方去賣這具屍體。」撈得屍體的那個人對此很憂慮，把情況告訴了鄧析，鄧析又回答他說：「放心吧。這具屍體肯定沒有別的地方能買到。」那些傷害忠臣的人跟這種情況很相像。如果忠君之臣沒有功勞得不到人民的擁護，詆毀忠臣的人就用他們沒有功勞得不到人民的擁護來中傷他們；忠臣要是有了功勞受到人民的擁護，詆毀忠臣的人就又拿他們有功勞受到人民擁護來傷害他們。沒有判斷準則的君主，沒有辦法知道這種情形，這難道不是很悲哀嗎？比干、萇弘因此而被殺死，箕子、商容因此而遭受困頓窘迫，周公、召公因此而受到猜忌，范蠡、伍子胥因此而泛舟五湖、流屍於江。生死、存亡、安危，都是由此而產生的。

淫　辭

原文

非辭無以相期[1]，從辭則亂。亂辭之中又有辭焉，心之謂也。

言不欺心，則近之矣。凡言者以諭心也②。言心相離，而上無以參之③，則下多所言非所行也，所行非所言也。言行相詭④，不祥莫大焉。

空雄之遇⑤，秦、趙相與約⑥，約曰：「自今以來，秦之所欲為，趙助之；趙之所欲為，秦助之。」居無幾何，秦興兵攻魏，趙欲救之。秦王不說⑦，使人讓趙王曰⑧：「約曰：『秦之所欲為，趙助之；趙之所欲為，秦助之。』今秦欲攻魏，而趙因欲救之，此非約也。」趙王以告平原君⑨，平原君以告公孫龍⑩，公孫龍曰：「亦可以發使而讓秦王曰：『趙欲救之，今秦王獨不助趙，此非約也。』」

注釋

① 相期：期待；相約。這裡有交往、交流之意。
② 諭：告訴。引申為表達。
③ 參：檢驗。
④ 詭：違背；違反。
⑤ 空雄：古地名。　遇：會盟。
⑥ 約：盟約。
⑦ 秦王：指秦昭王。　說：通「悅」。
⑧ 讓：責備；責怪。　趙王：指趙惠王。
⑨ 平原君：戰國時期趙國公子，名勝，為趙惠王之弟。
⑩ 公孫龍：戰國時期趙國人，名家的代表人物，以善辯著稱。

譯文

不用言辭人們就無法相互交流，但僅僅聽信言辭也會發生混亂。言辭之中又包含著言辭，這就是人的思想。言辭不違背思想，就接近言辭的本意了。凡是言辭都是表達思想的，言辭與思想若相悖離，而上級無法檢驗它，那麼下級大多會說的與做的不一致，做的與說的不相符。言行互相悖離，沒有比這更大的不吉利了。

在空雄會盟時，秦國和趙國互訂盟約。盟約說：「從今以後，秦國想要做的，趙國給予幫助；趙國想要做的，秦國給予幫助。」過了沒多久，秦國興兵攻打魏國，趙國打算救魏國。秦昭王不高

興，派人責怪趙惠王說：「盟約上說：『秦國想要做的，趙國給予幫助；趙國想要做的，秦國給予幫助。』現在秦國想攻打魏國，趙國卻想營救魏國，這違背了盟約。」趙惠王把此話告訴平原君，平原君又把這件事告訴公孫龍。公孫龍說：「趙王也可以派使者責怪秦王說：『趙國想要救魏國，現在秦王獨獨不給予趙國幫助，這也違背了盟約！』」

❁不　屈

➲ 原文

察士以為得道則未也①，雖然，其應物也②，辭難窮矣。辭雖窮，其為禍福猶未可知。察而以達理明義，則察為福矣；察而以飾非惑愚③，則察為禍矣。古者之貴善御也④，以逐暴禁邪也⑤。

魏惠王謂惠子曰⑥：「上世之有國，必賢者也。今寡人實不若先生，願得傳國⑦。」惠子辭⑧。王又固請曰：「寡人莫有之國於此者也⑨，而傳之賢者，民之貪爭之心止矣。欲先生之以此聽寡人也。」惠子曰：「若王之言，則施不可而聽矣。王固萬乘之主也⑩，以國與人猶尚可。今施，布衣也⑪，可以有萬乘之國而辭之，此其止貪爭之心愈甚也。」惠王謂惠子曰:「古之有國者，必賢者也。」夫受而賢者，舜也，是欲惠子之為舜也；夫辭而賢者，許由也，是惠子欲為許由也⑫。；傳而賢者，堯也，是惠王欲為堯也。堯、舜、許由之作，非獨傳舜而由辭也，他行稱此⑬。今無其他，而欲為堯、舜、許由，故惠王布冠而拘於鄄⑭，齊威王幾弗受⑮；惠子易衣變冠，乘輿而走，幾不出乎魏境。凡自行不可以幸⑯，為必誠。

匡章謂惠子於魏王之前曰⑰：「蝗螟⑱，農夫得而殺之，奚故？為其害稼也。今公行，多者數百乘，步者數百人；少者數十乘，步者數十人。此無耕而食者，其害稼亦甚矣。」惠王曰：「惠子施也⑲，難以辭與公相應。雖然，請言其志。」惠子曰：「今之城者，或者操大築乎城上⑳，或負畚而赴乎城下，或操表掇以善睎望㉑。若施者，其操表掇者也。使工女化而為絲㉒，不能治絲；使大匠化而為木；不能治木，使聖人化而為農夫，不能治農夫。施而治農

夫者也[23]，公何事比施於螣螟乎[24]？」惠子之治魏為本，其治不治。當惠王之時，五十戰而二十敗，所殺者不可勝數，大將、愛子有禽者也[25]。大術之愚[26]，為天下笑，得舉其諱[27]。乃請令周太史更著其名[28]。圍邯鄲三年而弗能取，士民罷潞[29]，國家空虛，天下之兵四至，眾庶誹謗，諸侯不譽[30]，謝於翟翦[31]，而更聽其謀，社稷乃存。名寶散出，土地四削，魏國從此衰矣。仲父，大名也；讓國，大實也。說以不聽不信。聽而若此，不可謂工矣。不工而治，賊天下莫大焉[32]。幸而獨聽於魏也。以賊天下為實，以治之為名，匡章之非，不亦可乎？

注釋

①察士：明察之士，這裡指名辯之士。

②應：對付；應付。

③惑愚：迷惑愚昧之人。

④貴：意動用法，以……為貴。

⑤以逐暴禁邪也：此句語意不完整，疑有脫文。此文之意似謂：古者之貴善禦者，以其日致千里也；今之所以貴察士者，以其逐暴禁邪也。

⑥魏惠王： 戰國時魏國國君，西元前 369 ～前 319 年在位。 惠子：即施惠。戰國時期宋國人，曾為魏惠王相，是名家的代表人物。

⑦傳：授予。

⑧辭：推辭；不接受。

⑨之國：是國；此國。

⑩萬乘之主：天子擁有兵車萬乘，因以萬乘代指天子。

⑪布衣：平民百姓。

⑫許由：傳說中的上古高士。相傳堯晚年想把天下讓給許由，許由不接受，逃隱於箕山之下，以種田為生。

⑬稱（ㄔㄥˋ）此：與此相稱；配得上。

⑭布冠：喪國之服飾。　鄄（ㄐㄩㄢˋ）：魏邑名。在今山東鄄城縣北舊城。

⑮ 齊威王：戰國時齊國君主。

⑯ 幸：僥倖。

⑰ 匡章：人名。孟子的朋友。

⑱ 蝗螟：兩種專吃農作物的害蟲。

⑲ 惠子施：此為魏惠王對惠子的尊稱。

⑳ 築：築牆的木杵。

㉑ 表掇：本指用來表示分界的掛有毛皮的直木，引申為儀度、標臬等意。　睎（ㄒㄧ）望：眺望；遠望。

㉒ 工女：善於織絲的女子；巧女。

㉓ 而：連詞，連接主語和謂語，如「乃」。

㉔ 螣螟(ㄊㄥˊㄇㄧㄥˊ)：專吃農作物葉子的害蟲。

㉕ 禽：通「擒」。捕捉；俘獲。

㉖ 術：方法。這裡指治國之道。

㉗ 諱：諱名。對尊長避免説寫其名，表示尊敬的心意。

㉘ 更著其名：魏惠王把惠子比作管夷吾，尊稱其為仲父，此指更改其仲父之名。

㉙ 罷（ㄆㄧˊ）潞：疲敝困乏。罷，通「疲」；潞，通「露」，羸弱。

㉚ 譽：通「與」。幫助。

㉛ 謝：道歉。

㉜ 賊：禍害。

譯文

名辯之士以為自己得道了，卻未必如此，雖然這樣，他們應對事物，雄辯之辭滔滔不絕。即使辯論到最後已經無話可說了，是福是禍仍不得而知。明察而因此通曉事理明白道義，那麼明察就是福了；明察而掩飾錯誤迷惑愚昧之人，那麼明察就是禍了。古代人們尊重善於駕車的人，是因為他們能日行千里路；今天人們尊重明察之士，是因為他們能驅逐強暴禁止邪惡。

魏惠王對惠子說：「上古時代統治國家的人，必定是賢能的人。如今我實際上不如先生您，我希望能夠把國家交給您。」惠子推

辭不肯接受。惠王又執意請求說：「在這種情況下我不能統治這個國家，假如把國家傳與賢能的人，民眾貪婪爭鬥的念頭就會停止了。希望先生您能因此聽從我的勸告。」惠子說：「如您所說，那我就不能聽從了。您本是萬乘大國的君主，把國家傳與他人還可以制止民眾貪婪爭鬥的念頭；如今我惠施是一個平民，可以擁有萬乘大國卻推辭不受，這就更能制止人們貪婪爭鬥的念頭了。」惠王對惠子說：「古代統治國家的人，必定是賢能的人。」接受王位而成為賢人的是舜，這是魏惠王想讓惠子做舜那樣的人；推辭王位而成為賢人的是許由，這是惠子想做許由那樣的賢人；把王位傳給別人而成為賢人的是堯，這是惠王想要做堯那樣的賢人。堯、舜、許由之所以聞名於世，不僅僅是堯把王位傳給舜而舜接受了，堯把國家傳給許由而許由不接受，而是他們其他的行為也配得上他們高尚的聲名。如今的人沒有其他高尚的行為，卻想要成為堯、舜、許由那樣的人，所以惠王身著喪國之服，把自己拘禁在鄄（自請歸服齊國），齊威王卻幾乎不肯接受；魏相國惠子更衣換帽，乘車出逃，差一點不能安全逃離魏國之境。大凡自己做事，不能抱僥倖心理，做事必須有誠意。

匡章在魏王面前對惠子說：「蝗蟲螟蟲，農夫抓住就殺死它，什麼原因呢？因為它禍害莊稼。如今惠子出行，多時有數百輛車、數百個步行者跟隨；少時有數十輛車、數十個步行者跟隨。這些不耕種白吃飯的人，他們對莊稼的危害也很嚴重啊。」惠王說：「惠子呀，他難以用言詞來回答您。雖然這樣，還是請惠子說說他的志向。」惠子說：「如今修築城牆的人，有的拿著大木杵在城上搗築，有的揹著裝土的畚箕到城下，有的拿著尺規遠望新築之城是否合乎標準。像惠施我這樣的人，就是拿著尺規的人啊。讓善於織絲的巧女變成絲，她就不能織絲了；讓能工巧匠變成木材，他就不能處置加工木材了；讓聖賢的人變成農夫，他就不能管理農夫了。我是管理農夫的人，您為什麼拿我和蝗蟲相比呢？」惠子以治理好魏國作為最根本的事，治理的效果卻不好。在魏惠王在位期間，打了五十場仗有二十場是敗仗，被殺的人不計其數，連魏惠王的大將、愛子都有被俘虜的。惠子的這種治國之術，被

天下人取笑，大家可以直呼他的名字。魏惠王於是請求周太史更換其仲父的名號。魏惠王圍困邯鄲三年卻不能攻取，士兵和老百姓都疲勞羸弱，國家府藏用盡，救邯鄲的軍隊卻從四方而來，民眾都責備他，諸侯也不幫助他。魏惠王向翟翦道歉，改聽他的計謀，國家才得以保住。名貴的寶物散失到鄰國，土地被四鄰侵削，魏國從此衰敗。仲父，這是一個顯赫的名號；把國家讓給他，這是很大的實惠。惠子曾向魏惠王抱怨自己的計謀不被聽信。魏惠王聽了他的計謀而得到如此的結果，不能說他善於治國。不善於治國卻要治理國家，沒有比這更禍害天下的了。幸虧惠子的計謀只被魏國聽從。惠子以禍害天下為實，以治理天下為名，匡章對他進行非難，不也可以嗎？

❁應言

➲ 原文

白圭謂魏王曰①：「市丘之鼎以烹雞②，多洎之則淡而不可食③，少洎之則焦而不熟，然而視之蝺焉美④，無所可用。惠子之言，有似於此。」惠子聞之，曰：「不然。使三軍饑而居鼎旁，適為之甑⑤。則莫宜之此鼎矣。」白圭聞之，曰：「無所可用者，意者徒加其甑邪？」白圭之論自悖，其少魏王大甚⑥。以惠子之言蝺焉美，無所可用，是魏王以言無所可用者為仲父也，是以言無所用者為美也。

公孫龍說燕昭王以偃兵⑦，昭王曰：「甚善。寡人願與客計之。」公孫龍曰：「竊意大王之弗為也。」王曰：「何故？」公孫龍曰：「日者大王欲破齊⑧，諸天下之士其欲破齊者，大王盡養之；知齊之險阻要塞、君臣之際者，大王盡養之；雖知而弗欲破者，大王猶若弗養⑨。其卒果破齊以為功。今大王曰：我甚取偃兵。諸侯之士在大王之本朝者，盡善用兵者也。臣是以知大王之弗為也。」王無以應。

注釋

① 白圭（ㄍㄨㄟ）：人名。戰國時人，曾任魏惠王相。　魏王：

指魏惠王。

②市丘：魏邑，出產大鼎。　鼎：古器物名。圓形，三足二耳。也有方形四足的。大小不一，用途各異。這裡指烹飪器具。

③洎（ㄐㄧˋ）：添水於鍋中；湯汁。

④蝺（ㄐㄩˇ）：形容外表美好。

⑤甑（ㄗㄥˋ）：古代蒸食炊具。

⑥少：輕視；小看。

⑦偃兵：停戰。偃，停止；停息。

⑧日者：從前；往日。

⑨猶若：還是；仍然是。

譯文

白圭對魏惠王說：「用市丘出產的鼎來煮雞，多放湯就會淡而無味無法食用，少放湯則會燒焦而煮不熟，然而這鼎看起來很漂亮，卻沒有實用價值。惠子的言論就與這種鼎相似。」惠子聽說後說：「不對。如果三軍將士饑餓時而停在鼎旁，恰好要用甑給他們蒸飯，那麼和甑來搭配蒸飯最合適的莫過於這鼎了。」白圭聽說後說：「沒有用處的東西，想來只好在上面放甑了！」白圭的說法自相矛盾，他太輕視魏惠王了。白圭認為惠子的話只是言辭華美，但沒有用處，是魏惠王把說話沒有實用價值的人當成仲父，把沒有用處的空話當成美言了。

公孫龍勸說燕昭王停戰，昭王說：「很好。我願意同賓客們討論這件事。」公孫龍說：「我私下認為大王不會停戰。」昭王問：「為什麼？」公孫龍說：「從前大王想打敗齊國，天下凡是想打敗齊王的豪傑，大王全部收養了他們；那些瞭解齊國險要地勢、君臣關係的人，大王也都收養了他們；那些雖然瞭解齊國險要地勢和君臣關係卻不想打敗齊國的人，大王您還是沒有收養他們。最後您終於打敗了齊國並以為這是很大的功績。現在大王說：『我很贊同停戰。』可是聚集在您朝中的各諸侯國的士子都是善於用兵的人。我因此知道您是不會停戰的。」昭王無話可答。

❁具　備

➲ 原文

今有羿、蜂蒙、繁弱於此①，而無弦，則必不能中也。中非獨弦也，而弦為弓中之具也。夫立功名亦有具，不得其具，賢雖過湯、武，則勞而無功矣。湯嘗約於郼、薄矣②，武王嘗窮於畢、裎矣③，伊尹嘗居於庖廚矣④，太公嘗隱於釣魚矣。賢非衰也，智非愚也，皆無其具也。故凡立功名，雖賢，必有其具，然後可成。

宓子賤治亶父⑤，恐魯君之聽讒人⑥，而令己不得行其術也，將辭而行，請近吏二人於魯君與之俱⑦。至於亶父，邑吏皆朝。宓子賤令吏二人書。吏方將書，宓子賤從旁時掣搖其肘，吏書之不善，則宓子賤為之怒。吏甚患之，辭而請歸。宓子賤曰：「子之書甚不善，子勉歸矣！」二吏歸報於君，曰：「宓子不得為書。」君曰：「何故？」吏對曰：「宓子使臣書，而時掣搖臣之肘，書惡而有甚怒，吏皆笑宓子。此臣所以辭而去也。」魯君太息而歎曰：「宓子以此諫寡人之不肖也。寡人之亂子，而令宓子不得行其術，必數有之矣。微二人⑧，寡人幾過。」遂發所愛而令之亶父，告宓子曰：「自今以來，亶父非寡人之有也，子之有也。有便於亶父者，子決為之矣。五歲而言其要⑨。」宓子敬諾，乃得行其術於亶父。三年，巫馬旗短褐衣蔽裘而往觀化於亶父⑩，見夜漁者，得則舍之。巫馬旗問焉，曰：「漁為得也，今子得而舍之，何也？」對曰：「宓子不欲人之取小魚也。所舍者小魚也。」巫馬旗歸，告孔子曰：「宓子之德至矣，使民暗行若有嚴刑於旁。敢問宓子何以至於此？」孔子曰：「丘嘗與之言曰：『誠乎此者刑乎彼⑪。』宓子必行此術於亶父也。」夫宓子之得行此術也，魯君後得之也。魯君後得之者，宓子先有其備也。先有其備，豈遽必哉？此魯君之賢也。

注釋

①羿：夏之諸侯，以善射著稱。　蜂蒙：傳説中夏代善於射箭的人。曾學射於羿。　繁弱：古代良弓名。

②約：貧困；卑微。　郼（一）：殷商封國名。　薄：即殷亳，

商湯王時的都城，故址在今河南省商丘縣北。

③ 畢：指畢原，在今陝西省咸陽市北。　程：也作程，古邑名。

④ 庖廚：廚房，也指廚師。庖，廚房。

⑤ 宓（ㄈㄨˊ）子賤：人名。孔子的弟子。　亶（ㄉㄢˇ）父：地名。在今山東單縣以南。

⑥ 讒（ㄔㄢˊ）人：在背後說人壞話的人。

⑦ 近吏：君主身邊的人。

⑧ 微：如果沒有。

⑨ 要：要點。

⑩ 巫馬旗：孔子弟子。　褐（ㄏㄜˊ）：毛布；粗布。

⑪ 刑：通「形」。

譯文

現在如果有羿、蜂蒙這樣的善射之人和繁弱這樣的良弓在這裡，但沒有弓弦，那麼肯定不會射中靶心。射中靶心不單單靠弓弦，但弓弦是射中靶心的必備條件。建功立業也要有具備的條件，如果不具備條件，即使賢德超過了商湯王、周武王也會勞而無功的。商湯王曾經很貧困地居住在郼、薄二地，周武王也曾經在畢、裎困窘，伊尹曾在廚房做奴僕，姜太公曾經隱居釣魚。他們的賢德並非衰微，他們的智力並不愚鈍，都是因為當時條件不具備。所以凡是建功立名，即使賢德，也要具備條件，然後才可以成功。

宓子賤要去治理亶父這個地方，他擔心魯君聽信讒言，使自己不能推行自己的治理措施，將要告辭走的時候，向魯君請求派國君身邊的兩個官吏一同西元前往。到了亶父，地方上的官吏都來朝見，宓子賤令兩個官吏作記錄。官吏剛要寫時，宓子賤就在旁邊不時地搖動他們的胳膊肘，官吏因此沒記錄好，宓子賤為此而發怒。官吏很憂慮，就告辭請求回去。宓子賤說：「你們記錄得很不好，你們趕快回去吧！」二位官吏回來後向魯君稟告，說：「宓子賤這個人，不能給他作記錄。」魯君詢問原因：「為什麼會這樣？」官吏回答說：「宓子賤讓我們作記錄，卻不時地搖動我們的胳膊肘，寫得不好又大發脾氣，亶父地方上的官吏都因此

譏笑宓子賤，這就是我們告辭離開的原因。」魯君長歎道：「宓子賤是用這種方法來勸諫我的不肖啊！我擾亂了宓子賤，使他不能推行自己的治理措施，這樣的事一定發生過很多次了。如果沒有你們兩個，我幾乎又要犯錯誤。」於是就派遣自己喜歡的人去亶父，告訴宓子賤說：「從今以後，亶父不歸我所有，而歸你所有，只要對亶父有利的事，你就決定去做吧！五年後向我報告你的施政要點。」宓子賤恭敬地答應下來，得以在亶父推行自己的治理措施。三年後，巫馬旗穿著粗布短衣和破舊的皮衣到亶父去觀察宓子賤施行教化的情況，看到夜裡捕魚的人，捕到魚後又放回水中。巫馬旗問他說：「捕魚是為了得到魚，現在你得到魚卻把它扔回水中，這是什麼原因呢？」漁人回答他說：「宓子賤不讓人們捕取小魚，我扔回水中的都是小魚。」巫馬旗回來後，告訴孔子說：「宓子賤的德行達到了極點，他使人民在暗中做事就像有嚴刑在身旁一樣。請問宓子賤用什麼辦法而達到這種效果？」孔子說：「我曾經跟他說：『施政以至誠並表現在行動上。』宓子賤一定是在亶父推行這種作法了。」宓子賤得以實行這種作法，是因為魯君後來領悟到了宓子賤的意圖，魯君後來之所以能夠領悟宓子賤的意圖是因為宓子賤事先做了準備。事前有了準備，難道君主就一定能領悟明白了嗎？這就是魯君的賢明啊！

◎卷十九　離俗覽第七

題解

◆ 離俗覽由離俗、高義、上德、用民、適威、為欲、貴信、舉難八篇組成。其中離俗、高義、舉難三篇為北宮黝(ㄧㄡˇ)孟施捨、漆雕氏學派的學說。離俗篇宣揚了以義理為本，超凡脫俗的思想；高義篇論述了君子至高無上的道義，勸誡君主必須求賢、任賢；舉難篇論述了舉薦人才之難，主張君主用人應注重大節，不要求全責備。上德、用民、適威、為欲、貴信五篇為兵家學說。

上德篇的主旨是崇尚德政，極力主張用德義治天下，認為嚴罰厚賞是衰世之政；用民篇論述了君主應如何使用民眾，認為使用民眾最好用仁義，其次靠賞罰；適威篇論述了君主應如何恰當地使用權威，認為不顧人的天性和承受能力過分使用權威是亡國之君的主要特點；為欲篇論述了人的行為和欲望的主要關係，主張統治者要充分利用人人都有欲望這一常情使他們為自己所用；貴信篇闡發了守信為貴的主旨，認為君主只有守信才能成就稱王稱霸之大業。

離　俗

原文

舜讓其友石戶之農①，石戶之農曰：「棬棬乎後之為人也②！葆力之士也③。」以舜之德為未至也，於是乎夫負妻戴，攜子以入於海，去之終生不反④。舜又讓其友北人無擇⑤，北人無擇曰：「異哉後之為人也！居於甽畝之中⑥，而游入於堯之門。不若是而已⑦，又欲以其辱行漫我⑧，我羞之。」而自投於蒼領之淵⑨。

湯將伐桀，因卞隨而謀⑩，卞隨辭曰：「非吾事也。」湯曰：「孰可？」卞隨曰：「吾不知也。」湯又因務光而謀⑪，務光曰：「非吾事也。」湯曰：「孰可？」務光曰：「吾不知也。」湯曰：「伊尹何如？」務光曰：「強力忍詢⑫，吾不知其他也。」湯遂與伊尹謀夏伐桀，克之。以讓卞隨，卞隨辭曰：「後之伐桀也⑬，謀乎我，必以我為賊也⑭；勝桀而讓我，必以我為貪也。吾生乎亂世，而無道之人再來詢我⑮，吾不忍數聞也。」乃自投於潁水而死。湯又讓於務光曰：「智者謀之，武者遂之，仁者居之，古之道也。吾子胡不位之⑯？請相吾子。」務光辭曰：「廢上，非義也；殺民，非仁也；人犯其難，我享其利，非廉也。吾聞之，非其義，不受其利；無道之世，不踐其土。況於尊我乎？吾不忍久見也。」乃負石而沈於募水⑰。

故如石戶之農、北人無擇、卞隨、務光者，其視天下，若六合之外⑱，人之所不能察。其視貴富也，苟可得已，則必不之賴⑱。

高節厲行[20]，獨樂其意，而物莫之害。不漫於利[21]，不牽於埶[22]，而羞居濁世。惟此四士者之節。若夫舜、湯，則苞裹覆容[23]，緣不得已而動，因時而為，以愛利為本，以萬民為義。譬之若釣者，魚有小大，餌有宜適，羽有動靜[24]。

注釋

① 石戶之農：人名。傳說是舜的朋友。
② 棬棬（ㄑㄩㄢ）：用力的樣子。　後：君。這裡指舜。
③ 葆：通「保」。　力：這裡的意思是勤勞。
④ 反：通「返」。
⑤ 北人無擇：人名。北人為複姓，無擇為名。
⑥ 畎（ㄑㄩㄢˇ）畝：本為田間、田地的意思，這裡指鄉間。
⑦ 已：停止。
⑧ 漫：玷污。
⑨ 蒼領：水名。即滄浪江。
⑩ 卞隨：傳說中夏朝的高士。
⑪ 務光：與卞隨同為傳說中夏朝的高士。
⑫ 詢（ㄍㄡ丶）：同「詬」。恥辱。
⑬ 後：古代天子和列國諸侯皆稱後。
⑭ 賊：殘忍。
⑮ 無道之人：這裡指商湯王。
⑯ 吾子：對對方的尊稱。
⑰ 沈：「沉」的古體字。
⑱ 六合：指天、地和四方。
⑲ 賴：利。
⑳ 厲：磨礪。
㉑ 不漫於利：不為利益玷污。漫，汙。
㉒ 埶：同「勢」。
㉓ 苞裹覆容：包裝容納。
㉔ 羽：釣竿上的浮子。

譯文

舜想把帝位讓給自己的朋友石戶之農，石戶之農說：「君王您為人真是努力啊，是個勤勞的人。」他認為舜的德行還不完美，於是和妻子背著頂著家當，領著孩子到海上居住，離開後終生不返。舜又想把帝位讓給自己的朋友北人無擇，北人無擇說：「君王您的為人真是與眾不同！原來在鄉間居住，卻走進了堯帝的大門。還不肯就此止步，又想用自己可恥的行為玷污我，我對此感到羞恥。」因而自己跳進蒼領的深淵之中。

商湯王將要討伐夏桀王，於是去找卞隨出謀劃策，卞隨推辭說：「這不是我的事情。」商湯王說：「誰可以呢？」卞隨說：「我不知道。」商湯王於是又去找務光出謀劃策，務光說：「這不是我的事情。」商湯王說：「誰可以呢？」務光說：「我不知道。」商湯王說：「伊尹怎麼樣呢？」務光說：「他能奮力做事，忍受恥辱，其他情況我就不知道了。」湯於是就和伊尹謀劃討伐夏桀王，最後商湯王戰勝了夏桀王。商湯王要把天下讓給卞隨，卞隨推辭說：「君王您討伐夏桀王時，要和我謀劃，一定是認為我殘忍；戰勝夏桀王後要把天下讓給我，一定是認為我貪婪。我生於亂世，而無道之人兩次來玷污我，我不能忍受屢次聽到這樣的話。」於是就自己跳入潁水而死。商湯王又要將天下讓給務光，說：「有智慧的人謀劃它，勇武的人實現它，仁德的人享有它，這是自古以來的原則。您為何不居帝位呢？請讓我輔佐您。」務光推辭說：「廢棄夏桀王，是不義的行為；作戰殺死人民，是不仁的行為；別人冒戰爭的危難，我享受戰爭的好處，是不廉潔的行為。我聽說過這樣的話：不符合道義，就不接受利益；沒有道義的社會，就不踏上它的土地。又何況是尊我為帝呢？我不忍長期看到這種情況。」於是就背負石頭沉沒在募水之中。

所以像石戶之農、北人無擇、卞隨、務光這樣的人，他們看待天下，就好像天外之物一樣，這是一般人所不理解的。他們看待富貴，假如可以得到，也不把它當作有利的事。他們節操高尚品行堅貞，獨自為自己的理想而快樂，而外界事物沒有什麼可以侵害他們。他們不為利益所玷污，不受權勢所牽制，而羞於處在污濁的社會。只有這四位賢士具有這樣的節操。至於舜、湯，則

無所不包，無所不容，由於迫不得已而行動，因時勢而作為，以愛民利民為根本，以為廣大人民謀利益為準則。這就好像釣魚的人，魚有小魚大魚，釣餌有適宜不適宜，釣竿上的浮子有動有靜。

☸高 義

➲ 原文

君子之自行也，動必緣義，行必誠義，俗雖謂之窮，通也①；行不誠義，動不緣義，俗雖謂之通，窮也。然則君子之窮通，有異乎俗者也。故當功以受賞，當罪以受罰。賞不當，雖與之必辭②；罰誠當，雖赦之不外。度之於國③，必利長久。長久之於主，必宜內反於心不慚然後動。

孔子見齊景公④，景公致廩丘以為養⑤。孔子辭不受，入謂弟子曰⑥：「吾聞君子當功以受祿。今說景公⑦，景公未之行而賜之廩丘，其不知丘亦甚矣！」令弟子趣駕⑧，辭而行。孔子，布衣也，官在魯司寇⑨，萬乘難與比行，三王之佐不顯焉，取捨不苟也夫！

子墨子遊公上過於越⑩。公上過語墨子之義，越王說之，謂公上過曰：「子之師苟肯至越，請以故吳之地陰江之浦書社三百以封夫子⑪。」公上過往覆於子墨子，子墨子曰：「子之觀越王也，能聽吾言、用吾道乎？」公上過曰：「殆未能也⑫。」墨子曰：「不唯越王不知翟之意⑬，雖子亦不知翟之意。若越王聽吾言用吾道，翟度身而衣，量腹而食，比於賓萌⑭，未敢求仕。越王不聽吾言、不用吾道，雖全越以與我，吾無所用之。越王不聽吾言、不用吾道，而受其國，是以義翟也⑮。義翟何必越，雖於中國亦可。」凡人不可不熟論。秦之野人⑰，以小利之故，弟兄相獄⑱，親戚相忍⑲。今可得其國，恐虧其義而辭之，可謂能守行矣。其與秦之野人相去亦遠矣。

注釋

①通：達。

②辭：不敢接受。

③ 度：衡量的意思。

④ 齊景公：春秋時齊國國君。西元前 457 ～前 409 年在位。

⑤ 廩丘：齊邑名。在今山東省鄆（ㄩㄣˋ）城縣西北。

⑥ 入：當是「出」字之誤。

⑦ 說：遊說；勸說別人使聽從自己的主張。

⑧ 趣：趕快；從速。

⑨ 司寇：官名。主管刑獄。

⑩ 遊：用作使動，使……遊說。　公上過：墨子的弟子。

⑪ 陰江：江名。　浦：江邊。　書社：古代二十五家為一社，書寫社內人姓名於冊籍，稱為「書社」。借指一定數量的土地及附著於土地的人口。

⑫ 殆：恐怕。

⑬ 翟：墨子名翟。

⑭ 賓萌：指從外地遷入的客居之民。賓，賓客。萌，民。

⑮ 翟：交易。

⑯ 中國：指中原各國。

⑰ 野人：即指郊野之農。四郊以外地區為「野」或「鄙」。

⑱ 獄：打官司。

⑲ 親戚：這裡指弟兄。　忍：殘。

譯文

君子自身的行為，舉動必遵循道義，行為必忠於道義，世俗雖然認為這樣做會困窘，但君子認為是通達的；舉動不遵循道義，行為不忠於道義，世俗雖然認為這樣做會通達，但君子認為是困窘的。這樣看來，君子所認為的困窘與通達不同於世俗的困窘與通達。所以有功就接受獎賞，有罪就接受懲罰。如果獎賞不恰當，即使賞給自己也一定謝絕；如果懲罰得當，即使赦免自己也不躲避懲罰。用這種原則衡量國家大事，一定利於國家的長治久安。要讓君主長治久安，君子應該內心反省不感到慚愧然後再行動。

孔子拜見齊景公，齊景公把廩丘送給他作為食邑。孔子推辭不肯接受，出來以後對學生們說：「我聽說君子因有功而受祿。

現在我勸說齊景公聽從我的主張，齊景公還沒有實行，就要賞賜給我廩丘，他太不瞭解我了！」讓學生們趕快套好車，告辭後就走了。孔子，是一個平民，在魯國只當過司寇的官，然而擁有萬輛兵車大國的君主也難以和他相提並論，夏禹王、商湯王、周武王的輔佐大臣也不比他顯赫，因為他取捨利益不苟且啊！

墨子讓其弟子公上過前往越國遊說，公上過講了墨子的主張，越王很高興，對公上過說：「您的老師如果肯到越國來，我願將原來屬於吳國的陰江兩岸三百書社的土地封賞給先生。」公上過回去告訴墨子，墨子說：「你觀察越王，他能聽我的話、採用我的主張嗎？」公上過說：「恐怕不能。」墨子說：「不僅越王不瞭解我的志向，即使是你也不瞭解我的志向。如果越王聽我的話，採用我的主張，我只求身上有衣穿，肚子吃飽飯，和客居之民的待遇一樣就行，不敢求做官；越王如果不聽我的話，不採用我的主張，就是把整個越國給我，我也用不著它。越王不聽我的話，不採用我的主張，我卻接受他的國土，這是拿原則做交易。既然拿原則做交易，又何必到越國去呢？中原之國也是可以的。」大凡對於人，不能不仔細考察。秦國的鄉野之人，因為一點小利的緣故，弟兄之間相互打官司，親人之間相互殘害。現在墨子可以得到越王的國土，卻擔心損害了自己做人的原則而謝絕了，可以說墨子能嚴守自己的操行了，他與秦國的鄉野之人相差也太遠了。

上德

原文

為天下及國①，莫如以德，莫如行義。以德以義，不賞而民勸②，不罰而邪止。此神農、黃帝之政也。以德以義，則四海之大，江河之水，不能亢矣③；太華之高④，會稽之險⑤，不能障矣；闔廬之教⑥，孫、吳之兵⑦，不能當矣。故古之王者，德回乎天地，澹乎四海⑧，東西南北，極日月之所燭，天覆地載，愛惡不臧⑨。虛素以公⑩，小民皆之⑪，其之敵而不知其所以然⑫，此之謂順天。教變容改俗，而莫得其所受之，此之謂順情。故古之人，身隱而功

著，形息而名彰[13]，說通而化奮[14]，利行乎天下，而民不識，豈必以嚴罰厚賞哉？嚴罰厚賞，此衰世之政也。

晉獻公為麗姬遠太子[15]。太子申生居曲沃[16]，公子重耳居蒲[17]，公子夷吾居屈[18]。麗姬謂太子曰：「往昔君夢見姜氏[19]。」太子祠而膳於公[20]，麗姬易之。公將嘗膳，姬曰：「所由遠，請使人嘗之。」嘗人[21]，人死；食狗，狗死。故誅太子。太子不肯自釋，曰：「君非麗姬，居不安，食不甘。」遂以劍死。公子夷吾自屈奔梁[22]。公子重耳自蒲奔翟[23]，去翟過衛，衛文公無禮焉[24]。過五鹿[25]，如齊[26]，齊桓公死。去齊之曹，曹共公視其駢脅[27]，使袒而捕池魚。去曹過宋，宋襄公加禮焉[28]。之鄭，鄭文公不敬[29]，被瞻諫曰[30]：「臣聞賢主不窮窮[31]。今晉公子之從者，皆賢者也。君不禮也，不如殺之。」鄭君不聽。去鄭之荊，荊成王慢焉[32]。去荊之秦，秦繆公入之[33]。晉既定，興師攻鄭，求被瞻。被瞻謂鄭君曰：「不若以臣與之。」鄭君曰：「此孤之過也。」被瞻曰：「殺臣以免國，臣願之。」被瞻入晉軍，文公將烹之，被瞻據鑊而呼曰[34]：「三軍之士皆聽瞻也：自今以來[35]，無有忠於其君，忠於其君者將烹。」文公謝焉，罷師，歸之於鄭。且被瞻忠於其君，而君免於晉患也；行義於鄭，而見說於文公也。故義之為利博矣。

注釋

①為：治理。

②勸：勉力。

③亢：通「抗」。抵禦。

④太華：指西嶽華山。

⑤會稽：即會稽山。在今浙江省中部。

⑥闔廬：春秋末期吳國君主。西元前 514 ～前 496 年在位。

⑦孫、吳之兵：孫，指孫武，春秋時期齊國人，著名的兵家，著有《孫子兵法》。吳，指吳起，戰國時期衛國人，善用兵。初為魯將，繼為魏將，後至楚，為令尹，實行變法。楚悼王死後，被舊貴族射死。

⑧澹：通「贍」。足。

⑨ 臧：隱匿。

⑩ 虛素：虛靜淡泊。

⑪ 皆：通「偕」。

⑫ 之敵：即「之適」，前往；往來。敵，通「適」。

⑬ 息：通「熄」。熄滅；消失。

⑭ 說：學說；主張。　化奮：教化大行。奮，發揚。

⑮ 晉獻公：春秋時期晉國國君，西元前 676 ～前 651 年在位。　麗姬：即驪姬。晉獻公伐驪戎，獲驪姬。驪姬生奚齊，欲立之，故陷害太子申生。

⑯ 曲沃：古邑名。晉的別都，在今山西曲沃縣。

⑰ 蒲：古邑名。在今山西隰縣西北。

⑱ 屈：晉邑名。在今山西吉縣北。

⑲ 昔：通「夕」。　姜氏：即齊姜，申生之母。當時已死。

⑳ 膳：奉獻食物。

㉑ 嘗人：讓人嘗。

㉒ 梁：春秋時期國名，嬴姓。

㉓ 翟：也作「狄」。古部族名。

㉔ 衛文公：春秋時期衛國君主。西元前 659 ～前 635 年在位。

㉕ 五鹿：古邑名。在今河南濮陽縣東北。

㉖ 如：往；到……去。

㉗ 曹共公：曹國君主，名襄，昭公之子。西元前 652 ～前 618 年在位。

㉘ 宋襄公：春秋時期宋國君主，名茲父。西元前 650 ～前 637 年在位。

㉙ 鄭文公：春秋時鄭國君主，名捷。西元前 672 ～前 628 年在位。

㉚ 被瞻：人名。鄭國大夫。

㉛ 不窮窮：不永遠困窘。第一個「窮」是終端、終極的意思，第二個「窮「是困窘的意思。

㉜ 荊成王：即楚成王。春秋時楚國君主，西元前 671 ～前 626 年在位。　慢：怠慢；不敬。

㉝ 秦繆公：即秦穆公。春秋時秦國國君，西元前 659 ～前 621

年在位。　入之：指將重耳送入晉國為君。

㉞ 鑊（ㄏㄨㄛˋ）：無足的大鼎，形似大鍋，用以煮食物。

㉟ 自今以來：從今往後。

譯文

治理天下和國家，不如用德，不如行義。用德用義，不用賞賜，人民就會努力向善，不用刑罰，邪惡就能止息。這是神農、黃帝的德政。用德義，那麼四海的廣大，江河的流水，也不能與之抗衡；華山的高大，會稽山的險要，都不能阻擋；以吳王闔廬的教化，孫武、吳起的軍隊，都不能抵擋。所以古代的帝王，他們的德業迴旋於天地之間，充斥於四海之內，東西南北，一直到達日月所能照耀到的地方，像天覆蓋著大地、地負載著萬物一樣，無論對喜愛的還是厭惡的都不藏匿其恩德。他們淡泊質樸，處事公正，普通老百姓也隨之如此，普通老百姓隨其前往卻不知道為什麼這樣，這就叫做順乎天性。他們的教化改變了人們的面貌和習俗，人們自己卻不知道受了教化，這就叫做順應人情。所以古代的人自身隱匿而功勳卓著，形體消失了但名聲顯揚，他們的主張通行而教化大興，給天下人帶來好處，可人民並未察覺到。難道非要用嚴酷的懲罰和豐厚的獎賞嗎？嚴酷的懲罰和豐厚的獎賞乃衰敗時代的為政之道。

晉獻公因為寵幸麗姬而疏遠了太子。太子申生住在曲沃，公子重耳住在蒲城，公子夷吾住在屈邑。麗姬對太子說：「前幾天夜裡君主夢見了你的生母姜氏。」太子於是就祭祀姜氏，並把祭品奉獻給獻公，麗姬用毒食替換了膳食。獻公將要品嘗膳食，麗姬說：「膳食是從遠處送來的，請讓別人先嘗嘗。」讓人嘗，人死了；讓狗吃，狗死了。所以晉獻公要殺死太子。太子不肯自作辯解，說：「君主如果沒有麗姬，睡覺就不安穩，吃飯也不香甜。」於是就用劍自殺了。公子夷吾從屈邑逃到梁國。公子重耳從蒲城逃到翟國，離開翟國經過衛國，衛文公沒有以禮相待。經過五鹿，到了齊國，正趕上齊桓公死了。又離開齊國到了曹國，曹共公想看他緊緊相連的肋骨，讓他光著身子去捕池裡的魚。離開曹國，

經過宋國，宋襄公以禮相待。到了鄭國，鄭文公不尊敬他，大夫被瞻勸諫說：「我聽說賢明的君主不會永遠困窘。現在晉公子隨行的人，都是賢德之人。您不以禮相待，不如殺了他。」鄭國君主不聽從他的勸告。公子重耳離開鄭國，到了楚國，楚王對他不敬。離開楚國，到了秦國，秦穆公把他送回晉國為君。重耳即位（即晉文公）以後，發兵攻打鄭國，向鄭國索要被瞻。被瞻對鄭國國君說：「不如把我交給晉國。」鄭國君主說：「這是我的過錯呀。」被瞻說：「殺死我能使國家免於災難，我願意這樣做。」被瞻到了晉國軍隊裡，晉文公準備煮死他，被瞻攀住大鼎高聲喊道：「三軍的兵士都聽我說：從今以後，不要再忠於自己的君主了，忠於自己君主的人將被煮死。」晉文公向他道歉，撤回軍隊，讓被瞻回到了鄭國。被瞻忠於自己的國君，而使國君避免了被晉國攻擊的禍患；他在鄭國行正義之舉，因而受到了晉文公的賞識。所以正義所產生的利益是很大的。

❁用　民

➲ 原文

凡用民，太上以義①，其次以賞罰。其義則不足死，賞罰則不足去就②，若是而能用其民者，古今無有。民無常用也，無常不用也，唯得其道為可。

當禹之時，天下萬國，至於湯而三千餘國，今無存者矣，皆不能用其民也。民之不用，賞罰不充也③。湯、武因夏、商之民也，得所以用之也。管、商亦因齊、秦之民也，得所以用之也。民之用也有故，得其故，民無所不用。用民有紀有綱④。壹引其紀⑤，萬目皆起；壹引其綱，萬目皆張。為民紀綱者何也？欲也惡也。何欲何惡？欲榮利，惡辱害。辱害所以為罰充也，榮利所以為賞實也。賞罰皆有充實，則民無不用矣。闔廬試其民於五湖⑥，劍皆加於肩，地流血幾不可止。勾踐試其民於寢宮，民爭入水火，死者千餘矣，遽擊金而卻之⑦。賞罰有充也。莫邪不為勇者興懼者變⑧，勇者以工，懼者以拙，能與不能也。

宋人有取道者⑨，其馬不進，倒而投之鸂水⑩。又復取道，其馬不進，又倒而投之水。如此三者。雖造父之所以威馬⑪，不過此矣。不得造父之道，而徒得其威，無益於御。人主之不肖者，有似於此。不得其道，而徒多其威。威愈多，民愈不用。亡國之主，多以多威使其民矣。故威不可無有，而不足專恃。譬之若鹽之於味，凡鹽之用，有所托也。不適，則敗托而不可食。威亦然，必有所托，然後可行。惡乎托⑫？托於愛利。愛利之心諭⑬，威乃可行。威太甚則愛利之心息，愛利之心息，而徒疾行威，身必咎矣。此殷、夏之所以絕也。

注釋

①太上：最上；最高。

②去就：指去惡行善。

③充：實施。

④紀：本指絲縷的頭緒，又可指網上的繩，引申為法紀之義。綱：提網的繩。

⑤壹：假如；一旦。

⑥試：檢驗；演習。

⑦遽（ㄐㄩˋ）：急速。　金：鑼。

⑧莫邪（ㄇㄛˋ　ㄧㄝˊ）：古代傳說中的寶劍名。因鑄造者干將的妻子叫莫邪而得名。後泛指寶劍。

⑨取道：出行。

⑩鸂（ㄒㄧ）水：水名。位置不詳。

⑪造父：古代善於駕車的人，曾為周穆王御者。

⑫惡（ㄨ）：表示疑問，相當於「何」「怎麼」。

⑬諭：知曉。

譯文

凡使用人民，最好用道義，其次用賞罰。其道義不足以讓人民獻出生命，賞罰不足以讓人民去惡向善，像這樣還能使用其民眾的國君，從古到今都沒有過。人民不可以總是被使用，也不可

以總不使用，只有掌握了其中的規則才可以使用他們。

在大禹時期，天下有上萬個國家，到了商湯王時天下有三千多個國家，現在這些國家都不存在了，都是因為國君不能使用其人民。人民不能被使用的原因，是因為賞罰沒有實施。商湯王、周武王依靠的是夏朝、商朝的人民，這是因為他們掌握了使用人民的方法。管仲、商鞅也依靠了齊、秦二國的人民，這也是因為他們掌握了使用人民的方法。人民能夠被使用是有原因的，懂得其中的原因，人民就可以隨意地使用。使用人民有一定的法紀，就像漁網一舉起紀，所有的目就會被提起，一舉起綱，所有的目就都會張開。那麼統治人民的紀綱是什麼呢？就是他們想要的和厭惡的。他們想要什麼又厭惡什麼呢？他們想要的是榮譽利益，厭惡的是恥辱和災禍。恥辱和災禍是用以實施懲罰的，榮譽和利益是用以實施獎賞的。賞罰都得到落實了，那麼人民就可以隨意地使用了。闔廬在五湖地區演習檢驗人民，劍都刺到了肩膀，血流遍地，都無法阻止人民前進；越王勾踐在寢宮演習檢驗人民，人民爭著出入於水火之中，死者超過千餘，趕緊鳴金收兵才使人民退下來。這是因為賞罰都有落實啊。寶劍莫邪不因為使用它的人勇敢或是膽怯而改變其鋒利的程度，勇敢的人有了它更加靈活，膽怯的人有了它變得笨拙，這在於他們善於使用還是不善於使用。

有個宋國人出行，他的馬不肯前進，他就將其殺死並投入到水中。他又重新趕路，他的馬又不肯前進，於是他就又將其殺掉投入水。如此反覆了三次。即使善於駕車的造父馴馬的威勢，也不過如此。那個宋人沒有掌握造父的馴馬技巧，而只學會了其馴馬的威勢，這對於馭馬沒有好處。那些不賢能的君主，就與這個宋國人很相似。他們沒有統治人民的方法，卻有很多的威勢，威勢愈多，人民就愈不能被使用。亡國的君主，大多是憑藉其眾多的威勢來使用人民的。所以威勢不可以沒有，但不足以專門依仗。就像鹽對於味道的關係，大凡使用鹽，要有所依託。如果用量不合適，就會破壞依託的東西而難以食用。威勢也是這樣，一定要有所依託，然後才可行。那麼依託什麼呢？依託愛民利民。愛民利民之心讓人民知曉，威勢才可行，威勢太過分則愛民利民之心

消失，愛民利民之心消失，而徒勞地厲行威勢，自身必定遭殃。這就是殷朝、夏朝滅亡的原因。

❁適　威

➲ 原文

先王之使其民，若御良馬，輕任新節①，欲走不得，故致千里。善用其民者亦然。民日夜祈用而不可得，苟得為上用，民之走之也，若決積水於千仞之谿②，其誰能當之？《周書》曰③：「民，善之則畜也④，不善則讎也⑤。」有讎而眾，不若無有。厲王⑥，天子也，有讎而眾，故流於彘⑦，禍及子孫，微召公虎而絕無後嗣⑧。今世之人主，多欲眾之，而不知善，此多其讎也。不善則不有。有必緣其心，愛之謂也。有其形不可為有之⑨。舜布衣而有天下，桀，天子也，而不得息⑩，由此生矣。有無之論，不可不熟。湯、武通於此論，故功名立。

魏武侯之居中山也⑪，問於李克曰⑫：「吳之所以亡者何也？」李克對曰：「驟戰而驟勝⑬。」武侯曰：「驟戰而驟勝，國家之福也，其獨以亡，何故？」對曰：「驟戰則民罷⑭，驟勝則主驕。以驕主使罷民，然而國不亡者，天下少矣。驕則恣，恣則極物；罷則怨，怨則極慮。上下俱極，吳之亡猶晚。此夫差之所以自歿於干隧也⑮。」

故亂國之使其民，不論人之性，不反人之情，煩為教而過不識⑯，數為令而非不從⑰，巨為危而罪不敢，重為任而罰不勝。民進則欲其賞，退則畏其罪。知其能力之不足也，則以為繼矣⑱。以為繼，知，則上又從而罪之，是以罪召罪。上下之相讎也⑲，由是起矣。故禮煩則不莊，業煩則無功，令苛則不聽，禁多則不行。桀、紂之禁，不可勝數，故民因而身為戮，極也，不能用威適。

注釋

①任：負擔。　新節：以初生枝條製成的馬鞭。

②仞：古代長度單位。周代以八尺為一仞。　谿（ㄒㄧ）：深

峭的山谷。

③《周書》：古逸書。

④畜：治理。

⑤讎：通「仇」。

⑥厲王：周厲王。周代暴君，後被國人逐出，逃到彘。

⑦彘（ㄓ ㄟ）：古地名。在今山西霍州市東北。

⑧微召公虎而絕無後嗣：周厲王被國人驅逐後，太子靖藏在召公虎家中，國人包圍了召公虎家，召公虎以其子代替太子，太子免於死。微，非；不是。召公虎，即召伯虎、召穆公。厲王死後，他擁立太子靖即位，是為周宣王。

⑨形：表面上；形式上。

⑩息：安定。

⑪魏武侯：戰國時期魏國國君。魏文侯之子，名擊，西元前395～西元前370年在位。為太子時為中山君。

⑫李克：戰國初期政治家。太子擊為中山君時，他任中山相。

⑬驟：屢次。

⑭罷（ㄆㄧ ˊ）：通「疲」。

⑮歿（ㄇㄛ ㄟ）：通「刎」。自殺。　干隧：古地名。故址在今江蘇蘇州市。

⑯過不識：責怪人們不懂。識，知。

⑰數（ㄕㄨ ㄟ）：屢次；多次。　非不從：對人們不聽從進行非難。

⑱為：通「偽」。虛假。　繼：緊接著。

⑲讎（ㄔㄡ ˊ）：同「仇」。

譯文

先王使用自己的人民，就像駕馭駿馬，減輕馬的負擔，以初生柔軟的枝條製成馬鞭，馬想要逃跑也做不到，因此能達到千里遠的地方。善於使用百姓的君主也是這樣。百姓日夜祈求被使用而不能如願，假如能為君主效力，百姓為之奔走，就像積水從萬丈高的山谷中奔湧而下，誰能阻擋得住呢？《周書》上說：「百姓，

善待他們就能夠治理他們，不善待他們就成為君主的仇敵。」有很多像仇敵一樣的民眾，不如沒有。周厲王，是天子，因為有眾多仇敵一樣的民眾，所以被流放到彘地，而且禍累子孫，要不是召公虎就會斷了後嗣。今天世上的君主，大多想擁有眾多的百姓，卻不知善待他們，這是增加自己的仇人。不善待百姓，就不能擁有百姓。擁有百姓一定要擁有百姓的心，這就是所謂百姓的愛戴。只在形式上擁有百姓不算真正擁有。舜出身平民而擁有了天下，夏桀王，身為天子，而不得安寧，這都取決於是否得到百姓的愛戴。能否真正擁有百姓的道理，不能不反覆考慮。商湯王、周武王通曉這個道理，所以功成名立。

魏武侯做中山君時，問其相李克說：「吳國滅亡的原因是什麼？」李克回答說：「屢戰而屢勝。」武侯曰：「屢戰而屢勝，國家的福氣呀，卻獨獨導致了它的滅亡，這是什麼原因？」李克回答說：「屢戰則百姓疲憊，屢勝則君主驕傲。以驕傲的君主驅使疲憊的百姓，這樣做而國家不滅亡的，天下少見。君主驕傲就放縱，放縱就會窮盡物欲；百姓疲憊則怨恨，怨恨就會有極端的想法。上下都到了極端的境地，吳國的滅亡還算晚呢。這就是吳王夫差在干隧自刎而死的原因。」

所以亂國的君主役使自己的人民，不考慮人的天性，不體諒人之常情，頻繁地制定教令卻責怪人們不能理解掌握，屢次下達不同的命令卻非難人們的無所適從，製造巨大的危難卻加罪於不敢赴危難的人，使人民負擔繁重的任務卻懲罰無力勝任者。百姓前進就希望得到賞賜，後退就害怕受到懲處。當知道自己能力不足時，就會做虛假的事了。做虛假的事，君主知道了，跟著就加以懲處，這樣百姓就因為畏罪而獲罪。君主和百姓相互的仇恨，就由此產生了。所以禮節繁瑣就不莊重，事情繁多就無功效，命令苛刻就不被聽從，禁令過多就行不通。夏桀王、商紂王的禁令多得不可勝數，人民借此推翻了他們，他們自身也被殺死，這是因為他們做的事情過分到了極點，不能恰當地運用權威。

❁為　欲

➲ 原文

使民無欲，上雖賢，猶不能用。夫無欲者，其視為天子也，與為輿隸同①；其視有天下也，與無立錐之地同；其視為彭祖也②，與為殤子同③。天子，至貴也；天下，至富也；彭祖，至壽也。誠無欲，則是三者不足以勸④。輿隸，至賤也；無立錐之地，至貧也；殤子，至夭也。誠無欲，則是三者不足以禁。會有一欲⑤，則北至大夏⑥，南至北戶⑦，西至三危⑧，東至扶木⑨，不敢亂矣；犯白刃，冒流矢，趣水火，不敢卻也；晨寤興，務耕疾庸⑩，x為煩辱⑩，不敢休矣。故人之欲多者，其可得用亦多；人之欲少者，其得用亦少；無欲者，不可得用也。人之欲雖多，而上無以令之，人雖得其欲，人猶不可用也。令人得欲之道，不可不審矣。

善為上者，能令人得欲無窮，故人之可得用亦無窮也。蠻夷反舌殊俗異習之國⑫，其衣服冠帶、宮室居處、舟車器械、聲色滋味皆異，其為欲使也。三王不能革⑬，不能革而功成者，順其天也；桀、紂不能離⑭，不能離而國亡者，逆其天也。逆而不知其逆也，湛於俗也⑮。久湛而不去則若性。性異非性，不可不熟。不聞道者，何以去非性哉？無以去非性，則欲未嘗正矣。欲不正，以治身則夭，以治國則亡。故古之聖王，審順其天而以行欲，則民無不令矣，功無不立矣。聖王執一⑯，四夷皆至者，其此之謂也！

注釋

① 輿（ㄩˊ）隸：古代十等人中兩個低微等級的名稱。泛指操賤役者；奴隸。

② 彭祖：傳說中活了七百餘歲的長壽之人。

③ 殤子：未成年而死的孩子。

④ 勸：勉勵；鼓勵。

⑤ 會：適逢。

⑥ 大夏：湖澤名。《淮南子‧地形訓》：「西北方有大夏，曰海澤。」

⑦ 北戶：上古國名。所謂南荒之國。

⑧ 三危：山名。在今甘肅省敦煌東。

⑨ 扶木：即扶桑。傳説中的東方海域的古國名，我國相沿以為日本的代稱。

⑩ 庸：通「傭」。受雇傭代人種田。

⑪x：古「耕」字。　煩辱：繁雜勞苦。

⑫ 蠻夷：古代泛指華夏中原民族以外的少數民族。　反舌：指與中原發音不同的少數民族語言。

⑬ 三王：指夏禹王、商湯王、周武王。

⑭ 離：脱離；違背。

⑮ 湛（ㄓㄢˋ）：通「沉」。

⑯ 執一：此處是掌握了根本之道的意思。

譯文

假如人們沒有欲望，國君即使很賢明，還是不能使用人民。沒有欲望的人，他們看待天子，與奴隸相同；他們看待擁有天下，與無立錐之地相同；他們看待活了七百餘歲的彭祖，跟夭折的孩子相同。天子，是最尊貴的；天下，是最富有的；彭祖，是最長壽的。如果沒有欲望，這三者都不足以勉勵人們。奴隸，是最低賤的；沒有立錐之地，是最貧窮的；夭折的孩子，是壽命最短的。如果沒有欲望，那麼這三者也都不足以禁止人們。恰碰上人們有一種欲望，那麼北至大夏，南到北戶，西到三危，東至扶木，不會有敢作亂的人；迎著白色的刀鋒，冒著紛飛的利箭，赴湯蹈火，他們也不敢退卻；清早就起床，致力耕作，受人雇傭，從事繁雜勞苦的耕作，他們也不敢休息。所以欲望多的人，他可使用的地方也多；欲望少的人，他可使用的地方也少；沒有欲望的人，就不可以被使用了。雖然人們的欲望很多，君主卻沒有方法來命令他們，人們雖然得以滿足了欲望，但仍舊不可以被使用。讓人們滿足欲望的方法，不可以不審明啊！

善於為君者，能使人們的欲望不斷得到滿足，所以他也就可以不斷地役使人民。那些與中原語言、風俗、習慣都不相同的蠻

夷之國，他們的衣服、帽子、衣帶、宮室、住處、船、車、器物、聲音、顏色、飲食習慣等都和中原不同，但他們被欲望役使的天性是相同的。夏禹、商湯、周武王不能革除人的欲望，不能革除人的欲望而成就了功業，是因為他們順應了人的天性；夏桀、商紂沒有擺脫人的欲望，沒有擺脫人的欲望而使國家滅亡，是因為他們違背了人的天性。他們違背了人的天性卻還不知道，這是因為他們沉浸在世俗之中啊。長久地沉浸在世俗之中不能自拔就積習成性了。天性不同於習性，這不可不詳細瞭解。不懂得這個道理的人，怎麼能去掉這種非本性的習性呢？沒有辦法去掉非本性的習性，欲望可能就會不正當。欲望不正當，用來治身就會使生命夭折，用來治國就會使國家滅亡。所以古代的賢王，審察並順應人的天性來使人們滿足欲望，那麼人民就沒有不聽從命令的，功業就沒有不可以建立的了。聖王掌握了根本之道，四方的各民族都來歸順，大概說的就是這種情況吧！

貴信

原文

天行不信[1]，不能成歲[2]；地行不信，草木不大。春之德風[3]，風不信，其華不盛[4]，華不盛，則果實不生。夏之德暑，暑不信，其土不肥，土不肥，則長遂不精[5]。秋之德雨，雨不信，其穀不堅，穀不堅，則五種不成。冬之德寒，寒不信，其地不剛，地不剛，則凍閉不開。天地之大，四時之化，而猶不能以不信成物，又況乎人事？君臣不信，則百姓誹謗，社稷不寧[6]；處官不信，則少不畏長，貴賤相輕；賞罰不信，則民易犯法，不可使令；交友不信，則離散鬱怨，不能相親；百工不信，則器械苦偽，丹漆染色不貞[7]。夫可與為始，可與為終，可與尊通，可與卑窮者，其唯信乎！

齊桓公伐魯。魯人不敢輕戰，去魯國五十里而封之[8]。魯請比關內侯以聽[9]，桓公許之。曹翽謂魯莊公曰[10]：「君寧死而又死乎，其寧生而又生乎？」莊公曰：「何謂也？」曹翽曰：「聽臣之言，國必廣大，身必安樂，是生而又生也；不聽臣之言，國必滅亡，身

必危辱，是死而又死也。」莊公曰：「請從。」於是明日將盟，莊公與曹翽皆懷劍至於壇上⑪。莊公左搏桓公⑫，右抽劍以自承，曰：「魯國去境數百里。今去境五十里，亦無生矣。鈞其死也⑬，戮於君前。」管仲、鮑叔進。曹翽按劍當兩陛之間曰⑭：「且二君將改圖⑮，毋或進者！」莊公曰：「封於汶則可⑯，不則請死。」管仲曰：「以地衛君，非以君衛地。君其許之！」乃遂封於汶南，與之盟。歸而欲勿予，管仲曰：「不可。人特劫君而不盟，君不知，不可謂智；臨難而不能勿聽，不可謂勇；許之而不予，不可謂信。不智不勇不信，有此三者，不可以立功名。予之，雖亡地，亦得信。以四百里之地見信於天下，君猶得也。」莊公，仇也；曹翽，賊也。信於仇賊，又況於非仇賊者乎？夫九合之而合⑰，壹匡之而聽⑱，從此生矣。管仲可謂能因物矣。以辱為榮，以窮為通，雖失乎前，可謂後得之矣。物固不可全也。

注釋

①信：誠實；真實。這裡指遵循規律。

②歲：歲時。即一年；四季；季節。

③德：指特徵。

④華：同「花」。

⑤遂：成。　精：精粹。

⑥社稷：國家的代稱。社，土地神；稷，穀神。

⑦丹漆：顏料。丹，紅色。漆，黑色。　貞：純正。

⑧去：距離。　國：都城。　封：堆土築牆為界。

⑨比：比照，和 …… 一樣。　關內侯：爵位名。

⑩曹翽（ㄏㄨㄟˋ）：即曹劌（ㄍㄨㄟˋ）。春秋時期魯國武士。

⑪壇：土築的高台，用於祭祀、會盟等。

⑫搏：抓。

⑬鈞：同「均」。

⑭陛：壇或殿的台階。

⑮改圖：改變原來的計畫。圖，圖謀，商量。

⑯ 汶：汶水。在泰山一帶。
⑰ 九合：指齊桓公多次盟會諸侯。九，泛指多數，多次。
⑱ 壹匡：使一切得到匡正。匡，糾正。

譯文

天的運行沒有規律，就不能形成四季；地的運行沒有規律，草木就不能長大。春天的特徵是風，風不按時颳，花就會開得不盛，花開得不盛，果實就不會生長。夏天的特徵是熱，熱不按時來，土地就不會肥沃，土地不肥沃，植物的成熟狀況就不好。秋天的特徵是雨，雨不按時落下，穀粒就不會堅實飽滿，谷粒不堅實飽滿，五穀就沒有好收成。冬天的特徵是寒，寒不按時到來，土地就凍得不堅硬，土地不堅硬，地面就不會被凍裂。天地如此大，四季如此變化，還不能不按規律生成萬物，又何況人間之事呢？君臣不誠信，百姓就會指責批評，國家就不得安寧；居官不誠信，年輕的人就不敬畏年長的人，地位尊貴的人和地位低賤的人就會相互輕視；賞罰不誠信，百姓就會輕易犯法，不可役使；結交朋友不誠信，朋友就會離散鬱悶怨恨，不能相互親近；各業工匠不誠信，製造出的器械就會粗劣假冒，丹漆等染料的顏色就會不純正。可以伴隨開始，可以伴隨結束，可以伴隨尊貴顯達，可以伴隨卑微窮困的，大概只有誠信吧！

齊桓公攻打魯國。魯國人不敢輕易交戰，在距魯國國都五十里的地方用土築了防護牆。魯國請求比照關內侯的身分聽命於齊國，齊桓公同意了。曹翽對魯莊公說：「國君您願意死而又死，還是願意生而又生？」莊公說：「你說的是什麼意思？」曹翽說：「您聽我的話，國土必定會擴大，自己也必定會安樂，這就是生而又生；不聽我的話，國家必定會滅亡，自己也必定會臨險受辱，這就是死而又死。」莊公說：「我願意聽你的話。」於是第二天將要訂立盟約時，魯莊公和曹翽都懷揣著劍到了盟壇上。魯莊公左手抓住齊桓公，右手握劍指著他，說：「魯國國都本來離邊境幾百里。現在卻只有五十里，反正是無法活了。同樣是死，我寧願死在您的面前。」齊國的大臣管仲、鮑叔衝上來，曹翽手按利

劍擋在盟壇兩邊的台階之間說：「兩位君主將另作商量，任何人不許上去！」魯莊公說：「在汶水定邊界就行，否則我請求一死。」管仲對齊桓公說：「應該用領土保衛君主，而不是用君主保衛領土。您答應他吧！」於是以汶水南面為界，齊國與魯國定了盟約。齊桓公回國後不想把土地給魯國，管仲說：「不可以。別人特地要劫持您而不是想跟您訂立盟約，您卻沒看出來，這不能說是聰明；面對危難又不得不聽命於人，這不能說是勇敢；答應了別人卻不把土地還給別人，這不能說是誠信。不聰明、不勇敢、不誠信，有這三樣，就不可以建立功名。按盟約還給魯國土地，雖說失去了土地，還能得到誠信的名聲。用四百里土地而換得被天下人信任，您還是合算的。」魯莊公，是仇人；曹翽，是敵人。對仇敵都講誠信，更何況對不是仇敵的人呢？齊桓公多次會盟諸侯，一匡天下而使天下人都聽從他，這都是由誠信產生的社會效益。管仲可稱得上是能因勢利導的人了。把恥辱變為光榮，把困窘變為通達，雖然失算於前，但可以說有所得於後。事情本來就不能十全十美啊。

☸舉　難

➲ 原文

以全舉人固難，物之情也。絥人傷堯以不慈之名①，舜以卑父之號②，禹以貪位之意③，湯、武以放弒之謀④，五伯以侵奪之事⑤。由此觀之，物豈可全哉？故君子責人則以人⑥，自責則以義。責人以人則易足，易足則得人；自責以義則難為非，難為非則行飾。故任天地而有餘⑦。不肖者則不然。責人則以義，自責則以人。責人以義則難瞻⑧，難瞻則失親；自責以人則易為，易為則行苟。故天下之大而不容也，身取危，國取亡焉。此桀、紂、幽、厲之行也。尺之木必有節目⑨，寸之玉必有瑕瓋⑩。先王知物之不可全也，故擇務而貴取一也。

季孫氏劫公家⑪，孔子欲諭術則見外⑫，於是受養而便說。魯國以訾⑬。孔子曰：「龍食乎清而遊乎清，螭食乎清而遊乎濁⑭，

魚食乎濁而遊乎濁。今丘上不及龍，下不若魚，丘其螭邪！」夫欲立功者，豈得中繩哉⑮？救溺者濡⑯，追逃者趨⑰。

注釋

①傷：詆毀。　堯以不慈之名：傳說堯殺了兒子丹朱，所以說堯有不慈之名。

2 舜以卑父之號：舜曾流放其父瞽叟，所以有人以「卑父」之名詆毀他。

③禹以貪位之意：舜死後，禹讓舜的兒子居於陽城，自己繼帝位，所以有人以「貪位」之名詆毀他。

④湯、武以放弒之謀：指商湯王打敗夏桀王，夏桀王南逃；周武王伐商紂王，商紂王敗而自焚。放，逐；弒，下殺上。

⑤五伯：即「五霸」。春秋時五個勢力最強的諸侯國國君：齊桓公、晉文公、秦穆公、宋襄公、楚莊王。

⑥以人：按照普通人的標準，也可以說一般標準。

⑦任：擔當重任。

⑧瞻：當為「贍」。富足；充足。

⑨節：指枝幹交接的地方。　目：樹木紋理糾結的地方。

⑩瑕讁（ㄊㄧˋ）：玉的斑點。

⑪季孫氏：指春秋後期掌握魯國政權的貴族季平子。　公家：指朝廷、國家或官府。

⑫諭：曉諭；使明白。　見外：被疏遠；當外人看待。

⑬訾（ㄗˇ）：非議；誹謗。

⑭螭（ㄔ）：傳說中的一種龍。

⑮中繩：符合標準。繩，木工用於取直的墨線。

⑯濡：沾濕。

⑰趨：快走；奔跑。

譯文

用十全十美的標準舉薦人本來就難，這是事之常情。有人用不慈愛自己兒子的名聲詆毀堯，用輕視自己父親的名號詆毀舜，

用有意貪圖帝位詆毀禹，用謀劃放逐、殺死君主詆毀商湯王和周武王，用侵吞掠奪別國詆毀春秋五霸齊桓公、晉文公、秦穆公、宋襄公、楚莊王。由此看來，事情怎麼能十全十美呢？所以，君子要求別人按照一般標準，要求自己用道義的標準。按照一般標準要求別人就容易滿足，容易滿足就會得到民心；用道義的標準要求自己就難做錯事，難做錯事行為就端正。所以擔任天地間的重任也綽綽有餘。不肖的人則不是這樣。他們要求別人用道義的標準，要求自己則用一般的標準。用道義的標準要求別人就難以滿足，難以滿足就會失去親近的人；用一般的標準要求自己就容易做到，容易做到就行為隨意。所以天下雖大他們卻無容身之處，自己招致危險，國家招致滅亡。這就是夏桀王、商紂王、周幽王、周厲王的作為。一尺長的木頭必有錯結，一寸大的璧玉必有瑕疵。先王知道事情不可能十全十美，所以在選擇事物的時候注重它的長處。

季平子把持了魯國王室政權，孔子想曉之以理，但這樣做就會被疏遠，於是就接受了季平子的供養以便勸說他。魯國人因此非議孔子。孔子說：「龍在清水中吃東西在清水裡流動，螭在清水裡吃東西在渾水裡游動，魚在渾水裡吃東西在渾水裡游動。現在我往上比不上龍，往下比不像魚，我大概像螭吧！」想要建功立業的人，哪能要求他處處符合規則呢？搶救溺水的人一定會沾濕自己的衣服，追趕逃跑的人自己一定也要奔跑。

◎卷二十　恃君覽第八

題解

◆ 恃君覽由恃君、長利、知分、召類、達鬱、行論、驕恣、觀表八篇組成。其中恃君、長利、知分三篇為伊尹學派的學說。恃君篇論述了君道產生的必然性和其存在的合理性，宣揚了唯心主義的君道論；長利篇論述的主題是長遠利益，認為天下之士都

應考慮天下的長遠利益；知分篇論述了明辨生死之分的重要性，認為「達士者，達乎死生之分；達乎死生之分，則利害存亡弗能惑矣」。召類篇為兵家、陰陽家的學說，從生活中同類相召的現象，談到內亂必招致外寇，又談到用兵之道。達鬱篇係方技家的學說，闡述了人與自然與國家都存在的鬱結的危害性，認為君主應重視敢於直諫之臣，排除鬱結，實現長治久安。行論、驕恣兩篇為陰陽家學說。行論篇主要闡述在不利於自己的逆境中胸懷大志的君主應如何行事，認為掌握著百姓命運的君主在逆境中應忍辱等待時機，不能圖一時之快行事；驕恣篇論述了君主驕傲放縱的危害性，認為君主驕恣是國家滅亡的徵兆。觀表篇系形法家的學說，論述的主題是聖人和有識之士能夠透過觀察事物的表面現象洞察事物本質。

恃　君

原文

凡人之性，爪牙不足以自守衛，肌膚不足以扞寒暑①，筋骨不足以從利辟害②，勇敢不足以卻猛禁悍。然且猶裁萬物③，制禽獸，服狡蟲④，寒暑燥濕弗能害，不唯先有其備，而以群聚邪！群之可聚也，相與利之也。利之出於群也，君道立也⑤。故君道立則利出於群，而人備可完矣。

昔太古嘗無君矣⑥，其民聚生群處，知母不知父，無親戚兄弟夫妻男女之別⑦，無上下長幼之道，無進退揖讓之禮，無衣服履帶宮室畜積之便⑧，無器械舟車城郭險阻之備。此無君之患。故君臣之義，不可不明也。自上世以來，天下亡國多矣，而君道不廢者，天下之利也。故廢其非君，而立其行君道者。君道何如？利而物利章⑨。

非濱之東，夷穢之鄉⑪，大解、陵魚、其、鹿野、搖山、揚島、大人之居⑪，多無君；揚、漢之南⑫，百越之際⑬，敝凱諸、夫風、餘靡之地⑭，縛婁、陽禺、兜之國⑮，多無君；氐、羌、呼唐、離水之西⑯，僰人、野人、篇笮之川⑰，舟人、送龍、突人之鄉⑱，

多無君；雁門之北，鷹隼、所鷙、須窺之國[19]，饕餮、窮奇之地[20]，叔逆之所[21]，儋耳之居[22]，多無君。此四方之無君者也。其民麋鹿禽獸，少者使長，長者畏壯，有力者賢，暴傲者尊，日夜相殘，無時休息，以盡其類。聖人深見此患也，故為天下長慮，莫如置天子也；為一國長慮，莫如置君也。置君非以阿君也[23]，置天子非以阿天子也，置官長非以阿官長也。德衰世亂，然後天子利天下，國君利國，官長利官。此國所以遞興遞廢也，亂難之所以時作也。故忠臣廉士，內之則諫其君之過也，外之則死人臣之義也。

注釋

①扞（ㄏㄢˋ）：又作「捍」。抵禦。

②辟：同「避」。躲避。

③裁：主宰。

④狡蟲：毒蟲。狡，凶暴。

⑤君道：即古代帝王治國的基本理念與統治權術，其核心內容是儒家所宣導的「仁政」「仁義」原則。

⑥太古：遠古時期。

⑦親戚：近親。這裡指父母。

⑧畜：同「蓄」。

⑨物：同「勿」。　章：準則。

⑩夷：古代東方少數民族。　穢：國名。

⑪大解、陵魚、其、鹿野、搖山、揚島、大人：疑為古代部族名。

⑫揚：揚州。　漢：漢水。

⑬越：古代部族名。

⑭敝凱諸、夫風、餘靡：疑為部族或國家名。

⑮縛婁、陽禺、驩（ㄏㄨㄢ）兜：疑為古國名。

⑯氐、羌：我國古代西北方部族名。　呼唐：疑為水名。　離水：古水名，黃河支流。

⑰僰（ㄅㄛˊ）人、野人：古部族名。　篇筰（ㄗㄜˊ）：當為水名。

⑱舟人、送龍、突人：疑為古部族名。

⑲ 鷹隼、所鷙、須窺：疑為古國名。
⑳ 饕餮（ㄊㄠ　ㄊㄧㄝˋ）、窮奇：疑為古部族名。
㉑ 叔逆：疑為古部族名。
㉒ 儋（ㄉㄢˋ）耳：古部族名。在北部邊遠地區。
㉓ 阿：徇私。

譯文

大凡人的本性，手腳牙齒不足以保衛自己，肌膚不足以抵禦寒暑，筋骨不足以使人趨利避害，勇敢不足以使人擊退猛獸禁止強悍的動物。然而人還是能主宰萬物，制服猛獸毒蟲，寒暑燥濕不能為害，這不僅僅是人們事先有準備，而且是因為人們群聚在一起呀！人們可以群聚在一起，是因為相互可以獲得好處。好處從群體中產生，君道就確立了。所以君道確立，好處就從群體中產生，而人們防備外來侵害的能力就可以完善了。

從前的遠古時期曾經沒有君主，那時人民過著群居的生活，人們只知道母親而不知道父親，沒有父母兄弟夫妻男女的分別，沒有上下長幼的準則，沒有進退揖讓的禮節，沒有衣服、鞋子、衣帶、房屋、積蓄這些便利生活的東西，沒有器械車船城郭險阻等設備設施。這就是沒有君主的害處。因此君臣之間的禮義，不能不明確啊。自從上古以來，天下滅亡的國家很多，但是君道卻沒有廢除掉，是因為君道是有利於天下的。因此人們要廢掉那些不按君道行事的人，擁立那些按君道行事的人。君道是什麼？就是利民不利己的準則。

非濱以東，夷人居住的穢國，大解、陵魚、其、鹿野、搖山、揚島、大人等部族居住的地方，大都沒有君主；揚州、漢水以南，百越人居住的地方，敝凱諸、夫風、餘靡等部族那裡，縛婁、陽禺、驩兜等國家，大都沒有君主；氐族、羌族、呼唐、離水以西，僰人、野人、篇笮等少數民族居住的山川，舟人、送龍、突人等部族居住的地方，大都沒有君主；雁門以北，鷹隼、所鷙、須窺等國家，饕餮、窮奇等部族，叔逆族的處所，儋耳族的住地，大都沒有君主。這是天下沒有君主的民族和國家。那裡的人民像麋鹿禽獸一樣，

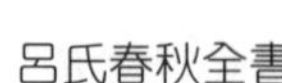

年輕人役使年長的人，年長的人畏懼壯年的人，有力氣就被認為賢德，殘暴驕橫的人就受到尊重，人們日夜相殘，沒有一時停息，來滅絕自己的同類。聖人清楚地看見這樣做的禍患，因此為天下做長遠的考慮，沒有比設立天子更好的辦法了；為一個國家做長遠的考慮，沒有比設立君主更好的辦法了。設立君主不是為了讓君主徇私，設立官長不是為了讓官長徇私。道德衰敗世道混亂，然後天子以天下謀求私利，君主以國家謀求私利，官長以官職謀求私利。這就是國家交替興起衰亡的原因，這就是混亂災難不時發生的原因。所以忠臣和廉正之士，在朝內要勸諫國君的過錯，在朝外要為了臣子的道義而獻身。

☸長　利

➲ 原文

天下之士也者，慮天下之長利，而固處之以身若也。利雖倍於今，而不便於後，弗為也；安雖長久，而以私其子孫，弗行也。

堯治天下，伯成子高立為諸侯①。堯授舜。舜授禹，伯成子高辭諸侯而耕。禹往見之，則耕在野。禹趨就下風而問曰②：「堯理天下，吾子立為諸侯③。今至於我而辭之，故何也？」伯成子高曰：「當堯之時，未賞而民勸④，未罰而民畏。民不知怨，不知說⑤，愉愉其如赤子。今賞罰甚數⑥，而民爭利且不服，德自此衰，利自此作，後世之亂自此始。夫子盍行乎？無慮吾農事！」協而耰⑦，遂不顧。夫為諸侯，名顯榮，實佚樂，繼嗣皆得其澤，伯成子高不待問而知之，然而辭為諸侯者，以禁後世之亂也。

辛寬見魯繆公曰⑧：「臣而今而後，知吾先君周公之不若太公望封之知也⑨。昔者太公望封於營丘之渚⑩，海阻山高，險固之地也。是故地日廣，子孫彌隆。吾先君周公封於魯⑪，無山林溪谷之險，諸侯四面以達。是故地日削，子孫彌殺。」辛寬出，南宮括入見⑫。公曰：「今者寬也非周公，其辭若是也……」南宮括對曰：「寬少者，弗識也。君獨不聞成王之定成周之說乎⑬？其辭曰：『惟餘一人，營居於成周。惟餘一人，有善易得而見也，有不善易得而

誅也。』故曰善者得之，不善者失之，古之道也。夫賢者豈欲其子孫之阻山林之險以長為無道哉？小人哉寬也！」今使燕爵為鴻鵠鳳皇慮⑭，則必不得矣。其所求者，瓦之間隙，屋之翳蔚也⑮，與一舉則有千里之志，德不盛、義不大則不至其郊。愚庳之民⑯，其為賢者慮，亦猶此也。固妄誹訾⑰，豈不悲哉？

注釋

①伯成子高：相傳為堯、舜時期的諸侯，禹執政時辭官回鄉務農。

②趨就下風：快步走到下風口，表示卑謙。下風，風向的下方，比喻處於下位。

③吾子：對對方的敬愛之稱。一般用於男子之間。

④勸：勤勉向善。

⑤説：同「悦」。喜悦。

⑥數：頻繁；多次。

⑦耰（ㄧㄡ）：古代農具。用作動詞指用鬆土並使土塊細碎。亦指復種。

⑧辛寬：魯繆公時期的臣子。　繆公：即魯穆公。戰國初期魯國國君，西元前407～前376年在位。

⑨周公：周武王之弟，名旦。因采邑在周，稱為周公。曾助武王滅商。武王死後，成王年幼，由他攝政。　太公望：姜姓，名尚，號太公望。周文王在渭水邊遇到他，立他為師，周武王尊他為師尚父。輔佐周武王滅商，建立周王朝，被封於齊。　知：後一個「知」同「智」。聰明。

⑩營丘：古邑名，齊國國都。在今山東臨淄北。　渚（ㄓㄨˇ）：水邊。

⑪魯：魯城。故址在今山東曲阜。

⑫南宮括：戰國時期魯國人，字子容，孔子的弟子。

⑬成周：古邑名。在今河南洛陽東北。

⑭爵：通「雀」。　鴻鵠：天鵝。　鳳皇：即鳳凰。

⑮翳（ㄧ）蔚：遮蓋。翳，遮蔽；掩蓋。

⑯ 庳（ㄅㄟ）：低下。
⑰ 誹訾（ㄗˇ）：譭謗；非議。

譯文

天下傑出的人士，考慮天下長久的利益，而自己一定要身體力行。即使利益比現在加倍，但對後世不利，也不去做；即使安寧能長久，但只是為自己子孫謀私利，也不去做。

堯治理天下時，伯成子高被立為諸侯。堯將帝位傳給舜。舜將帝位傳給禹，伯成子高辭去諸侯之位而去耕種。禹前去見他，他正在田野裡耕作。禹快步走到他的下方問道：「堯治理天下時，您立為諸侯。現在帝位傳到我這裡，您卻辭去了諸侯之位，這是什麼原因呢？」伯成子高回答說：「堯的時候，不用獎賞人民就勤勉向善，不用懲罰人民就有所畏懼。人們不知道怨恨什麼，不知道喜悅什麼，愉快的樣子就像嬰兒。現在獎賞和懲罰很多，可是人們反而爭權奪利並且不順服，道德從此衰落，為個人謀利的風氣從此興起，後世的混亂從現在開始了。先生您為什麼還不走呢，請不要打擾我做農事！」於是，拿起農具給莊稼鬆土去了，不再回頭去看禹。做諸侯，名聲顯赫榮耀，實際上也很安逸快樂，子孫後代都能得到恩澤，這些伯成子高不用問也知道，然而他卻推辭不當諸侯，是為了杜絕後代爭權奪利的混亂啊！

辛寬進見魯穆公，說：「我從今以後，知道我們的祖先周公在建立國都這件事上不如太公望聰明。從前太公望被封於靠近水邊的營丘，那裡海阻山高，是地勢險要堅固的地方。所以地盤日益擴大，子孫越來越興旺。我們的祖先周公被封於魯城，沒有山林溪穀的險要地勢，諸侯從四面都可以長驅直入。所以地盤日益減少，子孫越來越衰敗。」辛寬退出，南宮括進見魯穆公。魯穆公說：「今天辛寬非議周公，他的話是這樣說的……」南宮括回答說：「辛寬年輕，沒有見識。您難道沒有聽說周成王在成周定都時說的話嗎？那句話說：『我，營建並居住在成周。我，有善行容易被人見到，有不善之行容易被人批評。』所以有善行的人得天下，沒善行的人失天下，這是自古以來的規律。賢明的君主

難道希望他的子孫憑藉山林的險要之勢來長久地做無道的事嗎？辛寬是小人啊！」假如讓燕雀為鴻鵠、鳳凰考慮，則必定不合適。燕雀所追求的，是瓦片間隙，屋簷遮蔽，與一飛就有千里之志，不願停息在道德不盛、仁義不廣之國郊野的鴻鵠、鳳凰所追求的不同。愚昧低賤的人，他們為賢明的君主考慮，也和燕雀為鴻鵠、鳳凰考慮一樣。頑固狂妄地非議譭謗聖人，難道不可悲嗎？

☸知　分

➲ 原文

達士者，達乎死生之分①。達乎死生之分，則利害存亡弗能惑矣。故晏子與崔杼盟而不變其義②。延陵季子③，吳人願以為王而不肯。孫叔敖，三為令尹而不喜④，三去令尹而不憂。皆有所達也。有所達則物弗能惑。

禹南省⑤，方濟乎江⑥，黃龍負舟。舟中之人五色無主。禹仰視天而歎曰：「吾受命於天，竭力以養人。生，性也；死，命也。余何憂於龍焉？」龍俯耳低尾而逝。則禹達乎死生之分、利害之經也。凡人物者，陰陽之化也。陰陽者，造乎天而成者也。天固有衰嗛廢伏⑦，有盛盈坌息⑧；人亦有困窮屈匱，有充實達遂。此皆天之容物理也，而不得不然之數也。古聖人不以感私傷神，俞然而以待耳⑨。

晏子與崔杼盟。其辭曰：「不與崔氏而與公孫氏者，受其不祥！」晏子俯而飲血，仰而呼天曰：「不與公孫氏而與崔氏者，受此不祥！」崔杼不說⑩，直兵造胸⑪，句兵鉤頸⑫，謂晏子曰：「子變子言，則齊國吾與子共之；子不變子言，則今是已！」晏子曰：「崔子，子獨不為夫《詩》乎！《詩》曰：莫莫葛藟⑬，延於條枚。凱弟君子⑭，求福不回⑮。』嬰且可以回而求福乎？子惟之矣！」崔杼曰：「此賢者，不可殺也。」罷兵而去。晏子援綏而乘⑯，其僕將馳，晏子撫其僕之手曰：「安之！毋失節！疾不必生，徐不必死。鹿生於山，而命懸於廚。今嬰之命有所懸矣。」晏子可謂知命矣。命也者，不知所以然而然者也。人事智巧以舉錯者⑰，不得與焉⑱

。故命也者，就之未得，去之未失，國士知其若此也，故以義為之決而安處之。

注釋

①分：分際；合適的界限。

②晏子：春秋時期齊國大夫，名嬰，字平仲。歷仕齊靈公、齊莊公、齊景公。　崔杼：齊國大夫。他與慶封殺齊莊公、齊景公，劫持齊國將軍大夫等盟誓。

③延陵季子：即季札，春秋時期吳國人，吳王壽夢的少子，受封於延陵，故號「延陵季子」。有賢名。

④孫叔敖：春秋時期楚國人。名敖，字孫叔，官令尹。令尹為楚國掌管軍政大權的最高官職。

⑤省（ㄒㄧㄥˇ）：視察。

⑥濟：渡。

⑦嗛（ㄑㄧㄢˋ）：歉收；不足。

⑧坌（ㄅㄣˋ）：聚集；合。　息：滋息；生長。

⑨俞然：安然；安定的樣子。俞，安。

⑩說：通「悅」。

⑪直兵：長矛一類的兵器。　造：觸到。

⑫句（ㄍㄡ）兵：戟一類兵器。句，通「勾」。彎曲。

⑬莫莫葛藟（ㄌㄟˇ）：此句及下句皆出自《詩經•大雅•旱麓》。莫莫，繁茂的樣子。葛藟，藤本植物。

⑭凱弟（ㄊㄧˋ）：今本《詩經》作「豈弟」，皆通「愷悌」。平易近人。

⑮回：邪曲；邪僻。

⑯綏（ㄙㄨㄟ）：車上的繩子，登車時作把手用。

⑰錯：通「措」。安置。

⑱與：參與；干預。

譯文

明智達理之士，通曉死生之分。通曉死生之分，那麼利害和

存亡就不能使他迷惑了。因此，晏子與崔杼盟誓卻不改變自己遵守的道義。延陵季子，吳國人願意讓他做君王他卻不肯。孫叔敖，三次擔任楚國掌管軍政大權的最高官職令尹卻並不為此高興，三次被免去令尹之職卻不為此憂愁。這些人都通曉理義，通曉理義外界事物就不能使之迷惑了。

禹到南方視察，正坐船渡江的時候，一條黃龍把渡船馱了起來，船上的人大驚失色六神無主。禹仰天長歎說：「我受命於天，竭盡全力來養育人民。生，是人的本性，死，是命中注定。我對龍有什麼憂懼的呢？」黃龍便俯下耳朵垂下尾巴游走了。這樣看來，禹是通曉死生之分、利害規律的人了。一切人和物，都是陰陽變化而生成的。陰陽，是由自然界造就而形成的。自然界本來就有衰微、虧缺、毀棄、隱伏，本來有興盛、充盈、聚積、滋息；人也有窘迫、窮困、挫折、匱乏，有充足、富有、顯貴、成功。這些都是自然界包容事物的規律，而且是不得不如此的法則。古代的聖人不為私欲而傷神，只是安然地等待事情的發展結局。

晏子被迫使與崔杼盟誓。崔杼盟誓說：「不親附崔氏而親附公孫氏者的，遭受災殃！」晏子低頭喝了血，仰頭向上天呼喊道：「不親附公孫氏而親附崔氏的，遭受災殃！」崔杼很不高興，用長矛直逼晏子的胸膛，用戟勾住他的脖子，對晏子說：「你改變你所說過的話，那麼我與你共同享有齊國；你不改變你所說過的話，現在我就殺了你！」晏子說：「崔子，你難道沒有讀過《詩經》嗎？《詩經》說：『密密麻麻的葛藤，爬上樹幹枝頭。平易近人的君子，不以邪道求福。』我難道能以邪道求福嗎？你想想我說的話吧！」崔杼說：「這是個賢德的人，不可以殺死他。」於是放下兵器離開了。晏子拉著馬車上的繩索上了車，他的車夫準備驅車快跑，晏子輕撫車夫的手說：「安穩點！不要失去控制！快跑不一定就能活，慢跑不一定就會死。鹿生在山上，可是命卻掌握在廚師手裡。現在我的命也掌握在別人手裡了。」晏子可以說是懂得命運了。命運就是不知道為什麼會這樣卻必然這樣。運用智巧來採取行動的人，也不能干預命運。因此說命運這東西，靠近它未必能得到，離開它未必能失去。國家傑出的人物知道命

運就是這樣，因此讓道義為命運做決斷而自己泰然處之。

☸召　類

➲ 原文

類同相召，氣同則合，聲比則應①。故鼓宮而宮應②，鼓角而角動。以龍致雨，以形逐影。禍福之所自來，眾人以為命，焉不知其所由。故國亂非獨亂，有必召寇。獨亂未必亡也，召寇則無以存矣。

凡兵之用也，用於利，用於義。攻亂則服，服則攻者利；攻亂則義，義則攻者榮。榮且利，中主猶且為之，有況於賢主乎？故割地寶器戈劍，卑辭屈服，不足以止攻，唯治為足。治，則為利者不攻矣，為名者不伐矣。凡人之攻伐也，非為利則固為名也。名實不得，國雖強大，則無為攻矣。

兵所自來者久矣③。堯戰於丹水之浦④，以服南蠻；舜卻苗民，更易其俗；禹攻曹、魏、屈驁、有扈，以行其教。三王以上，固皆用兵也⑤。亂則用，治則止。治而攻之，不祥莫大焉；亂而弗討，害民莫長焉。此治亂之化也，文武之所由起也。文者，愛之征也；武者，惡之表也。愛惡循義，文武有常⑥，聖人之元也。譬之若寒暑之序，時至而事生之。聖人不能為時，而能以事適時。事適於時者，其功大。

注釋

①比：相近。　應：和。

②鼓：敲擊。　宮：五音之一。最古的音階僅用五音，即宮、商、角、徵、羽。

③兵：戰爭。

④丹水：水名。又稱「丹江」。在今河南、陝西兩省間。　浦：水濱。

⑤固：已經。

⑥常：規則；規律。

譯文

物類相同就互相吸引，氣味相同就互相投合，聲音相同就互相應和。因此敲擊宮的音階別的宮音就與之共鳴，敲擊角的音階別的角音就與之共振。用龍就能招來雨，用形體就能追逐到影子。禍與福的到來，眾人認為是天命，哪裡知道它們到來的原因。因此國家混亂不僅僅是混亂，又必定招來入侵的外寇。國家僅僅混亂未必會滅亡，招來入侵的外寇就無法存在了。

大凡用兵，用於利益，用於道義。進攻亂國就能將其征服，征服了亂國進攻者就有利可圖；進攻亂國就合乎道義，合乎道義進攻者就榮耀。榮耀並且有利可圖，一般的君主尚且會去做，又何況賢主呢？所以割地奉獻寶器戈劍，卑辭屈服，不足以阻止外寇的入侵，只有治理好國家才足以防禦外寇。國家治理好，貪圖利益者就不進攻了，貪圖名聲者就不討伐了。大凡人之攻伐，不為利益就一定為名聲。名聲實利得不到，國家即使強大，也不會向別國發起進攻了。

戰爭產生的由來已經很久了。堯在丹水之濱作戰，以征服南蠻；舜擊退苗民，改變其習俗；禹攻伐曹、魏、屈鷔、有扈，以推行其教化。三王以上的時代，已經都採用了戰爭手段。社會混亂戰爭就發生，社會安定戰爭就停止。對社會安定的國家攻伐，是莫大的不祥啊；對社會混亂的國家不征討，是對人民莫大的危害啊。這是社會安定與社會混亂之間的轉化，文治武功產生的由來。文治，是仁愛的象徵；武功，是凶暴的表現。仁愛凶暴要遵循道義，文治武功有一定的規則，這是聖人決策的根本。好比寒暑交替有序，季節到了，相關的事情就隨之發生。聖人不能製造和改變時勢，而能讓所做之事適應時勢。能讓所做之事適應時勢的人，其功德巨大。

❁達　鬱

➲ 原文

凡人三百六十節，九竅、五藏、六府①。肌膚欲其比也②，血脈欲其通也，筋骨欲其固也，心志欲其和也，精氣欲其行也。若此則病無所居，而惡無由生矣。病之留、惡之生也，精氣鬱也。故水鬱則為汙，樹鬱則為蠹③，草鬱則為蕢④。國亦有鬱。主德不通，民欲不達，此國之鬱也。國鬱處久，則百惡並起，而萬災叢至矣。上下之相忍也⑤，由此出矣。故聖王之貴豪士於忠臣也，為其敢直言而決鬱塞也。

周厲王虐民，國人皆謗。召公以告⑥，曰：「民不堪命矣！」王使衛巫監謗者，得則殺之。國莫敢言，道路以目⑦。王喜，以告召公，曰：「吾能弭謗矣⑧！」召公曰：「是障之也，非弭之也。防民之口，甚於防川。川壅而潰⑨，敗人必多⑩。夫民猶是也。是故治川者決之使導，治民者宣之使言。是故天子聽政，使公卿列士正諫，好學博聞獻詩，矇箴⑪，師誦⑫，庶人傳語，近臣盡規，親戚補察，而後王斟酌焉。是以下無遺善，上無過舉。今王塞下之口，而遂上之過⑫，恐為社稷憂。」王弗聽也。三年，國人流王於彘⑭，此鬱之敗也。

管仲觴桓公⑮。日暮矣，桓公樂之而徵燭。管仲曰：「臣楪其晝，未楪其夜⑯。君可以出矣。」公不說，曰：「仲父年老矣，寡人與仲父為樂將幾之？請夜之⑰。」管仲曰：「君過矣。夫厚於味者薄於德，沈於樂者反於憂⑱；壯而怠則失時，老而解則無名⑲。臣乃今將為君勉之，若何其沈於酒也⑳！」管仲可謂能立行矣。凡行之墮也於樂，今樂而益飭㉑；行之壞也於貴，今主欲留而不許。伸志行理，貴樂弗為變，以事其主。此桓公之所以霸也。

注釋

① 九竅：耳、目、口、鼻為七竅，再加前陰、後陰（肛門），總稱九竅。　五藏：即「五臟」。心、肝、脾、肺、腎，總稱五臟。　六府：即「六腑」。膽、胃、小腸、大腸、三焦、膀胱，總稱六腑。

② 比：細密；細膩。

③ 蠹（ㄉㄨˋ）：蛀蟲。

④ 蕢（ㄎㄨㄟˋ）：當為「菑」（ㄗ即災）之誤。本指直立

而枯死的樹木，這裡指草枯死。

⑤ 忍：殘忍；忍心；狠心。

⑥ 召公：即召穆公，名虎，周厲王卿士。

⑦ 道路以目：在路上相遇時只是彼此用眼睛看著。表示人們敢怒不敢言。

⑧ 弭（ㄇㄧˇ）：止；消除。

⑨ 雍：阻塞。　潰：決口。

⑩ 敗：傷害。

⑪ 矇（ㄇㄥˊ）：盲人。　箴（ㄓㄣ）：古代的一種文體，以告誡規勸為主。

⑫ 師：指樂官。

⑬ 遂：延續。

⑭ 彘（ㄓˋ）：地名。故址在今山西霍縣東北。

⑮ 觴（ㄕㄤ）：向人敬酒；宴請。

⑯ 樸：推斷；預料。

⑰ 夜之：夜裡繼續飲酒。

⑱ 沈：同「沉」。沉湎。

⑲ 解：同「懈」。懈怠。

⑳ 若何：怎麼；如何；怎樣。

㉑ 飭（ㄔˋ）：嚴正；齊整。

譯文

凡人都有三百六十個骨節，有九竅、五臟、六腑。肌膚須要它細膩，血脈需要它暢通，筋骨需要它強固，心志需要它平和，精氣需要它運行。這樣，病痛就無處居留，而惡疾就無從產生了。病痛的居留，惡疾的產生，是因為精氣鬱結。因此，水鬱結就會變得污濁，樹鬱結就會生蛀蟲，草鬱結就會枯死。國家也有鬱結。君主的德行不能通於下，百姓的願望不能達於上，這就是國家的鬱結。國家的鬱結存在的時間長了，那麼各種邪惡就會同時產生，所有災難也會紛紛出現了。君與臣、官與民之間的殘忍鬥爭，就由此產生了。所以聖明的君主尊重豪傑之士和忠臣，因為他們敢

於直言進諫從而解除國家的鬱結。

周厲王暴虐殘害百姓，國人都指責他。召公把這些情況告訴了周厲王，說：「百姓們不能忍受您暴虐的政令了！」周厲王派衛巫監視指責他的人，抓到以後就殺掉。國中沒有人再敢講話，彼此在路上相遇只是交換眼色。周厲王很高興，把這種情況告訴了召公，說：「我能消除人們的指責了！」召公說：「這只是擋住人們的埋怨，並非消除了人們的指責。堵住人們嘴巴的危害，比堵住大河的危害還要厲害。大河被堵住就會決口，傷害的人必定很多。百姓也是這樣。因此，治河的人決開堤壩使水得到疏導，治理百姓的人宣洩民眾的情緒讓他們講話。因此，天子處理國事，讓公卿列士直言進諫，讓好學博聞之士進獻反映民情的詩篇，讓盲人進獻箴言，讓樂師誦讀這些詩篇和箴言，讓平民把意見傳給天子，讓近臣把進諫天子的話全說出來，讓親屬彌補過失監督政事，然後君主再斟酌擇善而從。因此，下邊沒有遺漏的好建議，上邊沒有過錯的舉動。現在您堵住百姓的嘴，延續自己的過錯，恐怕要成為國家的憂患了。」周厲王不聽他的勸諫。三年後，國人把周厲王放逐到彘地。這是國家鬱結不通造成的危害。

管仲宴請齊桓公。天已經黑了，桓公喝酒喝得高興，讓點上蠟燭繼續喝。管仲說：「我預料到白天您飲酒，未預料到夜間您飲酒，您可以走了。」齊桓公很不高興，說：「仲父您年紀大了，我跟您作樂還能有多久呢？請在夜裡繼續喝吧。」管仲說：「您錯了。貪圖美味的人道德薄弱，沉湎於享樂的人反而會陷於憂患。壯年懈怠就會失去時機，老年懈怠就會失去功名。我從現在開始將對您加以勸勉，怎麼能如此沉迷於飲酒呢！」管仲可以說是能立定品行的人了。凡是品行的墮落在於享樂，現在齊桓公雖然享樂但管仲態度卻更加嚴正；品行的敗壞在於尊貴，現在君主想留下飲酒管仲卻不允許。管仲申明自己的意志，按照義理行事，不因為尊貴享樂就改變，用這種態度來侍奉他的君主。這就是齊桓公為什麼能成為霸主的原因啊。

❁行　論

➲ 原文

人主之行，與布衣異。勢不便，時不利，事讎以求存①。執民之命。執民之命，重任也，不得以快志為故②。故布衣行此指於國③，不容鄉曲④。

堯以天下讓舜。鯀為諸侯⑤，怒於堯曰：「得天之道者為帝，得地之道者為三公⑥。今我得地之道，而不以我為三公。」以堯為失論⑦，欲得三公。怒甚猛獸，欲以為亂。比獸之角，能以為城；舉其尾，能以為旌。召之不來，仿佯於野以患帝⑧。舜於是殛之於羽山⑨，副之以吳刀⑩。禹不敢怨，而反事之。官為司空⑪，以通水潦⑫。顏色黎黑，步不相過⑬，竅氣不通，以中帝心⑭。

楚莊王使文無畏於齊⑮，過於宋，不先假道⑯。還反，華元言於宋昭公曰⑰：「往不假道，來不假道，是以宋為野鄙也⑱。楚之會田也⑲，故鞭君之僕於孟諸⑳。請誅之。」乃殺文無畏於揚梁之堤㉑。莊王方削袂㉒，聞之曰：「嘻！」投袂而起。履及諸庭，劍及諸門，車及之蒲疏之市。遂舍於郊，興師圍宋九月。宋人易子而食之，析骨而爨之㉓。宋公肉袒執犧㉔，委服告病㉕，曰：「大國若宥圖之㉖，唯命是聽。」莊王曰：「情矣宋公之言也！」乃為卻四十里，而舍於盧門之闔㉗，所以為成而歸也㉘。凡事之本在人主，人主之患，在先事而簡人㉙。簡人則事窮矣。今人臣死而不當，親帥士民以討其故㉚，可謂不簡人矣。宋公服以病告而還師，可謂不窮矣。夫舍諸侯於漢陽而飲至者㉛，其以義進退邪！強不足以成此也。

注釋

①事：侍奉。　讎：通「仇」。仇敵。

②故：事。

③指：指斥。

④鄉曲：鄉里。

⑤鯀（ㄍㄨㄣˇ）：人名，禹之父。曾奉堯命治水。後被舜殺

死在羽山。

⑥ 三公：古代中央三種最高官銜的合稱。周代乙太師、太傅、太保為三公。堯、舜時代無三公之稱，此為傳說。

⑦ 論：理。

⑧ 仿佯（ㄈㄤˇ ㄧㄤˊ）：遊蕩。

⑨ 殛（ㄐㄧˊ）：殺死。　羽山：古地名。在今山東省郯城縣東北。

⑩ 副（ㄆㄧˋ）：用刀剖開。　吳刀：吳國產的快刀。

⑪ 司空：官名，掌管工程。

⑫ 潦（ㄌㄠˋ）：古同「澇」。雨水過多；水淹。

⑬ 步不相過：形容極度疲勞，步履艱難的樣子。

⑭ 中：符合；適合。

⑮ 楚莊王：春秋時期楚國國君。西元前 613 ～前 591 年在位。春秋五霸之一。　文無畏：楚國大夫。

⑯ 假：借。

⑰ 華元：宋大夫。

⑱ 野鄙：邊邑。

⑲ 田：打獵。

⑳ 孟諸：古澤名。在今河南商丘東北、虞城西北。

㉑ 揚梁：或做楊梁，宋地名。在今河南商丘東南三十里。

㉒ 削袂(ㄇㄟˋ)：兩手套入衣袖中，形容悠然自得之狀。

㉓ 析：劈開。　爨（ㄘㄨㄢˋ）：燒火做飯。

㉔ 肉袒：脫衣露臂。古人謝罪的一種方式。　犧：供祭祀用的純色牲。

㉕ 委服：俯伏。　病：困苦。

㉖ 宥（ㄧㄡˋ）圖：寬恕；赦免。

㉗ 盧門：宋城門名。　闔（ㄏㄜˊ）：門扇。

㉘ 成：講和。

㉙ 簡：輕視。

㉚ 帥：通「率」。

㉛ 舍：當作「合」。　漢陽：漢水北面。陽，山南為陽，水北為陽。

㉜ 飲至：上古諸侯朝會盟伐完畢，祭告祖廟並宴飲慶祝的典禮。

譯文

君主的行為，與平民百姓不同。形勢不便，時機不利時，能夠侍奉仇敵來求得生存。君主掌握著人民的命運。掌握著人民的命運，這是重大的責任，不能為一時之痛快而行事。平民百姓也這樣做，就會受國人指斥，不容於鄉里。

堯把天下讓給了舜。禹的父親鯀為諸侯，他憤怒地對堯說：「符合天道的人當帝王，符合地道的人當三公。現在我符合地道，卻不讓我當三公。」他認為堯這樣做不合情理，他想得到三公的職位。他激怒猛獸們，想要以此作亂。他把獸角排列起來，能以此為城池；他舉起猛獸的尾巴，能以此為旌旗。舜召見他，他不來，在野外遊蕩給舜製造禍患。舜於是在羽山誅殺了他，用鋒利的吳刀把他剖開。禹不敢怨怒，反而侍奉舜。他擔任司空這一官職，來疏通洪水。曬得面色黎黑，累得疲憊不堪，七竅的氣息不能通暢，以圖符合舜的心意。

楚莊王派文無畏出使齊國，路過宋國時，沒有事先借路。返回時，宋國大夫華元對宋昭公說：「他去的時候不借路，回來時也不借路，這是把宋國當成邊邑了。從前楚王與您打獵時，在孟諸故意鞭打您的車夫。請您殺掉文無畏。」於是就在揚梁的堤壩上殺死了文無畏。楚莊王本來正在悠閒地把兩手套入衣袖中，聽到這消息後，說：「哼！」就甩袖而起，來不及穿鞋、佩劍、乘車，侍從追到庭院中給他穿上鞋，追到寢門才給他佩上劍，車追到蒲疏的街市才讓他乘上車。於是楚莊王住在了郊外，發兵圍困宋國達九個月。宋國人互相交換孩子殺了吃掉，劈開屍骨燒火做飯。宋昭公脫衣露臂牽著純色牲畜來向楚莊王請罪，俯伏在地上述說困苦狀況，說：「貴國如果打算赦免我的罪過，我將唯命是從。」楚莊王說：「宋國君主的話說得很有誠意啊！」於是後退四十里，駐紮在盧門的城門口，兩國講和後就返回去了。大凡事情的根本在於君主，君主的弊病，在於重事而輕人。輕視人，那麼事情就會處於困境。現在臣子死得不應該，楚莊王親自率兵討伐，可以

說是不輕視人了。宋昭公脫衣露臂訴苦請罪後楚國撤軍，可以說不會處於窮途末境了。楚莊王在漢水北面盟會諸侯，回國後祭告祖廟慶賀宴飲，他是以義為進退的原則啊！只靠國力強大是不足以有如此成就的。

驕　恣

原文

亡國之主，必自驕，必自智，必輕物。自驕則簡士[1]，自智則專獨，輕物則無備。無備召禍，專獨位危，簡士壅塞[2]。欲無壅塞，必禮士；欲位無危，必得眾；欲無召禍，必完備。三者，人君之大經也[3]。

晉厲公侈淫[4]，好聽讒人，欲盡去其大臣而立其左右[5]。胥童謂厲公曰[6]：「必先殺三郤[7]。族大多怨，去大族不逼[8]。」公曰：「諾。」乃使長魚矯殺、郤犨、郤錡、郤至於朝，而陳其屍。於是厲公游於匠麗氏[9]，欒書、中行偃劫而幽之[10]。諸侯莫之救，百姓莫之哀。三月而殺之。人主之患，患在知能害人，而不知害人之不當而反自及也。是何也？智短也。智短則不知化，不知化者舉自危。

齊宣王為大室[11]，大益百畝[12]，堂上三百戶[13]。以齊之大，具之三年而未能成[14]。群臣莫敢諫王。春居問於宣王曰[15]：「荊王釋先王之禮樂[16]，而樂為輕，敢問荊國為有主乎？」王曰：「為無主。」「賢臣以千數而莫敢諫，敢問荊國為有臣乎？」王曰：「為無臣。」「今王為大室，其大益百畝，堂上三百戶。以齊國之大，具之三年而弗能成。群臣莫敢諫，敢問王為有臣乎？」王曰：「為無臣。」春居曰：「臣請辟矣[17]！」趨而出。王曰：「春子！春子！反！何諫寡人之晚也？寡人請今止之。」遽召掌書曰[18]：「書之！寡人不肖，而好為大室。春子止寡人。」箴諫不可不熟。莫敢諫若，非弗欲也。春居之所以欲之與人同，其所以入之與人異。宣王微春居[19]，幾為天下笑矣。由是論之，失國之主，多如宣王，然患在乎無春居。故忠臣之諫者，亦從入之，不可不慎。此得失之本也。

注釋

①簡：輕慢；藐視。

②壅塞：阻塞。這裡指耳目阻塞。

③經：指常行的義理、準則、法則。

④晉厲公：春秋時期晉國國君。西元前 580 ～西元前 573 年在位。

⑤左右：近臣；心腹。

⑥胥童：晉大夫。

⑦三 （ㄒㄧˋ）：指晉國的三大貴族 犨(ㄔㄡ)、 錡、 至。

⑧逼：逼迫；威脅。

⑨匠麗氏：晉厲公寵臣。

⑩欒書：人名。晉大夫。 中行偃：即荀偃。 幽：囚禁。

⑪齊宣王：戰國時期齊國國君。西元前 319 ～西元前 301 年在位。

⑫益：超過。

⑬戶：門。

⑭具：修建。

⑮春居：齊宣王的臣子。

⑯荊王：楚王。 釋：放棄。

⑰辟：通「避」。迴避；躲避。

⑱遽（ㄐㄩˋ）：立即。 掌書：官名。主管書寫記事。

⑲微：若無；如果沒有。

譯文

亡國的君主，必然驕傲自大，必然自認為聰明，必然輕視外界的人和事物。驕傲自大就會輕慢賢士，自認為聰明就會獨斷專行，輕視外界的人和事物就會無所防備。無所防備就會招來災禍，獨斷專行君位就會危險，輕慢賢士就會聽聞阻塞。若要聽聞不阻塞，必須禮賢下士；若要君位不危險，必須得到眾人擁護；若要不招來災禍，必須完善防備措施。這三條，是君主治國的大準則。

晉厲公驕奢淫逸，好聽讒言，想廢掉全部大臣而任用他的親信。大夫胥童對厲公說：「一定要先殺掉犨、錡、至。他們家族大怨言多，除掉這個大家族就不會威脅您了。」厲公說：「好。」於是派長魚矯在朝廷上殺了犨、錡、至三人，陳屍示眾。之後厲公到匠麗氏那兒遊玩，欒書、中行偃乘機囚禁了他。諸侯沒人救他，百姓沒人哀憐他。過了三個月，欒書、中行偃就把他殺死了。君主的禍患，在於只知道自己能危害別人，卻不知害人不當反而會危害自己。這是為什麼呢？智謀短淺啊。智謀短淺就不知道事情的發展變化，不知事情發展變化的人辦事就會危及自己。

齊宣王修建大宮室，規模之大超過了一百畝，堂上設置三百個門。憑著齊國的強大，修了三年還沒修成。眾臣不敢勸諫齊宣王。臣子春居向宣王說：「楚王放棄了先王的禮樂，音樂因此變輕浮了，請問楚國算有明君嗎？」宣王說：「沒有明君。」春居說：「所謂的賢臣數以千計，卻沒有人敢勸阻，請問楚國算有賢臣嗎？」宣王說：「沒有賢臣。」春居說：「現在您修大宮室，宮室大得超過了百畝，堂上設置三百個門。齊國這樣強大，修了三年仍不能修成，大臣中沒人敢勸阻，請問您算有賢臣嗎？」宣王說：「沒有賢臣。」春居說：「我請您讓我離開吧！」說完就快步走出去。宣王說：「春子！春子！回來！你為什麼這麼晚才勸阻我呢？我現在就停建這項工程。」趕緊召來記事的官員說：「記錄下來！我不肖，喜歡修建大宮室。春子勸阻了我。」對於勸諫，不能不仔細考慮。不敢勸諫的人，並不是不想勸諫。春居要勸諫宣王的想法跟別人相同，但他進諫宣王的方法跟別人不同。宣王如果沒有春居，差一點就要被天下所恥笑了。由此看來，亡國的君主，大多像宣王一樣，然而他們的禍患在於沒有春居那樣的臣子。所以那些敢於勸諫的忠臣，也應順勢加以勸諫，這是不可不慎重的，這是勸諫成敗的關鍵啊。

觀　表

原文

凡論人心①，觀事傳②，不可不熟，不可不深。天為高矣，而日月星辰雲氣雨露未嘗休也；地為大矣，而水泉草木毛羽裸鱗未嘗息也。凡居於天地之間、六合之內者③，其務為相安利也，夫為相害危者，不可勝數。人事皆然。事隨心，心隨欲。欲無度者，其心無度。心無度者，則其所為不可知矣。人之心隱匿難見，淵深難測。故聖人於事志焉。聖人之所以過人以先知，先知必審徵表。

古之善相馬者，寒風是相口齒④，麻朝相頰，子女厲相目，衛忌相髭，許鄙相尻⑤，投伐褐相胸脇，管青相膹䏿⑥，陳悲相股腳，秦牙相前，贊君相後。凡此十人者，皆天下之良工也。其所以相者不同⑦，見馬之一徵也，而知節之高卑，足之滑易，材之堅脆，能之長短。非獨相馬然也，人亦有徵，事與國皆有徵。

注釋

①論：衡量；品評；評價。

②事傳：事物的發展變化。傳，同「轉」。轉化。

③六合：指上下和四方，泛指天地或宇宙。

④寒風是：人名，即寒風氏。寒風氏及下文的麻朝、子女厲、衛忌、許鄙、投伐褐、管青、陳悲、秦牙、贊君，都是古代善相馬者。

⑤尻（ㄎㄠ）：臀部。

⑥膹䏿（ㄈㄣˋ ㄨㄣˇ）：嘴唇。䏿，古同「吻」。

⑦所以：所用；用來。

譯文

凡品評人的內心，觀察事物的轉化，不可不仔細，不可不深入。天是高的，而日月星辰雲氣雨露卻不曾停止過；地是大的，而水泉草木禽獸魚類卻不曾絕滅過。凡是生活在天地之間、四方之內的，本來都應該相安互利，可彼此互相危害的事物，卻不可勝數。人和事都是這樣。事情取決於人心，人心取決於欲望。欲

望沒有限度的人，他的心也沒有限度。心沒有限度的人，那麼他的所作所為就不可知了。人的心隱匿難見，像深淵一樣難測。所以聖人能從人的行事觀察其志向。聖人之所以超過常人是因為他能認識事物在眾人之前，認識事物在眾人之前必須考察徵兆和表像。

古代善於相馬的人，寒風是觀察評論馬的口齒，麻朝觀察評論馬的面頰，子女厲觀察評論馬的眼睛，衛忌觀察評論馬的髭鬚，許鄙觀察評論馬的臀部，投伐褐觀察評論馬的胸肋，管青觀察評論馬的嘴唇，陳悲觀察評論馬的腿部，秦牙觀察評論馬的前部，贊君觀察評論馬的後部。所有這十個人，都是天下技藝高超的相馬人。他們用來相馬的部位不同，但他們看到馬的一個特徵，就能知道馬的骨節是高是低，蹄足是否輕快，體質是強還是弱，能力是高還是低。並不只是相馬這樣，人也有特徵，事物和國家都有特徵。

◎卷二十一　開春論第一

題解

◆ 開春論由開春、察賢、期賢、審為、愛類、貴卒六篇組成，論述的事物都與春天的屬性有關。其中開春、察賢、期賢三篇為陰陽家學說。開春篇由開春始雷蟄蟲動，時雨降草木生引發出「王者厚其德，積眾善，而鳳皇聖人皆來」之論；察賢篇論述了察訪賢人的重要性，認為賢人能輔助君主建立功名並使之垂拱而治；期賢篇論述的主旨是君主期待並任用賢人就會名聲顯赫，國家安定。審為篇系子華子學派的學說，主要闡述人生所作所為的目的，認為人的生命重於天下及一切事物。愛類篇為墨家和惠施流派的學說，主旨是宣導君主愛自己的同類，為人民消除災難，謀求利益。貴卒篇為兵家學說，主要闡述兵貴神速的戰略戰術。

❁開　春

➲ 原文

開春始雷①，則蟄蟲動矣②。時雨降，則草木育矣。飲食居處適，則九竅百節千脈皆通利矣③。王者厚其德，積眾善，而鳳皇聖人皆來至矣④。共伯和修其行⑤，好賢仁，而海內皆以來為稽矣⑥。周厲之難⑦，天子曠絕，而天下皆來謂矣。以此言物之相應也，故曰行也成也⑧。善說者亦然。言盡理而得失利害定矣，豈為一人言哉！

叔向之弟羊舌虎善欒盈⑨。欒盈有罪於晉，晉誅羊舌虎，叔向為之奴而朡⑩。祈奚曰⑪：「吾聞小人得位，不爭不祥⑫；君子在憂，不救不祥。」乃往見范宣子而說也⑬，曰：「聞善為國者，賞不過而刑不慢⑭。賞過則懼及淫人⑮，刑慢則懼及君子。與其不幸而過，寧過而賞淫人，毋過而刑君子。故堯之刑也殛鯀⑯，於虞而用禹⑰；周之刑也戮管蔡⑱，而相周公：不慢刑也。」宣子乃命吏出叔向。救人之患者，行危苦，不避煩辱，猶不能免；今祈奚論先王之德，而叔向得免焉。學豈可以已哉！類多若此。

注釋

① 開春：指農曆正月或立春前後。

② 蟄蟲：冬眠的動物。

③ 九竅：耳、目、口、鼻為七竅，再加前陰、後陰（肛門），總稱九竅。　通利：不堵塞。

④ 鳳皇：即鳳凰。

⑤ 共伯和：西周諸侯。歷史上著名的「共和時期」（西元前841～西元前828年），他曾代周天子攝行政事。共，國名；伯，爵位名；和，人名。

⑥ 稽：歸附。

⑦ 周厲之難：周厲王專斷殘暴，民怨沸騰，他命人監視國人，殺死議論他的人。西元前842年，國人發難，他逃奔到彘（今山西霍州市東北），不久死去，歷史上稱為「周厲之難」。

⑧ 成：結果。

⑨ 叔向：春秋時期晉國大夫。姓羊舌，名肸（ㄒㄧˋ），字叔向。羊舌虎：晉國大夫，叔向的異母弟。　欒(ㄌㄨㄢˊ)盈：晉國大夫。

⑩ 褑（ㄗㄨㄥ）：拘繫，以刑具斂足。古代的法律規定，父兄犯罪，子弟連坐。

⑪ 祈奚：一作祁奚。又名祈黃羊，晉國大夫，以賢能著稱。

⑫ 爭：諫諍。　祥：善。

⑬ 范宣子：又名范丐，晉國大臣。晉平公時主持晉國軍政，謚宣子。

⑭ 慢：放鬆；無節制；過度。

⑮ 淫人：邪僻之人。

⑯ 殛：殺死。　鯀：禹之父。曾奉堯命治水，後被舜殺死在羽山。

⑰ 虞：指虞舜。

⑱ 管蔡：即管叔和蔡叔，分別為周公的弟弟和兄長。二人欲亂周室而被誅。

譯文

立春前後開始打雷，冬眠的動物就甦醒活動了。應時的雨水降臨，草木就生長了。飲食居處適當，人的九竅、筋骨、經脈就都暢通了。統治天下的人厚施恩德，多積善行，鳳凰和聖人就都到來了。共伯和修養他的德行，喜好賢能仁德之人，海內的人就都來歸附他了。周厲王遭流放之難，天子之位廢缺，天下之人都來輔助周室了。上述事情說明事物之間存在著相應的關係，所以說任何行為都有其相應的結果。善講道理的人也是這樣，將道理說透了，事情的得失利害也就自有定論，他們豈止是為了一個人的得失利害而論說呢？

叔向的弟弟羊舌虎與欒盈友善。欒盈對晉國犯了罪，晉國殺了羊舌虎，叔向為此被抓入官府為奴，並戴上了刑具。祈奚說：「我聽說小人得到官位時，不諫諍國君不吉利；君子處於憂患時，不給予救助不吉利。」於是去拜見晉國大臣范宣子，為叔向求情，說：「聽說善於治理國家的人，獎賞不過分而刑罰不過度。獎賞

過分就會賞到邪僻之人，刑罰過度就怕會牽累君子，如果不得已做得過分了，那麼寧可獎賞過分而賞了邪僻之人，也不要刑罰過度而處罰了君子。所以堯的刑罰殺死了鯀，到虞舜的時候卻起用了鯀的兒子禹；周的刑罰殺死了管叔蔡叔，卻任用了他們的兄弟周公，這就是刑罰不過度。」范宣子於是命令官吏把叔向放了。救人於危難的人，行為危險困苦，不避麻煩和屈辱，有時仍然不能使人免於禍患。現在祈奚論說先王的德政，而使叔向得免於難。學習怎麼可以停止呢！許多事情都與這種情況一樣。

察賢

原文

今有良醫於此，治十人而起九人①，所以求之萬也。故賢者之致功名也，比乎良醫，而君人者不知疾求，豈不過哉！今夫塞者②，勇力時日卜筮禱祠無事焉，善者必勝。立功名亦然，要在得賢③。魏文侯師卜子夏④，友田子方⑤，禮段干木⑥，國治身逸。天下之賢主，豈必苦形愁慮哉！執其要而已矣。雪霜雨露時，則萬物育矣，人民修矣⑦，疾病妖厲去矣⑧。故曰堯之容若委衣裘⑨，以言少事也。

宓子賤治單父⑩，彈鳴琴，身不下堂，而單父治。巫馬期以星出⑪，以星入，日夜不居，以身親之，而單父亦治。巫馬期問其故於宓子，宓子曰：「我之謂任人，子之謂任力；任力者故勞，任人者故逸。」宓子則君子矣。逸四肢，全耳目，平心氣，而百官以治，義矣。任其數而已矣⑫。巫馬期則不然，弊生事精⑬，勞手足，煩教詔，雖治猶未至也。

注釋

① 起：治癒。
② 塞：通「簺」。古代的一種賭博遊戲，亦稱「格五」。
③ 要：關鍵。
④ 卜子夏：春秋時衛國人。名卜商，字子夏，孔子弟子，魏文

侯曾拜其為師。

⑤ 田子方：春秋時魏國人。魏文侯拜為師，對其倍加禮遇。

⑥ 段干木：戰國時魏國人。師從卜子夏。魏文侯請其為相，不受，乃待以客禮。

⑦ 修：好。

⑧ 妖：怪異。　厲：災害。

⑨ 委衣裘：意思是穿著寬大下垂的衣服，喻無為而治。委，下垂。

⑩ 宓（ㄈㄨˊ）子賤：即宓不齊，字子賤。春秋末年魯國人，孔子弟子。　單父（ㄕㄢˋ ㄈㄨˇ）：春秋時魯國都城。故址在今山東省單縣南。

⑪ 巫馬期：春秋末年魯國人。亦為孔子弟子。

⑫ 數：術；方法。

⑬ 弊：損傷。　事：耗費。　精：精氣。

譯文

如果這裡有一個良醫，為十人治病而治癒了九人，因此求他治病的人就成千上萬。所以，賢人為君主招致功名，就好比良醫能為人治好病，可是君主卻不知道趕快去尋找，這豈不是大錯嗎？如今那些玩賭博遊戲的人，靠勇力、時機、占卜、禱告都沒有用，精於這種遊戲的人一定獲勝。建立功名也是如此，關鍵在於得到賢人。魏文侯拜卜子夏為師，與田子方交友，禮遇段干木，國家就太平，自己也安逸。天下賢明的君主，哪裡一定要勞身費神呢！只要掌握了治理國家的關鍵就可以了。雪霜雨露適時，萬物就會生長，人們就生活得好，疾病、怪異和災害就會離開。所以說堯帝的儀容那樣悠閒，就像垂衣而治的樣子，說明他政務很少。

宓子賤治理單父，每日彈琴，身體不下廳堂，而單父很太平。巫馬期治理單父，早出晚歸，披星戴月，晝夜不休，親自處理各種政務，單父也很太平。巫馬期向宓子賤詢問其中的緣故，宓子賤說：「我的方法叫做使用人才，你的方法叫做使用力氣；使用力氣的人當然勞苦，使用人才的人當然安逸。」宓子賤真算得上

君子了。使自己四肢安逸，耳目保全，心氣平和，而百官治理各種事物恰當適宜，這是合宜的。宓子賤只不過是使用了正確的方法罷了。巫馬期就不是這樣，損傷生命，耗費精氣，使手足疲勞，教令煩瑣，盡管治理得很好，但還未達到最高境界。

❁期　賢

➲ 原文

今夫爚蟬者①，務在乎明其火、振其樹而已②。火不明，雖振其樹，何益？明火不獨在乎火，在於暗。當今之時，世暗甚矣，人主有能明其德者，天下之士，其歸之也，若蟬之走明火也③。凡國不徒安，名不徒顯，必得賢士。

魏文侯過段干木之閭而軾之④，其僕曰：「君胡為軾？」曰：「此非段干木之閭歟？段干木蓋賢者也⑤，吾安敢不軾？且吾聞段干木未嘗肯以己易寡人也⑥，吾安敢驕之？段干木光乎德⑦，寡人光乎地⑧；段干木富乎義，寡人富乎財。」其僕曰：「然則君何不相之？」於是君請相之，段干木不肯受。則君乃致祿百萬，而時往館之⑨。於是國人皆喜，相與誦之曰：「吾君好正，段干木之敬；吾君好忠，段干木之隆。」居無幾何⑩，秦興兵欲攻魏，司馬唐諫秦君曰⑪：「段干木賢者也，而魏禮之，天下莫不聞，無乃不可加兵乎⑫？」秦君以為然，乃按兵，輟不敢攻之。魏文侯可謂善用兵矣。嘗聞君子之用兵，莫見其形，其功已成，其此之謂也。野人之用兵也，鼓聲則似雷，號呼則動地，塵氣充天，流矢如雨，扶傷輿死⑬，履腸涉血，無罪之民，其死者量於澤矣⑭，而國之存亡、主之死生猶不可知也。其離仁義亦遠矣！

注釋

① 爚（ㄩㄝ丶）蟬：舉火誘蟬捕蟬。爚，照耀。
② 振：搖動。
③ 走：奔向。
④ 段干木：戰國時魏國人，少貧賤，師從卜子夏。魏文侯請其

為相，不受，乃待以客禮。　軾：原指車西元前的橫木，這裡用做動詞，即雙手扶在車前橫木上，表示恭敬。

⑤ 蓋：相當於「乃」。

⑥ 易：謂以德行交換魏文侯的君位。

⑦ 光：顯耀。

⑧ 地：地位，權勢。

⑨ 館：往其住所拜訪。

⑩ 幾何：多久。

⑪ 司馬唐：戰國時秦國大夫，或作「司馬庚」。

⑫ 無乃：恐怕。　加兵：用兵。

⑬ 輿：抬。　死：同「屍」。

⑭ 量：猶滿。

譯文

如今那些舉火誘蟬捕蟬的人，要做的就是使火光明亮、搖動樹木而已。火光不明亮，即使搖動那些樹，又有什麼用呢？明亮的火光不只在於火光本身，還在於環境的黑暗。當今這個時代，世道非常黑暗，君主中有能彰明自己德行的，天下的士子歸附他，就像蟬奔向明亮的火光那樣。大凡國家不會無緣無故地安定，國君的名聲也不會無緣無故地顯赫，一定要得到賢士才行。

魏文侯坐車經過段干木居住的里巷，手扶車前軾木表示恭敬，他的僕人說：「您為什麼要扶軾行禮呢？」魏文侯回答道：「這不是段干木居住的里巷嗎？因為段干木是個賢人呀，我怎麼敢不扶軾致敬呢？況且我聽說，段干木不肯用自己的德行交換我的君位，我怎麼敢對他傲慢無禮呢？段干木在德行上顯赫，我只是在地位上顯赫；段干木在道義上富有，我只是在財富上富有。」他的僕人說：「既然如此，您為什麼不讓他做相國呢？」於是魏文侯請段干木做相國，段干木不肯接受。魏文侯就給了他一百萬的俸祿，而且時常到他的住所去拜訪。於是國人都很高興，一起吟誦道：「我們國君喜歡公正，把段干木來推重；我們國君喜歡忠誠，把段干木來尊崇。」沒過多久，秦國舉兵要攻打魏國，司馬唐勸

諫秦君說：「段干木是個賢者，而魏國敬重他，天下沒有不知道的，恐怕不可以出兵吧？」秦君認為說得對，於是讓軍隊停下來，不敢再攻打魏國。魏文侯可以說是善用兵了。曾聽說君子用兵，還沒看見軍隊的動靜，大功已經告成，恐怕說的就是這種情況。粗野的人用兵，鼓聲如雷，喊聲動地，煙塵滿天，箭飛如雨，扶著傷兵，抬著死屍，踏腸涉血，無辜百姓屍橫遍野，而國家的存亡、君主的生死還是無法預料。這離仁義也太遠了。

❁審　為

➲ 原文

身者，所為也；天下者，所以為也。審所以為，而輕重得矣。今有人於此，斷首以易冠，殺身以易衣，世必惑之。是何也？冠，所以飾首也，衣，所以飾身也。殺所飾要所以飾，則不知所為矣。世之走利有似於此①。危身傷生，刈頸斷頭以徇利②，則亦不知所為也。

韓魏相與爭侵地③。子華子見昭釐侯④，昭釐侯有憂色。子華子曰：「今使天下書銘於君之前⑤，書之曰：『左手攫之則右手廢⑥，右手攫之則左手廢，然而攫之必有天下。』君將攫之乎？亡其不與？」昭釐侯曰：「寡人不攫也。」子華子曰：「甚善。自是觀之，兩臂重於天下也。身又重於兩臂。韓之輕於天下遠；今之所爭者，其輕於韓又遠。君固愁身傷生以憂之，臧不得也⑦。」昭釐侯曰：「善。教寡人者眾矣，未嘗得聞此言也。」子華子可謂知輕重矣。

注釋

①走利：趨利。

②刈（一ㄧˋ）：割。　徇：追求。

③侵地：侵佔來的土地。

④子華子：戰國時魏國人，思想近於道家。他繼承和發揚楊朱的「為我」思想，由「貴生」而偏重養生之道。　昭釐（ㄒㄧ）侯：即韓昭侯。戰國時韓國國君，西元前362～前333年在位。

⑤ 今：假如；如果。　銘：古代鏤刻或書寫在器物上用來記錄功勳的文字。多刻於鐘鼎、盤盂、石碑上。

⑥ 攫（ㄐㄩㄝˊ）：抓取。　廢：砍掉。

⑦ 戚：憂愁；悲傷。

譯文

人的所作所為，是為了自身生命；天下萬物，是用來為人的生命服務的。清楚天下萬物是用來為人的生命服務的，世上什麼輕什麼重就可以知道了。如果這裡有一個人，砍斷頭顱來交換帽子，殘殺身體來交換衣服，世人一定對此迷惑不解。這是為什麼呢？因為帽子是用來裝飾頭部的，衣服是用來打扮身體的，殘殺所裝飾的身體來求取用於裝飾身體的東西，人們就不知道他為什麼這樣做了。世人趨利跟這種情形相似。危害身體損傷生命，割斷脖子砍斷頭顱來追逐利益，則也是不清為什麼要這樣做了。

韓、魏兩國互相爭奪侵佔來的土地。子華子拜見韓國國君昭釐侯，昭釐侯面帶憂色。子華子說：「如果在您的面前書寫『天下』銘文，寫道：『左手抓取天下右手就會被砍掉，右手抓取天下左手就會被砍掉，但是抓取了天下就一定會擁有天下。』您將要抓取呢，還是不抓取呢？」昭釐侯說：「我不抓取。」子華子說：「非常好，由此看來，兩臂比天下重要。身體又比兩臂重要。韓國比天下輕得要多；現在您所爭奪的，比韓國又輕得多。您反而愁苦身體損傷生命來擔憂它，憂愁的不是地方吧。」昭釐侯說：「好！教誨我的人很多，我還從沒有聽過這樣的話。」子華子可以說是知道什麼輕什麼重的人了。

愛　類

原文

仁於他物，不仁於人，不得為仁。不仁於他物，獨仁於人，猶若為仁①。仁也者，仁乎其類者也。故仁人之於民也，可以便之②，無不行也③。神農之教曰④：「士有當年而不耕者⑤，則天下或

受其饑矣；女有當年而不績者[6]，則天下或受其寒矣。」故身親耕，妻親績，所以見致民利也。

公輸般為高雲梯[7]，欲以攻宋[8]。墨子聞之，自魯往，裂裳裹足，日夜不休，十日十夜而至於郢[9]。見荊王曰[10]：「臣北方之鄙人也[11]，聞大王將攻宋，信有之乎？」王曰：「然。」墨子曰：「必得宋乃攻之乎？亡其不得宋且不義猶攻之乎 ？」王曰：「必不得宋且有不義[13]，則曷為攻之？」墨子曰：「甚善。臣以宋必不可得。」王曰：「公輸般，天下之巧工也。已為攻宋之械矣。」墨子曰：「請令公輸般試攻之，臣請試守之。」於是公輸般設攻宋之械，墨子設守宋之備。公輸般九攻之，墨子九卻之，不能入。故荊輟不攻宋。墨子能以術禦荊，免宋之難者，此之謂也。

注釋

①猶若：仍然。

②便：利。

③行：為，即做的意思。

④神農：上古傳說中教人農耕，親嘗百草的人物。傳說中國農業、醫藥由他開始。

⑤士：古代對男子的美稱。　有當年：「當丁年」「當壯年」的意思。

⑥績：緝麻為布。

⑦公輸般：古書有作公輸班、公輸盤，民間稱之為魯班。春秋時期魯國人，我國古代著名的能工巧匠。　雲梯：古代軍事上用的攻城器械。古書上說它高長可以凌虛，故名。

⑧欲以攻宋：這裡是指楚欲攻宋。時間約當宋昭公、楚惠王時。

⑨郢（ㄧㄥˇ）：春秋戰國時楚國都城。在今湖北江陵縣東南郢城鎮。

⑩荊王：指楚惠王。

⑪鄙人：邊遠地區粗俗的人。

⑫亡其：轉語詞，「抑或」「還是」「或者是」的意思。

⑬有：通「又」。

譯文

對其他物類仁慈，對人不仁慈，不能算做仁慈。對其他物類不仁慈，只對人仁慈，仍然可以算做仁慈。仁慈的意思，就是仁愛自己的族類。所以，具有仁慈德行的人對於人民，只要可以給他們帶來利益，沒有不去做的事。神農的教導說：「男子中有正當壯年而不耕種的人，那麼天下就有人因他挨餓；女子中有正當壯年而不紡織的人，那麼天下就有人因她受寒。」所以神農親身耕田，妻子親自紡織，用來表示他們致力於人民的利益。

公輸般製造了高高的雲梯，楚國打算用它來攻打宋國。墨子聽到這個消息，從魯國出發，撕下衣裳裹足，日夜不停，走了十天十夜才到達楚國都城郢。他拜見楚王說：「我是北方邊遠地區粗俗的人，聽說大王將要攻打宋國，真有這回事嗎？」楚王回答說：「不錯！」墨子說：「一定要攻佔宋國才去攻打它呢？還是既不能攻佔宋國又落得不義的名聲，卻仍然要攻打它呢？」楚王回答說：「肯定不能攻佔宋國而又落得不義的名聲，那麼何必攻打它呢？」墨子說：「很好。我認為宋國必定不能被攻佔！」楚王說：「公輸般，是天下的巧匠，已經製造了攻宋的器械了。」墨子說：「請叫公輸般試著進攻，我請求試著防守。」於是公輸般佈置攻宋的器械，墨子安排守宋的設施。公輸般九次進攻，墨子九次將他打退，公輸般不能攻下。因此楚國中止了計畫，不去攻打宋國了。墨子能夠用戰術抵禦楚國，為宋國免除災難，講的就是這件事。

❁貴　卒

➲ 原文

力貴突①，智貴卒②。得之同則速為上，勝之同則濕為下③。所為貴驥者④，為其一日千里也；旬日取之⑤，與駑駘同⑥。所為貴鏃矢者⑦，為其應聲而至；終日而至，則與無至同。

吳起謂荊王曰⑧：「荊所有餘者，地也；所不足者，民也。今君王以所不足益所有餘，臣不得而為也。」於是令貴人往實廣虛之

地⑨。皆甚苦之。荊王死，貴人皆來。屍在堂上，貴人相與射吳起。吳起號呼曰：「吾示子吾用兵也。」拔矢而走，伏屍插矢而疾言曰：「群臣亂王！」吳起死矣，且荊國之法，麗兵於王屍者盡加重罪⑩，逮三族⑪。吳起之智可謂捷矣。

注釋

①突：突發；出其不意。

②卒（ㄘㄨ ㄟ）：同「猝」。忽然；急速；倉促。

③濕(ㄒㄧ ㄧ)：遲滯。即拖得時間長。

④驥：良馬。

⑤旬：十天為一旬。　取：通「趨」。

⑥駑駘（ㄋㄨ ㄧ　ㄊㄞ ㄧ）：皆為劣馬。

⑦鏃矢：輕快的箭。

⑧吳起：戰國時期衛人，善用兵，魏文侯以為魏將。文侯卒，事武侯，後因受讒去楚，作楚悼王相，輔佐楚悼王變法，觸犯了宗室貴族的利益。悼王死，宗室作亂，被射殺死。　荊王：指楚悼王。

⑨實：充實。

⑩麗：附著；觸碰。　兵：兵器。

⑪逮：連坐。　三族：一般認為是父族、母族和妻族。

譯文

用力貴在出其不意，用智貴在迅捷。得到的條件一樣，速度快者為上；戰勝對手的可能性相同，拖延久的為下。人們看重駿馬，是因為它能日行千里；如果十天才能到達，就與劣馬相同了。人們看重輕快的箭，是因為它應聲而至；如果一整天才能到達，就跟沒有到達一樣了。

吳起對楚悼王說：「楚國所富餘的，是土地；所不足的，是百姓。現在您用不足的百姓來增加本來就有餘的土地，我是沒有辦法為您謀劃了。」於是楚悼王命令貴族們遷居去充實人煙稀少的廣漠之地。貴族們都深以為苦。楚悼王死後，貴族們都回來了。楚悼王的屍體停放在堂上，貴族們一起射擊吳起。吳起高喊著說：

「我讓你們看看我怎樣用兵。」拔出身上的箭逃跑到大堂，趴在楚悼王屍體上把箭插入屍體，大聲說：「群臣作亂射王屍！」吳起死了，按照楚國的法律，將兵器觸碰到王屍的人都要處以重罪，連坐三族。吳起的智慧可以說是快捷了。

◎卷二十二　慎行論第二

題解

◆慎行論由慎行、無義、疑似、壹行、求人、察傳六篇組成。其中慎行、無義兩篇係漆雕氏、北宮黝、孟施捨學派的學說。慎行篇主要論述慎重行事的重要性，主張行動計畫應從道義考慮；無義篇批判了不懂得道義的人的可恥行徑。疑似、壹行兩篇為法家學說。疑似篇闡述了對相似事物認真察辨的必要性，並提出察辨一定要找瞭解實際情況的人；壹行篇闡述了人的行為應有一定的準則約束、人的行為應誠信專一兩個主題。求人、察傳兩篇為陰陽家學說。求人篇論述了求賢而用之的重要性，提出「身定、國安、天下治，必賢人」；察傳篇論述了人們對傳言應持的態度，認為必須對傳言進行考察才能辨清真偽，分清是非。

☸慎　行

➲ 原文

行不可不孰①。不孰，如赴深谿②，雖悔無及。君子計行慮義，小人計行其利③，乃不利。有知不利之利者，則可與言理矣。

荊平王有臣曰費無忌④，害太子建⑤，欲去之。王為建取妻於秦而美⑥，無忌勸王奪。王已奪之，而疏太子。無忌說王曰⑦：「晉之霸也，近於諸夏⑧；而荊僻也，故不能與爭。不若大城城父而置太子焉⑨，以求北方⑩，王收南方⑪，是得天下也。」王說⑫，使

太子居於城父。居一年，乃惡之曰⑬：「建與連尹將以方城外反⑭。」王曰：「已為我子矣⑮，又尚奚求？」對曰：「以妻事怨，且自以為猶宋也，齊晉又輔之。將以害荊，其事已集矣。」王信之，使執連尹⑰，太子建出奔。左尹郄宛⑱，國人說之⑲。無忌又欲殺之，謂令尹子常曰⑳：「郄宛欲飲令尹酒。」又謂郄宛曰：「令尹欲飲酒於子之家。」郄宛曰：「我賤人也，不足以辱令尹。令尹必來辱，我且何以給待之㉑？」無忌曰：「令尹好甲兵，子出而寘之門㉒，令尹至，必觀之，已，因以為酬㉓。」及饗日㉔，惟門左右而置甲兵焉㉕。無忌因謂令尹曰：「吾幾禍令尹。郄宛將殺令尹，甲在門矣。」令尹使人視之，信㉖。遂攻郄宛，殺之。國人大怨，動作者莫不非令尹㉗。沈尹戍謂令尹曰：「夫無忌，荊之讒人也。亡夫太子建，殺連尹奢，屏王之耳目。今令尹又用之殺眾不辜，以興大謗，患幾及令尹。」令尹子常曰：「是吾罪也，敢不良圖？」乃殺費無忌，盡滅其族，以說其國㉘。動而不論其義，知害人而不知人害己也，以滅其族，費無忌之謂乎！

注釋

①孰：同「熟」。深思熟慮。

②谿（ㄒㄧ）：山溝；山谷。

③其利：追求利益。其，同「期」。期求；追求。

④荊平王：即楚平王，春秋後期楚國國君，西元前 528 ～西元前 516 年在位。　費無忌：楚國大夫。

⑤害：嫉恨。

⑥取：同「娶」。

⑦說：說服；勸說。

⑧諸夏：中原華夏各國。

⑨城：動詞，修建。　城父（ㄈㄨˇ）：地名，楚國北部邊邑，在今河南寶豐縣東。

⑩北方：指北方的宋、鄭、魯、衛等國。

⑪收：取。　南方：指吳、越等國。

⑫說：同「悅」。

⑬ 惡（ㄨˋ）：說人壞話；中傷。

⑭ 連尹：楚國官名。　方城：山名，楚國天然的防禦重地。外：楚都在方城山之南（內），城父在其北，故稱「外」。

⑮ 子：這裡指太子。

⑯ 妻事：即上文楚平王奪太子建之妻一事。

⑰ 執：拘繫。

⑱ 左尹：楚國官名，位在令尹之下。　（ㄒㄧ）宛：楚國大夫。

⑲ 說：同「悅」。

⑳ 令尹：楚國最高職官，執掌軍政大權。

㉑ 給：供給。指招待。

㉒ 出：指出具甲兵。　寘（ㄓˋ）：同「置」，安排；放置。

㉓ 酬：古代宴飲賓客時，主人為勸酒而送客人的禮物。

㉔ 饗：設盛宴待賓客。

㉕ 惟門：即「帷門」。古時門內常置帷幕，稱為「帷門」。

㉖ 信：確實。

㉗ 動作者：《左傳》記此事，作「進胙者」。胙（ㄗㄨㄛˋ），祭祀用的肉。卿大夫祭祀後要進獻「胙」給國君。「進胙者」可代指卿大夫。

㉘ 說其國：取悅國人。說，通「悅」。

譯文

行動不可不深思熟慮，若不深思熟慮，就像跳入深谷，即使後悔也來不及。君子謀劃行動考慮道義；小人謀劃行動考慮自己的私利，但結果反而不利。如果有懂得不謀私利就能帶來好處的人，就可以跟他談論事理了。

楚平王有個大臣叫費無忌，嫉恨太子建，想除掉太子。平王從秦國給太子建娶了個妻子，長得很漂亮，費無忌勸楚平王把她奪過來，楚平王就將太子建的妻子奪了過來，因而疏遠了太子。費無忌勸楚平王說：「晉國之所以稱霸，是因為距各諸侯國近，而我們楚國太偏僻，不能夠與晉國爭霸。不如擴大城父城，將太子安置在那裡，以謀取北方的宋、鄭、魯、衛等國，大王再攻取

南方的吳、越等國，這樣就可以得天下了。」楚平王很高興，便派太子住到城父。太子在那裡住了一年，費無忌就誣陷他說：「太子建與連尹將要在方城外發動叛亂。」楚平王說：「他已經是我的太子了，還奢求什麼呢？」費無忌回答說：「因為大王奪了他的妻子而有怨恨，而且他自以為如同宋國一樣，齊國、晉國又幫助他，他準備危害楚國，這件事他們已經準備好了。」楚平王相信了他的話，派人逮捕了連尹，太子建跑掉了。左尹宛，楚國人都很愛戴他，費無忌又想殺他，就對令尹子常說：「宛想請令尹您喝酒。」又去對宛說：「令尹想來你家喝酒。」宛說：「我地位低賤，不足讓令尹有辱身分到我這裡喝酒，如果他一定要屈尊前來，我該如何招待他呢？」費無忌說：「令尹喜歡鎧甲和兵器，你將鎧甲和兵器放置在門口，令尹到了，必定觀看這些兵器，你就把這些鎧甲和兵器酬答給他。」到了設宴請客那天，左尹宛便在門兩側放置了鎧甲和兵器。費無忌就去對令尹說：「我差一點害了令尹，宛想要殺您，已在門口佈置了鎧甲和兵器。」令尹派人去察看，果然如此，於是出兵攻擊宛並殺了他。國人對這件事非常憤怒，卿大夫也都非議令尹。沈尹戌對令尹說：「費無忌這個人，是楚國專門誣陷別人的壞人，他使太子建逃奔他國，殺害了連尹伍奢，擋住了國王的視聽。現在令尹又聽了他的話，殺死了這麼多無辜，引起老百姓普遍的指責，禍患馬上要降臨到您頭上了。」令尹子常說：「確實是我的罪過，我豈敢不想辦法補救？」於是令尹殺了費無忌，殺盡他的同族人，用這種辦法取悅國人。做事情不講道義，只知道害別人而不知道這也是在害自己，最終招致自己家族的毀滅，這說的就是費無忌啊！

❁無　義

➲ 原文

先王之於論也極之矣。故義者，百事之始也，萬利之本也，中智之所不及也。不及則不知，不知趨利。趨利固不可必也。

公孫鞅之於秦①，非父兄也②，非有故也③，以能用也④。欲

堙之責⑤，非攻無以。於是為秦將而攻魏。魏使公子卬將而當之⑥。公孫鞅之居魏也，固善公子卬。使人謂公子卬曰：「凡所為遊而欲貴者，以公子之故也。今秦令鞅將，魏令公子當之，豈且忍相與戰哉？公子言之公子之主，鞅請亦言之主，而皆罷軍。」於是將歸矣，使人謂公子曰：「歸未有時相見，願與公子坐而相去別也。」公子曰：「諾。」魏吏爭之曰⑦：「不可。」公子不聽，遂相與坐。公孫鞅因伏卒與車騎以取公子卬。秦孝公薨⑧，惠王立⑨，以此疑公孫鞅之行，欲加罪焉。公孫鞅以其私屬與母歸魏⑩，襄疵不受⑪，曰：「以君之反公子卬也，吾無道知君。」故士自行不可不審也。

注釋

①公孫鞅：即商鞅。姓公孫，名鞅，受封於商，又稱商鞅。戰國時衛國人。秦孝公六年（西元前356年）與秦孝公十二年（西元前350年），先後兩次在秦變法，奠定了秦國強盛的基礎。

②父兄：指宗親。

③故：舊交。

④能：才能。

⑤堙（ㄧㄣ）：堵塞；償還。　責：同「債」。這裡指所許的願。商鞅自魏入秦，向秦孝公遊說，許願說如秦國任用他實行變法，秦國將會富國強兵，稱霸諸侯。

⑥公子卬（ㄤˊ）：人名。戰國時期魏國將領，公孫鞅在魏國的故交。

⑦爭：同「諍」。諍諫。

⑧秦孝公：西元前381～西元前338年在位。他支持商鞅實行變法，取得較大成效。　薨（ㄏㄨㄥ）：古代稱諸侯之死。後世有封爵的大官之死也稱薨。

⑨惠王：秦孝公之子。商鞅變法打擊舊貴族、宗室的利益，又得罪過惠王，惠王即位之初便將其車裂。

⑩私屬：指家僕。

⑪襄疵（ㄘ）：人名。魏臣。　受：接納。

譯文

先王的論述已經很透徹了。因此義是萬事的開端，是各種利益的本原，智慧一般的人都認識不到這一點。認識不到這一點就不明事理，不明事理就會一心追求私利，追求私利本來就不可能一定達到目的。

公孫鞅對於秦王來說，不是宗親，也不是舊交，只是憑著才能得到任用。他想實現使秦國稱霸諸侯的目標，除了進攻別國沒有其他辦法。於是就為秦國領兵進攻魏國。魏國派公子卬率兵應戰。當初公孫鞅在魏國的時候，跟公子卬關係很好。於是派人去對公子卬說：「我所以出走並想要顯貴，都是為了公子的緣故。現在秦國讓我領兵，魏國又讓公子您應戰，我們難道忍心相互交戰嗎？您向您的主子進言，也請允許我向我的主子進言，從而使雙方都罷兵吧。」等到雙方都要罷兵班師了，公孫鞅又派人對公子卬說：「這一回去就再無日相見，希望跟公子您坐一坐以相互道別。」公子卬說：「好的。」魏國軍吏們進諫道：「不能前往。」公子卬不聽，還是去跟公孫鞅相聚了。公孫鞅乘機埋伏了士卒車馬，俘獲了公子卬。秦孝公死，惠王即位，因為這件事懷疑公孫鞅的德行，想加罪於公孫鞅。公孫鞅只好帶著家僕與老母回魏國，魏臣襄疵不接納他，說：「因為你曾背棄公子卬，我無法瞭解你的真正意圖。」所以說，士人對自己的行為不可不審慎對待。

❁疑　似

➲ 原文

使人大迷惑者，必物之相似也。玉人之所患，患石之似玉者；相劍者之所患①，患劍之似吳干者②；賢主之所患，患人之博聞辯言而似通者。亡國之主似智，亡國之臣似忠。相似之物，此愚者之所大惑，而聖人之所加慮也。故墨子見歧道而哭之。

梁北有黎丘鄉③，有奇鬼焉，喜效人之子侄昆弟之狀④。邑丈人有之市而醉歸者⑤，黎丘之鬼效其子之狀，扶而道苦之⑥。丈人歸，酒醒而誚其子曰⑦：「吾為汝父也，豈謂不慈哉？我醉，汝道

苦我，何故？」其子泣而觸地曰：「孽矣，無此事也，昔也往責於東邑人[8]，可問也。」其父信之曰：「嘻。是必夫奇鬼也，吾固嘗聞之矣。」明日端復飲於市[9]，欲遇而刺殺之。明旦之市而醉，其真子恐其父之不能反也[10]，遂逝迎之[11]。丈人望其真子，拔劍而刺之。丈人智惑於似其子者，而殺於真子。

疑似之跡，不可不察，察之必於其人也[12]。舜為御[13]，堯為左[14]，禹為右[15]，入於澤而問牧童，入於水而問漁師[16]，奚故也？其知之審也。

注釋

① 相：這裡作辨別、鑒定講。

② 吳干：人名、寶劍名。相傳春秋吳干善鑄劍，因以所鑄之劍也名為「吳干」。

③ 梁：即大樑。戰國時魏國的都城，在今河南省開封市。

④ 效：模仿。　昆：兄。

⑤ 丈人：古時對老年人的稱呼。

⑥ 苦：用作動詞，給他苦受。

⑦ 誚：責　。

⑧ 責：同「債」。指討債。

⑨ 端：同「專」。

⑩ 反：同「返」。

⑪ 逝：往。

⑫ 其人：適當的人。

⑬ 御：駕車的人。

⑭ 左：古時乘車，尊者居左。

⑮ 右：車右，職責是保衛尊者。

⑯ 漁師：有經驗的漁夫。

譯文

使人最受迷惑的，一定是相類似的事物。玉工所苦，苦於樣子像玉一樣的石頭；鑒定劍的人所苦，苦於樣子像吳干一樣的劍；

賢明的君主所苦，苦於表面上見聞廣博能說會道像達人一樣的人。亡國的君主好像很明智，亡國的臣子好像很忠心。相似的事物，這是愚蠢的人所迷惑，而聖人所反覆慎重考慮的。所以墨子看見歧路就大哭起來。

大梁北面黎丘一帶，有個奇特的鬼怪，喜歡裝成人們子侄兄弟的模樣。一天鄉里有個老人到集市喝醉酒回家，黎丘鬼模仿他兒子的模樣，攙扶著他，一路上捉弄得他很苦。老人回到家，酒醒以後責罵兒子說：「我身為你的父親，難道對你還不慈愛嗎？我喝醉了酒，你卻在路上讓我受苦，居心何在？」兒子一聽委屈地哭了，並磕著頭說：「真是作孽啊，我沒有這麼做。昨天我也外出到東鄉討債去了，你可以去問。」老人相信了兒子的話，猛然醒悟說：「噢，這一定是那個奇特的鬼怪，我本來就聽說過這種事。」他準備第二天專門再去集市喝酒，想在路上遇見鬼怪把它殺死。次日清晨，老人到集市又喝醉了酒，他兒子擔心父親酒醉回不了家，就去途中迎接他。老人望見兒子，拔出劍來就把他刺死了。老人被貌似兒子的鬼欺騙了，卻誤殺了自己的真兒子。

對於疑似的跡象，不能不審察清楚，審察這種疑似跡象必須找適當的人。即使舜做車夫，堯做主人，禹做助手，進到草澤也要向牧童請教，進入河流也要向漁夫問路。這是什麼緣故呢？因為牧童漁夫對當地的情況瞭解得最清楚。

壹行

原文

先王所惡，無惡於不可知。不可知，則君臣父子兄弟朋友夫妻之際敗矣①。十際皆敗，亂莫大焉。凡人倫，以十際為安者也，釋十際則與麋鹿虎狼無以異②，多勇者則為制耳矣。不可知，則知無安君③、無樂親矣，無榮兄、無親友、無尊夫矣。

今行者見大樹，必解衣懸冠倚劍而寢其下。大樹非人之情親知交也，而安之若此者，信也。陵上巨木，人以為期，易知故也。又況於士乎？士義，可知故也，則期為必矣。又況強大之國？強大之

國誠可知，則其王不難矣。

注釋

① 際：彼此之間，指關係，特指人與人之間的禮法倫常。
② 釋：放棄；捨棄。
③ 知：當為衍字。

譯文

先王所憎惡的行為，莫過於沒有誠信不可捉摸。如果人沒有誠信不可捉摸，君與臣、父與子、兄與弟、朋友與朋友、夫與妻之間的人際倫常關係就會敗壞。這十種人際倫常關係敗壞，禍亂沒有比這更大的了。大凡人倫，是以這十種人際關係來維繫安寧的，如果拋棄了這十種人際關係，人就與麋鹿虎狼沒什麼區別了，勇猛的人就控制了一切。人們沒有誠信不可捉摸，就知道不會有安逸的國君、不會有快樂的雙親了，不會有榮耀的兄弟、不會有親近的朋友、不會有尊貴的丈夫了。

如果走路的人看到大樹，必會解開衣服掛起帽子倚著劍臥在樹下歇息。大樹並不是人的親朋好友，人們卻這樣放心，是因為大樹可以信賴。山陵上的大樹，人們常以它作為約會之處，是因為它很容易看到。又何況是士人呢？士人如果講義氣，誠信易知，人們就必會倚重他。又何況強大的國家呢？強大的國家若真能誠信可知信賴，那麼它稱王於天下也就不難了。

☸求　人

➲ 原文

身定、國安、天下治，必賢人。古之有天下也者七十一聖①，觀於《春秋》②，自魯隱公以至哀公十有二世，其所以得之，所以失之，其術一也③：得賢人，國無不安，名無不榮；失賢人，國無不危，名無不辱。

先王之索賢人，無不以也。極卑極賤，極遠極勞。虞用宮之奇、

吳用伍子胥之言④，此二國者，雖至於今存可也。則是國可壽也⑤。有能益人之壽者，則人莫不願之；今壽國有道，而君人者而不求，過矣。

堯傳天下於舜，禮之諸侯，妻以二女⑥，臣以十子，身請北面朝之⑦，至卑也。伊尹⑧，庖廚之臣也⑨；傅說⑩，殷之胥靡也⑪，皆上相天子，至賤也。禹東至榑木之地⑫，日出九津⑬，青羌之野⑭，攢樹之所⑮，捪天之山⑯，鳥谷、青丘之鄉⑰，黑齒之國⑱；南至交趾、孫朴續樠之國⑲，丹粟漆樹沸水漂漂九陽之山⑳，羽人、裸民之處㉑，不死之鄉㉒；西至三危之國㉓，巫山之下，飲露吸氣之民㉔，積金之山，其肱㉕、一臂、三面之鄉；北至人正之國㉖，夏海之窮㉗，衡山之上，犬戎之國㉘，夸父之野㉙，禺強之所㉚，積水、積石之山㉛。不有懈墮，憂其黔首㉜，顏色黎黑，竅藏不通㉝，步不相過㉞，以求賢人，欲盡地利，至勞也。得陶、化益、真窺、橫革、之交五人佐禹㉟，故功績銘乎金石，著於盤盂㊱。

注釋

① 七十一聖：傳說中的七十餘位上古君王，具體所指不詳。

②《春秋》：記載春秋時期歷史事件的魯國史書，傳為孔子編定。

③ 術：方法；途徑。

④ 虞用宮之奇、吳用伍子胥之言：春秋時期，宮之奇勸諫虞國國君不要借道給晉獻公，虞國國君沒有聽從，結果亡國。春秋末期，吳國曾打敗越國，伍子胥認為應殺掉越王勾踐，滅掉越國，吳王夫差不聽，導致越國東山再起，最後滅吳。

⑤ 壽：長存。

⑥ 妻：以女嫁人。

⑦ 北面：面朝北。君王南面，臣子北面。指向舜稱臣。

⑧ 伊尹：人名。本為陪嫁的奴隸，被商湯王發現用為阿衡（宰相），曾輔助商湯王滅夏、治理國家。

⑨ 庖（ㄆㄠˊ）：廚房。　臣：奴隸。

⑩ 傅說（ㄩㄝˋ）：商代中興之君武丁從刑徒中發現的賢人。

⑪ 胥靡：刑罰之人。

⑫ 榑木：即扶木，古又稱「扶桑」。傳說中的日出之地，也是向東的「極遠」之地。

⑬ 九津：傳說中的日出之地。

⑭ 青羌：東方的原野。

⑮ 攢樹之所：樹木叢生之處。攢（ㄘㄨㄢˊ），聚集。

⑯ 抿（ㄇㄧㄣˇ）：撫。

⑰ 鳥谷：疑即暘谷，日出之地。　青丘：傳說中的東方之國。

⑱ 黑齒之國：傳說中的東方之國，其民齒黑。

⑲ 交趾（ㄓ）：南方地名，五嶺以南，今廣東、廣西一帶。孫朴續之國：南方之國。

⑳ 丹粟：即丹砂，其形如粟，故名。　沸水：指噴泉。　漂漂：水急流。　九陽之山：五行說認為，南方屬陽，九則為數之極，九陽之山實際指極南方之山。

㉑ 羽人：長著翅膀的人。　裸民：赤身不穿衣的人。

㉒ 不死之鄉：傳說中人長生不老的國家。

㉓ 三危：神話傳說中的西方山名。

㉔ 飲露吸氣：吸風飲露。這裡指得道仙人的形象。

㉕ 其肱：即奇肱。傳說中的西方國家。

㉖ 人正：地名。據說在北海。

㉗ 夏海：大海。傳說中的北海。　窮：極；盡頭。

㉘ 犬戎之國：犬戎所居北方之國。

㉙ 夸父：傳說中追日的勇士。

㉚ 禺強：傳說中的北海之神。

㉛ 積水：水名。　積石之山：大積石山在今青海南部，小積石山在今甘肅臨夏西北。傳說大禹治水曾到過這裡。

㉜ 黔首：百姓。

㉝ 竅：七竅。　藏：同「臟」。五臟。

㉞ 步不相過：走路後腳不能超過西元前腳，形容疲勞。

㉟ 陶、化益、真窺、橫革、之交：當作皋陶、伯益、真窺、橫革、之交。

㊱ 盤盂(ㄩˊ)：皆為日用器皿。古人常在這些日用器皿上刻寫銘文。

譯文

要使自身安定、國家安穩、天下太平，必須求得賢人。上古君臨天下的有七十一位聖人，從《春秋》一書來看，自魯隱公至哀公有十二代，他們之所以得到天下，之所以失去天下，途徑是一樣的：求得賢人，國家無不安寧，名聲無不顯赫；失去賢人，國家無不危亡，名聲無不敗壞。

先王索求賢人，沒有不用盡辦法的。哪怕這個人身分地位極卑微極下賤，哪怕求得這個人需跋涉極遠的路程極度辛勞。假如虞國國君聽從宮之奇的勸諫、吳王聽從伍子胥的告誡，這兩個國家，就是到今天都可能存在。這樣看來，國家是可以長存的。如果有延長人的壽命的方法，沒有人不願意去嘗試；現在有使國家長存的方法，但做國君的卻不去尋求，這就錯了。

堯把天下傳給舜，在諸侯面前禮敬他，把兩個女兒嫁給他，讓自己的十個兒子做他的臣屬，自己願意面北朝拜他，表現得極為謙卑。伊尹，是廚房中的奴隸；傅說，是殷商的刑徒，卻都做了天子的宰相，他們的身分原本極卑賤。大禹東行到了扶桑之地，日出之地九津，東方的原野，樹木叢生的地方，摩天的高山，鳥谷、青丘之鄉，黑齒之國；南至交趾、孫樸續樠之國，生產丹砂、生長漆樹、泉水噴湧的九陽之山，羽人、裸民之國，不死國；西至三危之國，巫山之下，吸風飲露的仙人所居之處，積金之山，奇肱、一臂、三面之國；北至人正國，大海盡頭，衡山之上，犬戎之國，夸父追日之野，禺強居住之所，積水、積石之山。大禹不敢懈怠，為百姓操勞，面色黧黑，七竅五臟鬱結不通，步子花也邁不動了，去尋求賢人，想使土地得到充分利用，真是辛勞到極點了。結果得到皋陶、伯益、真窺、橫革、之父五位賢人輔佐大禹，所以功績刻於金石、銘於盤盂。

察傳

➲ 原文

夫得言不可以不察。數傳而白為黑，黑為白。故狗似玃①，玃似母猴②，母猴似人，人之與狗則遠矣。此愚者之所以大過也。聞而審，則為福矣，聞而不審，不若無聞矣。

凡聞言必熟論，其於人必驗之以理。魯哀公問於孔子曰：「樂正夔一足③，信乎？」孔子曰：「昔者舜欲以樂傳教於天下，乃令重黎舉夔於草莽之中而進之④，舜以為樂正。夔於是正六律⑤，和五聲⑥，以通八風⑦，而天下大服。重黎又欲益求人，舜曰：『夫樂，天地之精也，得失之節也，故唯聖人為能和。樂之本也⑧。夔能和之以平天下，若夔者一而足矣。』故曰『夔一足』，非『一足』也。」宋之丁氏，家無井而出溉汲，常一人居外。及其家穿井⑨，告人曰：「吾穿井得一人。」有聞而傳之者曰：「丁氏穿井得一人。」國人道之⑩，聞之於宋君。宋君令人問之於丁氏，丁氏對曰：「得一人之使，非得一人於井中也。」求能之若此，不若無聞也。

注釋

① 玃（ㄐㄩㄝˊ）：獸名。形似獼猴，但體型較大。

② 母猴：獸名。又稱獼猴或沐猴。

③ 樂正：樂官之長。　夔（ㄎㄨㄟˊ）：人名。善音律，相傳為堯、舜時樂官。

④ 重黎：重、黎是古代傳說中的人物。重是堯帝時的「南正」，主管天；黎是「火正」，主管地。本篇稱舜臣，指重、黎的後代。重、黎氏世代職掌天地之官。　草莽：民間。

⑤ 六律：古音樂十二律中屬於陽聲的律。陽聲律凡六：黃鐘、太蔟、姑洗、蕤賓、夷則、無射。

⑥ 五聲：古代音樂中的五種音階，即：宮、商、角、徵、羽。

⑦ 八風：八方之風。詳見本書卷十三《有始覽•有始》原文和譯文。

⑧ 樂之本也：前脫一「和」字。

⑨ 穿：開鑿。

⑩ 道之：談論這件事。

譯文

聽到了傳聞不能不仔細審察。經過多次轉述，那麼白的會被說成黑的，黑的會被說成白的。所以狗像玃，玃像母猴，母猴像人，但人和狗就相差很遠了。這就是愚蠢的人之所以造成大過錯的原因。聽到傳聞而加以審核，就會得到好處，聽到傳聞而不加審核，不如不聽的好啊！

凡是聽來的話必須反覆論證，涉及人的必須根據常情加以檢驗。魯哀公向孔子問道：「樂正夔一隻腳，是真的嗎？」孔子說：「從前舜想用音樂來教化天下的人，就叫重、黎從民間將夔舉薦出來進獻給朝廷，舜用他作樂正。夔於是訂正六律，調和五聲，以使音樂與八方的風相通，因而天下大服。重、黎又想多求像夔這樣的人，舜說：『音樂，是天地的精華，是政治統治得失的關鍵，因此只有聖人才能使音樂和諧。和諧是音樂的根本啊。夔能使音樂和諧，用來安定天下，像夔這樣的人有一個就足夠了！』所以說，『夔一足』，不是說他『一隻腳』呀。」宋國一個姓丁的人，家中沒有井，因而要到外面去洗滌汲水，常常需要一個人在外操作。等到他家打了井，他告訴別人說：「我打井得了一個人。」有人聽到這話又轉述出去說：「丁家打井得到一個人。」都城中的人都談論這件事，消息傳到宋君耳朵裡。宋君派人去問姓丁的人，姓丁的人回答說：「是省下一個勞力，並不是在井裡挖出一個人啊！」尋求賢人如果也這樣，不如沒聽說的好啊。

◎卷二十三　貴直論第三

題解

◆ 貴直論由貴直、直諫、知化、過理、壅塞、原亂六篇組成。其中貴直篇係漆雕氏、北宮黝、孟施捨學派的學說，論述的主旨是君主能否看重敢於直言的士人並虛心納諫，關係到自己功業的

成敗與國家的安危存亡。直諫篇係漆雕氏流派的學說，認為直言勸諫者都是敢於冒犯君顏不顧個人安危的人，君主只有讓他們充分發表意見才能夠稱霸天下。過理篇係樂家學說，總結出亡國之君的共同特點是思想行為不合乎禮義，與常理相悖離。知化、壅塞、原亂三篇為陰陽家學說。知化篇闡述智者的可貴之處在於對事物的發展趨勢作出預見，告誡君主要認真聽取直言勸諫，避免身死國亡的結局；壅塞篇論述的仍是君主納諫的問題，指出君主不能虛心納諫就會導致言路蔽塞，進而導致國家滅亡；原亂篇指出國家動亂一旦發生就會連續不斷，意在告誡君主一定要謹慎治國，不要引發禍端。

❁貴　直

➲ 原文

賢主所貴莫如士。所以貴士，為其直言也。言直則枉者見矣①。人主之患，欲聞枉而惡直言。是障其源而欲其水也，水奚自至②？是賤其所欲而貴其所惡也，所欲奚自來？

趙簡子攻衛，附郭③。自將兵，及戰，且遠立，又居於犀蔽屏櫓之下④。鼓之而士不起。簡子投桴而歎曰⑤：「嗚呼！士之速弊一若此乎！」行人燭過免冑橫戈而進曰⑥：「亦有君不能耳⑦，士何弊之有？」簡子艴然作色曰⑧：「寡人之無使，而身自將是眾也，子親謂寡人之無能，有說則可，無說則死！」對曰：「昔吾先君獻公即位五年，兼國十九，用此士也。惠公即位二年，淫色暴慢，身好玉女，秦人襲我，遜去絳七十⑨，用此士也。文公即位二年，底之以勇⑩，故三年而士盡果敢。城濮之戰⑪，五敗荊人；圍衛取曹，拔石社；定天子之位，成尊名於天下，用此士也。亦有君不能耳，士何弊之有？」簡子乃去犀蔽屏櫓，而立於矢石之所及，一鼓而士畢乘之⑫。簡子曰：「與吾得革車千乘也，不如聞行人燭過之一言。」行人燭過可謂能諫其君矣，戰鬥之上，桴鼓方用，賞不加厚，罰不加重，一言而士皆樂為其上死。

注釋

① 枉者：指奸邪的人。　見：同「現」。

② 奚：什麼；何；哪。

③ 附：逼近；靠近。　郭：在城的周邊加築的一道城牆，即外城。

④ 犀蔽屏櫓：應作遮罩犀櫓。遮罩：遮蔽之物。　犀櫓：用犀牛皮造的盾牌。

⑤ 桴（ㄈㄨˊ）：鼓槌。

⑥ 行人：負責外交事務的官吏。　胄（ㄓㄡˋ）：頭盔。

⑦ 亦：只不過。

⑧ 艴（ㄈㄨˊ）然作色：極為憤怒的樣子。

⑨ 遯：逃走。　絳：絳邑。晉國國都，又名新絳邑，位於今山西省侯馬市西。

⑩ 底：通「砥」。磨礪。

⑪ 城濮之戰：西元前632年晉楚戰於城濮，晉國獲全勝。

⑫ 乘：攀登。

譯文

賢明的君主所看重的莫過於士人。之所以看重士人，是因為他們敢於直言進諫。士人言論直率奸邪之人的行徑就曝露出來了。君主的毛病，在於喜聽奸邪者的話而厭惡士人直率的言論。這是堵塞水的源頭卻想得到水，水會從哪裡來呢？這是輕賤所想要的卻看重所厭惡的，所想要的又會從哪裡來呢？

趙簡子攻打衛國，軍隊逼近於外城之下。他親自統率士兵，到兩軍交戰時，卻遠遠地站在箭弩射不到的地方，又躲藏在屏障和盾牌後面。簡子擊響戰鼓，士卒卻不發起進攻。簡子扔掉鼓槌歎息說：「哎呀！兵士已經迅速糟糕到這種地步了！」行人燭過摘掉頭盔橫著戈進諫說：「這只不過是您無能罷了，士卒們有什麼糟糕的呢？」簡子變了臉色憤怒地說：「我沒有指派別人，親自率領這一群士兵作戰，你卻說我無能，你能解釋明白便罷了，不能解釋我就殺了你！」燭過回答說：「從前我的先君晉獻公即位五年，兼併了十九個國家，用的是這些士兵。惠公即位二年，耽

於美色，殘暴傲慢，喜歡美女，秦國人襲擊我國，逃離國都七十里，用的是這些士兵。文公即位二年，用勇敢激勵士兵，因此三年之後士卒都十分果敢。城濮之戰，五次打敗楚國人；包圍衛國攻取曹國，攻克石社；穩定天子周襄王的地位，成就了顯赫於天下的名聲，用的是這些士兵。只不過是君主無能罷了，士兵們有什麼糟糕的呢？」簡子於是離開屏障盾牌，而立在箭弩所能射到之處，擊鼓一次士卒就都登上城牆。簡子說：「與其獲得千輛兵車，不如聽行人燭過的一席話。」行人燭過可以說是善於勸諫他的君主了，戰鬥之時，擊鼓進軍之際，賞賜不加多，懲罰不加重，一席話就能讓士兵樂於為其君主而死。

❁直　諫

➲ 原文

言極則怒①，怒則說者危。非賢者孰肯犯危？而非賢者也，將以要利矣②；要利之人，犯危何益？故不肖主無賢者。無賢則不聞極言，不聞極言，則奸人比周③，百邪悉起。若此則無以存矣。

荊文王得茹黃之狗④，宛路之矰⑤，以畋於雲夢⑥，三月不反⑦。得丹之姬⑧，淫，期年不聽朝⑨。葆申曰⑩：「先王卜以臣為葆，吉。今王得茹黃之狗，宛路之矰，畋三月不反；得丹之姬，淫，期年不聽朝。王之罪當笞。」王曰：「不穀免衣繈褓而齒於諸侯⑪，願請變更而無笞。」葆申曰：「臣承先王之令，不敢廢也。王不受笞，是廢先王之令也。臣寧抵罪於王，毋抵罪於先王。」王曰：「敬諾。」引席，王伏。葆申束細荊五十，跪而加之於背，如此者再，謂王：「起矣！」王曰：「有笞之名一也，遂致之！」申曰：「臣聞君子恥之，小人痛之。恥之不變，痛之何益？」葆申趣出⑫，自流於淵⑬，請死罪。文王曰：「此不穀之過也，葆申何罪？」王乃變更，召葆申，殺茹黃之狗，析宛路之矰⑭，放丹之姬。後荊國兼國三十九。令荊國廣大至於此者，葆申之力也，極言之功也。

注釋

①言極：言論直率。極，盡。

②要（ㄧㄠ）：謀取；謀求。

③比周：為謀求私利而互相勾結。

④荊文王：楚文王。　茹黃：或作如黃，獵犬名。

⑤宛路：竹名，細長而直，可做箭杆。　矰（ㄗㄥ）：古代用來射鳥的拴著絲繩的短箭。

⑥畋（ㄊㄧㄢˊ）：打獵。　雲夢：楚國水澤名，在今湖北省境內。

⑦反：同「返」。

⑧丹：地名。即丹陽，在今湖北省秭歸縣。

⑨期年：一年。

⑩葆：官名。即太保。為輔弼國君的官。

⑪不穀：君主的謙稱。　繈褓：背嬰兒所用的帶子和布兜。齒：列。

⑫趣：疾速地行走。

⑬流：順水漂流。　淵：深潭。

⑭析：當作「折」。折斷。

譯文

臣子言論直率君主就會發怒，君主發怒說話的人就危險了。不是賢者有誰會冒這種危險？如果不是賢者，將會謀求私利；謀求私利的人，冒這種危險有什麼好處呢？因此不賢明的君主不會擁有賢者。君主沒有賢者就聽不到直率的言論，聽不到直率的言論就會有奸邪之人互相勾結，各種邪惡都將出現。像這樣國家就難以生存了。

楚文王得到良犬茹黃狗和宛路竹做成的短箭之後，帶著它們到雲夢澤去打獵，三個月沒有回來。得到丹陽的女子，縱情美色，一年沒有上朝聽政。太保申說：「先王占卜任用我為太保，吉利。現在君王您得到茹黃狗和宛路竹箭，在外打獵三個月不回朝；得到丹陽的女子，縱情美色，一年不理朝政。君王您的罪過應當受到鞭打。」楚文王說：「我自從離開繈褓就位列諸侯，希望你換

一種刑罰，不要鞭打我。」太保申說：「臣接受先王的法令，不敢廢棄。君王您不接受鞭打，這是廢棄先王的法令。我寧願在您這裡抵償罪責接受應有的懲處，也不願獲罪於先王。」楚文王說：「好吧。」太保申把蓆子拉過來，讓楚文王趴在上面。太保申將五十根細荊條捆成一束，跪著放在楚文王的背上，像這樣做了兩次，對楚文王說：「起來吧！」楚文王說：「既然有了受鞭刑的名聲了，就鞭打我一頓吧！」太保申說：「我聽說對君子要讓他以受鞭打為恥辱，對小人要讓他肉體感到疼痛。讓他感到恥辱仍不改正，使他皮肉受苦又有什麼用處？」太保申快步走出王宮，自己漂流在深潭上，請楚文王治他死罪。楚文王說：「這是我的過錯，太保又有什麼罪？」楚文王於是改正錯誤，召回太保申，殺掉茹黃狗，折斷宛路竹箭，放走丹陽的女子。後來楚國兼併了三十九個國家。讓楚國疆土廣大到如此程度，得力於太保申，是太保申言論直率的功勞。

☸知　化

➲ 原文

夫以勇事人者，以死也。未死而言死，不論①。以雖知之，與勿知同。凡智之貴也，貴知化也。人主之惑者則不然。化未至則不知；化已至，雖知之，與勿知一貫也②。事有可以過者③，有不可以過者。而身死國亡，則胡可以過？此賢主之所重，惑主之所輕也。所輕，國惡得不危④？身惡得不困？危困之道，身死國亡，在於不先知化也，吳王夫差是也。子胥非不先知化也⑤，諫而不聽，故吳為丘墟⑥，禍及闔廬⑦。

吳王夫差將伐齊，子胥曰：「不可。夫齊之與吳也，習俗不同，言語不通，我得其地不能處，得其民不得使。夫吳之與越也，接土鄰境，壤交通屬⑧，習俗同，言語通，我得其地能處之，得其民能使之，越於我亦然。夫吳越之勢不兩立。越之於吳也，譬若心腹之疾也，雖無作⑨，其傷深而在內也。夫齊之於吳也，疥癬之病也，不苦其已也⑩，且其無傷也。今釋越而伐齊，譬之猶懼虎而刺猏⑪

，雖勝之，其後患無央⑫。」太宰嚭曰：「不可。君王之令所以不行於上國者，齊、晉也。君王若伐齊而勝之，徙其兵以臨晉，晉必聽命矣。是君王一舉而服兩國也，君王之令必行於上國⑬。」夫差以為然，不聽子胥之言，而用太宰嚭之謀。子胥曰：「天將亡吳矣，則使君王戰而勝；天將不亡吳矣，則使君王戰而不勝。」夫差不聽。子胥兩袪高蹶而出於廷⑭，曰：「嗟乎！吳朝必生荊棘矣！」夫差興師伐齊，戰於艾陵，大敗齊師，反而誅子胥。子胥將死，曰：「與吾安得一目以視越人之入吳也？」乃自殺。夫差乃取其身而流之江，抉其目⑮，著之東門⑯，曰：「女胡視越人之入我也？」居數年，越報吳，殘其國，絕其世，滅其社稷，夷其宗廟。夫差身為禽⑰。夫差將死，曰：「死者如有知也，吾何面以見子胥於地下？」乃為幎以冒面死⑱。

注釋

① 論：判斷；衡量；評定。

② 一貫：一回事的意思。

③ 過：過失；失誤。

④ 惡：表示疑問，相當於「何」「怎麼」。

⑤ 子胥：即伍子胥，春秋吳國大夫。

⑥ 丘墟：空虛之地。指經戰爭破壞後，一切被摧毀，空無人居。

⑦ 禍及闔廬：是說吳王夫差敗於越，宗廟被夷平，闔廬無人祭祀的意思。闔廬，春秋末期吳國國君，夫差之父。

⑧ 壤交：接壤。　通屬：即連屬。

⑨ 無作：無變化；不發作。

⑩ 已：病癒。

⑪ 豣（ㄐㄧㄢ）：通「豜」。豜（ㄐㄧㄢ），三歲的豬，也泛指大豬。

⑫ 無央：不已；不止。

⑬ 上國：中原地區的諸侯國。

⑭ 兩袪高蹶：兩手撩起衣服，高舉足而大踏步地走。形容含著怒意。袪（ㄑㄩ），撩起。

⑮ 抉：剔出的意思。
⑯ 著：放置；安放。
⑰ 禽：同「擒」。
⑱ 幎（ㄇㄧˋ）：古同「冪」。覆蓋物體的巾或幔。　冒：覆面。

譯文

以勇力為別人做事的人，以死難為己任。未死之前發誓要為主人而死，其命運不可預測。因為雖然知道必死，也和不知道一樣。智者的可貴，貴在知道事物的變化。頭腦糊塗的君主卻不是這樣，變化沒有出現時則不知道，變化已經發生，雖然知道了，又與不知道一個樣。事情有可以失誤的，有不可以失誤的。而關係身死國亡的事，怎麼容許有失誤？這是賢明君主所重視，糊塗君主所輕視的。輕視事物的變化，國家怎麼會不危亡？自身怎麼會不陷入困境？國危身困的原因，身死國亡的後果，在於不能預測到事情的變化，吳王夫差就是這樣的啊。伍子胥不是沒預先知道事情的變化啊，但他的勸諫不被夫差聽取，所以吳國變為廢墟，乃至殃及死去的吳王闔廬不能享受祭祀。

吳王夫差準備攻打齊國，伍子胥說：「不行！齊國與吳國，風俗習慣不同，言語不通，我們佔有齊國的土地不能居住，佔有齊國的人民不能役使。至於吳國和越國，土地相連，邊界相鄰，田園交錯，連成一片，風俗習慣相同，言語相通，我們佔有越國的土地能夠居住，佔有越國的人民能夠役使。越國對於我們也是這樣。吳國和越國之間勢不兩立。越國對於吳國來說，好比心腹之疾，即使不發作，但它危害很大而且在身體之內啊。齊國對於吳國來說，好比疥癬一類的小病，用不著急於把它治好，它不會危及生命啊。現在放棄越國而去攻打齊國，這好比畏懼老虎卻去刺殺大豬，雖然取得勝利，後患無窮。」太宰嚭說：「不行！君王的命令之所以不行於中原各國，是由於齊國和晉國的緣故。君王若攻伐齊國而戰勝它，調動它的軍隊來監控晉國，晉國必然會聽從命令了。這樣一來，君王一舉而征服兩國，君王的命令必定行於中原各國。」夫差認為太宰嚭說得對，不聽伍子胥的話，而

用了太宰嚭的計謀。伍子胥說：「天將亡吳國的話，就使君王進攻齊國取得勝利；天將不亡吳國的話，就使君王進攻齊國不能取得勝利。」夫差不聽。伍子胥兩手撩起衣服高抬腳大踏步走出朝堂，說道：「哎呀！吳國朝廷必定要生荊棘了！」夫差發兵攻打齊國，戰於艾陵，大敗齊國軍隊，回國後誅殺伍子胥。伍子胥將死的時候說：「哎，我怎麼能留下一隻眼睛來看越國人侵入吳國啊！」於是自殺。夫差將他的屍體投入江中，挖出他的眼珠，懸掛在東門上，說：「看你怎麼看越國人進入我的國土吧！」過了幾年，越國報復吳國，攻破了吳國的國都，滅絕了吳王的後代，消滅了吳國的王朝，夷平了吳王的宗廟，夫差自己被擒。夫差將死的時候說：「死人如果有知的話，我有什麼臉面見子胥於地下！」於是用巾布蒙面而死。

過　理

原文

亡國之主一貫。天時雖異，其事雖殊，所以亡同者，樂不適也。樂不適則不可以存。糟丘酒池，肉圃為格①，雕柱而桔諸侯②，不適也。刑鬼侯之女而取其環③，截涉者脛而視其髓，殺梅伯而遺文王其醢④，不適也。文王貌受以告諸侯。作為璿室⑤，築為頃宮⑥，剖孕婦而觀其化⑦，殺比干而視其心⑧，不適也。孔子聞之曰：「其竅通則比干不死矣⑨。」夏、商之所以亡也。

晉靈公無道，從上彈人，而觀其避丸也。使宰人臑熊蹯⑩，不熟，殺之，令婦人載而過朝以示威，不適也。趙盾驟諫而不聽⑪，公惡之，乃使沮麛⑫。沮麛見之不忍賊⑬，曰：「不忘恭敬，民之主也。賊民之主，不忠；棄君之命，不信。一於此，不若死。」乃觸廷槐而死⑭。

注釋

① 肉圃：肉林。　格：烤肉用的架子。

② 雕柱：商紂王所置酷刑的一種。鑄造銅柱，柱下點火，讓人

在銅柱上爬，墜入火中燒死。桔：當為「梏」字，通「酷」。殘殺。

③ 刑：殺。　鬼侯：商末諸侯，紂時為三公之一。鬼侯的女兒為商紂王之妻。

④ 梅伯：商紂王諸侯。　遺：贈送。　醢（ㄏㄞˇ）：肉醬。

⑤ 作為：建造。　璿室：用美玉裝飾的房屋。璿(ㄒㄩㄢˊ)，古代美玉。

⑥ 頃宮：高聳的宮殿。頃，通「傾」。高聳似要傾倒一般。

⑦ 化：腹中尚未成形的胎兒。

⑧ 比干：商代貴族，紂王叔父，官少師。相傳因屢諫紂王，被剖心而死。

⑨ 其：指商紂王。

⑩ 臑（ㄦˊ）：煮；煮爛。　蹯（ㄈㄢˊ）：野獸的足掌。

⑪ 趙盾：晉靈公之正卿，諡號宣子。

⑫ 使沮麑：派沮麑殺掉趙盾。沮麑（ㄐㄩˇㄇㄧˊ），晉國力士。

⑬ 賊：殺害。

⑭ 廷：通「庭」。

譯文

亡國的君主是相同的。天時雖然相異，世事雖然不同，但滅亡的原因相同，都是以不合禮義的事情為樂。以不合禮義的事情為樂國家就不能存在。商紂王將酒糟堆成山美酒灌滿池，堆肉成圃設架烤肉，鑄造銅柱殘害諸侯，這不合禮義。殺掉鬼侯的女兒而取其佩戴的玉環，截斷涉水過河之人的小腿來察看其骨髓，殺掉梅伯做成肉醬送給周文王，這不合禮義。周文王表面上接受暗地裡卻告訴了諸侯。商紂王修建用美玉裝飾的屋子，建造高大巍峨的宮殿，剖開孕婦的肚子觀察未成形的胎兒，殺掉比干看他的心是否有七竅，這不合禮義。孔子聽到商紂王的暴行說：「如果商紂王的心竅相通比干就不會死了。」這是夏、商滅亡的原因。

晉靈公暴虐無道，在高台上用彈弓射人，觀察他們躲避彈丸的樣子。讓廚師煮熊掌，沒有煮熟，就將廚師殺掉，讓婦人用車拉著死屍從朝廷上走過以示威嚴，這不合禮義。趙盾屢次進諫，

晉靈公不聽，厭惡趙盾，就派沮麛去殺掉他。沮麛見到趙盾後不忍殺害，說：「不忘記恭敬的人，是為百姓做主的人啊。殺害為百姓做主的人，是對百姓不忠；背棄國君的命令，是對國君不守信用，我於兩者之中必有其一，不如死去。」於是就撞院子裡的槐樹而死。

❁壅　塞

➲ 原文

亡國之主不可以直言。不可以直言，則過無道聞，而善無自至矣。無自至則壅。

齊攻宋①，宋王使人候齊寇之所至②。使者還，曰：「齊寇近矣，國人恐矣。」左右皆謂宋王曰：「此所謂『肉自生蟲』者也。以宋之強，齊兵之弱，惡能如此？」宋王因怒而詘殺之③。又使人往視齊寇，使者報如前，宋王又怒詘殺之。如此者三，其後又使人往視。齊寇近矣，國人恐矣。使者遇其兄，曰：「國危甚矣，若將安適？」其弟曰：「為王視齊寇。不意其近而國人恐如此也。今又私患，鄉之先視齊寇者④，皆以寇之近也報而死；今也報其情，死，不報其情，又恐死。將若何？」其兄曰：「如報其情，有且先夫死者死，先夫亡者亡。」後是報於王曰：「殊不知齊寇之所在，國人甚安。」王大喜。左右皆曰：「鄉之死者宜矣。」王多賜之金。寇至，王自投車上，馳而走。此人得以富於他國。

齊宣王好射，說人之謂己能用強弓也。其嘗所用不過三石⑤，以示左右，左右皆試引之，中關而止⑥。皆曰：「此不下九石，非王其孰能用是？」宣王之情，所用不過三石，而終生自以為用九石，豈不悲哉！非直士其孰能不阿主？世之直士，其寡不勝眾，數也⑦。故亂國之主，患存乎用三石為九石也。

注釋

① 齊攻宋：指戰國時齊湣王滅宋之役。事在西元前 286 年。

② 宋王：指宋康王。戰國時宋國的最後一個國君，名偃，以貪

暴荒淫著稱。　候：偵察。

③ 詘（ㄑㄩ）：冤屈；冤枉。

④ 鄉：同「向」。從前。

⑤ 石（ㄉㄢˋ）：古代重量單位。三十斤為一鈞，四鈞為一石。

⑥ 中闕：將弓拉到半滿。闕，將弓拉滿。

⑦ 數：規律；必然性。

譯文

亡國之君的臣子不能夠直言進諫。臣子不能直言進諫，君主就沒有辦法聽到自己的過失，而好的舉措也就不能自己到來了。好的舉措不能自己到來，言路就會壅塞不通。

齊國攻打宋國，宋康王派人偵察齊軍到了哪裡。派去的人回來說：「齊軍已經逼近了，國人已經恐慌了。」左右的大臣都對康王說：「這就是所說的『肉自己生出蟲子』了。憑宋國的強大，齊軍的弱小，哪裡能這樣呢？」宋康王因此發怒而冤殺了這個派去偵察的人。又派人前去偵察齊軍，派去的人回報如前，宋康王又發怒而冤殺了派去偵察的人。這樣的事發生了三次，其後又派人前去偵察。齊軍已經逼近了，國人非常驚恐。派去偵察的人碰到了自己的哥哥，他的哥哥說：「國家已經非常危險了，你還打算到哪裡去？」弟弟說：「我為君王去偵察齊軍。沒有料到齊軍已經逼近而百姓如此恐慌。現在我私下裡擔心，先前偵察齊軍動靜的人，都因為齊軍逼近據實相報而被處死；現在如果我回報實情是死，不回報實情恐怕也要死。我應當怎麼辦呢？」他的哥哥說：「如果回報實情，你又將比別人死得早，比別人亡得快。」於是這個人回來向宋康王報告說：「根本不知道齊軍到了哪裡，國人非常安寧。」宋康王非常高興。左右的臣子都說：「先前死的人真的是該殺了。」宋康王賞賜給這個人很多錢財。齊軍一到，康王就自己奔到車上，驅車逃跑。這個人得以在別國過著富足的生活。

齊宣王喜歡射箭，喜歡別人說自己能拉強弓。他曾用過的弓的弓力不超過三石，給左右的侍從看，侍從都試著拉弓，弓拉到

半滿就停住了。都說：「這弓的弓力不低於九石，除了大王誰還能使用這樣的弓呢？」齊宣王的實際情況是，所用的弓弓力不超過三石，而終生認為自己的弓力為九石，這難道不悲哀嗎！不是正直之士，誰還能不阿諛奉承君主呢？世上的正直之士寡不敵眾，這是必然的。因此使國家陷於禍亂的君主，其弊病就在於把弓力三石的弓當成弓力九石的強弓。

原　亂

原文

亂必有弟①，大亂五，小亂三，亂三②。故詩曰「毋過亂門」。所以遠之也。慮福未及，慮禍之③，所以貌之也④。武王以武得之⑤，以文持之，倒戈弛弓，示天下不用兵，所以守之也。

晉獻公立驪姬以為夫人⑥，以奚齊為太子⑦。里克率國人以攻殺之⑧。荀息立其弟公子卓⑨。已葬，里克又率國人攻殺之。於是晉無君。公子夷吾重賂秦以地而求入⑩，秦繆公率師以納之。晉人立以為君，是為惠公。惠公既定於晉，背秦德而不予地。秦繆公率師攻晉，晉惠公逆之⑪，與秦人戰於韓原⑫。晉師大敗，秦獲惠公以歸，囚之於靈台。十月，乃與晉成⑬，歸惠公而質太子圉。太子圉逃歸也。惠公死，圉立為君，是為懷公。秦繆公怒其逃歸也，起奉公子重耳以攻懷公，殺之於高梁⑭，而立重耳，是為文公。文公施捨，振廢滯，匡乏困，救災患，禁淫慝，薄賦斂，宥罪戾⑮，節器用，用民以時，敗荊人於城濮⑯，定襄王，釋宋，出谷戍⑰，外內皆服，而後晉亂止。故獻公聽驪姬，近梁五、優施⑱，殺太子申生⑲，而大難隨之者五，三君死，一君虜，大臣卿士之死者以百數，離咎二十年⑳。

注釋

① 弟：同「第」。過程；次序。

② 討：征討。

③ 慮禍之：疑此句「之」字前脫「過」字。

④ 貌：畢沅疑為「免」字之誤。

⑤ 武王：指周武王。

⑥ 驪姬：春秋時期驪戎國君之女，晉獻公夫人。她讒害太子申生等人，使晉國大亂。

⑦ 奚齊：驪姬之子。

⑧ 里克：晉獻公之臣，為大夫。

⑨ 荀息：奚齊的老師，晉獻公臨終托孤於他。　公子卓：晉獻公之子，驪姬之妹所生。

⑩ 夷吾：晉獻公之子，曾逃亡國外。　入：進入晉國為君。

⑪ 逆：迎戰。

⑫ 韓原：晉地。今所在地說法不一。一說在今山西芮城縣，一說在今山西河津縣與萬榮縣之間。

⑬ 成：議和。

⑭ 高梁：晉國地名。在今山西臨汾市東北。

⑮ 宥（ㄧㄡˋ）：赦免。

⑯ 城濮：地名。在今山東鄄城西南。

⑰ 出谷戍：使在谷地駐守的楚軍撤離。谷，春秋齊地，在今山東東阿縣。

⑱ 梁五、優施：晉獻公的寵臣。優，扮演雜戲的人稱為優。

⑲ 殺太子申生：晉獻公二十一年（西元前656年），太子申生被晉獻公所逼而自殺。

⑳ 離：通「罹」。遭遇。　咎：災難。

譯文

禍亂必定有個過程，大亂會有多次，小亂數次，再經過幾次征討叛亂。所以有詩句說：「不要跨過禍亂之門。」這是遠離禍亂的方法。考慮福祥可以不周到，考慮災禍則要充分，這是國家免遭禍亂的方法。周武王以武力取得天下，以文治保全天下，倒置兵戈放鬆弓弦，向天下表示不再用兵，所以守住了天下。

晉獻公立驪姬為夫人，以奚齊為太子。（晉獻公死後）大夫里克率領國人攻殺了奚齊。奚齊死後，大夫荀息立公子卓為太子。

獻公安葬了以後，里克又率領國人攻殺了公子卓。於是晉國沒了君主。公子夷吾用晉國土地重賄秦穆公，請求秦穆公幫助他進入晉國為君，秦穆公率領軍隊把夷吾送入晉國。晉國人擁立夷吾為國君，這就是晉惠公。惠公在晉國穩定了地位後，背棄了秦國對他的恩德，不把先前承諾的土地給秦國。秦穆公率軍攻晉，晉惠公率軍迎戰，與秦軍在韓原交戰。晉軍大敗，秦國擒獲晉惠公而歸，將他囚禁在靈台。十月，秦國同晉國議和，將晉惠公送回，而以太子圉為人質。太子圉逃跑回到晉國。晉惠公死後，太子圉被立為國君，這就是晉懷公。秦穆公對太子圉的逃歸非常惱怒，便幫助公子重耳來進攻懷公，把懷公殺死在高梁，並立重耳為國君，這就是晉文公。晉文公施恩布惠，起用那些被廢黜和長期不得升遷的人，救濟貧困的人，救助遭受災荒的百姓，杜絕淫亂邪惡，減輕賦稅，赦免罪犯，節省費用，不隨意役使民眾，在城濮大敗楚軍，使周襄王的地位得以安定，並為宋國解圍，迫使在谷地駐守的楚軍撤離，國外國內的人都很敬服他，此後晉國的禍亂得以平息。從前晉獻公聽信驪姬的讒言，寵幸梁五和優施等佞臣，逼太子申生自殺，而後大難五次隨之而來，奚齊、公子卓、懷公三位國君被殺，惠公被秦國俘獲，因禍亂而死的大臣卿士數以百計，國家遭受災禍長達二十年。

◎卷二十四　不苟論第四

題解

◆ 不苟論由不苟、贊能、自知、當賞、博志、貴當六篇組成。其中不苟篇係漆雕氏、北宮黝、孟施捨學派的學說，論述的主旨是賢人做事不苟且，臣子做事不超越職權，君主獎賞臣子不能馬虎。贊能篇係道家、伊尹學派的學說，論述了賢能之士對君主稱王稱霸所產生的決定性作用。自知、當賞、博志、貴當四篇為陰陽家學說。自知篇告誡君主要有自知之明，認真聽取直言，避免

身死國亡的結局；當賞篇論述的問題是獎賞是否恰當，認為獎賞恰當對國家的治亂安危產生重要作用；博志篇（「博」為「摶（摶）」之誤）論述的主題是集中精力專心做事，指出只有排除各種干擾鍥而不捨的人才能做成大事；貴當篇闡述了處理事情貴在恰當這一主題，認為處理事情應從關鍵處著手。

❁不　苟

➲ 原文

賢者之事也，雖貴不苟為，雖聽不自阿[1]，必中理然後動[2]，必當義然後舉。此忠臣之行也，賢主之所說，而不肖主之所不說。非惡其聲也。人主雖不肖，其說忠臣之聲與賢主同，行其實則與賢主有異。異，故其功名禍福亦異。異，故子胥見說於闔閭，而惡乎夫差；比干生而惡於商，死而見說乎周。

秦繆公相百里奚。晉使叔虎、齊使東郭蹇如秦[3]，公孫枝請見之[4]。公曰：「請見客，子之事歟？」對曰：「非也。」「相國使子乎？」對曰：「不也。」公曰：「然則子事非子之事也。秦國僻陋戎夷，事服其任，人事其事，猶懼為諸侯笑，今子為非子之事！退！將論而罪。」公孫枝出，自敷於百里氏[5]。百里奚請之。公曰：「此所聞於相國歟？枝無罪，奚請？有罪，奚請焉？」百里奚歸，辭公孫枝。公孫枝徙，自敷於街。百里奚令吏行其罪。定分官，此古人之所以為法也。今繆公鄉之矣[6]。其霸西戎，豈不宜哉？

晉文公將伐鄴[7]，趙衰言所以勝鄴之術[8]。文公用之，果勝。還，將行賞。衰曰：「君將賞其本乎？賞其末乎？賞其末，則騎乘者存；賞其本，則臣聞之郤子虎[9]。」文公召郤子虎，曰：「衰言所以勝鄴，鄴既勝，將賞之，曰：『蓋聞之於子虎，請賞子虎。』」子虎曰：「言之易，行之難，臣一言之者也。」公曰：「子無辭。」郤子虎不敢固辭，乃受矣。凡行賞欲其博也，博則多助。今虎非親言者也，而賞猶及之，此疏遠者之所以盡能竭智者也。晉文公亡久矣，歸而因大亂之餘[10]，猶能以霸，其由此歟？

注釋

①阿：曲從；迎合。

②中（ㄓㄨㄥˋ）：符合的意思。

③叔虎：晉國大夫。　東郭蹇：齊國大夫。　如：往；到。

④公孫枝：秦國大夫，曾向秦穆公舉薦過百里奚。

⑤敷（ㄈㄨ）：通「布」。宣告；陳述。

⑥鄉（ㄒㄧㄤˋ）：向；趨向。

⑦鄴：古地名。春秋時期齊桓公始築城。秦置縣。故址在今河北臨漳縣西。

⑧趙衰：晉國大夫，晉文公時期的忠直之臣。　術：方法；方略。

⑨邵子虎：晉文公時期人。事蹟不詳。

⑩因：承襲；接續。

譯文

賢明的人做事情，即使地位尊貴也不胡作非為，即使被君主聽信也不自己去迎合，一定要合乎情理然後才行動，一定要符合道義然後才去做事。這就是忠臣的品行，是賢明的君主所喜歡的，不肖的君主所不喜歡的。不肖的君主不是厭惡賢臣的名聲。不肖的君主即使不肖，他跟賢明的君主一樣喜歡賢臣的名聲，但實際的行動卻和賢明的君主不同。實際行動不同，所以他們的功名禍福也就不同。因為實際行動有差異，所以伍子胥被吳王闔閭所賞識，卻被吳王夫差所厭惡；比干生前被商紂王厭惡，死後卻被周武王所喜歡。

秦穆公任用百里奚為相國。這個時候，晉國派使者叔虎、齊國派大臣東郭蹇出使到秦國，秦國大夫公孫枝請求接見他們。穆公說：「請求接見客人，這是你份內的事嗎？」公孫枝回答說：「不是。」秦穆公又問：「是相國委派你了嗎？」回答說：「沒有。」秦穆公說：「既然這樣，那麼你是要做一些不應該你做的事情了。秦國偏僻荒遠靠近戎夷之地，即使是事事都有專職，人人各守自己的職責，仍然擔心被諸侯恥笑，現在你卻要做不屬於你份內的事！退下去！我將要治你的罪！」公孫枝退出朝後，親自到百里

奚那裡述說事情的原委。百里奚於是替他向穆公求情。穆公說：「這樣的事情是你相國應當過問的嗎？公孫枝如果沒有罪，你何必為他求情呢？要是有罪的話，求情又有什麼用呢？」百里奚回來後，回絕了公孫枝。公孫枝離開百里奚，又到鬧市中去向眾人陳述這件事。百里奚命令官吏辦了公孫枝的罪。確定官員的名分職守，這是古人制定法度的原則。現在秦穆公已經朝這個方向努力了。他稱霸西戎，難道不應該嗎？

晉文公將要討伐鄴國，大夫趙衰向晉文公提出戰勝鄴國的戰略戰術。文公採納了他的建議，果然取得了勝利。晉文公伐鄴回國後，準備行賞。趙衰說：「您是要賞賜根本呢，還是要賞賜末節？如果賞賜末節，那麼有參戰的將士在那裡；如果賞賜根本，那麼我的戰略戰術都是從郤子虎那裡聽來的。」文公召見郤子虎，說：「趙衰提出了戰勝鄴國的戰略戰術，現在鄴已經被戰勝，我將要賞賜他，他則說：『我是從郤子虎那裡聽來的，請賞賜郤子虎吧。』」郤子虎說：「事情說起來容易，實行起來就困難了，我只不過是說一說的人呀。」文公說：「你不要推辭了。」郤子虎不敢堅決推辭，於是接受了獎賞。凡行賞，範圍要大，行賞的範圍大，得到的幫助就會多。如今郤子虎並不是親自向晉文公進言的人，但行賞仍然惠及他，這就是使疏遠的人能為君主竭盡才智的原因。晉文公在外逃亡了很久，回國後又承繼了大亂以後的局面，還能夠成就霸業，大概就是這個原因吧？

☸贊　能

➲ 原文

賢者善人以人①，中人以事，不肖者以財。得十良馬，不若得一伯樂；得十良劍，不若得一歐冶②；得地千里，不若得一聖人。舜得皋陶而（舜）（禹）授之，湯得伊尹而有夏民，文王得呂望而服殷商③。夫得聖人，豈有里數哉？

管子束縛在魯，桓公欲相鮑叔。鮑叔曰：「吾君欲霸王，則管夷吾在彼。臣弗若也。」桓公曰：「夷吾，寡人之賊也，射我者也，

不可。」鮑叔曰：「夷吾，為其君射人者也。君若得而臣之，則彼亦將為君射人。」桓公不聽，強相鮑叔。固辭讓而相，桓公果聽之。於是乎使人告魯曰：「管夷吾，寡人之讎也，願得之而親加手焉。」魯君許諾④，乃使吏鞹其拳⑤，膠其目，盛之以鴟夷⑥，置之車中。至齊境，桓公使人以朝車迎之⑦，祓以爟火⑧，釁以犧猳焉⑨，生與之如國。命有司除廟筵几⑩，而薦之曰⑪：「自孤之聞夷吾之言也，目益明，耳益聰。孤弗敢專，敢以告於先君。」因顧而命管子曰：「夷吾佐予！」管仲還走⑫，再拜稽首，受令而出。管子治齊國，舉事有功，桓公必先賞鮑叔，曰：「使齊國得管子者，鮑叔也。」桓公可謂知行賞矣。凡行賞欲其本也，本則過無由生矣。

注釋

①善：親善。　人：通「仁」。

②歐冶：人名。春秋時期著名的鑄劍人。

③服：征服。

④魯君：這裡指的是魯莊公。

⑤鞹（ㄎㄨㄛˋ）：去毛的獸皮。這裡用做動詞，用皮革套住的意思。

⑥鴟（ㄔ）夷：皮製的口袋。

⑦朝車：指的是朝廷重臣朝見君主所乘的車。

⑧祓（ㄈㄨˊ）：舉行儀式以求消災祈福。　爟（ㄍㄨㄢˋ）火：祭祀時點的火炬。

⑨釁（ㄒㄧㄣˋ）：血祭的意思。　犧猳（ㄐㄧㄚ）：指祭祀用的純色公豬。

⑩筵几：坐席與几案。古代禮敬尊長或祭祀行禮時的陳設。

⑪薦：這裡指祭祀告祖。

⑫還（ㄏㄨㄢˊ）走：倒退著走，表示惶恐之義。

譯文

賢明的人和人親善根據這個人的品德，普通的人和人親善根據這個人的辦事能力，不肖的人和人親善根據這個人的財富。得

到十匹好馬，不如得到一個善於相馬的伯樂；得到十口寶劍，不如得到一個善於鑄劍的歐冶；得到方圓千里的土地，不如得到一個聖人。舜得到了皋陶就得到了禹禪讓的帝位，商湯王得到了伊尹就擁有了夏朝的百姓，周文王得到了呂望就征服了殷商。得到了聖人，所得到的土地哪裡可以用里數來計算呢？

管子被囚禁在魯國的時候，齊桓公打算任用鮑叔牙為相國。鮑叔牙說：「國君您如果想成就霸業，那麼有管夷吾在魯國，我不如他呀。」桓公說：「管夷吾，是我的仇敵，是用箭射過我的人，不能任用他。」鮑叔牙說：「管夷吾，是為他的君主用箭射人的人，您如果得到他並任用他為臣，那麼他也會為您而去射別人的。」桓公不聽，一定要任用鮑叔牙為相國。鮑叔牙堅決地推辭了，最後桓公終於聽從了鮑叔牙的意見。於是就派人告訴魯國國君說：「管夷吾，是我的仇敵，希望能得到他並親手處死他。」魯國國君答應了，於是派官吏用皮革套住管仲的雙手，用膠黏上他的眼睛，把他裝入大皮口袋裡，放在車上給齊國送去。到了齊國的邊境，齊桓公派人用朝車來迎接管仲，點起火把祛除不祥，殺公豬進行血祭，恢復了管仲的自由並把他帶回國都。桓公命令主管官吏掃除宗廟，設置筵幾，祭祀告祖，說：「自從我聽了夷吾的言論，眼睛越來越明亮，耳朵越來越靈敏。我不敢擅自決定用他為相，冒昧地把這件事告訴先君。」桓公說完，就回過頭來命令管仲說：「夷吾輔佐我！」管仲倒退著走了幾步，向桓公再拜叩頭，接受了任命後離開了宗廟。管仲治理齊國，做事只要有功，桓公一定會先賞賜鮑叔牙，說：「使齊國得到管子的人是鮑叔牙啊！」桓公可以說是懂得行賞的人了。凡是行賞必定要賞賜具備根本作用的人，賞賜了具備根本作用的人，那麼過失就無從產生了。

自　知

原文

欲知平直，則必準繩；欲知方圓，則必規矩；人主欲自知，則必直士。故天子立輔弼①，設師保②，所以舉過也。夫人故不能自

知，人主猶其。存亡安危，勿求於外，務在自知。堯有欲諫之鼓③，舜有誹謗之木④，湯有司過之士，武王有戒慎之鞀⑤，猶恐不能自知。今賢非堯舜湯武也，而有掩蔽之道，奚繇自知哉⑥！荊成、齊莊不自知而殺⑦，吳王、智伯不自知而亡⑧，宋、中山不自知而滅⑨，晉惠公、趙括不自知而虜⑩，鑽荼、龐涓、太子申不自知而死⑪。敗莫大於不自知。

魏文侯燕飲⑫，皆令諸大夫論己。或言君之智也。至於任座⑬，任座曰：「君不肖君也。得中山不以封君之弟，而以封君之子，是以知君之不肖也。」文侯不說⑭，知於顏色。任座趨而出。次及翟黃，翟黃曰：「君賢君也。臣聞其主賢者，其臣之言直。今者任座之言直，是以知君之賢也。」文侯喜曰：「可反歟⑮？」翟黃對曰：「奚為不可？臣聞忠臣畢其忠，而不敢遠其死。座殆尚在於門⑯。」翟黃往視之，任座在於門，以君令召之。任座入，文侯下階而迎之，終座以為上客。文侯微翟黃⑰，則幾失忠臣矣。上順乎主心以顯賢者，其唯翟黃乎？

注釋

①輔弼：即輔政的大臣。弼，輔佐。

②師保：官職名。負責輔導教育帝王的官。師，太師；保，太保。

③欲諫之鼓：想進諫時敲擊的鼓。

④誹謗之木：為書寫批評意見所立的木柱。

⑤鞀（ㄊㄠˊ）：長柄的搖鼓。俗稱「撥浪鼓」。

⑥奚繇（ㄧㄡˊ）：透過什麼途徑？繇，通「由」。

⑦荊成：即楚成王，楚成王不聽令尹子文的勸諫，立商臣為太子，後又欲廢之，結果被商臣率兵包圍，逼其自殺。　齊莊：即齊莊公，齊莊公與其臣崔杼的妻子私通，崔杼發現後將其殺死。

⑧吳王：指春秋末年吳國國君夫差，吳王闔廬之子。西元前495～473年在位。繼位後，誓報父仇，曾大敗越兵，後聽信讒言，接受越國的求和，導致國滅身死。　智伯：即智伯瑤，又稱荀瑤、知瑤或知伯，春秋末期晉四卿之一，晉哀公時為執政大臣。聯合韓、魏圍趙襄子於晉陽，結果韓魏趙三家暗地聯合，反滅掉智伯。

⑨ 宋、中山不自知而滅：指宋康王狂亂暴虐，為齊所滅；中山王荒淫無道，為魏文侯所滅。

⑩ 晉惠公：春秋時晉國國君。西元前 650 ～ 637 年在位。秦惠公六年（西元前 645 年）被秦打敗被俘。　趙括：戰國時趙將。空談其父所授兵法，實際不會作戰。在長平之戰中被秦將白起包圍，致使趙軍四十多萬被坑殺，自己被射死。

⑪ 鑽荼、龐涓：魏惠王大將。　太子申：魏惠王太子。

⑫ 燕：通「宴」。

⑬ 任座：人名。魏文侯臣。

⑭ 說：通「悅」。

⑮ 反：同「返」。

⑯ 殆：大概；幾乎；差不多。

⑰ 微：沒有。

譯文

想要知道物體是否平直，就必須借助於墨線；想要知道物體是否方圓，就一定要借助於圓規矩尺；君主想要有自知之明，一定要任用正直之士。所以天子設立輔弼大臣，設立太師太保，用來舉出天子過錯。人本來很難有自知之明，天子更是如此。國家的存亡安危，不要尋求外在因素，關鍵在於君主是否有自知之明。堯帝設置了供想進諫的人敲的鼓，舜帝設置了供書寫批評意見的木柱，商湯王有主管糾正過失的官員，周武王設置有告誡君主謹慎的搖鼓，他們還擔心不能有自知之明。當今的君主沒有堯、舜、湯、武的賢能，卻有掩蔽視聽的作法，這怎麼能有自知之明呢！楚成王、齊莊公沒有自知之明而被殺，吳王、智伯沒有自知之明而滅亡，宋康王、中山王沒有自知之明而亡國，晉惠公、趙括沒有自知之明而被俘，鑽荼、龐涓、太子申沒有自知之明而兵敗身死。失敗的因素沒有比無自知之明更大的了。

魏文侯宴飲，讓在座的大夫們評論自己。有人說君主是明智的。輪到任座，任座說：「您是個不肖的君主。您得到中山國後不封給您的弟弟，卻把它封給您的兒子，因此我知道您是個不肖

的君主。」魏文侯聽完後很不高興，表現在臉色上。任座快步走了出去。依次輪到了翟黃，翟黃說：「您是個賢君。我聽說君主賢明，其臣子的言語就很直率。今天任座的言語很直率，因此我知道您是個賢君。」魏文侯聽了很高興，說：「還能讓他回來嗎？」翟黃回答說：「怎麼不可以？我聽說忠臣竭盡忠心，即使犯了死罪也不會遠離君主而逃走，任座差不多還在門口吧。」翟黃去門口看，任座就在門外，於是就傳達君命召其入內。任座進了門，魏文侯走下台階來迎接他，終生待他為上客。文侯要是沒有翟黃，就差點失去忠臣了。對上能夠順應君主的心意而使賢者受到尊敬的人，正是說的翟黃吧？

☸當賞

➲ 原文

民無道知天，民以四時寒暑日月星辰之行知天。四時寒暑日月星辰之行當，則諸生有血氣之類皆為得其處而安其產。人臣亦無道知主，人臣以賞罰爵祿之所加知主。主之賞罰爵祿之所加者宜，則親疏遠近賢不肖皆盡其力而以為用矣。

晉文公反國①，賞從亡者，而陶狐不與②。左右曰：「君反國家，爵祿三出，而陶狐不與，敢問其說③。」文公曰：「輔我以義，導我以禮者，吾以為上賞；教我以善，強我以賢者，吾以為次賞，拂吾所欲，數舉吾過者，吾以為末賞。三者。所以賞有功之臣也。若賞唐國之勞徒④，則陶狐將為首矣。」周內史興聞之曰⑤：「晉公其霸乎！昔者聖王先德而後力，晉公其當之矣！」

注釋

①反：同「返」。

②陶狐：戰國時期晉國人，隨晉文公重耳一同出亡的大臣。不與：不在其中。

③說：原因。

④唐國：指晉國。周成王封其弟叔虞於唐地，叔虞子燮父後來

遷居晉水，改國名為晉。　勞徒：辛勞的徒役。

⑤ 內史：官名。西周始置，協助天子管理爵、祿、廢、置等政務。春秋沿置。　興：人名。

譯文

人們沒有別的途徑瞭解自然界，人們憑藉四季寒暑、日月星辰的運行瞭解自然界。四季寒暑日月星辰的運行如果適當，那麼眾多有血氣的生物就都可以各得其所而平安生長了。臣子沒有別的途徑可以瞭解君主，臣子依據君主對賞罰爵祿的施加來瞭解君主。君主如果賞罰爵祿施加得恰當，那麼親疏遠近賢與不肖的人都會竭盡全力為君主所用了。

晉文公回到晉國後，賞賜那些跟隨自己流亡的人，而陶狐卻不在其中。左右侍從說：「君主您回到晉國，三次拿出爵祿賞賜臣子，可陶狐都不在其中，敢問是什麼原因呢？」文公說：「用道義來輔佐我，用禮儀引導我的人，我以為應該給最高的賞賜；用善言來教導我，用賢德來約束我的人，我以為應該給次一等的賞賜；違背我的意願，屢次列舉我過失的人，我以為應該給末等的賞賜。這三個等級的賞賜，是用來封賞有功的臣子的。如果賞賜晉國辛勞的徒役，那麼就要把陶狐放在首位了。」周朝內史興聽說了這件事，說：「晉侯大概可以成就霸業了吧！從前聖明的君王都把德放在首位，而把力放在後面，晉文公的作法與此相當了！」

博　志

原文

先王有大務①，去其害之者，故所欲以必得，所惡以必除，此功名之所以立也。俗主則不然，有大務而不能去其害之者，此所以無能成也。夫去害務與不能去害務，此賢不肖之所以分也。使獐疾走，馬弗及至，已而得者，其時顧也②。驥一日千里，車輕也；以重載則不能數里，任重也③。賢者之舉事也，不聞無功，然而名不

大立、利不及世者，愚不肖為之任也。

冬與夏不能兩刑[4]，草與稼不能兩成，新穀熟而陳穀虧，凡有角者無上齒[5]，果實繁者木必庳[6]，用智褊者無遂功[7]，天之數也。故天子不處全，不處極，不處盈。全則必缺，極則必反，盈則必虧。先王知物之不可兩大，故擇務，當而處之。

孔、墨、甯越[8]，皆布衣之士也，慮於天下，以為無若先王之術者，故日夜學之。有便於學者，無不為也；有不便於學者，無肯為也。蓋聞孔丘、墨翟，晝日諷誦習業[9]，夜親見文王、周公旦而問焉。用志如此其精也，何事而不達？何為而不成？故曰：「精而熟之，鬼將告之。」非鬼告之也，精而熟之也。今有寶劍良馬於此，玩之不厭，視之無倦；寶行良道，一而弗複。欲身之安也，名之章也[10]，不亦難乎！

注釋

① 大務：大事情。務，事。
② 顧：回頭。
③ 任：負擔。
④ 刑：通「形」。形成。
⑤ 無上齒：指長角的動物如牛羊等上顎缺門齒及犬齒。
⑥ 庳（ㄅㄧ ˋ）：矮。
⑦ 褊（ㄅㄧㄢ ˇ）：狹窄；氣量狹小。　遂功：成功。
⑧ 甯越：戰國時期趙人，周威王的老師。
⑨ 諷誦：抑揚頓挫地誦讀。
⑩ 章：顯揚。

譯文

先王遇到了大事情，就要排除掉妨害大事的因素，因此他想要的一定會得到，他所厭惡的一定能除掉，這是他能夠建功立業的原因。平庸的君主卻不是這樣，遇到大事不能排除掉妨害它的因素，這就是他不能成就功業的原因。能否排除掉妨害大事的因素，這是賢能的君主與不肖的君主的區別。假使獐飛快地奔跑，

馬是追不上的，但是很快就被捕獲，因為它時時回頭張望。好馬日行千里，是因為所拉的車很輕；如果車子載重，一天就跑不了幾里路，因為負擔重啊！賢明的人做大事，沒聽說沒有功績的，然而他們中有一部分人名聲不顯著、利益沒有延及後世，因為愚昧不肖的人成了他們的負擔。

冬夏兩季不能同時來臨，野草與莊稼不能一起生長，新穀成熟了陳穀就虧缺，凡長角的動物沒有上齒，果實繁茂的樹木必定低矮，心胸狹隘的人做事不會成功，這些都是自然界的規則。因此天子做事不求完美，不走極端，不追求圓滿。完美就必然會轉化到缺欠，極端就必然會向反面轉化，圓滿就必然會轉化到虧缺。先王知道事物不可能兩全其美，所以選擇事物，並恰當地處理它。

孔丘、墨翟、甯越，都是出身平民的讀書人，他們心懷天下，認為沒有比先王之道更重要的，因此日夜學習。對於學業有益的事，他們沒有不做的；不益於學業的事，他們就不肯去做。據說孔子、墨子白天誦讀經典，夜裡親眼見到了周文王和周公旦並向他們請教。他們用心如此精誠，還有什麼事做不到的？所以俗話說：「精讀熟慮，鬼將會告訴你答案。」不是真的有鬼告訴你答案，而是你對學習的東西已經精讀熟慮過了！如果面前有寶劍良馬，你會玩之不厭，觀賞不倦；對於那些可貴的行為和值得推重的學說，卻只是嘗試一下就不再理會。這樣還想自身平安，名聲顯揚，不也太難了嗎？

☸貴　當

➲ 原文

名號大顯，不可強求，必繇其道①。治物者，不於物於人。治人者，不於事於君。治君者，不於君於天子。治天子者，不於天子於欲。治欲者，不於欲於性。性者，萬物之本也，不可長，不可短，因其固然而然之，此天地之數也。窺赤肉而烏鵲聚，狸處堂而眾鼠散②，衰絰陳而民知喪③，竽瑟陳而民知樂，湯武修其行而天下從④，桀紂慢其行而天下畔⑤，豈待其言哉？君子審在己者而已矣。

荊有善相人者，所言無遺策⑥，聞於國。莊王見而問焉。對曰：「臣非能相人也，能觀人之友也。觀布衣也，其友皆孝悌純謹畏令，如此者，其家必日益，身必日榮矣，所謂吉人也。觀事君者也，其友皆誠信有行好善，如此者，事君日益，官職日進，此所謂吉臣也。觀人主也，其朝臣多賢，左右多忠，主有失，皆交爭證諫⑦，如此者，國日安，主日尊，天下日服。此所謂吉主也。臣非能相人也，能觀人之友也。」莊王善之，於是疾收士⑧，日夜不懈，遂霸天下。故賢主之時見文藝之人也，非特具之而已也，所以就大務也。夫事無大小，固相與通。田獵馳騁，弋射走狗，賢者非不為也，為之而智日得焉，不肖主為之而智日惑焉。志曰：「驕惑之事，不亡奚待？」

注釋

①繇（ㄧㄡˊ）：通「由」。經。

②狸：貓。

③衰絰（ㄘㄨㄟ　ㄉㄧㄝˊ）：古代的喪服。衰，指用粗麻布製成的毛邊喪服；絰，指服喪時人繫在頭上或腰間的麻帶。

④湯：指商湯王。　武：指周武王。

⑤畔：通「叛」。

⑥遺策：失策；失算；失誤。

⑦證諫：直言規勸。證，與「諫」同義。

⑧疾：極力。

譯文

名聲的顯赫，不能強求，必須經由一定的途徑。整治器物，不在於器物本身而在於人。整治百姓，不在於百姓本身而在於國君。整治國君，不在於國君本身而在於天子。整治天子，不在於天子本身而在於他的欲望。整治欲望，不在於欲望本身而在於人的天性。天性，是萬物的自然屬性，它不可加長，也不能減短，只能依照它本來的樣子順其發展，這就是天地的自然法則。看見血肉鳥鵲就聚集，狸貓出現在堂上眾鼠就逃散，喪服陳列出來人們就知道有了喪事，竽瑟陳列出來人們就知道要奏樂，商湯王、

周武王修養自己的德行天下就歸順，夏桀王、商紂王忽視修養自己的德行天下就反叛，難道這些還用說嗎？君子審察自身的因素就可以了。

楚國有個善於相面的人，他所說的沒有失算過，在楚國很有名氣。楚莊王召見他詢問此事。他回答說：「我不是能給人看相，我善於觀察人們的朋友。觀察平民百姓，如果他身邊的朋友都很孝順和睦，忠厚善良，敬畏王命，像這樣的人，他的家裡一定會日漸富裕，自己也一定會日漸榮耀，這就是所說的吉人。觀察侍奉君主的臣子，如果他身邊的朋友都誠實可信，品行良好，心地良善，像這樣的臣子，侍奉君主辦事能力會日益提高，官職就會漸漸得到遷升，這就是所說的吉臣。觀察君主，如果他的朝臣多賢能之士，侍奉左右的人多忠良之人，君主有了過錯，他們都爭著進諫，像這樣的君主，他的國家就會日益安定，他就會日益尊貴，天下就會日益順服，這就是所說的吉主。所以我說我不是能給人看相，我善於觀察人們的朋友啊！」楚莊王認為他說得很好，於是廣收賢士，日夜不懈，於是就稱霸於天下。所以賢主經常召見擅長各種技藝的人，並不是拿他們來擺門面，而是為了借助他們成就大業。事情無論大小，根本的道理應是彼此相通的。打獵馳騁，鷹飛犬逐，並不是賢明的君主不做這些事，而是做完之後智慧日增，不肖的君主做了這些事卻心智日益糊塗。所以古書上說：「天天做驕奢昏惑的事，不滅亡還等什麼呢？」

◎卷二十五　似順論第五

題解

◆似順論由似順、別類、有度、分職、處方、慎小六篇組成。其中似順篇係陰陽家學說，認為有些事看似順當實則相反，主張觀察事物要透過現象看本質。別類篇係方技家的學說，論述的主題是凡事必須分清類別，認為事物是複雜的，在一定的條件下可

以發生轉化，不能用一成不變的觀念對事物進行推論。有度、分職、處方、慎小四篇為季子學派的學說。有度篇論述的觀點是君主心中要有一定的法度，遵循法度才能不犯錯誤；分職篇闡述為君之道，認為君臣應各守本職，君主不要去做臣子之事；處方篇闡述人臣之道，認為凡是治國一定要先確立君臣父子夫婦的等級名分，臣子應盡力履行自己的職責；慎小篇告誡君主要慎重對待小事，防微杜漸，以免引來殺身滅國之禍。

似順

原文

事多似倒而順①，多似順而倒。有知順之為倒、倒之為順者，則可與言化矣。至長反短，至短反長②，天之道也。

荊莊王欲伐陳③，使人視之。使者曰：「陳不可伐也。」莊王曰：「何故？」對曰：「城郭高，溝洫深，蓄積多也。」甯國曰④：「陳可伐也。夫陳，小國也，而蓄積多，賦斂重也，則民怨上矣；城郭高，溝洫深，則民力罷矣⑤。興兵伐之，陳可取也。」莊王聽之，遂取陳焉。

尹鐸為晉陽⑥，下⑦，有請於趙簡子⑧。簡子曰：「往而夷夫壘⑨。我將往，往而見壘，是見中行寅與范吉射也⑩。」鐸往而增之。簡子上之晉陽，望見壘而怒曰：「嘻！鐸也欺我！」於是乃舍於郊，將使人誅鐸也。孫明進諫曰⑪：「以臣私之，鐸可賞也。鐸之言固曰：見樂則淫侈，見憂則諍治⑫，此人之道也。今君見壘念憂患，而況群臣與民乎？夫便國而利於主，雖兼於罪，鐸為之。夫順令以取容者，眾能之，而況鐸歟？君其圖之⑬！」簡子曰：「微子之言⑭，寡人幾過。」於是乃以免難之賞賞尹鐸。人主太上喜怒必循理。其次不循理，必數更，雖未至大賢，猶足以蓋濁世矣。簡子當此。

注釋

① 倒：指違背事理。　順：指合乎事理。

② 至長反短，至短反長：指夏至極長，過至則短；冬至極短，

過至則長。

③ 荊莊王：即楚莊王。楚莊王伐陳，在莊王十六年，西元前598年。

④ 甯國：人名。楚臣。

⑤ 罷（ㄆㄧˊ）：疲勞；疲憊。

⑥ 尹鐸：趙簡子家臣。　為：治理。　晉陽：趙簡子邑，在今山西太原市晉源區境內。

⑦ 下：指由晉陽回到晉國國都。下文的「上之」與「下」相對而言。

⑧ 趙簡子：即趙鞅。春秋末年晉卿。在晉卿內訌中打敗范氏、中行氏，擴大封地，奠定了此後建立趙國的基礎。

⑨ 夷：平。　壘：軍事壁壘。這裡是指中行寅、范吉射圍趙簡子時所築的壁壘。

⑩ 中行寅：即中行文子。　范吉射：即范昭子。兩人都專晉權。

⑪ 孫明：趙簡子的大夫。

⑫ 諍：通「爭」。

⑬ 圖：考慮。

⑭ 微：沒有。　子：你。

譯文

事物很多好像是顛倒錯亂的而實際上是順的，很多好像是順的而實際上是顛倒錯亂的。有知道看似順的而實際上是顛倒錯亂的、看似顛倒錯亂的而實際上是順的人，那就可以同他談論事物的發展變化了。夏至白天最長卻開始返回到最短，冬至白天最短卻開始返回到最長，這是自然規律啊。

楚莊王想攻打陳國，派人去探聽陳國的情況。使者回來說：「陳國不能攻打啊！」楚莊王說：「為什麼？」使者回答說：「陳國的城郭很高，護城河很深，物資積蓄得很多。」楚莊王的大臣甯國說：「陳國是可以攻打的。陳國是一個小國，卻積蓄很多，說明賦稅重，那麼人民肯定怨恨國君；城郭很高，護城河很深，那麼人民肯定疲憊。起兵攻打它，陳國是可以攻取的。」楚莊王

聽從了這番勸告，於是就攻佔了陳國。

尹鐸治理晉陽，回到晉國國都，向趙簡子請示，簡子說：「回去就鏟平那裡的軍事壁壘，我準備到那裡去，我去那裡若看見壁壘，是同見到中行寅和范吉射一樣啊。」尹鐸回去後反把壁壘增高。簡子前往晉陽，望見壁壘而大怒說：「咦！尹鐸欺騙我！」於是就住在郊外，準備派人去誅殺尹鐸。大夫孫明勸諫說：「依我私下裡考慮，尹鐸可以受賞啊。尹鐸本來說過這樣的話：『人見到快樂的事就會荒淫奢侈，見到憂患的事就可能勵精圖治，這是人之常情啊。』現在您見到壁壘就想起遭受的憂患，更何況是群臣和百姓呢？凡是有益於國又有利於君的事，雖然加倍治罪，尹鐸也要去做。順從國君命令來取悅於國君的事，一般人都能做到，何況尹鐸這樣的人呢！您應好好考慮一下。」簡子說：「沒有您這一番話，我幾乎犯大錯誤。」於是就以使君主免除危難的獎賞賞賜尹鐸。君主最高明的作法是喜怒一定遵循情理。其次是雖然違背情理，但一定不斷改正，雖然算不上大賢，但還是足以勝過亂世的君主。簡子配得上是這樣的人。

❁別　類

➲ 原文

知不知，上矣。過者之患①，不知而自以為知。物多類然而不然②，故亡國戮民無已。夫草有莘有藟③，獨食之則殺人，合而食之則益壽。萬堇不殺④。漆淖水淖⑤，合兩淖則為蹇⑥，濕之則為乾。金柔錫柔，合兩柔則為剛，燔之則為淖。或濕而乾，或燔而淖，類固不必，可推知也？小方，大方之類也；小馬，大馬之類也；小智，非大智之類也。

相劍者曰：「白所以為堅也⑦，黃所以為牣也⑧，黃白雜則堅且牣，良劍也。」難者曰：「白所以為不牣也，黃所以為不堅也，黃白雜，則不堅且不牣也。又柔則錈⑨，堅則折。劍折且錈，焉得為利劍？」劍之情未革，而或以為良，或以為惡，說使之也。故有以聰明聽說，則妄說者止；無以聰明聽說，則堯、桀無別矣。此忠

臣之所患也，賢者之所以廢也。

注釋

① 過者：犯錯誤的人。

② 類：相似；好像。

③ 莘（ㄒㄧㄣ）、藟（ㄌㄟˇ）：兩種植物名，可藥用。

④ 萬：「蠆」之古字。蠆（ㄔㄞˋ），蠍子一類的毒蟲，可入藥。堇：植物名。即中藥烏頭，有毒。

⑤ 淖（ㄋㄠˋ）：爛泥。這裡指流體。

⑥ 蹇（ㄐㄧㄢˇ）：凝固；堅硬。

⑦ 白：這裡指錫。

⑧ 黃：這裡指銅。　肕（ㄖㄣˋ）：古通「韌」。

⑨ 錈（ㄐㄩㄢˇ）：刀劍的刃捲曲。

譯文

知道自己有所不知，是高明的。犯錯誤的人的毛病，是不知而自以為知。事物大多好像這樣而不是這樣，所以國家被滅人民遭殘殺的事沒完沒了。草類中的莘和藟兩種植物，單獨吃就會毒殺人，合在一起吃就能延年益壽。蠍類毒蟲混合紫堇這種毒草可以解毒。漆是流體水是流體，混合這兩種流體就凝固，讓它受潮濕就變乾。銅性柔韌錫性柔韌，混合這兩種柔性金屬就成為堅硬的金屬，用火燒煉它就化為流體。有些物質受潮而變乾，有些物質用火燒而化作流體，物類性能本不相同，怎可推知呢？小方形和大方形是同一類；小馬同大馬是同一類；小智慧同大智慧卻不是一類啊。

鑒定寶劍的人說：「白錫是用來使劍堅硬的，黃銅是用來使劍柔韌的，黃銅白錫相摻雜的劍既堅硬又柔韌，是好劍啊。」反駁的人說：「白錫是用來使劍不柔韌的，黃銅是用來使劍不堅硬的，黃銅白錫相摻雜，那麼劍既不堅硬又不柔韌啊。而且，柔韌就會捲曲，堅硬就會斷折，劍既會斷折又會捲曲，怎麼能稱為利劍呢？」劍的實質沒有變，而有的人認為好，有的人認為不好，

是由於人的說法不同造成的啊。所以用聰明的頭腦聽別人說話，胡說八道的人就會閉嘴；不用聰明的頭腦聽別人說話，就連聖王堯帝與暴君夏桀也無法辨別。這是忠臣所擔憂，賢者之所以被廢棄不用的原因啊。

☸有　度

➲ 原文

賢主有度而聽①，故不過。有度而以聽，則不可欺矣，不可惶矣，不可恐矣，不可喜矣。以凡人之知②，不昏乎其所已知，而昏乎其所未知，則人之易欺矣，可惶矣，可恐矣，可喜矣，知之不審也③。

客有問季子曰④：「奚以知舜之能也？」季子曰：「堯固已治天下矣，舜言治天下而合己之符⑤，是以知其能也。」「若雖知之⑥，奚道知其不為私⑦？」季子曰：「諸能治天下者，固必通乎性命之情者，當無私矣。」夏不衣裘，非愛裘也⑧，暖有餘也；冬不用箑⑨，非愛也，清有餘也⑩，聖人之不為私也，非愛費也⑪，節乎己也。節己，雖貪污之心猶若止⑫，又況乎聖人？

許由非強也⑬，有所乎通也。有所通則貪污之利外矣⑭。孔墨之弟子徒屬充滿天下，皆以仁義之術教導於天下，然而無所行。教者術猶不能行⑮，又況乎所教⑯？是何也？仁義之術外也。夫以外勝內，匹夫徒步不能行⑰，又況乎人主？唯通乎性命之情，而仁義之術自行矣。

注釋

①度：法度；準則。
②知：同「智」。
③審：詳細；周密。
④季子：傳說為上古堯時的諸侯。
⑤符：道。
⑥若：你。

⑦ 道：途徑。

⑧ 愛：吝惜。

⑨ 箑（ㄕㄚˋ）：扇子。

⑩ 清：寒冷。

⑪ 費：錢財。

⑫ 貪污：貪婪。　猶若：尚且。

⑬ 許由：上古時代的賢人。堯欲將天下讓給他，他堅辭而不就，隱於箕山之下。　強：勉強。

⑭ 外：摒除。

⑮ 教者：教導者。這裡指孔子和墨子。

⑯ 所教：這裡指孔墨的弟子徒屬。

⑰ 徒步：平民的代稱。古時平民出行無車，故稱。

譯文

賢明的君主依照一定的準則去聽取別人的意見，所以不犯錯誤。依照一定的準則去聽取別人的意見，人們就不可以欺騙他，不可以使他驚慌，不可以恐嚇他，不可以取悅他。以普通人的智慧，對自己已經瞭解的事情不糊塗，但對自己不瞭解的事情卻是糊塗的，那麼別人欺騙他是很容易的，可以使他驚慌，可以恐嚇他，可以取悅他，因為他對事情瞭解的不詳細。

有個客人問季子說：「如何知道舜有才能的？」季子說：「堯本來已把天下治理好了，舜談論治理天下的辦法而合乎堯的為君之道，因此知道他有才能。」那人又問：「你雖知道他有才能，又怎麼知道他不會為自己謀私呢？」季子說：「那些能治理天下的人，一定是通曉生命之本性的人，應該是沒有私心的。」夏天不穿皮衣，不是吝惜皮衣，是因為溫暖有餘；冬天不用扇子，不是愛惜扇子，是因為寒冷有餘；聖人不謀求私利，不是吝惜錢財，是因為能節制自己。能節制自己，即使有貪婪之心的人也能夠止住私心，又何況聖人呢？

許由辭讓天下不是勉強做出來的，是因為他通曉生命的本性。對生命的本性通曉就會摒除貪婪私利。孔子和墨子的徒眾遍佈天

下，都用仁義之道教導天下人，然而他們的主張沒能推行。孔子和墨子作為教導者其主張尚不能推行，更何況那些被教導的弟子呢？這是什麼原因呢？因為仁義之道是外在的東西。用外在的東西去克服內在的私欲，平民百姓都不能做到，又何況君主呢？只要通曉生命的本性，仁義之道自然就得以推行了。

分職

原文

先王用非其有如己有之，通乎君道者也。夫君也者，處虛素服而無智①，故能使眾智也；智反無能②，故能使眾能也；能執無為，故能使眾為也。無智無能無為，此君之所執也。人主之所惑者則不然。以其智強智，以其能強能，以其為強為。此處人臣之職也。處人臣之職，而欲無壅塞，雖舜不能為。

武王之佐五人，武王之於五人者之事無能也，然而世皆曰取天下者武王也。故武王取非其有如己有之，通乎君道也。通乎君道，則能令智者謀矣，能令勇者怒矣，能令辯者語矣。夫馬者，伯樂相之，造父御之，賢主乘之，一日千里，無御相之勞而有其功，則知所乘矣。

注釋

① 處虛：務虛。

② 反：同「返」。回歸。

譯文

先王使用別人的東西就像自己的東西一樣，這是因為他通曉為君之道。做君王的人，務虛無為，著裝樸素，看起來好像沒什麼智慧，所以能使用眾人的智慧；智慧回歸到無所能的境界，所以能使用眾人的才能；能堅守無所作為的原則，所以能使眾人有所作為。無智、無能、無為，這是君主所應堅守的。君主中的糊塗人卻不這樣。他們拿自己有限的智慧強作聰明，拿自己有限的

能力強作能幹，拿自己有限的作為強行做事。這是使自己處於臣子的職位了。處於臣子的職位，又想讓自己耳目不閉塞，即使是舜也做不到。

周武王的輔佐大臣有五個人，周武王對於這五個人的職事一樣也做不來，但是世人都說取得天下的人是周武王。所以說周武王取用不是他自己所有的東西就像自己所有的一樣，因為他通曉為君之道。通曉為君之道，就可以讓有智慧的人謀劃，可以使勇敢的人奮發，可以使善於言辭的人發表議論。良馬，伯樂這種人鑒別它，造父這種人駕馭它，賢明的君主乘坐馬車，可日行千里，他沒有鑒別和駕馭馬的辛勞卻有日行千里的功效，這就是懂得駕乘良馬之道了。

☸處　方

➲ 原文

凡為治必先定分[1]：君臣父子夫婦。君臣父子夫婦六者當位，則下不逾節而上不苟為矣，少不悍辟而長不簡慢矣[2]。金木異任[3]，水火殊事[4]，陰陽不同，其為民利一也。故異所以安同也，同所以危異也[5]。同異之分，貴賤之別，長少之義[6]，此先王之所慎，而治亂之紀也[7]。

今夫射者儀毫而失牆[8]，畫者儀發而易貌[9]，言審本也[10]。本不審，雖堯舜不能以治。故凡亂也者，必始乎近而後及遠，必始乎本而後及末。治亦然。故百里奚處乎虞而虞亡[11]，處乎秦而秦霸；向摯處乎商而商滅[12]，處乎周而周王。百里奚之處乎虞，智非愚也；向摯之處乎商，典非惡也[13]，無其本也。其處於秦也，智非加益也；其處於周也，典非加善也，有其本也。其本也者，定分之謂也。

齊令章子將而與韓魏攻荊[14]，荊令唐蔑將而應之[15]。軍相當，六月而不戰。齊令周最趣章子急戰[16]，其辭甚刻。章子對周最曰：「殺之免之，殘其家，王能得此於臣。不可以戰而戰，可以戰而不戰，王不能得此於臣。」與荊人夾泚水而軍[17]。章子令人視水可絕者[18]，荊人射之，水不可得近。有芻水旁者[19]，告齊候者曰[20]：「水淺

深易知。荊人所盛守，盡其淺者也；所簡守，皆其深者也。」候者載芻者，與見章子。章子甚喜，因練卒以夜奄荊人之所盛守㉑，果殺唐蔑。章子可謂知將分矣。

注釋

①分（ㄈㄣˋ）：名分；職分。

②悍辟：凶悍邪僻。　簡慢：怠慢輕視。

③任：這裡指用途。

④事：指用途。

⑤危：端正。

⑥義：同「宜」。適當。

⑦紀：關鍵。

⑧儀：原意是測量，這裡是觀察之意。　毫：指細微之物。

⑨易：輕視；忽略。

⑩審本：弄清根本。

⑪百里奚：春秋時虞國大夫，晉滅虞後，淪為奴隸，秦穆公用五張羊皮將其贖出，任命他為大夫。

⑫向摯：原為商朝太史令，因勸諫商紂王不被採納而投奔周。

⑬典：指國家法典。

⑭章子：戰國齊威王、齊宣王時的大將。荊：即楚國。

⑮唐蔑：戰國時期楚國人，楚懷王之將。

⑯周最：戰國時期齊國人，縱橫家。　趣：同「促」。催促。

⑰泚（ㄅㄧˇ）水：今安徽淠河的古稱。　軍：駐紮。

⑱絕：橫渡。

⑲芻（ㄔㄨˊ）：割草。

⑳候：偵察。

㉑練卒：精兵。　奄：同「掩」。突然襲擊。

譯文

凡是治國一定要先確立等級名分：君臣父子夫婦。君臣父子夫婦六者處於應在的位置，那麼地位低下的人就不會超越禮節，

地位尊貴的人就不會苟且行事，年少的人不凶悍邪僻，而年長的人不怠慢輕視。金木有不同的用途，水火有不同的作用，陰陽的性質不同，但它們在給人們帶來便利上是相同的。所以不同是用來安定同一的，同一是用來端正不同的。同和異的區分，貴與賤的區別，長和少的適當，這是先王所慎重的，也是國家太平還是混亂的關鍵所在。

如今那些射箭的人觀察細微之物而不去注意牆壁才能射中目標，繪畫的人觀察儀容毛髮而忽略人的全貌才能畫得逼真，也就是說他們弄清了射箭和繪畫的根本。根本的東西弄不清，即使堯舜也不能治理好天下。所以凡是禍亂，一定是先從身邊發生而後延及遠的地方，一定是先從根本上產生而後延及末節。國家太平也是這樣。所以百里奚居處在虞國而虞國滅亡，居處在秦國而秦國稱霸；向摯居處於殷商而殷商滅亡，居處於周國而周國稱王天下。百里奚在虞國的時候，他的才智並不低下；向摯在殷商的時候，國家法典並非不好，是因為虞、商沒有抓住治國之根本。百里奚在秦國的時候，他的才智沒有增加；向摯在周國的時候，國家法典沒有更完善，是因為秦、周之國君抓住了治國之根本。治國之根本，說的就是確定名分。

齊國命令章子率兵與韓魏兩國一起攻打楚國，楚國命令唐蔑率兵應敵。兩軍對峙，六個月沒交戰。齊國派周最催促章子趕緊開戰，言辭非常嚴厲。章子回答周最說：「殺死我罷免我，殘害我的家人，齊王能夠把這些刑罰加在我身上。不可以開戰卻要開戰，可以開戰卻不讓開戰，齊王不能讓我做到。」齊軍與楚軍在沘水兩岸駐紮。章子派人察看可以渡河之處，楚兵用箭射他們，齊軍的偵察兵不能靠近河水。有個在河邊割草的人告訴齊國的偵察兵說：「河水的深淺容易知道。楚軍重兵把守的地方，都是水淺的地方；守兵少的地方，都是水深的地方。」齊國偵察兵用車載著割草人一起去見章子。章子非常高興，於是帶精兵乘夜色突襲楚軍重兵把守的地方，果然大敗楚軍，殺死唐蔑。章子可以說是知道主將職分的人了。

❁慎　小

➲ 原文

上尊下卑。卑則不得以小觀上。尊則恣，恣則輕小物，輕小物則上無道知下[1]，下無道知上。上下不相知，則上非下[2]，下怨上矣。人臣之情，不能為所怨；人主之情，不能愛所非。此上下大相失道也。故賢主謹小物以論好惡[3]。

巨防容螻[4]，而漂邑殺人[5]。突泄一熛[6]，而焚宮燒積[7]。將失一令，而軍破身死。主過一言，而國殘名辱，為後世笑。

衛獻公戒孫林父、甯殖食[8]。鴻集於囿[9]，虞人以告[10]，公如囿射鴻[11]。二子待君，日晏[12]，公不來至。來，不釋皮冠而見二子。二子不說[13]，逐獻公，立公子黚。衛莊公立[14]，欲逐石圃[15]。登台以望，見戎州[16]，而問之曰：「是何為者也？」侍者曰：「戎州也。」莊公曰：「我姬姓也[17]，戎人安敢居國？」使奪之宅，殘其州[18]。晉人適攻衛[19]，戎州人因與石圃殺莊公，立公子起。此小物不審也。人之情，不蹶於山而蹶於垤[20]。

注釋

①道：途徑。
②非：責怪。
③論：表明。
④防：河堤。
⑤漂：浮起。　邑：城邑。
⑥突：煙囪。　熛（ㄅㄧㄠ）：火星。
⑦宮：房屋。　積：積聚的糧草財物。
⑧戒：告誡；告訴；叮囑。
⑨囿（ㄧㄡˋ）：古代帝王養禽獸的園林。
⑩虞人：管理園囿的官吏。
⑪如：到。
⑫晏：晚。
⑬說：通「悅」。

⑭ 衛莊公：春秋末期衛國國君，衛靈公之子。
⑮ 石圃：衛國大夫。
⑯ 戎州：春秋時戎人聚居的城邑。在今山東曹縣東南。
⑰ 姬姓：周王室之姓。
⑱ 殘：毀壞。
⑲ 適：恰好。
⑳ 蹶（ㄐㄩㄝˊ）：跌倒。　垤（ㄉㄧㄝˊ）：小土堆。

譯文

君主地位尊貴，臣子地位低賤。臣子地位低賤，就不能透過小事觀察瞭解君主。地位尊貴就會驕橫，驕橫就會忽視小事，忽視小事君主就沒有途徑瞭解臣子，臣子也沒有途徑瞭解君主。君主和臣子相互之間不瞭解，君主就會責怪臣子，臣子就會怨恨君主。按照臣子的常情，不會為自己所怨恨的君主盡心盡力；按照君主的常情，不會喜歡自己責怪的臣子。這是造成君主和臣子之間失去溝通管道的重要原因。所以賢明的君主慎重對待小事，以表明自己的好惡。

大堤中隱藏有螻蛄，就會引發水災將城邑沖毀淹死百姓。煙囪裡迸飛出一個火星，就會燒掉房屋和積聚之物。將軍下錯一道命令，就會招致兵敗身亡。君主說錯一句話，就會導致國破名辱，被後世譏笑。

衛獻公約好孫林父、甯殖一起吃飯。這時有大雁群集於苑囿當中，管宛囿的官吏把這件事報告給獻公，獻公就去苑囿射雁了。孫林父、甯殖兩個人等待獻公回來，天很晚了，獻公還沒回來。獻公回來後，不摘皮帽就接見了二人。孫林父和甯殖很不高興，把衛獻公驅逐出國，立公子黚為國君。衛莊公被立為國君後，想要驅逐石圃。他登上高台遠望，看到了戎人聚居的城邑戎州，於是問身邊的侍從說：「這是什麼人居住的地方？」侍從回答說：「這是戎人聚居的地方。」衛莊公說：「我和周天子同姓姬，戎人怎麼敢住在我的國家？」於是派人搶奪戎人的住宅，毀壞他們的城邑。這時恰好晉國攻打衛國，戎州人乘機與石圃一道攻殺衛莊公，

立公子起為國君。衛獻公、衛莊公的殺身之禍就是因小事不謹慎造成的。人之常情就是這樣，不會被高山絆倒，卻會被小土堆絆倒。

◎卷二十六　士容論第六

題解

◆ 士容論由士容、務大、上農、任地、辯土、審時六篇組成。其中士容篇係漆雕氏、北宮黝、孟施捨流派的學說，論述的主題是士子應有的儀容舉止，讚美了士子高貴的品格。務大篇係季子學派的學說，其主題是人應當致力於追求遠大目標。上農、任地、辯土、審時四篇均取材於《后稷》農書，為可貴的先秦農學資料。上農篇論述了農業在國計民生中的重要性，認為一個國家只有崇尚農業才能國富民強，並提出了重農措施；任地篇闡述了如何合理使用土地的問題；辯土篇詳細介紹了辨別土質的辦法，以及一些農業耕作技術；審時篇的論述要點是農業耕作必須詳察時令，適應天時。

☸士　容

➲ 原文

士不偏不黨，柔而堅，虛而實。其狀朗然不傴①，若失其一②。傲小物而志屬於大③，似無勇而未可恐狼④，執固橫敢而不可辱害。臨患涉難而處義不越，南面稱寡而不以侈大⑤，今日君民而欲服海外。節物甚高而細利弗賴⑥，耳目遺俗而可與定世⑦。富貴弗就而貧賤弗朅⑧，德行尊理而羞用巧衛⑨，寬裕不訾而中心甚厲⑩，難動以物而必不妄折。此國士之容也。

客有見田駢者⑪，被服中法⑫，進退中度，趨翔閒雅⑬，辭令遜敏。田駢聽之畢而辭之。客出，田駢送之以目。弟子謂田駢曰：

「客，士歟？」田駢曰：「殆乎非士也⑭。今者客所弇斂⑮，士所術施也⑯；士所弇斂，客所術施也。客殆乎非士也。」故火燭一隅，則室偏無光；骨節蚤成⑰，空竅哭歷⑱，身必不長；眾無謀方，乞謹視見，多故不良；志必不公，不能立功；好得惡予，國雖大不為王，禍災日至。故君子之容，純乎其若鐘山之玉⑲，桔乎其若陵上之木⑳。淳淳乎慎謹畏化㉑，而不肯自足；乾乾乎取捨不悅㉒，而心甚素樸。

注釋

①朗然：光明的樣子。儇（ㄒㄩㄢ）：輕薄；小聰明。

②一：身。

③傲：藐視。　小物：小事。　屬：集中。

④恐狼：清王念孫謂「狼」當為「猲」（ㄏㄜˋ）。恐猲，恐嚇威脅。

⑤侈大：放縱自大；張狂。

⑥賴：得益；贏利。

⑦遺俗：指超脫世俗。

⑧就：追求。　揭（ㄑㄧㄝˋ）：離去；捨棄；拋棄。

⑨巧：虛偽；欺詐。　衛：防守。

⑩寬裕：指心胸寬廣。　訾（ㄗˇ）：詆毀。　厲：飛揚。這裡指志向高遠。

⑪田駢：人名。戰國時期齊國人，道家學派的人物，曾在齊國的稷下學官治學，被齊宣王用為上大夫。

⑫被服：穿戴。

⑬趨翔：猶「趨蹌」。趨蹌，形容步履合乎禮節。

⑭殆：恐怕。

⑮弇（ㄧㄢˇ）斂：隱藏；收斂。弇，蓋。

⑯術施：不遵禮度，放縱不羈。

⑰蚤：通「早」。

⑱空竅哭歷：指骨質疏鬆，不結實。空，通「孔」；哭歷，稀疏。

⑲鐘山：指崑崙山。

⑳ 桔：直木。引申為正直。
㉑ 淳淳：樸實的樣子。　畏化：敬重教令。化，教令。
㉒ 乾乾：形容自強不息的樣子。　悦：通「傥」。簡易；輕忽。

譯文

士子不偏私不結黨，柔弱而又堅強，務虛而又重實。他們的樣子看上去明朗而不輕薄，似乎忘記了自我。他們輕視繁瑣的事而專注於重大事件，好像沒有勇氣卻不可恐嚇，堅定勇敢而不可以侮辱傷害。面臨患難能堅守信義而不失操守，南面稱王也不放縱自大，今日君臨天下就想使海外歸附。境界高遠，而不贏取細小之利，見聞超脫世俗，而可以參與安定社會。不追求富貴也不捨棄貧賤。德行遵循義理，而恥於使用虛偽欺詐的手段保護自己，胸懷寬廣不詆毀他人，而內心志向高遠，物質難以打動他的內心，而一定不會隨意折腰。這就是一國中最優秀的士子的儀容舉止。

有一個來拜見田駢的客人，穿戴合乎禮法，步履合乎禮節，舉止嫻雅，言辭謙遜敏銳。田駢聽他說完話後便打發他走了。客人離開的時候，田駢只用目光送他。田駢的弟子對田駢說：「這個客人是個士子吧？」田駢說：「恐怕不是個士子。剛才客人所收斂的，正是士子所放縱的；士子所收斂的，正是剛才客人所放縱的。因此，客人恐怕不是士子。」所以說火光只照一個屋角，那麼另一半屋子就沒有光亮；骨節過早長成的人，骨質就會疏鬆不結實，身材一定不會高大；不謀求道義，只追求表面上謹小慎微的人，多非善良之人；心志不公正的人，就不能建立功業；喜歡得到不願施予的人，國家即使再大也不能稱王天下，災禍會一天天逼近。因此，君子的儀容舉止，純潔如崑崙山上的玉石，正直如山上的樹木。樸實謹慎，敬重教令，而不肯驕傲自滿；自強不息，取捨慎重，而心地樸素無華。

務大

原文

嘗試觀於上志[1]，三王之佐，其名無不榮者，其實無不安者[2]，功大故也。俗主之佐，其欲名實也與三王之佐同，其名無不辱者，其實無不危者，無功故也。皆患其身不貴於其國也，而不患其主之不貴於天下也，此所以欲榮而逾辱也[3]，欲安而逾危也。

孔子曰：「燕爵爭善處於一屋之下[4]，母子相哺也，區區焉相樂也[5]，自以為安矣。灶突決[6]，上棟焚，燕爵顏色不變，是何也？不知禍之將及之也，不亦愚乎！為人臣而免於燕爵之智者寡矣。夫為人臣者，進其爵祿富貴，父子兄弟相與比周於一國[7]，區區焉相樂也，而以危其社稷，其為灶突近矣，而終不知也，其與燕爵之智不異。故曰：『天下大亂，無有安國；一國盡亂，無有安家；一家盡亂，無有安身。』此之謂也。故細之安[8]，必待大[9]；大之安，必待小。細大賤貴，交相為贊[10]，然後皆得其所樂。」

注釋

①上志：指古代的典籍。
②實：指爵祿。
③逾：通「愈」。越發；更加。
④爵：通「雀」。下同。
⑤區區：怡然自得。
⑥突：煙囪。　決：破裂。
⑦比周：結黨營私。
⑧細：微小。這裡引申為局部。
⑨大：指全域。
⑩贊：輔佐；佐助；幫助。

譯文

曾經試著看古代典籍上的記載，夏禹、商湯、周文王的輔佐大臣，他們的名聲沒有不榮耀的，他們的爵祿沒有不安穩的，這是他們功績大的緣故。平庸君主的輔佐大臣，他們希望能在名聲與官位上都與古代三王的輔佐大臣相同，可是他們的名聲沒有不恥辱的，他們的爵祿沒有不危險的，這是因為他們沒有功績的緣

故。這些人全都擔心自己在本國的地位不顯貴，卻不擔心自己的國君的名聲在天下不顯貴，這就是他們想要榮耀反而更加恥辱，想要安寧卻更加危險的原因。

孔子說：「燕雀爭著在一個屋簷下築巢，母鳥與小鳥相互餵養，它們怡然自得相互都很快樂，自認為這裡安全。就是灶上的煙囪破裂了，上面的房梁焚燒了，燕雀也面不改色，這是為什麼呢？這是因為它們不知道災禍就要降臨到它們身上了。這不是太愚蠢了嗎？做臣子的能免於像燕雀一樣智商的人很少啊。那些做臣子的，為了晉升自己的爵祿、富貴，他們父子兄弟一起在國家裡結黨營私，怡然自得而相互歡樂，而因此危害國家。他們離破裂的煙囪已很近了，卻始終不知道，他們與燕雀的智商沒什麼差別。所以說：『天下大亂，就沒有安定的國家；一個國家全亂了，就沒有安定的家；一個家全亂了，就沒有安定的人。』說的就是這樣的道理。因此，局部的安定，一定要靠全域的安定；全域的安定，必要靠局部的安定。局部、全域、貧賤、富貴之間相互輔佐，然後才會各得其樂。」

❁上　農

➲ 原文

《后稷》曰①：「所以務耕織者，以為本教也。」是故天子親率諸侯耕帝籍田②，大夫士皆有功業③。是故當時之務，農不見於國，以教民尊地產也④。后妃率九嬪蠶於郊，桑於公田⑤，是以春秋冬夏皆有麻枲絲繭之功⑥，以力婦教也。是故丈夫不織而衣，婦人不耕而食，男女貿功⑦，以長生，此聖人之制也。故敬時愛日，非老不休，非疾不息，非死不舍。上田夫食九人，下田夫食五人，可以益，不可以損。一人治之，十人食之，六畜皆在其中矣。此大任地之道也⑧。

故當時之務，不興土功⑨，不作師徒⑩，庶人不冠弁、娶妻、嫁女、享祀⑪，不酒醴聚眾⑫，農不上聞，不敢私籍於庸⑬，為害於時也。然後制野禁⑭，苟非同姓，農不出御⑮，女不外嫁，以安

農也。野禁有五：地未辟易⑯，不操麻，不出糞。齒年未長，不敢為園囿。量力不足，不敢渠地而耕。農不敢行賈，不敢為異事。為害於時也。然後制四時之禁：山不敢伐材下木，澤不敢灰僇⑰，繯網罝罦不敢出於門⑱，罛罟不敢入於淵⑲，澤非舟虞⑳，不敢緣名，為害其時也。

注釋

①《后稷》：古農書名，托於后稷言。

② 籍田：古代天子、諸侯徵用民力耕種的田。《禮記•祭義》：「天子為籍千畝，諸侯為籍百畝。」每逢春耕前，天子、諸侯要在籍田上進行示範性的耕作，以示對農業的重視。

③ 功業：按職位作業，即《孟春紀》所謂「天子三推」，「三公五推」，「卿、諸侯、大夫九推」。

④ 地產：泛指土地出產。

⑤ 公田：古代井田制度下，把土地劃成「井」字形，分為九區，中區由若干農夫共同耕種，將收穫物全部交給統治者，稱為「公田」。同中區以外的「私田」相對應。

⑥ 枲（ㄒㄧˇ）：指麻的雄株。

⑦ 貿功：交換勞動成果。

⑧ 任地：利用土地。

⑨ 土功：土木工程。

⑩ 不作師徒：不興兵役。師徒，士卒。

⑪ 冠弁（ㄅㄧㄢ ㄟ）：冠禮。弁，古時男子年滿二十加冠稱弁，以示成年。

⑫ 醴（ㄌㄧˇ）：甜酒。

⑬ 籍：通「借」。　庸：通「傭」。雇傭。

⑭ 野禁：古代王城外關於農業地區的禁令。

⑮ 農：指從事農業生產的男子。　出御：到外地娶妻。御，娶妻。

⑯ 辟易：解凍。

⑰ 灰僇（ㄌㄨ ㄟ）：亦作「灰戮」。古代對燒灰違時有妨農事的人處以刑戮。僇，與「戮」通，殺的意思。

⑱ 繯（ㄏㄨㄢˊ）：以繩索相繫繞。即網絡。　罝（ㄐㄩ）：捕捉禽獸的網。　罦（ㄈㄨˊ）：用以捕鳥獸的網。

⑲罛（ㄍㄨ ㄅㄠˋ）：大的漁網。　罟（ㄍㄨˇ）：網的總稱。

⑳ 舟虞：掌管舟船的官。

譯文

《后稷》說：「之所以要從事耕織，是要以此作為根本的教化。」因此天子親自率領諸侯耕種籍田，大夫和士子按職位進行作業。所以，當農忙時節，國都中見不到農民，以此來教導百姓重視田地生產。后妃率領後宮九嬪在郊外養蠶，在公田裡採桑，因此春夏秋冬都有績麻繅絲之事，這是為了勸勉教育婦女重視桑蠶。所以男子不從事紡織卻有衣穿，女子不從事耕作卻有飯吃，男女交換勞動成果，以繁衍生息，這是聖人定的制度。因此人們重視時令，珍惜光陰，不到年老不停止耕作，不生病就不休息，不到死就不放棄農事。上等田，一人耕作能養活九人。下等田，一人耕作可養活五人。供養的人數可以增加，不可減少。一人經營，十人靠它吃飯，六畜的飼養都包括在其中了。這是充分利用地力的原則。

所以農忙時節，不興土木，不興兵役，平民不得舉行冠禮、娶妻、嫁女、祭鬼神，不得以酒聚眾，農民如不向上請示，不得私自雇工替自己耕作，因為這樣會妨害農時。然後制定關於農業地區的禁令，假若不是為了避免同姓婚嫁，男子不得外出入贅妻家，女子不得遠嫁外鄉，以此穩定務農的人。田野禁令有五：土地沒有整治好，不得從事績麻工作，不得出糞下田；不是老年人，不得去作管理園囿的事；勞力不足，不得擴大土地面積進行耕作；農夫不得經商；不得去做其他不屬於農業生產的事，因為會妨害農時。然後制定四季的禁令：非規定時間山上不得斫伐木材，澤中不得違時燒灰否則處以刑戮，捕捉鳥獸的網不得帶出家門，漁網不得放進深水裡，除掌管船隻的官員以外，他人不得藉故駕船入澤，因為這些會妨害農時。

❁任　地

➲ 原文

《后稷》曰：子能以窐為突乎[1]？子能藏其惡而揖之以陰乎[2]？子能使吾士靖而甽浴土乎[3]？子能使保濕安地而處乎？子能使雚夷毋淫乎[4]？子能使子之野盡為泠風乎[5]？子能使槁數節而莖堅乎？子能使穗大而堅均乎？子能使粟圜而薄糠乎？子能使米多沃而食之強乎？無之若何？

凡耕之大方[6]：力者欲柔[7]，柔者欲力。息者欲勞[8]，勞者欲息。棘者欲肥[9]，肥者欲棘。急者欲緩[10]，緩者欲急。濕者欲燥，燥者欲濕。上田棄畝[11]，下田棄甽[12]。五耕五耨[13]，必審以盡[14]。其深殖之度，陰土必得。大草不生，又無螟蜮[15]。今茲美禾，來茲美麥。是以六尺之耜[16]，所以成畝也；其博八寸[17]，所以成甽也；耨柄尺，此其度也；其耨六寸，所以間稼也。地可使肥，又可使棘。人肥必以澤，使苗堅而地隙；人耨必以旱，使地肥而土緩。

注釋

①窐（ㄍㄨㄟ）亂：指地勢低窪處。　突：高。

②藏：儲藏。　惡：指不好的乾質土壤。　揖：讓。　陰：指濕潤的土。

③士：當作「土」。　靖：「淨」的假借字。　甽（ㄑㄩㄢˇ）：同「畎」。田壟之間的小水溝。　浴：排水。

④雚（ㄏㄨㄢˊ）：古同「萑」。萑（ㄏㄨㄢˊ），蘆類植物，形狀像蘆葦，莖可編葦席。　夷：鏟平。　淫：蔓延滋長。

⑤泠（ㄌㄧㄥˊ）風：小風；和風。泠，清涼；冷清。

⑥方：規律；道理。

⑦力：指堅硬。　柔：柔軟。

⑧息：指土地閒置不用。

⑨棘：貧瘠的土地。

⑩急者：指土質堅硬。　緩：疏鬆。

⑪畝：指田壟。

⑫ 下田：低窪的土地。　甽（ㄑㄩㄢˇ）：壟溝。
⑬ 耨（ㄋㄡˋ）：鋤草；鋤草的農具。
⑭ 審：仔細。
⑮ 螟蜮（ㄇㄧㄥˊ ㄩˋ）：兩種噬食莊稼的害蟲。
⑯ 耜（ㄙˋ）：翻土的農具。
⑰ 博：寬度。

譯文

《后稷》說：你能將低窪的土地變成高地嗎？你能將乾燥的土地變成濕潤的土地嗎？你能使我們的土地潔淨用壟溝排水嗎？你能讓土地保持濕潤適合種子生長嗎？你能剷除蘆類植物不讓它蔓延生長嗎？你能讓你的田野到處都通著和風嗎？你能讓莊稼的莖稈節數密而堅實嗎？你能讓穀物穗大而堅實均匀嗎？你能讓穀物的籽粒飽滿而皮薄嗎？你能讓米油性大而吃著有勁道嗎？做不到這些你該怎麼辦呢？

凡耕地的大道理是：堅硬的土地要讓它變柔軟，柔軟的土地要讓它變堅實；閒置不用的土地要多使用它，頻繁使用的土地要讓它休耕；貧瘠的土地要讓它肥沃，過於肥沃的土地要讓它貧瘠一些；土質堅實的土地要讓它疏鬆一些，太疏鬆的土地要讓它堅實一些；濕潤的土地要讓它乾燥一些，太乾燥的土地要使它濕潤一些。高地上的田地，不要將莊稼種在田埂上，低窪處的土地，不要把莊稼種在壟溝裡。種地前耕地五次，莊嫁長出來後鋤草鬆土五次，一定要仔細認真全力去做。播種的深度，一定要接觸到濕土。大草不生，又沒有螟蜮等害蟲，今年長出好稻，來年長出好麥子。耜的長度是六尺，這是為了測量壟的寬度；耜刃寬八寸，是為了耕出壟的標準尺寸；鋤頭的柄長一尺，是為了合乎禾苗之間的距離；鋤頭的刃寬六寸，這是為了用來間苗。土地，能使它肥沃，也能使它貧瘠。人們施肥一定要在土地濕潤了之後，這樣做禾苗茁壯而土質疏鬆；人們除草一定要在土地乾燥之時，這樣做土地肥沃而土質疏鬆。

❁辯　土

➲ 原文

所謂今之耕也，營而無獲者：其蚤者先時[1]，晚者不及時，寒暑不節[2]，稼乃多菑[3]。實其為畝也，高而危則澤奪，陂則埒[4]，見風則蹶[5]。高培則拔，寒則雕[6]，熱則修[7]。一時而五六死，故不能為來。不俱生而俱死，虛稼先死[8]，眾盜乃竊[9]，望之似有餘，就之則虛。農夫知其田之易也，不知其稼之疏而不適也；知其田之際也，不知其稼居地之虛也。不除則蕪，除之則虛，此事之傷也。

凡禾之患，不俱生而俱死。是以先生者美米，後生者為秕[10]。是故其耨也[11]，長其兄而去其弟。樹肥無使扶疏[12]，樹磽不欲專生而族居[13]。肥而扶疏則多秕，磽而專居則多死。不知稼者，其耨也去其兄而養其弟，不收其粟而收其秕。上下不安，則禾多死，厚土則孽不通[14]，薄土則蕃而不發[15]。壚埴冥色[16]，剛土柔種，免耕殺匿[17]，使農事得。

注釋

①蚤：通「早」。

②不節：不合時節。

③菑（ㄗㄞ）：同「災」。

④陂（ㄆㄧˊ）：山坡；斜坡。　埒（ㄌㄜˋ）：矮牆。

⑤蹶（ㄐㄩㄝ）：倒伏；斷裂；折斷；拔起。

⑥雕：通「凋」。凋零。

⑦修（ㄒㄧㄡ）：乾枯。

⑧虛稼：指根扎得不牢的苗。

⑨眾盜：指地竊、苗竊、草竊三盜。

⑩秕（ㄅㄧˇ）：中空或不飽滿的穀粒。

⑪耨（ㄋㄡˋ）：除草和間苗。這裡指間苗。

⑫樹：種植。　扶疏：枝葉繁茂。

⑬磽（ㄑㄧㄠ）：土地堅硬而瘠薄。　專：通「摶」，聚集。族居：叢聚；聚居；群居。

⑭孽（ㄋㄧㄝˋ）：通「糵　」。（ㄋㄧㄝˋ），植物的芽。

⑮蕃（ㄈㄢ）：枝葉繁茂。

⑯壚埴（ㄌㄨˊ　ㄓˊ）：指黑色或黃色黏硬的土壤。

⑰免：通「勉」。　慝：隱藏，躲藏。這裡指隱藏在農作物中的雜草。

譯文

如今所說的農耕，努力經營卻沒有收穫，主要是由於耕種早的提前了農時，耕種晚的沒趕上農時，寒暑氣候與播種的莊稼不合節氣，所以莊稼多遇災害。他們做的田壟又高又陡，這樣水分就容易失去；做的壟坡像一面牆，莊稼見風便容易倒伏。高培田壟，莊稼遇風會連根拔出來，天冷莊稼就會凋落，天熱就會乾枯。同時有五六種讓莊稼死亡的可能因素，所以不能豐收。莊稼不能同時生出卻能在同一季節死去，扎根不實的先死，地竊、苗竊、草竊的情況會發生。這樣的莊稼從遠處看似乎很多，近看原來都虛而不實。農夫只知道他的田已經整治過，卻不知道他的莊稼稀疏而且密度不合適；只知道他的田除過草，卻不知道他的莊稼根扎得不牢實。不除掉雜草田地會荒蕪，除掉雜草會傷莊稼的根，這是農事的大害。

一般禾苗的災患是，不能同時發芽生長卻在同一時令死去。所以先生長的農作物籽粒飽滿，後生長的農作物籽粒不飽滿。因此在間苗時，要讓先出土的苗留下生長而拔去後出土的苗。在肥沃的土地上種植農作物不要讓枝葉過分繁茂，在堅硬而貧瘠的土地上種植農作物不要讓它們密集而叢聚。土地肥沃而農作物枝葉繁茂長勢過旺就會多秕穀，土地堅硬而瘠薄農作物密集叢聚禾苗多會死掉。不懂得種莊稼的人，他們間苗時除掉那些先出土的卻保留那些後出土的，以致收穫不到糧食卻收穫了一些秕穀。地面上的禾苗與地下的土壤處理不合宜，禾苗就多會死掉。種子覆土太厚禾苗就難以長出地面，覆土太薄禾苗長出後葉子繁茂卻沒有發展的後勢。黑色或黃色的土顏色發暗，要讓堅硬的土變鬆軟後再種植，要勉力耕種滅除雜草，使農業獲得豐收。

❁審　時

➲ 原文

凡農之道，厚之為寶①。斬木不時②，不折必穗③；稼就而不獲④，必遇天菑⑤。夫稼為之者人也，生之者地也，養之者天也。是以人稼之容足，耨之容耨⑥，據之容手⑦。此之謂耕道。

是以得時之禾⑧，長稠長穗⑨，大本而莖殺⑩，疏機而穗大⑪；其粟圓而薄糠⑫；其米多沃而食之強；如此者不風。先時者，莖葉帶芒以短衡⑬，穗巨而芳奪⑭，秮米而不香⑮。後時者，莖葉帶芒而末衡⑯，穗閱而青零⑰，多秕而不滿⑱。

是故得時之稼興，失時之稼約⑲。莖相若稱之，得時者重，粟之多。量粟相若而舂之，得時者多米。量米相若而食之，得時者忍饑。是故得時之稼，其臭香⑳，其味甘，其氣章㉑，百日食之，耳目聰明，心意睿智，四衛變強㉒，凶氣不入㉓，身無苛殃㉔。黃帝曰：「四時之不正也，正五穀而已矣。」

注釋

① 厚：重視。

② 斬木：即伐木。

③ 穗：疑為「橈」，即彎曲。

④ 就：成熟。

⑤ 菑（ㄗㄞ）：同「災」。

⑥ 耨（ㄋㄡˋ）：鋤草的農具；鋤草。西元前做動詞「鋤草」，後作名詞「鋤頭」。

⑦ 據：按著。

⑧ 禾：穀類植物的統稱。

⑨ 稠（ㄊㄨㄥˊ）：穀類植物的總花梗。

⑩ 殺：節制；抑制，

⑪ 機（ㄐㄧˇ）：禾穀總穗的分支。

⑫ 粟：穀粒。未去皮殼者為粟，已舂去糠則為米。　糠：從稻、

麥等穀粒上脫下的皮、殼。

⑬ 衡：葉柄。

⑭ 芳：通「房」，即莊稼果實的子房。　奪：脫失。

⑮ 秮（ㄎㄨㄛ ˋ）：舂搗不易破碎的粟。

⑯ 末：小。

⑰ 穗閱：指穀穗的西元前端細小。　青零：指穀穗的顏色發青，沒有長成。

⑱ 秕（ㄅㄧ ˇ）：中空或不飽滿的穀粒。

⑲ 約：少。

⑳ 臭（ㄒㄧㄡ ˋ）：氣味。

㉑ 章：顯著。

㉒ 四衛：四肢。

㉓ 凶（ㄒㄩㄥ）：鬼祟之邪氣。

㉔ 苛殃：疾病和災患。苛，通「痾」。病。

譯文

凡農業生產的原則，重視農時最重要。砍伐樹木不適時，樹木不是折斷就是彎曲；莊稼成熟了卻不收穫，一定會遇到天災。種莊稼的是人，生長莊稼的是地，養育莊稼的是天。所以人們種莊稼時要讓田地裡能容下腳，鋤地時能容下鋤，按苗覆土時容下手。這就叫耕作的原則。

因此適逢農時播種的穀類植物，總梗長穀穗長，根部粗大而枝杈有節制地生長，分支疏朗而穀穗大；它的穀粒圓而皮薄；它的米油多而吃起來有嚼勁；這樣的莊稼不易被風吹落。先於農時播種的穀類植物，莖葉帶芒刺葉柄短，穀穗大而子房卻脫落，粟米舂搗不易破碎而不香。晚於農時播種的穀類植物，莖葉帶芒刺葉柄小，穀穗的前端細小顏色發青，籽粒不飽滿而且多秕穀。

所以適逢農時播種的莊稼長勢旺產量高，錯過農時播種的莊稼長勢弱產量少。拿大致相同的莖稈稱一下重量，適逢農時播種的分量重，粟粒多。量出體積大致相同的粟去舂，適逢農時播種的粟舂出的米多。量出體積大致相同的米去食用，適逢農時播種

的粟舂出的米耐饑。因此適逢農時播種的莊稼，它的氣味香，它的味道甜，它的氣味明顯。這種糧食吃上百天，能使人耳目聰明，心意睿智，四肢變得強健，邪氣不能侵入，身體沒有疾病和災患。黃帝說：「四季之氣不正，但只要所吃的五穀純正就可以了。」

(THE END)

國家圖書館出版品預行編目(CIP)資料

呂氏春秋全書 / 呂不韋原著；張玉玲編譯．
-- 初版．-- 臺北市：華志文化事業有限公司，
2020.12
　面；　公分．--（諸子百家大講座；20）
ISBN 978-986-99646-5-4(平裝)
1. 呂氏春秋 2. 注釋
121.871　　　　　　　　109017964

華志文化事業有限公司
系列／諸子百家大講堂20
書名／呂氏春秋全書
書號／D020

原　　著　呂不韋
編　　譯　張玉玲
執行編輯　簡煜哲
美術編輯　楊雅婷
封面設計　王志強
文字校對　陳欣欣
企劃執行　張淑芬
總 編 輯　黃志中
社　　長　楊凱翔
出 版 者　華志文化事業有限公司
電子信箱　huachihbook@yahoo.com.tw
地　　址　116 台北市文山區興隆路四段九十六巷三弄六號四樓
電　　話　0937075060

總 經 銷 商　旭昇圖書有限公司
地　　址　235 新北市中和區中山路二段三五二號二樓
電　　話　02-22451480
傳　　真　02-22451479
郵政劃撥　戶名：旭昇圖書有限公司（帳號：12935041）

出版日期　西元二〇二一年一月初版第一刷

華志文化

華志文化